학생들이 만든 한국 현대사

서울대 학생운동 70년

/

제2권 사회문화사

학생들이 만든 한국 현대사

서울대 학생운동 70년　제2권 사회문화사

유용태 · 정숭교 · 최갑수 지음

한울

차례

제5장 집회와 시위

올해는 4·19혁명 60주년이다. 60년이란 세월은 동양적 시간관념에서 볼 때 개인에게든 집단에게든 남다른 의미가 있다. 더구나 올봄의 4·15총선으로 촛불항쟁의 개혁 과제를 완수할 의회권력이 형성됨으로써 미완의 과제를 해결할 가능성이 열렸다는 점에서 60주년의 의미는 더욱 각별하다.

한국 현대사에서 4·19혁명은 '민주화의 전형'을 창출함으로써 그것을 재현하고자 애쓴 학생과 시민의 마르지 않는 샘이 되었다. 학생이 앞장서고 시민이 합류하여 민의에 반하는 정권을 무너뜨리고 민주주의를 진전시킨 '민주화의 전형'은 6월항쟁과 촛불항쟁에서 재현되었다. 부마항쟁과 광주항쟁은 비록 계엄군에 의해 진압되어 전국화하지 못했지만 그 전후를 연결함으로써 전형성을 지속시켰을 뿐 아니라 그것을 비극적으로 더욱 강화했다. 4·19 당시 동학을 잃은 학생들이 "젊은 학도 봉화를 들었으니 사랑하는 겨레여 4·19의 웨침을 길이 새기라"라고 한 바람이 줄기차게 이어진 것이다.

이처럼 학생운동은 4·19혁명의 정신을 이어받아 한국의 민주화 과정에서 지대한 역할을 담당했음에도 그 역사를 체계적으로 연구하고 서술하는 작업은 지체되었다. 그동안 특정 시기, 특정 단체, 일부 개별 대학의 사례가 정리되었을 뿐이다. 이런 점을 감안해 우리는 해방 직후부터 촛불항쟁에 이르는 70년간의 학생운동을 하나의 통사로서 파악해 이 책에 담았다. 다만 운동의 주체 면에서는 서울대 학생들에 중점을 두되, 전체 학생운동과의 상호작용을 중시해 특정 대학의 안과 밖을 넘나드는 스토리, '학생들이 만든 한국 현대사'가 될 수 있도록 힘썼다.

비록 특정 대학을 중심으로 한 학생운동사이긴 하지만 뒤늦게 70년에 걸쳐 긴 호흡으로 정리하는 것은 처음인 만큼 이 책의 집필에는 자료 문제를 비롯해 여러 가지 어려움이 적지 않았다. 그래도 우리는 실사구시라는 역사 연구의 원칙에 의거하면서 서술의 초점을 민주화에 맞추고 그 시대별 추이와 각 분야별 활동의 활력을 재현하려 노력했다. 흔히 학생운동은 정치민주화운동이고 이는 1990년대 중반에 끝난 것으로 이해되어 왔다. 그러나 우리는 학생운동이 추구한 민주화는 그후에도 학내 민주화를 위한 운동으로 지속되었고, 바로 그때 '민주화운동'에서 '운동의 민주화'로 진화하는 새로운 면모를 보였음을 확인했다.

이에 우리는 학생들이 21세기에도 늘 새로운 꿈을 꾸는 청년으로 깨어 있기를 소망하면서, 다음과 같이 편찬의 큰 줄기를 설정했다.

첫째, 학생운동의 개념을 확장해 정치민주화운동에 한정하지 않고 대학의 공공성 등을 추구하는 대학개혁과 학생인권, 남녀평등을 포함한 학내 민주화운동까지 담아낸다.

둘째, 학생운동의 생태계에 주목해 학생의 각종 자치활동과 동아리활동, 정치의식과 가정형편 등의 일상생활을 재현하고, 이것이 정치적 학생운동에 미친 영향을 드러낸다.

셋째, 여성의 시각을 반영해 여학생의 발언권과 활동 범위가 확대되는 모습을 집회와 시위에서 페미니즘운동에 이르는 다양한 영역에 걸쳐 드러냄으로써 학생운동이 남학생운동에 한정되지 않도록 한다.

넷째, 다루는 시간 범위를 정치민주화가 진전된 1990년대 중반 이전으로 한정하지 않고 그 후의 학내 민주화를 향한 운동도 포함해 2016년 촛불항쟁에 이르는 70년의 지속과 변화를 드러낸다.

다섯째, 근현대 한국사의 맥락을 고려하되 일국사의 좁은 시야에서 벗어나 세계 학생운동사의 조류와도 관련지어 이해한다.

이상과 같은 대강에 의거해 우리는 학생운동사를 제1권 시대사, 제2권 사회문화사, 제3권 증언집, 제4권 자료집으로 편성했다. 1권에서는 운동의 시기별 변화와 특징을 통시적으로 서술하고, 2권에서는 운동을 다양한 분야로 나누어 캠퍼스

라이프의 사회문화적 측면을 세밀하게 부각시켰다. 3권에는 81학번부터 08학번에 이르는 20명의 증언을 그대로 수록했고, 4권에는 1~2권의 스토리와 관련된 각종 자료를 수록했다. 우리는 여러 가지를 고려한 끝에 그중 제1~2권만 종이책으로 출간하고, 3~4권은 서울대 도서관을 통해 온라인으로 누구나 볼 수 있게 개방하기로 했다. 이 네 권을 함께 읽으면 학생운동의 전체상을 좀 더 입체적으로 파악할 수 있을 것이다.

이 책은 원래 2016년 초 6월항쟁 30주년을 앞두고 기획되어 진행된 공동연구의 결과물이다. 그때 우리는 개교 70주년이 되도록 현대사의 고비마다 큰 희생과 함께 중대한 역할을 담당한 자기 학교의 학생운동조차 정리하지 못했다는 부끄러움에 이 작업을 시작했다. 이를 위해 대학의 연구비를 지원받아 공동연구팀(연구책임자 유용태)을 꾸리고, 다양한 전공의 교수와 민주동문회 대표로 편찬위원회(위원장 최갑수)를 구성했다.[*] 연구팀은 자료의 수집과 분석에서 내용 구성과 서술에 이르는 작업을 진행하고, 편찬위원회는 교내외의 다양한 의견을 수렴해 편찬의 원칙과 대강을 마련함으로써 이를 뒷받침했다.

연구팀은 2년 5개월 동안(2016.5~2018.9)의 연구 결과를 종합해 초고를 작성했다. 이 과정에서 전임 편수원 정숭교 교수가 한국사 전공자의 안목과 전문성을 살려 복잡하게 뒤얽힌 스토리의 가닥을 잡아 초고 작성의 난관을 돌파했다. 그가 없었으면 우리는 초유의 이 작업을 감당하기 어려웠을 것이다. 편찬위원회는 초고를 검토하기 위해 외부 전문가를 모시고 세미나를 열어 의견을 수렴했다. 김동춘(성공회대), 이기훈(연세대), 오제연(성균관대) 교수와 김수향(서울대) 강사, 권형택(민주화운동기념사업회) 간사가 귀한 논평을 해주었다. 이렇게 검토와 논의를 거쳐 수정·보완된 원고를 최갑수와 유용태가 다시 점검하면서 간명하게 가다듬은 끝

---

[*] 편찬위원회(15인): 최갑수(서양사학과), 유용태(역사교육과), 조흥식(사회복지학과), 정용욱(국사학과), 이정훈(중문과), 배은경(사회학과), 이준호(생명과학부), 최영찬(농경제학부), 박배균(지리교육과), 한인섭(법대), 유성상(교육학과), 황상익(의대), 김성철(전기공학부), 정병문(민주동문회), 양춘승(민주동문회).
공동연구팀(7인): 유용태·정숭교·이정훈·홍성욱 교수, 최혜린·박지수·김민지 대학원생.

에 최종고를 확정했다. 일반 독자들도 편하게 읽을 수 있도록 유의하고 근거 자료는 참고문헌으로 대신했다.

그 후 뜻하지 않은 사정으로 출간 작업이 늦어져 4·19의 경자년이 한 갑자를 돌아 다시 맞은 경자년에 책을 펴내게 되었다. 돌이켜 보면 지난 60년간 한국 사회는 학생운동을 전위이자 주요 동력으로 하는 '민주화의 전형'을 실천해 왔으나 바로 그렇기에 번번이 정권교체에 그칠 뿐이었다. 이제 냉전체제가 저물어가는 국내외적 조건 속에서 마침 촛불 민의가 반영된 의회 권력이 형성되었으니 그 힘으로 코로나 위기를 넘어 사회경제 구조를 혁신하는 '촛불혁명'으로 나아간다면 세계사의 한 페이지를 명예롭게 장식할 수 있을 터이다. 한국의 민주화에 관심을 갖는 외국인을 위해 우리는 영문판을 내기 위한 후속 작업을 진행하고 있다.

지난 4년 동안 우리는 많은 분들의 도움을 받았다. 성낙인 전총장과 오세정 총장은 전후 두 차례에 걸쳐 필요한 연구비를 지원해 주었고, 연구팀과 편찬위원은 지혜를 함께 모았다. 20명의 동문은 내밀한 얘기도 포함하는 귀중한 증언을 남겨 문헌자료의 공백을 채워주었고, 서울대 민교협와 민주동문회는 증언 채록을 도왔다. 민주화운동기념사업회 한국민주주의연구소장 김동춘 교수가 추천사를 써주었다. 한울엠플러스(주)의 김종수 대표는 어려운 여건 속에서도 흔쾌히 출판을 맡아 서둘러 편집을 마무리해 주었다. 도움을 주신 모든 분들께 감사드린다. 이 책이 학생운동사와 현대사를 이해하는 데 작은 기여라도 할 수 있기를 고대하며 독자의 질정을 구한다.

2020년 4월
유용태·정숭교·최갑수

1990년대 초반까지의 한국 민주화운동사는 사실 학생운동의 역사라고 해도 과언이 아닐 것이다. 대학 캠퍼스나 거리에서 튀어나와 목이 터져라 구호를 외치고 진압 경찰들을 향해 돌을 던지던 대학생, 그들을 쫓아가 붙잡으면서 마구 폭력을 휘두르던 백골단, 독가스를 품어대던 페퍼포그 차, 거리를 가로막은 중무장한 전투경찰, 보기만 해도 사람을 질리게 하는 '닭장차' 등 모두 지난 시절의 풍경이었다.

학생시위 다음 날부터 대통령과 당국의 '엄단' 발언, 대학 측의 학생 징계 발표, 일부 대학생들이 '체제 전복'이라는 무서운 음모를 꾸몄다는 언론의 대서특필과 앵무새 방송이 이어졌다. 그로 인해 일반 시민들의 침묵과 공포가 늘 반복되었다. 이런 흑백사진 속의 기억이 오늘날 '민주화운동'이라는 아름다운 언어로 포장된 그 시절의 실제 모습이었다.

1980년대 초반까지는 같은 해 태어난 사람 중 10퍼센트 내지 20퍼센트 정도의 선택받은 청년들만 대학생이 되었다. 그중에서도 시골에서 머리를 싸매고 공부해 세상 사람들이 부러워하는 대학에 당당히 합격한 청년들이 부모와 일가친척들의 큰 기대에도 불구하고 미래가 보장된 길을 포기하고, 불합리한 현실에 항거하다가 스스로 제적·투옥, 노동 현장 투신의 길을 갔다. 그들에게 독재정권을 무너뜨리고 나라를 제대로 만들어보자는 의지와 열정은 개인의 입신출세보다 훨씬 우선하는 가치였다. '비정상인 시대'의 '비정상적인 인간들'이었으나 한국이 지금까지 오기 위해서는 그러한 청년들의 헌신과 열정이 필요했다.

서울대학교 학생운동은 서울대가 지닌 세속적인 위상보다 지금까지 한국 현대사에서 훨씬 더 중요한 역할을 해왔다. 학생운동은 1960년 4·19혁명 이후 1987년 민주화에 이르기까지 한국 민주화운동의 가장 큰 역할을 한 정치 주체였다. 그중에서도 서울대 학생운동은 적어도 1980년대 초반까지는 전체 학생운동의 압도적인 부분을 차지했다고 해도 과언이 아니다. 정치적 영향력도 컸지만, 서울대 학생운동은 전국 모든 대학 학생운동의 사상적·문화적 진원지 역할을 했다. 1970년대 중후반 시기의 경우 한국 학생들의 저항이나 비밀 독서 조직의 대부분은 서울대와 관련되어 있었고, 그것이 교회 등을 통해 여타 대학에 큰 영향을 미쳤다. 그래서 서울대의 학생운동과 학생운동 출신들은 민주화운동과 농민운동, 노동운동, 여성운동, 평화운동, 환경운동 등 오늘날 한국의 각종 사회운동에 심대한 영향을 끼쳤다.

이러한 역사적 비중을 가진 서울대 학생운동사를 연대기적으로 다룬 책이 처음으로 나오게 된 것은 정말 반가운 일이다. 이뿐만 아니라 학생운동사를 분야별로 조명해 정리한 전자책과 관련자의 증언집을 비롯한 자료집도 함께 나왔다. 그동안 서울대학교의 역사를 다룬 책은 여러 번 출간되었지만, 학생운동을 본격적으로 조사·연구한 것은 이 책이 처음이 아닌가 생각한다. 이 책의 필자들도 강조하고 있지만, 한국에서 학생운동의 역사는 단순한 대학사·문화사·지성사의 일부가 아니라 가장 중요한 정치사다. 한국에서 정치적 학생운동의 뿌리는 일제강점기까지 거슬러 올라가지만, 학생들은 단순히 학원자율화, 대학개혁, 학생들의 권익보장 차원을 넘어서서 애초부터 민족통일, 정치적 민주화, 사회개혁을 분명한 목표로 삼았다. 그래서 서울대의 학생운동사 역시 청년문화운동사와 대학개혁운동사를 포함하고 있기는 하나, 한국 정치사와 사회운동사의 가장 중요한 사건들과 언제나 맞닿아 있다.

한편 학생운동사는 수많은 학부모들의 가슴에 못을 박은 아픈 가족사이기도 하다. 입학과 더불어 "데모하지 말라"라는 부모님들의 만류에도, 학생운동에 몸담은 사람들은 부모의 기대를 차갑게 저버렸다. 일부 부모는 정신적 물리적 상처를 입어 일찍 세상을 떴고, 아들과 딸을 민주화의 제단에 바친 부모들은 자식을 대신해 민주화운동에 뛰어들기도 했다. 학생운동에 가담한 사람들은 가족과 주변의 친척들에게는 큰 실망과 고통을 안겨주었지만, 학업과 미래보다는 운동을 전업으로 삼았던 투사들의 희생 위에 오늘의 한국 정치가 이 정도로 민주화되고, 한국이 앞선 나라가 될 수 있었다.

물론 순간적인 열정이나 분노로 시위나 조직에 가담한 사람도 많았지만, 애초부터 학교의 학업보다는 거의 전업 운동가처럼 학생운동에 전력을 투구했던 사람도 있었다. 이 극소수의 학생들이 동료 학생들에게 큰 영향을 주었고, 적어도 1980년대까지는 대학 사회에서 지적 권위와 도덕적 정당성을 가졌다. 그들은 엄혹한 군사정권하에서 정치사회적 낙인을 피할 수 없었지만, 그들이 추구했던 공적인 대의나 헌신을 누구도 감히 비판하기 어려웠다.

냉정히 말해 1990년대 초까지 서울대학교는 학문의 전당이 아니라 집회와 시위, 수업 거부, 휴교로 얼룩져 있었다. 당시 정치권과 교수 사회는 '문제 학생'들의 행동을 개탄했지만, 사실 학생들이 학업에 몰두하지 못하게 만든 원인과 책임은 다름 아닌 한국 정치의 후진성, 독재체제에 있다고 보아야 마땅할 것이다. 학생 데모는 분명히 후진국의 현상이지만, 정치와 사회문화 현실에 눈을 뜬 열혈 청년들이 없었다면 한국의 지성사, 청년문화사도 만들어질 수 없었을 것이다. 그 독재와 부패와 부정의의 시절에 학생운동에 눈길 한 번 주지 않고 자신만의 길을 간 사람들이 여전히 한국 사법부와 고위 관료 및 기업 임원의 대다수를 형성하고 있지만, 이들이 국가와 사회에 공인으로서 역할을 제대로 한다고 말할 수 있을까?

서울대 학생운동이 없었다면, 학생운동 내부의 학습과 조직과 훈련 과정이 없었다면, 이들에 대한 권력의 탄압과 그것을 온몸으로 겪어낸 청년들이 없었다면, 1990년대 이후 지금까지 한국의 정치, 사회, 학문, 문화예술, 노동, 과학, 의료 각 영역에서 새로운 자극과 실험, 그리고 혁신과 도전적 문제 제기를 해온 인물이 양성되었을지 의심스럽다.

이제 학생운동의 시대는 확실히 지나갔다. 1960년대의 학생운동은 다소 낭만적인 요소도 있었고, 민주화가 진행된 1990년대 이후의 학생운동은 생활운동의 측면이 강화되었다. 그에 따라 정치적 학생운동은 크게 약화되어 결국 오늘의 대학 사회는 거의 완전히 탈정치화되었지만, 학생운동 참여가 개인의 큰 결단과 희생을 요구하지 않는 경우는 거의 없었다. 물론 일부 사람들은 학생운동의 경력을 지렛대로 삼아 정치권에 진출해 나름대로 역할을 하기도 했고, 기득권층의 일원이 되기도 했지만, 압도적 다수는 학생운동 이력 때문에 그 이후 삶의 과정에서 큰 고통과 불이익을 당했고, 정신적으로 불구 상태에 빠지거나 짧은 생을 마친 사람도 많다.

오늘날 한국이 민주화되었다고 하나 학생운동의 경력은 대체로 주홍글씨처럼 평생을 따라다니는 멍에가 되었다. 그들의 희생에 대해 한국 사회는 물론이고 대학과 후배들도 제대로 인정해 주지 않았다는 안타까움을 금할 수 없다. 특히 오랜 투쟁 과정에서 수많은 서울대 학생들이 경찰이나 공안 당국의 고문, 군의 녹화사업 등으로 희생당했고, 일부는 지금도 여전히 고통을 안고 살아가고 있다. 하지만 캠퍼스 안에는 몇 개 기념비석 외에 그들에 대한 기억의 공간을 찾아보기 어렵다. 지금 이 거대하고 화려한 캠퍼스의 어느 한구석 방에도 서울대 학생운동사의 기억과 기록을 정리·전시할 공간이 없고, 관련된 강의 하나 개설되어 있지 않다.

안타까움은 여기서 그치지 않는다. 그동안 셀 수 없을 정도로 많은 학생들이 학교 당국에 의해 제명·제적·정학을 당했고, 그러한 전력 때문에 그 이후 큰 어려움과 불이익을 당했지만, 서울대 당국으로부터 공식 사과나 위로의 말을 듣지 못했다. 특히 아쉬운 점은 한국 대학의 역사나 정치사에서 이렇게 중요한 부분을 차지하는 서울대의 학생운동사가 대학의 공식 기구에 의해 편찬되지 못하고 소수 연구자들의 헌신적 노고로 세상에 나올 수밖에 없다는 점이다.

이러한 안타까움이 있지만, 이 책이 지금에라도 출간되는 것은 정말 다행한 일이다. 이 책이 이제 흩어진 학생운동의 기억을 정리하고, 서울대의 정체성을 새롭게 세우는 데 일조할 수 있을 것으로 생각한다. 이 기억이 당사자들만의 회고가 아니라 대학의 역사, 한국 민주화의 역사, 한국 현대사의 일부로서 당당하게 자리 잡는 데 기여하기를 기대한다.

2020년 4월
한국민주주의연구소 소장, 성공회대학교 교수 김동춘

1. 학생운동이란

한국 현대사에서 1960년 4·19혁명으로부터 1990년대 중반까지를 흔히 '학생운동의 시대'라 부른다. 전국 각지의 학생들은 이 기간 동안 민주화운동을 치열하게 전개했다. 그 과정에서 4·19혁명, 한일협정 반대운동, 유신 반대운동, 부마항쟁, 서울의 봄, 5·18광주민주화운동, 6월항쟁 등이 일어났다. 학생들은 그 주역으로서 많은 희생을 치렀고, 이를 바탕으로 한국의 민주주의가 한 걸음씩 앞으로 나아갈 수 있었다. 따라서 학생운동을 빼놓고는 한국 민주주의의 역사를 이야기할 수 없다. 일제강점기에도 마찬가지여서 한국의 독립운동사는 학생들이 흘린 피와 땀으로 물들어 있다고 해도 지나치지 않다.

이러한 이유로 한국에서 학생운동이라고 하면 곧바로 독립운동과 민주화운동 등 정치적 운동을 떠올리는 것이 보통이다. 그리고 그에 따라 학생운동을 학생들이 전개하는 정치적 활동이라고 보는 고정관념도 형성되었다. 그러나 학생운동의 개념을 좀 더 따져보면 그렇게 단순하지 않음을 알 수 있다.

● 학생운동의 개념

학생운동에 대한 사전적 정의는 다음과 같다. 『표준국어대사전』(1999)에서는 "학생들이 교내 문제나 정치·사회 문제 따위에 관하여 일으키는 활동"이라고 했다. 『한국민족문화대백과사전』(1995)에서는 "대학 및 정치·사회 개혁을 목표로 하는 학생 주도의 집단적·조직적·지속적인 사회운동"이라고 했다. 서울대 역사연구소가 펴낸 『역사용어사전』(2015)에서는 "학생들이 학문의 자유, 학원의 자치, 학생의 권리를 추구하는 한편 사회적으로 체제와 권력을 비판하고 모순을 해결하기 위해 현실에 참여하는 적극적·조직적 움직임"이라고 했다.

이상에서 인용한 사전적 정의에 따르면 학생운동은 다양한 내용을 포함하고 있음을 알 수 있다. 이것을 단순화해서 정리하면 ① 학내 문제를 해결하기 위한 운동, ② 외부의 압력으로부터 학문의 자유와 대학의 자율성을 지키기 위한 운동, ③ 정치·사회 문제를 해결하기 위한 운동으로 나눌 수 있다. ②와 ③은 정치적 성격을 띨 수밖에 없고 특히 ③은 그 자체가 정치적 운동이다.

이 세 종류의 운동은 다음과 같이 3개의 동심원으로 설명할 수 있다. ①은 가장 안쪽 동심원에 해당하고 그 바깥으로 ②와 ③이 위치한다. 가운데 동심원은 학생 자신의 문제를 해결하기 위한 영역으로 학생운동의 본령에 속한다. 대학 운영의 민주화를 비롯해 학생들의 각종 권리를 지키기 위한 운동으로서 학교 당국이나 교수를 상대로 한다.

두 번째 동심원은 대학의 자율성과 학문의 자유를 주로 국가권력의 간섭으로부터 지키기 위한 영역으로 학생 자신의 자유·권리를 지킨다는 필요와 결부되어 있다. 교수나 대학원생이 함께할 수 있으며, 드물게는 학교 당국과도 보조를 맞출 수 있다.

세 번째 동심원은 학생 자신과 대학 차원을 넘어서 정치·사회 문제를 해결하기 위한 영역으로, 시민·국민의 자유와 권리를 지키려는 필요에서 나온 것이다. 민주화운동이나 사회적 약자를 돕기 위한 운동이 모두 여기에 해당한다.

이 중 세 번째 동심원에 해당하는 운동이 가장 두드러진 정치적 성향을 보인다. 따라서 외부에서 보면 학생운동이 온통 정치적인 운동으로만 보이는

학생운동의 개념

것이다. 하지만 앞에서 본 대로 학생운동의 출발점은 첫 번째 동심원, 곧 학생들의 일상적인 자유와 권리를 비롯한 학내 문제를 해결하기 위한 운동이라는 사실을 알 수 있다.

- **학생운동의 범위와 이슈: 정치냐 복지냐**

'학생운동의 시대'에 학생운동은 당연히 정치 문제에 주력했다. 이와 달리 1990년대 후반부터 총학생회장 선거에서 학생복지 등 학내 문제가 정치 문제를 제치고 핵심적인 공약으로 등장했다. 21세기에 들어서면 비운동권 후보들이 '탈정치'를 표방하고 나서기도 했다. 그 과정에서 '정치인가 복지인가'라는 선동적인 선거 구호가 등장하기도 했고, 그러다 보니 양자가 서로 대립하는 것처럼 여겨지기도 했다.

하지만 엄밀히 말하면 학내 문제와 정치 문제는 결코 서로 대립하는 것이 아니다. 실제 역사에서 살펴보더라도 학생복지 등 학내 문제를 해결하는 것은 학생운동이 담당해야 할 주요한 과제 중 하나였다.

가령 1946년 국립 서울대학교가 설치되는 과정에서 발생한 이른바 '국대안 파동'은 결국 정치투쟁으로 번지고 말았지만, 대학의 자율성 문제에서 비롯되었다. 4·19혁명 직후에는 아예 학생 자신의 경제적 이득을 지키기 위한 기성회비 납부 거부운동도 벌였다. 1971년의 교련 반대운동도 결국 박정희 정권에 저항하는 반정부 시위로 비화했지만, 대학 자율성을 포함한 학내의 교육문제를 둘러싼 갈등의 성격을 갖고 있다. 1984년 재건된 총학생회가 정치적 학생운동을 전개하는 와중에도 학생복지 문제를 실천 과제에서 배제한 적은 없었다.

특히 1990년대에 들어서는, 여러 학생정치조직들이 총학생회장 선거에서 치열하게 다투면서도 득표를 위해 경쟁적으로 복지 공약을 내놓아야만 했다. 사실 21세기에 들어 이른바 비운동권 후보들이 전매특허처럼 내세운 '복지'라는 카드는 1990년대에 운동권 후보들이 이미 써먹은 해묵은 카드에 불과했다.

이처럼 실제 학생운동 속에서도 정치와 복지는 결코 서로 대립되는 것이 아니다. "정치냐 복지냐"라는 비운동권의 구호는 운동권을 '매일같이 정치만 생각하는 집단'으로 몰아가려는 일종의 선거용 프레임에 불과하다. 정치와 복지는 상황에 따라 중요도를 달리하면서 학생운동을 지탱하는 두 기둥이라고 할 수 있다.

그런데 불행하게도, 20년 간격으로 두 차례나 군사력으로 집권한 세력이 정부 정책에 대한 국회와 법원의 감독과 견제라는 헌법적 원리를 짓밟는 독재체제를 구축하면서, 이에 맞서는 정치적인 학생운동의 시대가 장기간 지속되었다. 언론이 제구실을 못한 탓도 크다. 그 결과 격렬한 정치적 학생운동이 마치 일상적인 것처럼 여겨졌다. 원론적으로 말해 한국의 학생들이 '학생운동의 시대'에 경험한 정치적 학생운동은 정치가 비정상인 조건에서 불가피하게 나타난 비정상적인 현상이라 하지 않을 수 없다.

21세기에 들어서 학생운동의 탈정치화 현상이 나타난 것은 어느 정도 사실이다. 그것은 정치적 학생운동의 쇠퇴를 의미하지만, 그렇다고 학생운동 자체의 쇠퇴나 소멸을 뜻하는 것은 아니다. 정치민주화가 진행되면서 학생운동이 비일상적인 상태에서 일상적인 상태로 복귀하는, 학생운동의 새로운 변화가 시작된 것이다. 21세기 학생운동이 어떠한 길을 걸어갈지는 좀 더 열린 시각에서 지켜볼 필요가 있다.

● 학생운동과 학생활동

학생운동은 다양한 형태로 전개되는 학생활동의 일부다. 뒤집어 이야기하면 학생활동은 학생운동을 포함하는 상위범주라고 할 수 있다. 양자의 관계를 보여주는 사례들은 서울대가 1966년 이래 10년마다 편찬하는『교사(校史)』에 자주 등장한다.

초창기 학교의 역사에 대한 서술의 목차에는 '학생운동' 대신 '학생활동'이라는 용어가 주로 사용되었다. 『서울대학교20년사』(1966)는 '학생활동' 속에 학도호국단과 학생회 등 학생자치활동, 학술·문예·체육·종교 활동 등 학생 과외활동, 향토개척단 등 계몽 및 봉사활동을 포함했다. 그뿐만 아니라 4·19혁명, 한미행정협정촉구운동, 한일협정 반대운동 등도 '학생의 사회참여'라는 이름으로 '학생활동'의 일부로 포함시켰다. 이러한 서술방식은『서울대학교30년사』(1976)와『서울대학교40년사』(1986)에서도 이어졌다. 다만 신문과 학보의 간행 등 학생언론활동 항목이 추가되었으며, '학생의 사회참여'라는 이름으로 서술된 내용이 늘어났다는 차이가 있을 뿐이다.

이러한 서술방식은 1987년 6월항쟁 이후 조금씩 바뀌기 시작했다. 『서울대학교50년사』(1996)는 '학생활동'을 상위범주로 설정하고 학생회와 학생운동 그리고 대학문화를 그 하위범주로 설정했다. 그에 따라 이전까지 '학생의 사회참여'라는 이름으로 다뤘던 내용을 '학생운동'이라는 이름으로 서술했다. 학술 및 언론활동, 예술공연활동, 체육활동, 종교활동, 봉사활동 등은 모두 '대학문화'의 이름으로 서술했다. 『서울대학교60년사』(2006)에서는 '학생활동'이라는 상위범주가 사라지고 '학생운동의 발자취'가 장 제목으로 승격되었다. 그 속에서 이전에 '학생의 사회참여'로 분류되었던 내용들이 서술되었다.

이상의 사례들은 처음에 '학생활동'이라는 용어가 주로 사용되다가 뒤늦게 그 일부인 '사회참여활동'을 지칭하는 의미로 '학생운동'이라는 용어가 등장했음을 말해준다. 그에 따라 학생회 활동과 기타 다양한 학생활동은 학생운동과 분리되어 다른 항목 속에 서술되었다. 학생운동이라고 하면 정치적 학생운동이라는 통념이 여기에도 은연중 드러나 있는 것이다.

- ● 학생운동의 생태계

학생운동이란 학생들이 주체가 되어 벌이는 특정한 목적을 달성하기 위한 집단적인 행동이다. 학생들이 집단적 행동을 지속적으로 펼치기 위해서는 그것을 가능하게 해주는 여러 조건, 곧 '학생운동의 생태계'가 조성되어야 한다. 행동을 뒷받침할 수 있는 이념, 조직적인 네트워크, 이념을 전파하고 공유하기 위한 매체, 단합된 행동을 뒷받침해 주는 정서적 공감대와 지지자 등이 그것이다.

이러한 학생운동의 생태계는 다양한 형태로 전개되는 학생활동을 통해 만들어질 수 있다. 이념은 학생들의 자율적인 학술활동을 통해, 조직적 네트워크는 학생자치활동을 통해 만들어질 수 있다. 이념의 전파와 공유의 수단은 학생언론활동을 통해, 정서적 공감대는 학생들의 문화공연활동 등을 통해 형성될 수 있다. 이처럼 다양한 학생활동은 제각기 고립되어 있는 것이 아니라 일정 부분 겹치기도 하면서 서로 긴밀히 영향을 주고받는다. 학생운동은 이들을 하나로 묶어주는 역할을 하기도 한다.

따라서 학생운동의 전개 과정을 깊이 있게 파악하기 위해서는 학생들의 집단적 행동이라고 하는 사건사에만 머물지 말고 그것을 떠받친 사회문화적 토양과 다양한 학생활동에 나타나는 연쇄적 변화까지 추적해야만 한다. 우리는 학생운동을 둘러싼 생태계 자체가 어떻게 변화하는지를 시야에 넣고 학생운동을 살펴볼 것이다.

2. 세계사의 맥락에서 본 한국 학생운동

20세기의 후반기는 한국에서뿐만 아니라 세계적으로도 학생운동이 분출한 시대다. 세계 여러 나라의 학생들이 저마다의 시대적 과제를 해결하기 위해 떨쳐 일어나 학생운동을 전개했다. 제3세계의 학생들은 후진국의 질곡에서 벗어나기 위해 분투했고, 프랑스·독일·미국·일본 등 선진국의 학생들도 그들 나름대로 혁명적 열정을 불살랐다. 이에 '스튜던트 파워'라는 말이 세계적으로 유행어가 되었다.

제3세계와 선진국 사이에 나라가 처한 사정이 매우 달랐던 만큼 그들의 학생운동은 이념과 방법 및 정서 면에서 각기 달랐다. 이처럼 다양한 세계의 학생운동 속에서 한국의 학생운동은 과연 어디쯤에 있었을까?

● 제3세계의 학생운동으로 출발하다

20세기 후반 한국의 학생운동은 4·19혁명을 계기로 분출되기 시작했다. 4·19혁명은 이승만정권의 3·15부정선거에 대한 항의에서 촉발된 민주주의 운동이다. 하지만 그 직후 열린 해방의 공간에서 가장 먼저 분출된 이념은 민족주의였고, 이는 억압되었던 통일 논의와 일제 잔재 청산의 요구로 나타났다. 바로 그때 식민사학을 극복하기 위한 학계의 노력이 본격화한 것은 우연이 아니다. 5·16군사정변 직후 그 주도 세력이 '민족적 민주주의'를 내세운 것도 같은 맥락에서다.

이처럼 1960년대의 학생운동은 민족 자주 속의 민주주의를 추구했다. 민족의 단결과 통일을 위해서는 각계각층의 이해와 요구를 수렴하는 민주주의가 불가결하기 때문이다. 당시 학생들의 민족주의는 식민지배의 역사에 눈을 감는 일본을 겨냥했다. 이는 3·1운동과 광주학생운동 등 일제강점기 독립운동의 일환으로 전개된 학생운동의 전통을 계승한 것이다. 이런 민족주의적 계승 의식은 4·19혁명 당시 나온 각 학교 학생들의 선언문에 잘 나타나 있다.

당시 학생운동의 민족주의 조류는 제3세계라고 불리던 이른바 후진국 일반의 현상이었다. 아시아와 아프리카의 많은 민족들이 갓 독립했거나 아직도 독립운동을 벌이는 민족운동의 시대가 1950~1960년대에도 이어졌다. 이 국가들의 지도자들은 반둥회의(1955) 이후 미국 중심의 자본주의 진영(제1세계)과 소련 중심의 사회주의 진영(제2세계)에 가담하기를 거부하고 양쪽 모두에 거리를 둔 비동맹중립주의를 추구하면서 제3세계를 자처했다.

이런 국제적 조류 속에 당시 한국의 진보적 학생들은 식민 통치를 경험한 같은 신생독립국가로서의 현실을 직시하면서 스스로 제3세계의 일원이라는 정체성을 갖고 있었다. 그들은 한국전쟁과 굴욕적 한일협정으로 소련 중심의 제2세계에 대해서도 미일동맹을 축으로 하는 제1세계에 대해서도 비판적 시각을 갖게 되었다. 그 속에서 한국 학생운동은 제3세계의 학생운동과 연대의식을 느끼고 있었다. 이러한 정체성과 연대 의식은 그 후에도 상당 기간 이어졌다. 남미의 해방신학과 종속이론을 다룬 책들,『사이공의 흰옷』(1986)처럼 제3세계 학생운동의 경험을 담은 책들이 주목받은 것은 이를 말해준다.

그렇다고 이 시기 학생운동이 민족주의에 경도되어 계급문제를 간과한 것은 아니다. 그 당시는 아직 산업화가 본격화되기 전이라서 농민문제가 계급문제의 중심에 있었고, 학생들은 학회활동과 방학 중 농촌활동 등을 통해 이 문제에 지속적으로 관심을 기울였다. 특히 당시 대학생들 상당수가 농민 가정 출신이었기에 농민문제는 다름 아닌 그들 자신의 문제이기도 했다.

● 68혁명의 물결과 한국의 학생운동

한국에서 4·19혁명을 거치면서 학생운동이 한창 분출되고 있었던 1960년대에 프랑스와 미국 등 이른바 선진국에서도 학생운동이 활발했다. 이 나라들에서는 1960년대 전반기부터 학생들이 꿈틀대기 시작하다가 1968년에 마침내 폭발했다.

프랑스 낭테르대학에서 시작된 혁명의 불길은 독일을 거쳐 미국으로까지 번졌다. 미국에서는 흑인민권운동으로부터 시작된 학생운동이 베트남전쟁에 반대하는 대규모 반전운동으로 확산되었다. 태평양 건너 일본의 도쿄대학 학생들은 이른바 '전공투'라는 투쟁 조직을 만들어 화염병을 들고 야스다 강당을 점령했다. 이러한 일련의 사건이 모두 1968년에 일어났다고 해서 '68혁명'이라고 부르기도 한다.

68혁명 당시 서구의 학생들은 사회주의 혁명을 추구했다. 하지만 이들은 스탈린주의로 대표되는 구좌파를 비판하면서 소련 모델과는 다른 형태의 사회주의를 추구했기에 '뉴레프트(new left)' 즉 '신좌파'로 불린다. 1960년대의 유럽에서는 산업화 후기에 도달한 상태여서 대중소비사회가 형성되고 대학교육도 대중화되는 가운데 노동자의 계급운동이 약화된 대신 학생들이 새로운 사회운동의 주체로 등장했다. 이들이 기존 좌파정당의 울타리를 넘어서 직접행동을 추구한 결과가 바로 68혁명이다. 비록 68혁명은 실패로 돌아갔지만 신좌파들은 이후 환경운동과 여성운동 등 신사회운동을 추구해 나갔다.

신좌파들이 주도한 68혁명은 한국의 학생운동에도 얼마간 영향을 미쳤다. 1971년 봄 서울대 총학생회와 대학원생들이 교련 반대를 명분으로 학원민주화를 요구하면서 대학 운영의 모든 의사결정과정에 학생들이 참여할 수 있는 제도장치를 마련하라고 촉구했는데, 이는 68혁명 당시 서구의 학생운동에서 나온 요구와 흡사하다. 10월에는 서울대의 각기 분산돼 있던 모든 단과대학 학생들이 동숭동의 문리대에 집결하여 교련 반대시위를 벌였는데, 이때 거리에 바리게이트를 설치하고 불을 질렀으며 화염병도 등장했다. 이것은 종전에는 좀처럼 볼 수 없었던 색다른 장면이었다.

이에 박정희 정권은 당시 세계적으로 번져가고 있던 이른바 '스튜던트 파워'의 불길이 한국에도 옮겨 붙지 않을까 우려해 각종 조치를 취했다. 우선 이 시위 직후 당국은 이른바 '서울대생내란음모사건'을 조작해 학생들이 화염병으로 국가를 전복하려 했다는 누명을 뒤집어씌워 구속했다. 더 많은 다수의 학생을 겨냥한 조치도 이어졌다. 대학생들 사이에 유행한 장발과 포크음악에 대한 통제가 그런 예인데, 모두 1975년 긴급조치 9호의 발동과 함께 시행되었다. 그것은 미국 대학생들의 베트남전쟁 반대운동 과정에서 탄생한 저항문화의 상징이었다. 길거리에서 경찰이 학생들의 장발을 단속했고, 반전 메시지를 담은 포크송은 금지되었다.

당시 대학생들에게 극히 큰 영향을 미친 리영희의『전환시대의 논리』(1974)를 당국이 판매 금지 처분하고 저자를 구속한 것도 바로 68혁명의 이념이 한국에 전파될 것을 우려했기 때문이다. 이 책은 베트남전쟁의 실상과 중국 문제를 다루었는데, 이 둘은 모두 68혁명의 주요 이슈였다. 당시 유럽의 신좌파들은 마르크스·레닌주의에 대한 대안을 마오쩌둥사상에서 찾고 있었다.

이렇게 68혁명의 그림자가 한국 학생운동의 주변을 배회하고 있었지만, 그 영향은 크지 않았다. 서구의 68혁명은 산업화시대가 막을 내리는 시점에 발생한 데 비해, 당시 한국의 학생운동은 이제 막 산업화의 길에 들어서는 조건에서 전개되었다는 객관적 조건의 차이가 컸다. 따라서 한국의 학생들이 68혁명과 신좌파 이념에 전반적으로 공감하기는 힘들었고, 한국의 학생운동은 제3세계형 학생운동의 단계를 크게 벗어나지 못하고 있었다. 한국에서 68혁명의 이념은 1997년 이후의 새로운 시기에 가서야 뒤늦게 비로소 관심의 대상으로 떠올랐다.

● 산업화 시대의 학생운동

한국의 산업화가 진전되면서 학생운동의 성격과 양상도 점차 변화했다. 제3세계형 운동의 기조 위에 산업사회형 운동의 요소가 가미되어 중첩되는 양상을 보이기 시작한 것이다. 그 중요한 변화의 계기는 전태일 사건이다.

1970년 11월 13일, 봉제공장 노동자 전태일이 노동조건 개선을 요구하며 분신한 사건은 학생들에게 큰 충격을 주었다. 학생들은 이제 비로소 노동 문제에 관심을 기울이기 시작했다. 한국의 산업화가 진전될수록 노동조건은 악화되었다. 그 결과 사회적 갈등은 더욱 심화되었다. 당시 박정희 정권이 채택한 경제개발 전략은 이러한 사회적 갈등을 더욱 가중시켰다. 그래서 이것을 일컬어 '개발독재'라고 부르기도 한다.

당시 한국이 선진국이었다면 노동조합과 진보정당이 노동자들의 이익을 대변했을 것이다. 하지만 당시 한국에서는 노동조합이 본래의 역할을 할 수 없었고, 국회에는 보수정당 이외에 노동자의 이익을 대변할 수 있는 정당이 존재할 수 없었다. 따라서 1970년대 학생들은 노동조합과 진보정당이 맡아야 할 역할까지 모두 자신들이 떠맡아야만 한다고 생각했다. 이 때문에 학생들은 더욱 급진적인 대안을 모색할 수밖에 없었고, 학생운동이 점차 혁명적 성격을 띨 가능성이 커졌다.

실제로 한국의 학생운동은 1980년대에 접어들면서 혁명을 꿈꾸기 시작했다. 이는 1970년대 후반 유신체제가 학생운동을 체제의 바깥으로 축출한 것에 대한 반작용이라 할 수 있다. 1980년 봄에 광주에서 벌어진 비극은 이런 변화를 촉진한 직접적인 계기로 작용했다. 당시 혁명을 추구한 한국 학생운동의 이념적인 구도는 크게 NL(national liberation)과 PD(people's democracy)라고 하는 두 정파로 나뉜다. 전자가 민족문제를 중시했다면 후자는 계급문제를 중시했다고 볼 수 있다. 이 두 문제는 상호 연관돼 있었으니 양자를 어떻게 통일적으로 파악하고 실천할 것인지는 1920년대 이래 한국, 중국, 베트남 등 동아시아 혁명운동의 핵심과제였다.

NL은 민족주의 이념을 고수하면서 전통적인 반일의 범위를 넘어서 반미까지 포함하는 반제민족혁명을 추구했다. 한편 PD는 한국의 산업화가 진전되어 노동 문제가 사회문제의 중심으로 부각된 데 주목해 마르크스·레닌주의에 기초한 계급혁명을 꿈꾸었다. 한국 민주주의의 진전을 가로막는 핵심 장애물을 전자는 대외 종속과 남북분단으로, 후자는 불평등과 독점자본으로 본 결과다. 따라서 그 이념은 68혁명을 이끌었던 신좌파의 그것보다 구좌파로서의 면모에 더 가까웠다. 이렇게 한국의 학생운동은 1980년대에 제3세계형 학생운동과 산업사회형 학생운동이 경쟁하는 단계로 접어들었다.

• 어느새 가라앉은 혁명의 열기

1980년대에 한국의 학생운동에서 고조되었던 혁명의 열기는 1990년대 중엽을 넘기지 못하고 사그라졌다. 서구에서도 68혁명 때 학생들을 사로잡았던 혁명의 열기가 너무나도 빨리 식어버린 바 있으니, 이를 이상하게만 생각할 필요는 없다.

여기에는 내외의 요인이 작용했다. 외인으로는 소련의 붕괴가 핵심이다. 당시 혁명적 학생운동은 마르크스·레닌주의를 암묵적인 논리적 전제로 삼고 있었는데, 1991년 소련을 비롯한 현실사회주의체제가 붕괴하면서 그 논리적 전제가 송두리째 무너져 내렸다. 내인으로는 한국의 경제성장 효과가 중요하다. 경제가 고도성장을 거듭하고 격렬하게 전개된 노동운동 덕택에 분배 구조가 상당 수준 개선되었다. 그 결과 한국에도 대중소비사회가 열렸고, 1987년을 기점으로 절차적 민주주의도 진전되었다.

이와 함께 주목해야 할 또 하나의 내인은 학생운동 경력자를 포함하는 재야 진보 진영의 상당수가 6월항쟁으로 성취된 대통령과 국회의원 직선제를 통해 제도권 정치에 진출한 사실이다. 이후 선거가 거듭될수록 국민의 시선은 청와대와 여의도로 쏠렸고, 그에 따라 시간이 갈수록 거리의 정치는 축소되었다. 1998년의 실질적 정권교체는 그 연장선에서 나온 변화다. 혁명적 열정의 정점에 도달했던 1987년 이후 나타난 이러한 일련의 긍정적 변화들은 혁명의 열기를 가라앉히는 결과를 초래했다.

1987년 6월항쟁을 전후한 시기 학생운동을 비롯한 진보 진영의 동향을 면밀히 살펴보면 사회혁명이라고 하는 급진적 사고와 정치민주화라는 현실적 실천이 공존하는 일종의 이중구조가 존재하고 있었음을 발견할 수 있다. 6월항쟁 당시 '제헌의회 소집' 구호와 '직선제 쟁취' 구호는 이러한 이중구조의 두 측면을 대표한다. 학생운동을 파도에 비유한다면 혁명은 파도의 마루에, 정치민주화는 파도의 골에 해당한다고 할 수 있다. 바다에 폭풍우가 몰려오면 눈에 보이는 것은 온통 파도의 마루들뿐이다. 하지만 파도가 시작되는 곳은 마루가 아니고 골이다. 따라서 혁명적 열기가 가장 고조되었던 1980년대 후반에도 학생운동의 출발점은 역시 정치민주화운동이었던 것이다.

하지만 그렇다고 해서 혁명이 단지 정치민주화라고 하는 맥주잔 위에 떠 있는 거품이었던 것은 아니다. 당시 혁명은 반공이데올로기라고 하는 정신적 감옥을 깨부수고 나가 사상의 자유를 획득하고, 이를 통해 온전한 시야를 확보하기 위한 일종의 정신적 해방운동이었다. 이러한 측면에서 볼 때, 1980년대의 혁명적 실천은 그 나름의 의미가 있다.

● 대안의 모색과 68혁명 이념의 소환

1990년대에 들어서 혁명의 열기가 가라앉으면서 한국의 학생운동은 마르크스·레닌주의를 대신할 이론적 대안을 찾기 시작했다. 이 과정에서 안토니오 그람시(Antonio Gramsci)의 진지전 이론도 관심을 끌었지만, 그보다는 68혁명과 그것을 이끌었던 신좌파의 이념이 더욱 주목을 받았다.

68혁명의 경험을 한국의 학생운동권에서 가장 먼저 자신의 활동에 접목시킨 것은 1990년대 진보학생연합이다. 하지만 당시 진보학생연합은 68혁명의 경험을 자신들이 대안으로 제시하던 부문별 운동의 활성화를 위한 근거로만 협소하게 받아들였기 때문에 그 영향력이 그리 크지는 않았다. 당시 다른 정파들은 진보학생연합의 68혁명에 대한 검토를 개량주의 논리의 확산이라며 부정적인 시각에서 바라보았다.

하지만 1990년대 중반 이후 안토니오 네그리(Antonio Negri)를 비롯한 신좌파의 이론이 본격적으로 소개되면서 양상이 바뀌기 시작했다. 이제는 여러 정파가 경쟁적으로 68혁명의 경험을 받아들이기 시작한 것이다. 1995년 가을 총학생회장 선거에서는 "주류 질서의 전복" 등 68혁명과 신좌파에게서 영향을 받은 급진적 슬로건이 대거 등장하기 시작했다.

이 과정에서 '대학개혁'이 학생운동의 새로운 이슈로 떠오르기 시작했다. 이를 실현하기 위해 전개한 이른바 '교육투쟁'은 서구의 68혁명 당시 중요한 이슈였던 '대학개혁'에 속하는 문제로서, 1971년 서울대 총학생회 등에 의해 이미 제기된 바 있다. 그것이 25년을 지난 1990년대 중엽에 다시금 소환된 것이다. 이는 그제야 한국 사회가 68혁명의 경험을 온전히 이해하고 수용할 수 있는 단계에 도달했음을 반영한다.

서구의 경우 68혁명 때 이미 탈공업화사회 단계에 있었는데, 한국의 경우도 1990년대를 거쳐 2000년대에 들어 그와 비슷한 사회에 걸맞은 학생운동의 양상이 각 방면에서 나타나기 시작했다. 우선 대학교육이 대중화되면서 학생들의 엘리트 의식이 약화되었다. 특히 1997년 외환위기를 계기로 청년실업 문제가 대두하면서 학생들도 취직 문제를 신경 쓰지 않을 수 없었다. 자신의 앞길부터 챙겨야 하는 세상이 된 것이다. 민족과 민중에 대한 사명감에 뿌리를 둔 금욕적이고 질박한 생활윤리, 공동체를 중심으로 하는 사고방식이 점차 약화되고 그 자리를 개인주의가 대신하기 시작했다.

학생운동의 조직 형태도 바뀌었다. 전통적인 피라미드형 조직에서 네트워킹형 조직으로 바뀌었다. 중앙집권적이고 하향식으로 운영되는 조직에서 자발적이고 수평적인 조직으로 바뀐 것이다. 서울대에서는 1990년대 중반 '네트워크학생회론'이 제기된 바 있으며, 여성주의자들도 '관악여성주의모임연대'라는 수평적 연대조직을 중심으로 활동했다. 집회와 시위의 양상도 달라졌다. 과거 산업화시대의 집회와 시위 현장은 최루탄과 화염병이 난무하는 일종의 전쟁터였다. 21세기에 들어서면서 집회와 시위 현장이 마치 축제장 같아졌다. 2011년 법인화 반대시위 당시 행정관 앞 잔디밭에서 벌어졌던 록페스티벌인 '본부스탁'이 그런 예라고 할 수 있다.

무엇보다도 중요한 변화는 학생들의 집단적 의사결정 과정에서 절차적 정당성을 중시했다는 점이다. 학생운동의 시대에는 공유된 이슈가 있으면 곧 다수의 학생이 쉽게 모였기 때문에 집회를 통해 곧바로 행동 방침이 결정되었으나 이제는 각 단계마다 참여자의 의사를 묻고 토론하며 정족수를 따져 표결하는 등의 절차를 거치지 않으면 안 되었다. 민주화운동을 넘어 운동의 민주화를 추구한 셈이다.

이렇게 21세기에 들어서면서 한국의 학생운동은 탈산업사회의 학생운동을 닮아가기 시작했다. 즉 한국의 학생운동은 짧은 시간 안에 제3세계형 학생운동의 단계로부터 시작하여 산업사회형 학생운동의 단계를 거쳐 탈산업사회형 학생운동으로 진화한 것이다. 한국의 경제와 마찬가지로 한국의 학생운동도 압축적 성장을 이룬 셈이다.

3. 서술 방향과 책의 구성

앞에서 살펴본 바를 바탕으로 이 책은 다음과 같은 몇 가지 원칙적 서술 방향을 견지하고자 한다.

① 학생운동은 곧 정치적 운동이라고 하는 전통적인 학생운동관에서 벗어나 더 넓고 입체적인 시각에서 학생운동의 중첩된 변화를 추적한다.
② 1990년대 이후 학생운동의 변화를 쇠퇴 내지 소멸의 과정이 아니라 새로운 학생운동이 만들어지는 과정이라는 동태적이고 전향적인 시각을 견지한다.
③ 단순한 학생운동 관련 사건의 연대기를 넘어서 다양한 학생활동에 나타나는 연쇄적인 변화 과정, 즉 학생운동 생태계 전체의 변화 과정을 추적한다.
④ 학생운동의 주체를 남학생으로 한정하지 않고, 여학생의 자발적이고 주체적인 각 분야의 활동상을 적극 담아낸다.
⑤ 근현대 한국사의 맥락을 고려하되, 일국사의 좁은 시야에서 벗어나 세계 학생운동사의 조류와도 관련지어 서울대 학생운동의 전개 과정을 조명한다.

이상의 기본 방향을 견지하면서 서울대 학생운동 70년사를 서술하되 특정 대학만의 이야기로 고립시키지 않고 동시대 한국 대학생들과 함께한 이야기가 될 수 있도록 열린 시야에서 접근하려고 한다. 이들의 스토리는 그 성취와 한계를 포함해 결국 한국 현대사의 일부라는 사실을 자각하는 것이 필자에게도 독자에게도 긴요하다.

이때 우리는 학생들이 만든 현대사이기에 넘어설 수 없는 특징적 제한이 있음을 고려해야 한다. 학생사회는 지속되지만 그 구성원은 4년 주기로 바뀌는 데다가 학생운동의 추진력은 기본적으로 열정과 패기여서 운동 주체의 경험이 제대로 축적되어 계승되기 어렵고, 시행착오도 상대적으로 많을 수밖에 없다. 성찰이 더 절실하게 요청되는 까닭이다. 한 사람이 20~30년 넘게 한 분야에 종사해 풍부한 경륜과 전문적 식견을 갖춰가는 학교 밖의 일반 사회와는 다른 것이다. 기성세대가 학생들에 대해 포용의 미덕을 발휘할 때 인간다운 사회는 한 걸음 앞당겨질 수 있다.

그럼에도 우리는 70년간 학생들이 학생사회의 구조적 한계 속에서도 한국 현대사의 진전 과정에 남긴 뚜렷한 족적을 확인할 수 있다. 무엇보다도 정의감에 의거한 민주화의 촉진자였다는 점이 그것이다. 정치·사회의 민주화와 대학민주화라는 상호 연동된 두 과제가 늘 함께 추구되었으되 군사력으로 집권한 세력이 정권을 장악하던 전기 30여 년 동안은 전자가 중시된 반면, 그 후 30여 년간은 후자가 중시되는 차이를 보였다.

이러한 방향과 관점 아래 우리는 학생운동사의 제1권을 시대사로 정리한 것과 짝을 이루어 제2권은 사회문화에 초점을 맞춘 분야사로 정리했다. 각 분야별 활력을 세밀하게 재현함으로써 학생운동의 생태계를 입체적으로 드러내기 위함이다. 이를 위해 학생사회와 정체성, 학회, 학생자치, 학생언론, 집회와 시위, 농촌활동, 야학, 독서 등 여덟 개 분야로 나누고 이를 각각 하나의 장으로 다루었다.

제1장

학생사회와
정체성

서울대 학생운동사의 무대는 서울대이고 그 주인공은 서울대생이다. 서울대학교는 개교 이래 70년을 지나는 사이에 적지 않은 변화가 있었으며 서울대생의 모습도 많이 바뀌었다. 초창기 서울대생의 모습은 고도성장 시기인 1970~1980년대의 모습과 같지 않으며 21세기에 들어 더욱 많이 바뀌었다. 성장환경이나 가정 형편이 많이 개선되었으며 가치관과 사회의식은 물론이고 생활문화와 외모까지도 달라졌다. 학생운동도 학생의 생활 속에서 싹트기 마련이다. 그런 만큼 서울대 학생운동의 변화를 이해하기 위해서는 서울대와 서울대생이 어떻게 바뀌었는지 살펴보는 것이 급선무다.

1. 주경야독한 초창기 서울대생

• 국립서울대학교의 개교

서울대학교는 1946년 8월 22일 공포된 미군정 법령 제102호 '국립서울대학교설립에관한법령'에 따라 개교했다. 이 법령에 의해 경성대학과 경성경제전문학교·경성법학전문학교·경성의학전문학교·경성광산전문학교·경성공업전문학교·경성사범학교·경성여자사범학교·수원농림전문학교·경성치과전문학교 등 9개 관립전문학교가 통합되어, 문리대·법대·상대·공대·농대·사범대·의대·치대·예술대 등 9개 단과대학으로 재편성되었다.

여러 전신학교가 국립서울대학교로 통합되는 과정에서 갈등이 적지 않았다. 이러한 갈등은 이른바 국대안 파동으로 터져 나왔는데, 그 원인 중 하나가 전신학교들 사이의 통합 문제였다.

예컨대 법과대학은 경성대학 법문학부 법학과와 경성법학전문학교를 합쳐서 만들었고, 의과대학은 경성대학 의학부와 경성의학전문학교를 합쳐서 만들었다. 통합 과정에서 학내 구성원들 사이에 정체성 문제를 둘러싸고 갈등이 빚어지기도 했다.

서울대가 개교한 이후에도 여러 단과대학은 여전히 독자적인 캠퍼스를 두고 있었고 자체 예산과 행정조직도 그대로 유지했다. 서울대는 종합대학교를 지향했지만 이는 서류상의 이름일 뿐 실질적인 종합화는 아직 미완의 과제로 남아 있었다. 그래서 당시 서울대를 '종합대학'이 아니라 '연립대학'이라고 꼬집기도 했다.

• 최초로 남녀공학을 실시한 대학

새로 개교한 서울대는 최초로 남녀공학을 실시한 대학이었다. 먼저 경성

개교 당시 교문과 대학본부의 모습

사범대학과 경성여자사범대학(경성사범학교와 경성여자사범학교가 서울대 개교 직전 대학으로 승격했다)이 합쳐져 서울대학교 사범대학이 되었으며, 다른 단과대학들도 개교와 함께 여학생에게 문호를 개방했다.

새로 개교한 서울대가 남녀공학을 채택한 것은 미군정 당국의 방침 때문이었다. 미군정 당국은 민주교육이라는 명분 아래 한국의 교육을 미국식으로 개편하려 했다. 이때 이식하려던 미국식 교육제도 가운데 하나가 바로 남녀공학이다. 당초 미군정은 모든 교육단계에 전면적으로 남녀공학을 실시하려 했다.

하지만 남녀공학 문제는 조선교육심의회의 논의 과정에서 문화적 보수주의자들의 반대에 부딪혔다. 그래서 부득이하게 중등교육 단계에 남녀공학을 실시하는 것은 보류하고 초등교육과 고등교육 단계에서만 남녀공학을 실시하는 선으로 후퇴했다. 일제강점기에도 초등교육에서는 남녀공학을 이미 실시하고 있었으니, 미군정 시기 들어 고등교육에 확대 적용된 셈이다.

1946년 10월 서울대가 개교할 무렵에는 이러한 방침이 확정된 상태였다. 그래서 서울대는 개교하면서 곧바로 남녀공학을 채택하게 되었다. 서울대가 남녀공학을 실시하자 이후 다른 대학들도 이를 따랐다. 하지만 당시 한국 사회의 문화적 기풍에 비추어볼 때 남녀공학은 아직 낯선 것이었다. 그래서 적지 않은 대학들이 이화여대처럼 여자학교로서의 정체성을 고수했다.

당시 대학에서 남녀공학을 실시하는 것은 새로운 실험이었기 때문에 학교 당국도 각별히 신경을 쓰지 않을 수 없었다. 개교 당시 서울대의 행정조직을 보면 학생처와 별도로 여학생처를 두었다. 초대 여학생처장은 경성여자사범 대학 학장이던 손정규 교수가 맡았다. 손정규 여학생처장은 당시 전교생의 약 20분의 1에 해당하는 여학생 385명에 대한 지도를 담당했다.

남녀공학의 채택으로 서울대가 여학생에게 개방되기는 했지만, 서울대 신입생 가운데 여학생들이 차지하는 비율은 그리 높지 않았다. 당시 한국 사회의 문화적 보수성이 여전히 강고했기 때문에 딸을 둔 학부모들은 남녀공학 대학보다는 오히려 여자대학을 선호했다. 따라서 당시 서울대는 제도적으로는 남녀공학을 채택했지만, 실제로는 남학생이 절대다수를 차지하는 대학이 되었다.

● 학생 수로도 거대한 종합대학

앞에서 살펴본 바와 같이 서울대학교는 백지상태에서 새로 만든 것이 아니라 이미 존재했던 여러 전신학교를 통합해 만들었다. 따라서 개교 당시 학생 수를 정확히 집계하는 일도 쉽지 않다. 그 대략을 추적하면 다음과 같다. 서울대 개교 당시 각 전신학교의 재적생 수를 모두 집계하면 4730명이었다. 이 가운데 경성대학이 1343명으로 가장 큰 비중을 차지하고 있었다. 그 뒤를 경성사범대학(967명)·경성경제전문학교(521명)·경성공업전문학교(364명)·수원농림전문학교(288명)·경성법학전문학교(264명), 경성의학전문학교(248명) 등이 잇고 있었다. 서울대가 개교하면서 이 전신학교 재학생들이 모두 서울대학교에 전입하고 여기에 정원이 추가로 배정되어, 1946년 개교 당시 수용 예정인 인원은 약 8500명이었다.

하지만 국대안 파동으로 학생들이 등록을 거부하면서 이 인원을 모두 채우지는 못했다. 마감을 하루 앞둔 9월 13일 오전 9시까지 등록한 학생 수는 1092명에 불과했다. 학교 당국은 추가 등록을 실시해 9월 18일까지 5000여 명이 등록을 마쳤으나 3000여 명은 여전히 등록을 하지 않고 있었다.

1946년 9월 말 현재 등록 학생 수는 7161명이었으며 10월 말에는 이보다 조금 더 늘어 7295명(남 6910명, 여 385명)이 등록했다. 이를 단과대학별로 살펴보면 문리대(438명), 사범대(1257명), 법대(739명), 상대(381명), 공대(1371명), 예술대(318명), 의대(588명), 치대(218명), 농대(349명), 예과(1012명) 순서였다. 이렇게 하여 서울대는 출범했지만 국대안 파동 과정에서 1000명 이상의 학생이 학교를 떠나야만 했다.

한편 『대한교육연감』에 수록된 1945년 8월 해방 당시 고등교육기관의 현황을 살펴보면 학교 수는 19개, 교원 수는 1490명, 학생 수는 남자 6733명과 여자 1086명을 합해 모두 7819명이었다. 앞서 살펴본 서울대 전신학교의 정원이 모두 합해 4730명이었으므로, 해방 당시 서울대의 전신학교 학생들이 고등교육기관 학생의 절반 이상을 차지하고 있었다고 할 수 있다.

해방 고등교육기관은 급격히 증가했다. 전문학교가 대학으로 승격되기도 하고, 새로운 대학이 설립되기도 했다. 1947년 10월 현재 문교부가 정식으로 인가한 학교는 서울대·연희대·고려대·이화여대·세브란스의대·동국대·성균관대·성신대·중앙여대(이상 서울), 부산대·대구사범대·대구농대·대구의대·청주상대·광주의대·춘천농대 등 16개교였다. 이 밖에 대학 승격을 준비 중인 학교가 경성약학전문학교·경성여자의학전문학교·숙명여자전문학교 등 3개 교이고, 문교부장의 인가를 받아야 하는 특종고등교육기관으로 국민대·국학대·건국대·경성신학교·감리교신학교·조선신학교 등 6개교가 있었다.

1947년 12월 말이 되면 이상에서 열거한 학교 이외에도 여러 고등교육기관이 추가로 설립되어 33개 교가 되었고, 재학생 수는 모두 2만 734명으로 집계되었다. 개교 당시 서울대 정원이 약 8500명이었으니 이는 전체 고등교육기관 학생 수의 40%에 육박한다. 1946년 연희대의 학생 수가 1200명에 불과했던 점과 비교해 보면, 당시 서울대가 고등교육에서 차지한 비중을 알 수 있다.

서울대는 개교 이후 점진적으로 학생 수를 늘려갔다. 신입생 수가 1947년 1275명에서 1948년에는 2898명으로 크게 늘어났다가 1949년에는 2217명으로 약간 줄었지만, 이후 다시 늘어 1953년부터는 3000명 선을 넘어섰다. 이렇게 신입생 수가 늘어남에 따라 전체 학생 수도 늘어났다. 전체 학생 수는 1951년 1만 300명으로 1만 명 선을 돌파했으며 이후 계속 증가해 1959년에는 1만

2560명에 달했다. 개교 당시에 비해 40%p 정도 증가한 것이다.

해방 이후 1950년대까지는 서울대뿐만 아니라 한국의 전체 대학 정원도 크게 늘어났다. 고등교육기관 재학생 수는 1947년 12월 말 2만 734명에서 1957년 8만 8431명으로 4배 넘게 늘어났다. 1950년대에 대학 정원이 크게 늘어난 것은 당시 이승만 정권의 자유방임적인 대학 정원 정책 때문이었다. 각 도마다 국립대학이 설립되었으며, 사립대학도 경쟁적으로 설립되었다.

당시 사회경제적 발전의 정도에 비추어볼 때 이와 같은 대학 정원 규모는 과다한 측면이 있었다. 그럼에도 각 대학은 정원을 채우는 데 크게 어려움을 겪지 않았다. 그것은 당시에는 일단 대학에만 입학하면 군 징집이 유예되었으며, 재학 기간 중 즉 학적을 보유한 상태에서 군대에 가면 이른바 '학보병'이라는 이름으로 군 복무 기간의 절반을 감면받을 수 있었기 때문이다.

이렇듯 1950년대를 거치면서 전체 대학 정원이 크게 늘어났기 때문에, 그 가운데 서울대 학생 수가 차지하는 비율은 줄어들었다. 1947년 40%이던 것이 1959년에는 15.7%로 감소했다. 따라서 서울대에 입학하기 위한 경쟁은 시간이 갈수록 치열해질 수밖에 없었다.

● 입시경쟁이 시작되다

1950년대까지 정부의 대학 정책은 기본적으로 자유방임적이었다. 대학입시에 대해서도 마찬가지였다. 따라서 서울대를 비롯한 각 대학은 대학별 고사를 통해 자율적으로 학생을 선발할 수 있었다. 서울대에서는 당시 국어·영어·수학·사회생활 등 공통과목과 한두 과목의 선택과목의 필기시험을 치렀으며, 구술시험과 신체검사가 별도로 있었다. 그중에서도 합격 여부를 좌우하는 것은 역시 필기시험이었다.

서울대 입시에는 수많은 수험생이 응시해 치열하게 경쟁했다. 당시 주요 일간지들은 서울대 입학원서 접수가 마감되는 날 서울대 입시경쟁률을 보도하는 것이 관행이었다. 개교 초인 1948년의 입시 경쟁률을 살펴보면 전체 경쟁률은 2.5 대 1이었다. 하지만 단과대학별로 차이가 있어서 법대와 상대가

〈표 1-1〉 1953학년도 서울대 입시경쟁률

단위: ( ) 안의 숫자는 전체 모집 인원

모집 단위	모집 인원	지원자 수	경쟁률
공대	375	1,647	4.4
농대	250	989	4.0
수의학부	80	250	3.1
문리대	340(440)	1,554	4.6
의예과	160	813	5.1
법대	210(300)	1,318	6.3
사범대	322(460)	1,515	4.1
상대	210(300)	1,378	6.6
약대	120	708	5.9
미술학부	77(110)	68	0.9
음악부	53(75)	110	2.1
치대	120	194	1.6
합계	2,317(2,790)	10,344	4.5

자료: ≪동아일보≫, 1953년 2월 25일 자.

7 대 1로 가장 경쟁이 치열했고, 그다음으로 공대(6 대 1)·문리대(6.1 대 1)·사범대(3.3 대 1)의 순서였다.

1950년대에 들어서도 서울대 입시경쟁률은 떨어질 줄 몰랐다. 1953학년도 서울대 총모집 인원은 2790명이었지만, 이 가운데 여자와 상이군인 등 병역과 관계없는 자를 제외한 모집 정원은 2307명이었는데, 1만 344명의 지원자가 몰려 4.5 대 1의 경쟁률을 기록했다. 이때도 경쟁률이 높은 곳은 역시 법대와 상대였다. 반면에 모집 인원을 채우지 못한 단과대학도 일부 있었다. 단과대학별 경쟁률은 〈표 1-1〉과 같다.

1950년대 내내 서울대 입시경쟁률은 대체로 5 대 1 정도를 유지했다. 입시경쟁률에는 단과대학뿐 아니라 학과별로도 편차가 있었다. 예컨대 1959년에는 공대 원자력공학과의 경쟁률이 무려 15 대 1까지 치솟았다. 1950년대 들어 세계적으로 핵무기 개발을 위한 경쟁이 가속화된 것도 그 원인 가운데 하나였

1955학년도 입학시험을 치르는 광경

을 것으로 보인다.

이렇게 입시경쟁이 치열해지자 각 고등학교에서 서울대 시험문제를 따라가기 어렵다는 불만이 터져 나왔다. 그래서 서울대는 늘 대학 본위의 출제에서 벗어나 고등학교 수업 실정을 참작하고자 노력하겠다고 밝혔지만, 이 약속은 제대로 지켜지지 않았다. 그리하여 정부가 대학입시에 개입하려고 몇 차례 시도했다.

첫 번째 시도는 문교부가 1954학년도 입시에서 '대학입학국가연합고사'를 도입한 것이다. 이 시험은 대학별 고사에 앞서 치러지는 예비시험으로 대학에 입학할 자격이 있는지를 가리는 시험이다. 이 시험은 한 차례 치러진 후 흐지부지되었다.

두 번째 시도는 1958학년도에 이루어졌다. 문교부가 입학정원의 10%를 내신성적만으로 선발하고 나머지 인원은 필답고사 및 구술고사 70%와 서류전형 30%를 반영한 점수로 선발하도록 각 대학에 권고한 것이다. 당시 서울대는 10% 무시험 선발제는 도입하지 않되 내신성적을 어느 정도 참작하기로 했다.

이와 같이 국가가 대학입시에 개입하려 몇 차례 시도했지만 성공을 거두지는 못했고, 서울대를 비롯한 각 대학은 대체로 자율적으로 학생을 선발할 수 있었다.

● 만만치 않았던 등록금 부담

개교 당시 서울대생의 등록금 부담은 만만치 않았다. 1948년 입학금과 수업료는 각각 500원과 1800원으로, 그리 큰 액수는 아니었다. 하지만 당시 서울대생들은 단과대학별로 상당한 액수의 후원회비와 실습비를 별도로 내야 했다. 후원회비의 경우 4000원에서 8000원까지 다양했고 실습비도 마찬가지였다. 특히 신입생의 경우에는 이와 별도로, 목적도 성격도 모호한 후원회 입회비를 내야만 했는데 그 액수 또한 5000원에서 1만 원까지 다양했다.

그리하여 문리대 신입생의 경우 등록금이 1만 1900원이었음에 비해 가장 비싼 치대 신입생의 등록금은 2만 1600원으로 문리대와 2배 가까이 차이가 났다. 치대 신입생의 경우 후원회비와 입회비를 합한 액수가 등록금에서 차지하는 비율이 83%에 이를 정도였다. 이와 함께 학도호국단비, 호국단 수첩 대금, 체육회비, 용지대 등 여러 잡부금도 별도로 부과되었다.

1949년에는 수업료가 1800원에서 3000원으로 인상되어 재학생의 등록금이 1만 원 선을 넘어섰으며, 신입생이 내는 후원회 입회금도 2배 이상 인상되었다. 학교 당국에 납부하는 등록금 이외에 서울에서 하숙을 하는 학생의 경우 하숙비(8000원에서 1만 원), 학용품비와 교통비 등 잡비(최저 3000원)를 합쳐 매달 생활비가 최저 1만 3000원에서 1만 4000원에 달했다. 따라서 당시에는 집안 형편이 어느 정도 여유가 있어야만 자녀를 서울대에 보낼 수 있었다. 하지만 서울대생의 등록금 부담은 사립대에 비해서는 가벼운 편이었다. 1950년 4월의 신문 보도에 의하면 서울대의 신입생 납입금은 2만 5000원 정도였음에 비해 사립대의 경우 4만 5000원에서 6만 원 사이였다.

1950년대에는 사립대뿐 아니라 서울대 등록금도 꾸준히 인상되었다. 문리대 화학과 12회 이윤영의 회고에 의하면 1954년 입학 당시 등록금이 1만 5000환이었으나 졸업할 무렵인 1957년에는 6만 환까지 올랐다고 한다. 이후에도 등록금은 계속 인상되어 1959년에는 학부가 7만 6900환, 석사과정이 8만 700환, 박사과정이 8만 5700환이었다.

이렇게 개교 이후 서울대생의 등록금 부담이 만만치 않았던 반면에 장학

국가 인재 배출에 적신호!

전에 같으면 학교에 적만 두고 적당한 시간을 이용하여 학비를 염출하는 등 고학의 길도 있었으나 최근에는 엄격한 출석 제한으로 이것마저 여의치 않다고 하며, 학교 당국에서도 경영에 지장이 있어 부득이 부담금을 납입치 않는 학생은 제적 처분에 처하고 있다 한다. 이러한 경제적 핍박에 원인함인지 새 학기에 들어 국립서울대학에만 재적 학생의 약 10%에 해당하는 사람이 학교를 그만두고 있다는 것은 자못 주목할 만한 사실이다. 그날의 생활에도 좀처럼 손이 돌아가지 않는 현실임에 비추어 한 달에 1만3천~1만4천원씩의 현금을 자제의 교육비로 지출할 수 있는 부형이 과연 얼마나 있을까가 의문이며, 이러한 경제적 환경은 결국 교육의 불균형 내지 학생 자신에게 심리적인 막대한 영향을 줄 것으로 교육계 전반에 어두운 그림자를 던지고 있어 수재들을 교육시켜 국가의 간성을 만들 당국의 방침이 요청되고 있다.

≪자유신문≫, 1949년 11월 9일

금 혜택은 변변치 못했다. 서울대 이사회가 1948년 4월 제정한 '장학금규정'에 따르면 성적이 평균 80점 이상인 학생 가운데 학과별로 1명씩 선정해 '특대생'이라는 이름으로 수업료를 면제하고, 70점 이상인 학생 가운데 일부를 선정해 '급비생'이라는 이름으로 학교 사무 보조 등 소정의 의무를 이행하는 조건으로 수업료를 지급하도록 되어 있었다. 1948년에는 전체 학생의 10%에 해당하는 880명이 이 규정에 따라 장학금 혜택을 받았다.

하지만 한국전쟁으로 이 장학제도는 제대로 운영될 수 없었다. 전쟁이 끝나고 난 뒤 한미재단 등 외국의 원조에 의존해 장학금을 지급했지만, 장학금의 규모나 수혜율이 그리 높지는 않았다. 따라서 장학생으로 선발되기도 어렵거니와 설령 선발된다고 해도 장학금 규모가 월 1만 환 정도에 불과해 반년 동안 모아도 등록금으로 내고 나면 그만이었다. 따라서 학생 상당수가 학원 강사, 번역사, 필경사 등 부업을 해야 했다. 가정교사 자리는 아직 많지 않았다.

• 초창기 서울대생의 이모저모

초창기 서울대생의 옷차림을 보면, 색상이 대체로 칙칙했다 . 남학생들은 개교 당시부터 일본군 창고에서 흘러나온 군복을 즐겨 입었다. '스메에리식' 옷(옷의 깃을 세워 목을 바싹 여미게 지은 양복)을 입은 사람도 있었지만 튼튼한 군복이 더 환영받았다.

교복을 입은 초창기 여학생의 모습

미군이 진주하면서 미군의 야전 점퍼도 인기였다. 이러한 추세는 한국전쟁을 거치면서 더욱 증가해 남학생들은 대부분 군복을 입고 군화를 신었다. 물론 검정 물을 들여 군복 티를 없애려고 했지만, 군복 특유의 칙칙한 분위기마저 없앨 수는 없었다.

한편 학교 당국에서는 개교 당시부터 교모와 교복을 제정했다. 교모는 베레모였고, 교복은 짙은 청색(navy blue)에 넥타이를 맸다. 여학생 역시 교모는 베레모였고, 교복은 짙은 청색 또는 흑색의 투피스(여름철에는 짙은 녹색 스커트에 흰 블라우스)였다. 학생들 대부분은 교복에 냉담했다. 옷감이 비쌌기 때문에 옷을 맞춰 입을 여유가 있는 학생들만 교복을 입을 수 있었다. 간혹 신사복을 입고 다니는 학생도 있었지만 극소수였다.

교복 이외에 배지도 정했다. 1955년 학도호국단이 실시한 현상공모를 통해 배지 도안이 정해졌다. 하지만 각 단과대학은 별도의 배지가 있었고, 학생들은 서울대 배지보다는 각 단과대학의 배지를 좋아했다.

개교 당시 서울대생 상당수가 교사나 기자, 공무원 등 직장인이었다. 이는 그동안 일제에 의해 억압받아 온 고등교육에 대한 욕구가 한꺼번에 폭발한 결과였다. 한 결과였다. 이러한 추세는 한국전쟁 시기까지 이어졌다. 이 무렵에는 많은 학생들이 생계를 위해 별도의 직업을 가져야만 했다. 1952년 조사에 의하면 서울대생의 절반 이상이 직업이 있었는데 군 관계 20%, 경찰 8%, 관공서·은행·회사 32%, 미국 기관 8%, 부두 노동자 7%, 개인기업체 12%, 교원·기자·약사 13% 등의 분포를 보였다. 따라서 초창기 서울대생의 상당수는 나이가 많은 기성세대였다. 이러한 이유로 1950년대 학생운동의 주역이었던 고교생들은 대학생들의 속물성에 대해 비판을 가하기도 했다.

서울대는 개교 당시 미국식 대학을 지향했지만, 미국식 교육제도를 정착시키려면 상당한 시간이 필요했다. 특히 전쟁이 일어난 후에는 어수선한 분위기 속에서 정상적인 학사 관리가 불가능했다. 전쟁이 끝나고 나서도 교수의 숫자가 절대로 부족해, 한 교수가 여러 대학에 겹치기 출강을 하는 바람에 강의에 집중하기 어려운 형편이었다. 따라서 당시 학생들 사이에서는 정규 강의에 의존하기보다는 독학을 하거나 소모임을 구성해 자율적으로 공부하는 전통이 만들어졌다.

2. 단과대학별 캠퍼스 시대의 소속감

● 5·16군사정변 직후 벌어진 소동

1960년대에 들어 산업화가 시작되면서 서울대도 양적 성장을 시작했다. 하지만 1975년 관악캠퍼스로 이전하기까지 연립 대학의 한계에서 벗어나지 못한 상태였다. 따라서 학생들도 서울대보다는 소속 단과대학에 더 소속감을 느끼고 있었다.

5·16군사정변이 일어나자 4·19혁명의 근거지가 되었던 대학 사회는 큰 타격을 입어야만 했다. 5·16군사정변의 주체세력들은 대학에 대해 매우 부정적으로 생각하고 있었다. 즉 사회경제적 발전 정도에 비추어 대학생이 너무 많아 졸업생 중 상당수가 실업자로 전락하고 있으며, 많은 사립대학들이 기업화하여 부정부패의 온상이 되고 있을뿐더러, 대학이 병역을 기피하거나 면탈하는 공간으로 악용되고 있다는 것이다. 따라서 이들은 권력을 쥐자마자 즉각 대학부터 손보기 시작했다.

군사정권은 1961년 9월 1일 '교육에 관한 임시 특례법'을 공포하고 이에 근거한 '대학정비기준령'을 제정해 전국의 대학 정원에 대해 강력한 통제 정책을 펼치기 시작했다. 또한 같은 해 9월 4일 '국립대학정비절차'를 발표했는데 여기에는 국립대학의 교육 기구를 대폭 통폐합하는 내용이 담겨 있었다. 군사정변 직후 정부가 취한 이러한 일련의 조치를 통해 전국적으로 147개 학과가 폐지되었으며 대학 정원도 2만 5510명이나 줄어들었다. 당시 대학 정원이 10만 8000여 명이었던 점을 고려한다면 대학 정원의 4분의 1 이상이 줄어든 것이다.

군사정변 직후 몰아닥친 교육 기구 통폐합과 학생 정원 감축의 불똥은 서울대에도 튀었다. 군사정부는 1953년 농대에서 독립한 수의대를 다시 농대에 편입시키고, 사범대는 가정과·체육과·생물과 및 사회생활과만 남기고 나머지 학과들을 폐지하는 등 서울대에 대해 과격한 통폐합 조치를 취했다. 학생 정원도 두 차례에 걸쳐 모두 4340명이나 줄여버렸다. 당시 서울대 학생 정원이 1만 2700명이었던 점을 감안한다면 이는 전체 정원의 3분의 1 이상을 감축한 것이었다. 서울대 학생 정원이 전국 평균보다도 많이 감축되었음을 알 수 있다.

정원이 감축된 내역을 보면 법대 560명, 상대 500명, 문리대 420명 등 주로 문과 계통의 정원이 집중적으로 감축되었다. 당시 군사정변 주체세력들은 문과 계통의 단과대학들이 별로 쓸모는 없으면서 시끄럽기만 한 존재라고 여겼음이 분명하다.

• 문과 정원을 줄이는 대신 이공계 정원을 늘리다

5·16군사정변 직후의 교육 기구 통폐합과 대학 정원 감축은 그야말로 한 바탕 소동으로 끝나고 말았다. 그것은 곧바로 추진된 경제개발계획으로 말미암아 고급 인력의 수요가 발생했고, 그 결과 대학 정원을 다시금 늘려야만 했기 때문이다. 박정희 정권의 대학 정원 감축이 장기적 안목 없이 조급하게 실시한 근시안적인 정책이었음을 스스로 인정한 셈이다.

그 결과 전체 대학 정원은 1960년 10만 8000명에서 1970년 19만 2000여 명으로 늘어났다. 군사정변 직후 감축된 것을 회복하고도 10년 동안 9만 명 정도가 더 늘어난 것이다. 이렇게 대학 정원이 크게 증가하면서 대학진학률도 높아져서 1975년 25.8%를 기록했다.

서울대의 학생 수는 1962년 8240명까지 줄었으나, 폐지되었던 학과의 복구와 정원 확대로 말미암아 지속적으로 늘어났다. 하지만 증가 속도는 전국 평균에 비해 느려서 1969년에 가서야 비로소 1만 3192명으로 1960년 수준을 회복할 수 있었다. 하지만 이후 꾸준히 증가해 1975년 1만 6146명에 이르렀다. 1969년에 비해 3000명 가까이 증가한 셈이다.

학생 수 증가의 구체적 내역을 살펴보면 다음과 같다. 먼저 학부 과정에서는 이공계 정원의 확충이 눈에 띈다. 1961년부터 1973년까지의 학생 정원 변동을 살펴보면 단과대학 대다수는 학생 정원이 정체되어 있거나 오히려 감축된 데 비해 공대와 농대의 학생 정원만은 크게 늘어났다. 공대의 경우 1961년 1580명에서 1973년 3320명으로 두 배 가까이 늘어났다. 농대의 학생 수도 그에 못지않게 늘었다.

대학원생 정원도 증가했다. 특히 1970년대 초부터 늘어나기 시작해 1964년 1413명에서 1974년 2468명으로 1000명 넘게 늘어났다. 이렇게 대학원생 정원이 늘어난 것은 정부가 1970년대에 들어 중화학공업화 정책을 정력적으로 추진하면서 대학원 수준의 고급 인력이 많이 필요했기 때문이다.

• 여전히 낮았던 여학생 비중

1960년대에 들어서 대학 정원이 꾸준히 늘어나면서 여학생 수도 늘어나기 시작했다. 여학생 수에 대한 공식적인 기록이 남아 있는 것은 1960년대부터 인데 당시 통계에 따르면 1964년 1365명이던 것이 1974년에는 2202명으로 800명 넘게 늘어났다. 그렇지만 이 시기 전체 서울대생 수도 크게 증가했기 때문에 여학생이 차지하는 비중은 1964년 11.1%에서 1974년 13.7%로 약간 늘어나는 데 그쳤다.

여학생 정원은 몇몇 단과대학이나 학과에 집중되어 있었다. 그 대표적인 곳이 사범대학과 1968년 여기서 독립한 가정대학 그리고 의과대학 간호학과였다. 간호학과는 1992년 간호대학으로 독립했다. 1970년대까지 가정대학과 간호학과의 학생은 거의 여학생들이었다. 사범대학은 가정대학을 독립시킨 이후에도 다른 단과대학에 비해 여학생 수가 많았다. 음대와 미대도 여학생 비율이 상대적으로 높았다.

이렇게 몇몇 단과대학과 학과에 여학생이 집중되어 있었으므로 이러한 곳을 제외한 나머지 단과대학에는 여학생이 더더욱 적을 수밖에 없었다. 문학 분야의 학과들이 있었던 문리대나 농가정학과가 있던 농대에는 그나마 여학생이 있었다. 서울대에 입학한 첫 번째 여학생으로 알려진 이태영이 다닌 법대에서는 여학생의 명맥이 간간이 이어졌지만 공대나 상대와 같은 단과대학에서는 눈을 씻고 찾아도 여학생을 보기가 어려웠다.

이렇게 서울대는 남녀공학을 표방하고 출범했지만 1960년대까지 여학생은 여전히 소수에 불과했다. 공대나 상대 등은 명색은 남녀공학이었지만, '사실상 남자대학'이었다. 반면에 가정대나 간호학과의 경우 '사실상 남자대학'이었던 서울대 내에서 섬처럼 존재하는 '사실상 여자대학'이었다.

• 'KS마크'의 시대

서울대 학생 수는 1970년대에 들어서 1974년까지 꾸준히 증가했지만, 그 속도는 다른 대학에 비해 느린 편이었다. 서울대 학생 수는 1960년 1만 2800명에서 1975년 1만 6146명으로 26.1%p 늘어났다. 같은 기간 연세대 학생 수는 5065명에서 1만 2996명으로 156.6%p 늘어났다.

이렇게 다른 대학 학생의 증가 추세와 비교해 보면 서울대 학생 수는 상대적으로 통제되고 있었다고 할 수 있다. 이에 따라 전체 대학생 수에서 서울대 학생 수가 차지하는 비율도 1960년 11.7%에서 1970년 6.3%로 줄어들었다. 따라서 서울대 입학을 위한 경쟁은 더욱 치열해질 수밖에 없었다.

정부는 1962년 산업 발전과 소비자 보호를 위해 국내 공산품을 대상으로 한국산업표준을 제정했다. 이러한 표준에 맞게 생산한 제품에는 이른바 'KS 마크'라는 것을 부여했다. 당시 사람들은 국가가 품질을 보증한다는 뜻으로 받아들였다.

'KS마크'라는 말은 만들어지자마자 곧바로 원래의 의미와는 전혀 다르게 경기고와 서울대를 졸업한 사람을 일컫는 말로도 쓰이기 시작했다. 이때 KS는 두 학교의 이니셜로서, 명문학교인 경기고와 서울대를 졸업했기 때문에 품질 하나는 믿어도 된다는 뜻이었다. 서울대에 입학하기 위한 경쟁은 1950년대에도 치열했다. 하지만 'KS마크'라는 말이 보여주듯이 이것은 1960년대 들어 더욱 뜨거워졌다.

KS마크

5·16군사정변으로 집권한 군사정부는 대학입시에도 개입했다. 군사정부는 1962학년도부터 즉각 대학별 선발고사를 폐지하고 '대학입학자격국가고시'(이하 '국가고시')를 실시하도록 했다. 부정 입학과 무능력자의 대학 입학을 막아 대학 교육을 정상화하기 위한 조치라고 주장했다. 이 조치가 서울대를 직접 겨냥한 것은 아니었지만 서울대도 군사정부의 기세에 눌려 1962학년도 대학입시에서 자체 선발고사를 실시하지 않고 '국가고시' 성적만으로 학생을 선발했다. 하지만 '국가고시'가 많은 혼란을 초래했기 때문에 곧바로 흐지부지되었고 다시 대학별 고사로 복귀했다.

당시 치열한 경쟁을 뚫고 서울대에 입학한 신입생들의 면면을 살펴보면 그 상당수가 경기고를 비롯한 이른바 명문고 출신들이었다. 이른바 명문고

〈표 1-2〉 1971학년도 출신 고교별 서울대 합격자 수

	공대	농대	문리	법대	사대	상대	약대	음대	미대	간호	가정	계
경기고	113	32	110	46	7	47	2	-	2	-	-	359
서울고	100	26	101	14	12	20	5	-	-	-	-	278
경복고	62	32	75	10	37	18	7	-	2	-	-	243
부산고	43	16	46	7	13	12	6	-	1	-	-	144
용산고	38	27	22	-	32	3	5	-	1	-	-	128
경북고	48	7	18	10	3	22		1				109
경남고	34	9	33	8	7	8	9					108
사대부고	24	5	31	6	23	4	2	1	2			98
광주일고	31	11	22	6	16	6	2	-	1			95
대전고	36	2	14	5	23	3	4	-	2			87
경기여고	-	3	28	2	12	-	8	6	16	12	34	121
이화여고	2	3	6		16	-	-	17	10	14	7	75
숙명여고	-	1	-		5	-	-	5	8	12	14	45
진명여고	-	1	2	-	1	-	-	5	-	13	-	22

출신들은 서울대가 처음 학교 문을 열었을 때부터 많이 입학했지만, 1960년대에 들어서면서 그 정도가 더 심해졌다. 1962년에는 경기고를 비롯한 10개 명문고 출신이 차지하는 비율이 전체의 45%였는데 1971년에는 58%에 이를 정도였다.

이렇듯 신입생의 출신이 몇몇 명문고에 편중되면서 대학 사회에도 그 영향이 미쳤다. 그들은 대학생활에서 많은 이점을 누릴 수 있었던 반면에 비명문고 출신은 눈에 보이지 않는 불이익을 감수해야 했다. 예컨대 학생회장 선거가 치러질 때 가장 중요한 선거 전략은 정치노선이나 복지 공약이 아니고 출신 고교들 사이에서 합종연횡을 잘하는 것이었다. 어느 학교 출신과 어느 학교 출신이 손잡을 것인지가 학생회장 선거와 관련된 가장 중요한 관심사였다. 당시에는 몇몇 명문고 출신들이 손을 잡고 선거캠프를 구성했으며 가장 중요한 득표 전략은 각 학교의 동창을 동원하는 것이었다. 선거에서 승리하고 나면 이 몇몇 학교 출신들이 자리를 나누어 맡았다. 당시 이를 '바터'라고 불렀다. 이러한 사정 때문에 명문고 출신이 아니라면 애당초 학생회장 선거에 출마할 엄두를 낼 수 없는 실정이었다.

● 갈수록 늘어나는 가정 형편이 어려운 학생들

1960년대 서울대생의 출신 지역을 살펴보면 서울을 비롯한 도시 출신이 늘어나는 추세였다. 서울대는 1962년에 학생지도연구소를 설립해 해마다 신입생들에 대한 실태조사를 실시했다. 이 연구소의 조사결과에 의하면 도시 출신 비율이 1962년 75%에서 1971년 78.9%로 늘어났다. 서울에 본적을 둔 학생, 즉 그야말로 서울 토박이가 차지하는 비율도 1962년 31.7%에서 1971년 35.3%로 늘어났다. 서울에 본적을 둔 학생 이외에 서울에서 성장한 학생까지 포함한 수치는 1971년 47.2%에 달했다. 이들은 아마도 일찌감치 상경해 서울의 명문고를 다닌 사람일 것이다. 이처럼 1960년대에는 서울을 비롯한 도시 출신이 차지하는 비중이 커져가고 있었다.

보호자의 직업을 살펴보면 농어업의 비중은 줄어들고 공·상업과 봉급생활자 등 도시형 직업이 늘어나는 추세였다. 1962년 그 대부분은 공·상업 (24.6%)과 봉급생활자(공무원 15.8%, 회사원 11.4%) 등 도시형 직업이었고, 농·어업은 21.1%에 불과했다. 이후 전체적인 추세를 살펴보면 농·어업은 1962년 21.1%였으나 이후 계속 감소해 1974년에는 12.57로 떨어진 반면에 공·상업과 봉급생활자 등 도시형 직업은 시간이 갈수록 증가했다. 또한 남학생과 여학생 사이에도 보호자 직업의 차이가 있었다. 여학생의 보호자 가운데는 도시형 직업을 가진 경우가 상대적으로 많았으며 농림수산업인 경우는 적었다.

학생의 가정 형편을 살펴보면 시간이 갈수록 가정 형편이 어려운 학생이 늘어나는 추세였다. 1966년 학생지도연구소의 조사 결과에 따르면 '생활이 극히 곤란하다'라는 응답과 '상당히 곤란하다'라는 응답을 합쳐 23.4%였다. 이에 비해 1974년 조사에 의하면 가계수입을 기준으로 자신의 가정이 저소득층에 속한다고 응답한 학생이 35.92%가 되었다. 설문지 문항이 달라 직접 비교하기는 쉽지 않지만, 시간이 갈수록 형편이 어려운 학생들이 서울대에 많이 들어오기 시작했음을 알 수 있다.

서울대생의 저소득층 비율을 다른 사립대학과 비교해 보면 이런 경향을 더욱 분명히 확인할 수 있다. 1974년 서울대의 저소득층 비율은 35.92%로 사립 K대의 27.9%보다 훨씬 높은 반면에 고소득층 비율은 7.75로 사립 K대의 20.4%에 비해 월등히 낮았다. 서울대는 시간이 가면 갈수록 형편이 어려운 집안 출신의 수재들이 다니는 학교로 바뀌고 있었던 것이다.

가정 형편은 출신 지역과 남학생과 여학생 사이에도 차이가 있었다. 서울 출신이 지방 출신보다 여학생이 남학생보다 경제적 형편이 좋았다. 가정 형편은 단과대학 사이에도 차이가 있었다. 계열별로 모집한 1974년 교육·농학·사회 계열 신입생의 경우가 다른 계열에 비해 저소득층 출신이 상대적으로 많았다.

● 상대적으로 저렴했던 서울대 등록금

4·19혁명과 5·16군사정변을 겪는 과정에서 서울대 학생들은 등록금 때문에 한차례 소동을 치러야만 했다. 당시 등록금과 함께 징수하던 후원회비와 기성회비가 문제였다. 개교 당시부터 서울대생들은 수업료 이외에 각 단과대학별로 거두는 후원회비를 별도로 납부해 왔으며, 1957년부터 학교시설 확충을 위한 기성회비까지 내야만 했다. 후원회비나 기성회비는 명목상 자율적으로 내는 것이었지만, 실제로는 등록금의 일부처럼 징수되었다.

4·19혁명이 일어나자 가장 먼저 문제가 되었던 것은 기성회비였다. 학생들은 1960년 2학기 등록을 맞이해 기성회비 징수를 거부했다. 국가가 마땅히 부담해야 할 시설 확충 비용을 학생들에게 강제로 징수하는 것은 부당하다는 것이었다. 결국 학교 당국은 학생들의 요구를 받아들여 기성회비 징수를 중단하기로 했다.

이듬해 초에는 후원회비 문제가 발생했다. 각 단과대학은 후원회비를 직접 징수하겠다고 나섰다. 대학본부가 후원회비를 등록금과 함께 일괄 징수한 후 각 단과대학에 분배하는 것에 반대한 것이다. 이 때문에 항간에 "서울대가 해체될 위기"라는 풍문이 떠돌기도 했다.

5·16군사정변 이후 군정 당국은 이런 문제를 폭력적으로 해결했다. 먼저 각 단과대학별로 조직된 후원회를 아예 해체하고 후원회비도 폐지했다. 반면

에 징수가 중단된 기성회비를 부활시켰다. 결국 학생들의 입장에서는 후원회비 대신 기성회비를 내게 된 것이다. 군사정부는 단과대학별로 운영되던 후원회보다 정부 주도로 만들어진 기성회가 통제하기 편하다고 보았던 것이다. 이러한 소동을 겪으면서 서울대 등록금에 대한 정부의 통제가 한층 강화되었다.

1960년대에 서울대 등록금은 꾸준히 인상되었다. 1961년에 신입생 6만 6000환이고, 재학생 5만 6000환이었다. 1965년에는 수업료 6500~5700원, 기성회비 1500원, 실험실습비 250원~2500원, 학생 자율적 경비 1100원, 국민저축금 120원을 합해 8670원~1만 1720원이었다. 1962년 6월에 화폐개혁이 있었으므로, 이를 감안하더라도 등록금이 2배 가까이 오른 셈이다. 이후에도 등록금은 꾸준히 인상되어 1973년에는 인문사회계 3만 4400원, 자연계 4만 2400원의 수준에 이르렀다.

이렇게 서울대 등록금이 꾸준히 인상되었지만 당시 사립대학에 비해서는 매우 저렴한 편이었다. 1968년 서울대 등록금이 인문계 1만 4000원, 이공계 1만 9000원이었음에 비해 연세대의 경우 3만 7000원~4만 1000원 수준이었다. 서울대 등록금은 사립대학의 절반 이하에 지나지 않았다. 그 후 격차는 더욱 벌어졌다. 1973년 2월 14일 ≪동아일보≫의 보도에 의하면 전체 대학 가운데 가장 납입금이 비싼 곳은 이화여대 의예과로 12만 9650원이고 가장 싼 곳은 서울대 사회교육과 2만 6100원이었다. 이것은 극단적인 사례를 비교한 것이지만, 서울대와 사립대의 등록금 격차가 시간이 가면 갈수록 벌어지고 있었음을 알 수 있다.

● **고학생의 숨통을 틔워준 입주과외**

서울대 등록금이 사립대학에 비해 저렴했지만 저소득층 출신이 많았기 때문에 학비를 조달하는 일이 쉽지만은 않았다. 상당수 학생들이 스스로 학비를 벌어야만 했다.

1960년대에는 스스로 학비를 벌어야 하는 학생들이 갈수록 늘어났다. 학생지도연구소의 조사 결과에 의하면 그 수가 1962년 22.8%에서 1966년 48.4%

로 증가했다. 그중 학비의 전부를 스스로 마련하는 학생이 15.4%였고, 일부를 스스로 마련하는 학생이 33%였다.

1970년대에는 사정이 조금 나아져서 부모 형제 등 보호자가 부담하는 비율이 조금씩 늘어났다. 부모 형제 부담 비율은 1971년 54.9%에서 1974년 64.54%로 늘어났다. 하지만 이때에도 자신이 벌어서 학비를 충당해야 하는 비율이 여전히 21.93%나 되었다. 학생들은 학비 조달 부담에서 완전히 자유롭지 못했던 것이다.

이런 와중에 장학금이 확충되어 등록금 부담을 얼마간 덜어주었다. 장학금 수혜율은 1961년 10.6%였으나 그 후 꾸준히 증가해 1974년에는 45.2%에 달했다. 전교생의 절반 가까이가 장학금 혜택을 누리게 된 것이다. 하지만 1970년대 전반기까지만 해도 장학금 정책의 방향이 수혜율 확대에 맞춰져 있었다. 소액으로 쪼개서라도 가능한 한 많은 수의 학생에게 혜택을 주려 한 것이다. 그 결과 장학금을 받더라도 학비 전체를 충당하기는 어려웠다. 설사 전액 장학금을 받아 등록금 문제는 해결한다 하더라도 생활비 문제는 여전히 남아 있었다.

따라서 학생들은 여전히 아르바이트 자리를 구해야 했는데, 당시 가장 대표적인 일자리는 가정교사였다. 과거 극히 소수에 불과했던 가정교사 자리는 1960년대에 입시 열풍이 고조되면서 늘어났다. 가정교사는 초중고생을 해당

학생의 가정에 가서 가르치는 일이었는데, 정해진 시간만 가르치고 나오는 형태와 그 집에서 숙식을 함께 하며 가르치는 형태, 두 종류가 있었다.

그중에서도 후자인 입주과외가 지방에서 올라온 고학생들에게 인기였다. 입주과외를 하면 등록금뿐 아니라 숙식 문제까지도 해결할 수 있었다. 특히 가정 형편이 어려운 지방 출신 학생이 입주과외를 하게 되면 부모로부터 한 푼도 받지 않고 학교를 다닐 수 있었다.

● 서울대보다는 단과대학에 소속감

1975년 관악캠퍼스로 이전하기까지 학생들은 '서울대'에 대한 소속감보다 '단과대학'에 대한 소속감이 더 컸다. 그들이 같은 학교 학생으로서 동질감을 느낄 때는 입학식과 졸업식 그리고 월요일에 ≪대학신문≫을 받아볼 때 정도라는 말이 나오기도 했다.

이렇게 학생들이 서울대보다는 단과대학에 더 큰 소속감을 느낀 데에는 나름의 깊은 뿌리가 있었다. 서울대는 개교 당시 종합대학을 지향했지만 실제로는 형식에 그쳤다. 그 후에도 각 단과대학은 독자적 정체성을 띤 여러 전신 학교의 캠퍼스에서 독자적으로 운영되었다. 이로써 학생들의 자치활동도 총학생회보다는 단과대학 학생회 중심으로 이루어졌고, 서클활동은 물론이고 집회와 시위도 단과대학별로 진행되었다. 이처럼 학사 행정과 모든 학생활동이 단과대학별로 이루어졌기 때문에 학생들이 서울대보다 단과대학에 소속감을 갖는 것은 매우 당연했다.

학생들의 성장환경도 단과대학마다 달랐다. 문리대 이과·의대·치대·공대·음미대·가정대·간호대에는 서울 출신 학생이 많았고, 문리대 문과·사범대·농대·약대·법대 등에는 지방 출신 학생이 많았다. 이렇게 단과대학별로 학생들의 성장환경이 달랐으므로 그 경계를 넘어 동질감을 느끼거나 결집하기가 쉽지 않았다. 따라서 서울대생들은 서울대보다 각 단과대학에 소속감을 느끼게 되었다.

● 4·19혁명으로 높아진 학생들의 정치의식

1960년대 학생들은 정치에 대한 관심과 참여의식이 꽤 높았다. 이것은 4·19혁명이 낳은 결과물이었다. 이렇게 불붙은 정치의식은 5·16군사정변으로 한때 기세가 꺾였지만, 한일회담 반대운동을 계기로 다시 살아났다. 1966년 학생지도연구소가 실시한 신입생 조사에 의하면 학생들이 정치 문제에 참여하는 것에 대해 31.3%가 찬성하고 22.4%가 반대했으며, 문화 참여에는 68%가 찬성하고 2.8%가 반대했다.

1950년대에 금기시되었던 민족주의가 4·19혁명 이후 학생들의 마음을 사로잡기 시작했다. 특히 박정희 정권이 한일협정을 추진하면서 민족주의는 학생운동의 가장 중요한 키워드가 되었다. 하지만 1960년대의 민족주의는 반일의식에 국한된 것으로서 반미 의식은 취약했다. 1966년 서울대 재학생 1314명을 대상으로 한 의식조사에 따르면 일본에 대해서는 40% 이상이 부정적 태도를 보이고, 호의적인 태도를 보인 사람은 18%에 그친 반면 미국에 대해서는 45% 이상의 학생이 호의적인 태도를 취했고, 부정적 태도를 취한 학생은 10%에 지나지 않았다.

1960년대 후반에 접어들면서 계속되는 시위와 휴교령으로 정상적인 수업이 불가능해졌다. 방학을 마치고 학기가 시작되면 다시 시위가 벌어져 주동한 학생을 구속되고 휴교령이 내려지는 일이 반복되었다. 어렵게 강의가 이루어진다고 할지라도 동료 학생들이 시위를 하다가 붙잡혀 가는 마당에 마음 편히 수업에 집중하기 어려웠다.

1960년에 들어서도 이러한 사정 때문에 학생들은 정규 강의를 크게 기대하지 않았다. 학점도 별로 신경을 쓰지 않았다. 대학을 마치고 취직을 할 때에도 재학 중 취득한 성적은 별로 영향을 미치지 못했다. 아예 성적증명서를 요구하지 않는 곳이 더 많았다. 이러한 까닭에 대학생활은 주로 강의실 밖에서 이루어졌다. 다양한 서클활동이 전개되었으며 1950년대에 만들어진 자율적 학술활동의 전통도 그대로 이어졌다.

• 비교적 질박했던 학생생활

학생들의 형편은 점차 나아졌으나, 여전히 질박한 생활문화가 대학가를 지배했다. 이는 무엇보다 옷차림으로 나타났다. 1950년대 군복 위주 옷차림에서 1960년대에는 교복 위주 옷차림으로 바뀌었다. 1970년대에 들어서는 털털한 교복 차림마저 줄어들고 말쑥한 양복 차림도 간혹 나타나기 시작했다.

그럼에도 여전히 서울대에는 검게 물들인 군복을 걸친 '거지'들은 많았고, 이들이 캠퍼스의 분위기를 이끌었다. 서울대 재학 당시 '거지' 중 한 사람이던 소설가 김승옥은 훗날 "우리 '거지'들은 어느 누구보다도 구김살이 없었고 의욕과 열정을 가지고 있었다. 대학의 분위기가 '거지'들에 의해 주도되자 으리으리한 저택에 살고 있으면서도 '거지'인 체하고 다니는 '사이비 거지'가 나타날 정도였다"라고 회고한 바 있다.

1960년대에는 여학생들도 비교적 소박한 옷을 입고 다녔다. 주로 검정 치마와 하얀 저고리를 입었고, 흰색 목양말에 간호장교 신발(모카신 스타일의 굽 낮은 구두)을 신고 다니는 것이 보통이었다. 당시 서울대 여학생 대부분은 사범대와 간호학과 소속이었고, 특히 간호학과 학생들은 모두 기숙사에서 생활했으므로 옷차림도 통제를 받을 수밖에 없었다. 하지만 다른 단과대학 여학생들 중에는 맘보바지(통을 매우 좁게 하여 다리에 꼭 달라붙게 만든 바지)를 입고 파

산문시대 이야기

지난 1년의 노력에 미안하고 싶어질 만큼 대학은 우리를 내팽개쳐 두는 곳이었다. '대학 공부란 강의실에서보다는 도서관에서, 교수한테서보다는 자신이 알아서 해야 하는 것이다.' 영 못 알아들을 말씀은 아닌데 국민학교로부터 고등학교까지 꽉 짜인 틀 속에 자기를 맡겨 익숙해진 우리한테는 좀 난처한 통김이었다. 배지달린 교복 한 벌 내주고는 시치미 뚝 떼고 마냥 우리를 방치해 버리는 대학이 원망스러울 정도였다. 심지어는 내가 정말 합격자 명단에 들어 있었는지가 의심스러웠으며 그러니 기를 쓰고 유니폼을 입고서야 안심했으며 그 다음에는 뭘 해야 좋을지 몰라서 두리번거리는 꼴이었다(작가 김승옥).

≪대학신문≫, 1973년 9월 17일

마를 한 학생들도 간혹 눈에 띄었다.

초창기 서울대에서는 여학생들이 수적으로 워낙 적은 데다가 여성의 바깥 활동에 대한 사회적 시선이 곱지만은 않았던 시절이기 때문에 외모를 가꾸는 것이 자유롭지 않았다. 되도록 눈에 덜 띄게 수수하게 하고 다니는 것이 무난한 처신으로 받아들여졌다.

3. 관악캠퍼스 시대의 개막과 '서울대생'의 탄생

● 관악캠퍼스 시대의 개막

서울대는 개교 이래 30년 동안 유지해 온 단과대학별 개별 캠퍼스 시대를 마감하고 1975년 3월 관악캠퍼스 시대를 열었다. 이전의 개별 캠퍼스가 '동료 (colleague)'에서 유래한 칼리지(college)라면 이제 비로소 이를 종합해 '다양성' 의 시너지효과를 추구하는 유니버시티(university)의 형식을 갖춘 셈이다.

관악캠퍼스 건설 공사는 1971년 4월부터 시작되었다. 1975년 1단계로 대학본부를 비롯해 문리과대학과 법과대학 등 모두 20개 기관이 이전했다. 그 뒤를 이어 2단계와 3단계 공사가 완공되면서 나머지 기관들도 속속 이전했고, 1980년 2월 공과대학 이전을 끝으로 일단락되었다. 다만 의과대학과 농과대학은 그 특성상 개별 캠퍼스를 당분간 유지하기로 했다. 농대는 2003년에 관악캠퍼스로 옮겨왔다.

종합 캠퍼스 시대의 개막에 발맞추어 교육 기구도 개편되었다. 여러 단과대학이 3개의 기본학문대학과 12개의 전문학문대학으로 재편성되었다. 먼저 문리과대학이 인문대학, 사회과학대학, 자연과학대학으로 분리되었다. 상과대학의 경제학과와 무역학과는 사회과학대학에 편입되었으며, 경영학과는 경영대학으로 분리·독립했다.

서울대는 관악캠퍼스로 이전하기 전 당시 문교부가 추진하고 있던 '실험대학' 프로젝트에 참여했다. 이 프로젝트의 일환으로 1974학년도부터 계열별 모집을 실시했다. 계열별 모집이란 신입생을 학과가 아니라 인문계열, 사회계열, 자연계열 등 계열별로 뽑는 제도다. 계열별 모집이 실시되면서 학생들은 입학한 후 1학년 동안 소속 학과 없이 교양교육을 받은 후 2학년에 올라갈 때 학과를 선택하도록 되어 있었다.

종합화 이후 학생 정원에도 일정한 변화가 생겼다. 이는 정부의 대학정원 증원정책과 관련돼 있다. 정부는 1970년대 후반 중화학공업육성정책으로 대졸자 공급부족 현상이 발생하자, 이 수요를 충족시키기 위해 서울 소재 9개 대학의 지방 분교 설치를 허가하는 등 대학 정원을 대폭 확대했다. 그 결과 1970년 19만 2000여 명이던 대학 정원이 1980년에는 61만 1000여 명으로 크게 증가했다. 이에 따라 대학진학률도 27.2%로 높아졌다.

그런데 서울대의 학생 정원은 이와 다른 양상을 나타냈다. 학부 정원이 1975년 1만 3780명에서 1980년 1만 4640명으로 860명 늘어나는 데 그쳤다. 그에 비해 대학원 정원은 같은 기간 2438명에서 1980년에 5060명으로 크게 늘어났다. 이는 당시 서울대가 대학원중심대학 발전전략을 추진하면서 대학원 정원을 늘리는 대신 학부 정원의 증가를 자율적으로 규제한 결과다.

• '서울대생'의 탄생

앞에서 살펴본 바와 같이 1975년에 있었던 관악캠퍼스로의 이전은 많은 변화를 가져왔다. 단순히 캠퍼스 통합에만 그친 것이 아니라 교육 기구의 개편과 모집 단위 변화까지 수반했기 때문이다. 그에 따라 학교생활에도 큰 변화가 생겼다.

학교생활의 변화는 먼저 강의실에서부터 나타났다. 여러 단과대학이 단일 캠퍼스로 집결하면서 교양과목은 물론이고 다른 단과대학이 개설한 전공과목도 쉽게 수강할 수 있게 되었다. 그 결과 여러 단과대학 학생들이 같은 강의실에서 뒤섞여 강의를 듣는 일이 많아졌다.

1974년 시작된 계열별 모집도 여러 단과대학 학생들의 상호 교류를 촉진했다. 가령 사회계열 신입생의 경우 학과에 소속되지 않고 1학년을 보낸 후 2학년으로 올라갈 때 법대·사회대·경영대 등 3개 단과대학으로 흩어졌다. 자연계열 신입생은 2학년으로 올라갈 때 자연대·공대·약대 등 3개 단과대학으로 흩어졌다. 인문계열, 교육계열, 농학계열의 경우 단일한 단과대학으로 올라갔지만

새로 지어진 관악캠퍼스에 등교하는 학생

학과는 2학년 때 배정받았다. 이렇게 계열별 모집은 다른 단과대학이나 다른 학과 학생들과의 교류를 활성화했다.

관악캠퍼스 시대의 개막은 학생자치활동을 종합화할 수 있는 좋은 계기였다. 하지만 학생자치활동의 종합화는 기대한 것만큼 실현되지 못했다. 캠퍼스로 이전한 직후인 1975년 5월 '긴급조치 9호'가 발동되면서 학생회가 해체되고 대신 학도호국단이 만들어졌기 때문이다. 어용적인 학도호국단은 학생들의 외면을 받았다.

서클활동도 관악캠퍼스로 옮겨오면서 종합화되었다. 이때 이른바 본부서클이 처음 등장해 새로 지은 학생회관에 둥지를 틀었다. 새로 만들어진 본부서클 가운데는 총문학회처럼 이전부터 단과대학별로 활동하던 서클이

본부서클들이 자리 잡은 학생회관

합쳐진 것도 있고, 아예 새로 만들어진 것도 있었다. 서클활동의 중심은 점차 단과대학별 서클에서 학생회관에 자리 잡은 본부서클로 이동하기 시작했다.

학생들의 자율적 학술 단체인 학회도 변화를 겪어야만 했다. 학회들은 여태까지 각 단과대학을 기반으로 신입생을 모집해 왔으나 이제부터는 캠퍼스 종합화와 계열별 모집에 맞추어 신입생 모집 방식을 바꾸지 않을 수 없었다.

종합화 이전 학생운동의 주된 본거지 역할을 한 단과대학은 문리대·법대·

상대 등이다. 관악캠퍼스에서 문리대는 3개의 단과대학으로 쪼개졌으며, 상대는 소속 학과들이 사회대와 경영대로 분산되었다. 따라서 문리대와 상대 소속 학회들은 당장 이 문제에 대처해야만 했다. 이전의 단과대학을 그대로 유지한 법대 소속 학회들도 계열별 모집 앞에서 당황할 수밖에 없었다. 사회계열 신입생들이 2학년 때 법대, 사회대, 경영대로 흩어지는 상황이었기 때문이다. 이에 따라 학회들은 신입 회원을 이전처럼 하나의 단과대학 안에서 구하지 않고 여러 단과대학에서 두루 받아들였다. 학회활동의 종합화가 이루어진 것이었다.

관악캠퍼스 시대에는 학생운동도 종합화되었다. 그 이전에는 학생들의 집회와 시위가 각 단과대학별로 조직되었으나, 이제는 여러 단과대학의 학생운동 세력들이 힘을 합쳐 조직했다. 그리고 이렇게 조직된 집회와 시위에 과거에는 상상할 수 없었던 많은 학생이 호응하고 참여했다.

그 대표적인 사건이 바로 1975년 5월 22일에 있었던 이른바 오둘둘사건이다. 종합화 이전에는 집회와 시위에 동원된 숫자가 고작해야 몇백 명에 불과했다. 그런데 이날 서슬 퍼런 유신체제하에서 삼엄한 감시를 했음에도 수천 명의 학생들이 모여들어 아크로폴리스광장을 장악했다. 이 사건은 학생운동 종합화의 위력을 보여준 사건이었다. 당시 이 사건으로 말미암아 치안본부장이 경질되고, 서울대 총장이 사임할 정도로 박정희 정권에 큰 충격을 주었다.

이상에서 살펴본 바와 같이 관악캠퍼스 시대는 학생생활에 큰 변화를 일으켰다. 단과대학별로 이루어지던 여러 학생활동이 서울대 차원으로 통합되어 학생들의 교류가 넓어지고 활발해졌다. 그 결과 과거 단과대학별 소속감을 넘어 서울대생으로서의 소속감이 생겨나기 시작했다. 이제 진정한 의미의 '서울대생'이 탄생하게 된 것이다.

● 재수는 기본, 삼수는 선택

1960년대까지 5 대 1 정도였던 서울대 입시경쟁률은 1974년에는 2.8 대 1로 떨어져 이후 그 수준을 유지했다. 하지만 경쟁률의 하락이 곧바로 입시경쟁 자체가 약화된 것을 의미하는 것은 아니었다. 1974학년도부터 예비고사 성적이 총점에 반영되면서 예비고사 성적을 기준으로 서울대에 응시할 사람이 일차적으로 걸러졌기 때문에 서울대 본고사의 입시경쟁률이 하락한 것이었다. 실제로 경쟁은 시간이 갈수록 치열해졌다.

1970년대 후반 들어서면 치열한 입시경쟁에서 살아남기 위해 과외 열풍이 불었다. 그 경쟁 사다리의 정점에 서울대가 있었다. 신입생 중 과외 공부를 한 경험이 있는 사람이 1971년 27%에서 이후 계속 높아져 1977년 42.5%, 1980년 60.7%였다. 당시 과외 문제는 전국적인 현상이었다. 국회위원들이 가계비의 가장 큰 몫을 사교육비가 차지하고 있다고 지적하면서 정부에 근본적인 대책을 내놓으라고 요구할 정도였다.

과외 열풍과 함께 치열한 입시경쟁을 보여주는 풍속도 중 하나로 들 수 있는 것이 재수생의 증가다. 1976년 1월 28일 자 《동아일보》의 보도에 의하면 1973년에 대학 진학 희망자 총수 가운데 겨우 29.2%가 입학에 성공하고 70.8%가 탈락했는데, 1976년에 이르면 탈락률이 74%나 되었으며 입시 전문가들은 이런 추세로 가다가는 1980년에는 재수생이 15만 명 선을 돌파할 것으로 추산하고 있다고 했다.

78학년도 입시 풍향

월 140만원의 과외 공부 서민들은 상상도 못할 특급 과외가 번지고 있다. 서울 시내 고교 교사들 사이에 널리 알려진 D고교 K군의 경우를 보자 10억대의 재산을 갖고 있는 신흥 갑부의 외아들인 K군은 과목별로 각기 다른 A급 강사를 1주 2회씩 학생 집에 모셔다가 1회 100분씩 출장 수업을 받는다. 이들 A급 강사의 수강료는 월 20만원, 강사 7명에게 들어가는 특급 과외료가 모두 140만원이란 것이다. …… 최근 특급 과외는 재벌급 자녀들에게 유행처럼 번지고 있다. 그래서 실력 있는 A급 강사를 초빙하기 위해 서로 경쟁을 벌이기도 하며 1년 전에 미리 계약, 강사를 확보하는 예약제까지 등장하고 있다.

《경향신문》, 1977년 9월 16일

서울대 신입생 가운데 재수생이 차지하는 비율도 꾸준히 늘어났다. 1970년에는 재수생 비율이 22.7%이던 것이 1974년 35.4%로 늘어났으며 1977년에는 41.1%에 달했다. 그 가운데 2수생은 1064명(35.5%)이고, 3수생은 141명(4.7%), 4수생은 16명(0.5%), 5수 이상은 10명(0.3%)이었다.

특히 사회계열과 인문계열 신입생 가운데 재수생이 많았다. 사회계열의 경우 489명 가운데 49.5%인 242명이 재수생이었으며, 인문계열의 경우 185명 가운데 48.6%인 90명이 재수생이었다. 상황이 이 지경에 이르자 사람들 사이에서는 서울대에 들어가려면 "재수는 기본이고 삼수는 선택"이라는 말까지 떠돌았다.

이렇게 과외 열풍이 몰아치고 재수생이 늘어나자 당시 전두환 정권은 이 문제를 매우 과격한 방식으로 해결했다. 5·17군사정변을 통해 집권한 신군부는 이른바 '7·30교육개혁조치'라는 것을 발표했다. 이 조치는 교육정상화와 과열 과외 해소를 명분으로 대학별 고사의 폐지, 졸업정원제 실시, 대학 정원 확대 등의 내용을 담고 있었다. 그리고 이와 아울러 과외교습 행위도 엄격히 금지했다. 당시 정치적 정당성이 취약했던 신군부로서는 과열된 입시경쟁을 진정시켜 민생 문제를 해결했다는 정치적 치적이 필요했던 것이다.

• 졸업정원제 세대의 등장

신군부는 과열 과외 해소를 명분으로 1981학년도부터 졸업정원제를 시행했다. 이는 졸업 시점을 기준으로 학생 정원을 설정하는 제도로서 각 대학은 이 제도에 의거해 졸업 정원에 30%를 추가한 인원을 입학시킬 수 있었다. 하지만 추가로 선발된 30%의 인원은 이수 과정에서 학업성취도에 따라 반드시 탈락시켜야만 했다.

당시 신군부가 졸업정원제를 실시한 것은 다음과 같은 이유 때문이다. 당장은 대학에 입학하는 인원이 30% 확대되므로 대학입시에 따른 경쟁을 얼마간 완화할 수 있다고 보았다. 학생들이 입학한 후 강제 탈락의 위험을 피하기 위해 학업에만 전념할 것이므로 학생운동을 약화하는 데도 도움이 될 것으로

기대했다. 당시 신군부는 졸업정원제 실시와는 별도로 대학 정원 자체도 단계적으로 늘려 입시경쟁을 완화하려 했다.

졸업정원제의 실시와 대학 정원 확충에 따라 1980년 61만 명에 불과하던 대학생 수가 1985년 136만 명으로 크게 증가했다. 5년 사이에 100%p 이상 늘어난 것이다. 이에 따라 대학진학률도 1980년 27.2%에서 1985년 36.4%로 상승했다. 이렇게 대학 정원과 진학률이 상승하면서 대학교육의 성격이 엘리트교육에서 점차 대중교육으로 바뀌기 시작했다.

서울대에도 졸업정원제의 파도가 거세게 몰아닥쳤다. 1980년의 입학 인원이 3315명이었음에 비해 졸업정원제가 처음 시행된 1981학년도에는 6526명을 모집해 그 숫자가 2배 가까이 늘어났다. 이는 졸업 정원 5020명의 130%를 입학시킨 결과였다. 졸업정원제에 의한 증가분이 1506명이고, 나머지 1750명은 순수 증가분이다.

정원의 증가는 주로 인문사회계 단과대학에서 두드러졌다. 인문대의 경우 1980년 신입생이 185명이었는데 1981년에는 졸업 정원 520명에 30%를 더한 676명을 뽑았다. 1980년에 비해 3배 이상으로 증가한 것이다. 인문대뿐만 아니라 경영대와 사회대 등 사회계열 단과대학의 학생 정원도 크게 증가했다. 이렇듯 졸업정원제 실시에 따라 대학 정원이 대폭 늘어난 이후 입학한 세대를 일컬어 졸업정원제 세대라고 부른다.

이처럼 대학 정원의 확충이 문과 계통 단과대학을 중심으로 이루어진 데 대해서는 당시부터 말들이 많았다. 문과 계통의 단과대학은 분필과 칠판만 있으면 그만이기 때문에 이공계에 비해 상대적으로 시설 확충의 요구가 덜했으므로 정원 확충에 따른 투자 비용 부담을 덜기 위해 문과 계통을 중심으로 정원을 늘린 것이 아니냐는 지적이었다.

하지만 문과 계통을 중심으로 대학 정원을 늘린 데에는 당시의 사회적 요구를 반영한 측면도 없지 않았다. 1970년대에는 정책적으로 이공계를 중심으로 대학 정원을 확충했지만, 일반 학생과 학부모들 사이에서는 문과 계통 대학에 대한 선호도가 더 높았다. 정치적 정당성이 부족한 신군부가 이를 보완하기 위해 사회적 요구에 부응하고자 했던 것이다. 그러나 그 결과는 전혀 상반되게 나타났다. 1980년대 학생운동은 학생 정원이 집중적으로 늘어난 단과대학 학생이 주축을 이루었다.

● 여학생 비율이 늘어나기 시작하다

졸업정원제 실시와 대학 정원 확충에 따라 서울대에 입학한 여학생의 숫자도 크게 늘기 시작했다. 1980학년도 서울대 신입생 3288명 가운데 여학생이 465명으로 14.14%를 차지했음에 비해 1982학년도에는 신입생 6435명 가운데 여학생이 1357명으로 21.1%를 차지했다. 1983학년도에는 신입생 가운데 여학생이 차지하는 비율이 더 늘어나 24.6%가 되었다. 그에 따라 전체 재학생 중에서 여학생이 차지하는 비율도 늘어났다. 1980년 13.2%에서 1985년 21.1%로 증가해 마침내 20% 선을 돌파했다.

이 무렵에 여학생 수가 늘어난 것은 비단 서울대에서만 일어난 현상은 아니었다. 다른 대학들에서도 마찬가지였다. 여성의 대학진학률 자체가 1980년대 들어 높아지기 시작한 것이다. 경제성장의 성과가 가시화되면서 1970년대 후반부터 대학진학률이 크게 증가하기 시작했는데, 1980년대에 들어서면서 그러한 여파가 여학생에게도 파급된 결과다.

이렇게 여학생 수가 크게 늘어나면서 가정대나 간호대 등 일부 단과대학에만 편중되던 현상이 완화되기 시작했다. 1983학년도 약대 신입생을 보면 여학생이 73%를 차지했고, 사범대에서는 처음으로 여학생이 남학생보다 많아졌다. 1980년 19명이던 인문대 여학생 숫자가 1982년에는 159명으로 늘어났다. 같은 기간 자연대를 보면 20명에서 62명으로 늘어났다. 공대처럼 이전에는 여학생을 좀처럼 찾아보기 어려웠던 단과대학에도 여학생 상당수 입학하기 시작했다

반면에 1980년대 들어 전통적으로 금남의 구역으로 여겨지던 단과대학에도 남학생이 입학하기 시작했다. 간호대는 1970년대부터 남학생이 입학하기 시작했으며, 가정대학에도 1985년 남학생이 처음으로 입학했다. 서울대에서

는 1980년대 들어 비로소 진정한 의미의 남녀공학이 실현된 것이다.

● 막을 내린 명문고 전성시대

과외 해소를 명분으로 내세운 '7·30조치'에는 졸업정원제 외에 대학별 본고사 폐지도 포함되어 있었다. 신군부는 본고사 문제가 너무 어려워 과열 과외를 부추긴다고 판단하고 본고사를 폐지했다. 따라서 1981학년도 입시부터는 예비고사 성적과 고교 내신성적만으로 학생을 선발했다. 본고사가 폐지되고 선시험 - 후지원제도가 시행되면서 입학원서를 접수할 때 극심한 눈치작전이 벌어지는 등 큰 혼란이 초래되기도 했다.

신군부는 이러한 문제점이 있었음에도 이후 대학별 고사를 폐지하는 정책을 계속 밀어붙였다. 다만 본고사가 폐지되었기 때문에 대학입학 '예비고사'라는 명칭만 대학입학 '학력고사'로 바꾸었을 뿐이다. 이후 서울대를 비롯한 각 대학은 신입생 선발 과정에서 자율성을 완전히 박탈당했다.

한편 1974년부터 시행된 고교평준화 정책도 서울대 신입생 구성에 큰 영향을 미쳤다. 그 전에는 신입생 대부분이 경기고를 비롯한 주요 명문고 졸업생들이 차지하고 있었는데, 고교평준화의 결과 이러한 명문고 전성시대가 무너지기 시작한 것이다. 고교평준화는 먼저 서울과 부산을 시작으로 단계적으로 확대 실시되었다. 전국 주요 도시의 고교평준화가 1980년에 마무리되었다. 이에 따라 명문고 전성시대도 단계적으로 무너져 내렸다.

1974년 서울과 부산에 평준화가 처음 실시되자, 이전 같으면 서울과 부산의 명문고에 진학했을 지방 학생들이 아직 고교평준화가 실시되지 않은 자기 지역의 명문고에 진학했다. 그 결과 그때까지 고교평준화가 실시되지 않은 지역의 명문고들은 그 이전보다 우수한 학생들을 많이 유치할 수 있었고, 그 결과 이들이 대학에 진학하는 1977학년도 서울대 입시에서 좋은 성적을 거두었다. 경북고 출신 168명을 비롯해 대구와 광주에 소재한 고등학교가 특히 약진했다. 명문고 전성시대의 마지막 불꽃이라고 할 수 있는 현상이 나타났던 것이다. 하지만 평준화가 단계적으로 확대되면서 이 불꽃은 단계적으로 다른 도시로 옮겨갔고 결국은 사라졌다.

대구와 광주의 불꽃을 이어받은 도시는 대전·전주·마산·청주·춘천 등이다. 여기에 소재한 명문고들은 1978학년도 입시부터 전성기를 맞았다. 하지만 이 도시들에도 고교평준화가 이루어졌기 때문에 그들의 전성기는 1981년에 끝났다. 1978년 전주고가 183명의 합격자를 내어 전국 1위를 차지했다. 전주고는 이듬해에도 160명의 합격자를 배출했다. 이 밖에 대전고(151명)·마산고(102명)가 100명 이상, 진주고·춘천고·청주고가 50명 이상의 합격자를 내었다.

서울 소재 고등학교 가운데 우신고등학교가 1980년 166명의 합격자를 배출해 주목을 받았다. 우신고등학교는 온수동에 소재한 신설 학교인데, 이곳은 당시 교통 사정이 좋지 않은 이른바 격오지 학교였다. 교육 당국이 학생을 일방적으로 배정하기 어려웠기 때문에 각 학교별 모집을 예외적으로 허용해 주었다. 이 학교는 다른 격오지 학교들과는 달리 모 재벌기업이 설립한 학교로, 학교에 적극적으로 투자한다는 소문이 나서 우수한 학생들을 많이 모여들었다. 그 결과 1980년 입시에서 신흥 명문으로 떠오른 것이다. 하지만 이 학교도 몇 해 지나지 않아 고교평준화에 포함되었기 때문에 그 기세는 오래가지 못했다.

1980년 마지막으로 평준화가 이루어진 진주·창원·성남·원주·천안·군산·익산·목포·안동 등지에 소재한 고등학교 졸업생이 대학에 진학한 1983년도 서울대 입시에서 명문고 전성시대의 마지막 불꽃마저 꺼지고 말았다.

이렇게 명문고 전성시대가 막을 내리면서 학생생활에 상당한 변화가 있었으며 학생운동에도 적지 않은 영향을 미쳤다. 전통적으로 학생운동의 인맥은 고교 선후배 관계를 축으로 연결되었다. 과거 언더서클들의 회원 충원에도 고교 선후배 관계가 활용되었기 때문에 언더서클 중심의 학생운동은 이 명문고 출신들이 주도했다. 명문고 전성시대가 막을 내리면서 서울대 학생운동에서 전통적인 언더서클들의 위상이 약화된 것은 우연히 아니었다.

• 가정 형편이 어려운 수재들의 대학

1960년대부터 1970년대 중반까지 서울대 신입생 가운데 서울 출신 비율이 늘어나고 있었다. 물론 이 가운데는 중고등학교 시절 일찌감치 서울에 유학한 경우도 일부 포함되어 있었지만, 서울을 비롯한 도시 출신이 늘어나는 것은 분명한 사실이었다.

그런데 1970년대 후반부터 신입생 중 서울 출신 비율이 줄어들기 시작했다. 1976년 66.1%에서 1978년 50.9%로 줄더니 1979년에는 49.4%로 절반에도 못 미쳤다. 그 후 계속 떨어져 1984년에는 41.6%까지 하락했다. 1987년에 잠시 46.0%로 반등했지만 이 수치도 같은 시기 연세대 61.7%와 고려대 53.0%보다는 훨씬 낮은 수치였다.

서울 출신이 줄어든 것은 곧 지방 출신이 늘었음을 의미한다. 1970년대 후반 이후 지방 출신 신입생이 늘어난 가장 큰 이유로는 무엇보다 먼저 고교평준화를 꼽을 수 있다. 이전 같으면 일찌감치 서울에 올라가서 명문고에 진학했을 학생들이 자기 지역 고등학교에 진학하는 바람에 지방 출신 비율이 잠시 높아졌을 수 있다.

〈표 1-3〉 1977~1984학년도 출신 고교별 서울대 합격자 수

	1위	2위	3위	4위	5위	6위	7위	8위	9위	10위
1977	경북 187	광주일고 136	전주 107	용산 106	제물포 100	대전 89	휘문 68	경남 63	신일 54	춘천 52
1978	전주 136	경북 99	대전 95	마산 72	서라벌 70	경기 67	경복 66	진주 57	춘천 52	청주 45
1979	전주 160	대전 151	마산 102	우신 87	진주 79	춘천 55	경복 53	청주 51	서울 51	서라벌 47
1980	우신 164	전주 155	대전 131	마산 109	춘천 66	청주 60	서울 59	서라벌 53	대일 49	보성 43
1981	전주 177	대전 159	진주 148	마산 139	부평 90	서울예고 82	청주 80	춘천 79	대일 79	중앙 66
1983	서울예고 115	강릉 85	상문 81	순천 73	여의도 67	대원 66	서울 66	경성 57	대성 57	배문 56
1984	서울예고 96	영동 78	경기 74	진주대아 66	대성 66	배문 64	대원 63	서라벌 59	상문 59	강릉 57

주: 1982년에는 수치를 발표하지 않았다.

지방 출신의 증가세와 조응하는 흥미로운 변화는 학생의 가정 형편이 하락한 것이다. 서울대 학생의 가정 형편과 생활수준은 1970년대 후반 개선되는 추세였지만, 1980년대에 들어서면서 하향평준화 되기 시작했다.

학생생활연구소의 조사결과에 따르면, 1970년대 후반 생활수준에 대한 지각 상황을 묻는 설문에 '여유 있다'는 응답이 증가세인 반면, '빈곤하다'는 응답은 1974년 35.4%에서 1978년 28.2%로 줄어드는 추세였다. 또 가족의 월 소득을 묻는 설문에서도 가장 많은 수의 학생이 분포한 구간은 1980년 16~20만 원대에서 1982년 20~39만 원대로 상승했다. 이것만 가지고 본다면 경제적 형편이 개선되고 있었다고 할 수 있다.

하지만 그 내부를 좀 더 자세히 분석하면 다른 면모가 드러난다. 1980년에는 학생의 19.83%가 16~20만 원대에 분포했지만, 그보다 많은 23.6%의 학생이 46만 원 이상의 구간에 분포했다. 저소득층 못지않게 고소득층이 증가했음을 알 수 있다. 이에 비해 1982년에는 고소득층 비율이 줄어든 반면에 상대적으로 20~30만 원대로 평준화되었다. 다만 음·미대와 의예과 등은 고소득층이 차지하는 비율이 여전히 높았다. 1987년의 조사에 따르면 서울대 학생의 38.8%가 저소득층 가정 출신으로, 당시 지방대생(평균 50% 이상)이나 고려대생(44.2%)보다는 낮았지만, 연세대생(21.7%)보다는 훨씬 높았다.

이렇게 1980년대에 들어서 서울대생의 가정 형편은 하향평준화 되고 있었다. 그것은 이 무렵 대학진학률이 높아진 것과도 관련이 있어 보인다. 즉 이전에는 가정 형편이 어려워 대학에 진학하지 못했을 학생들이 대거 진학한 것이다.

● 등록금은 오르고 과외는 금지되고

서울대 등록금은 사립대에 비해서는 여전히 낮은 수준이지만 꾸준히 인상되었다. 1975년부터 1980년 사이에 2배 가까이 올랐고 그 이후에는 급격히 인상되었다. 1980년 연말 문교 당국은 1981학년도 국·공립대학 등록금을 책정하면서 향후 국·공립대학 등록금을 사립대학 등록금의 80% 수준으로 인상할

근로봉사장학금제

서울대는 23일 학생들의 과외교습 금지조치로 많은 재학생들이 학비 조달에 어려움을 겪을 것으로 판단하고 우리나라 대학 사상 처음으로 근로봉사장학금제도를 마련하여 2학기부터 실시키로 했다. 서울대가 밝힌 근로봉사장학금제도에 따르면 잔디 깎기, 접시 닦이, 도서 정리, 강의실 청소, 교수 논문 정리 등을 학생들에게 시켜 1시간에 1천원씩 지급, 하루 2시간씩 봉사케 해 1인당 한 달 평균 5만여 원의 장학금을 지급한다는 것이다. 서울대는 대외 공공 기관과 협조, 관공서 청소나 경비 등에 학생들을 근로 봉사케 하는 방안도 검토하고 있다.

≪경향신문≫, 1980년 8월 23일

방침이라고 밝혔다. 1980년 인문사회계 학부 등록금이 13만 원이었는데 1981년에는 약 37만 원으로 인상되었으며, 1987년에는 50만 원 선을 돌파했다.

이렇게 1980년대에 들어 등록금이 대폭 인상된 반면, 전통적으로 등록금 조달의 효과적인 수단 중 하나였던 과외교습이 전면적으로 금지되는 바람에 학생들이 겪는 경제적 고통은 더욱 커졌다. 1980년 7월 신군부가 발표한 과열 과외 해소 방안은 공직자와 기업인 등 사회지도층 자녀들의 과외 금지, 교수와 교사의 과외수업 금지, 재학생 사설 학원 수강 금지 등을 포함했다. 이때 대학생의 과외교습 행위도 금지되었다.

당시 신군부는 이 문제를 공안 차원에서 취급했기 때문에 이 조치를 어긴다는 것은 엄두도 낼 수 없는 분위기였다. 이 조치가 발표되자마자 전국에 걸쳐 이루어지던 과외교습 행위가 일시에 중지되었다. 뒷날 '몰래바이트'라는 이름으로 대학생 과외가 일부 되살아났지만, 그것은 이 조치가 취해진 지 상당한 세월이 흐른 뒤였다.

과외가 금지되자 곧바로 그 여파가 학생사회에 밀어닥쳤다. 그동안 입주 과외를 하던 학생은 당장 머물 곳부터 찾아야만 했다. 학교 당국도 이 문제에 대한 대책 수립에 나섰다. 그 대책 가운데 하나가 근로봉사장학금 제도였다. 생계형 과외를 하던 학생들을 근로봉사장학생으로 흡수한다는 구상이었다.

하지만 근로봉사장학금은 그 액수가 과거 과외교습을 통해 벌 수 있었던 금액에 비해 턱없이 적었고, 수혜의 폭도 그렇게 넓지 못해 미봉책에 지나지 않았다.

과외 금지 조치가 취해진 이후 대학가에는 그야말로 돈의 씨가 말랐다. 등록금은 장학금을 받아서 어떻게든 해결한다고 하더라도 생활비가 문제였다. 가뜩이나 1980년대에 들어 지방 출신 학생이 늘어난 점도 이러한 어려움을 가중시켰다. 실제로 당시에는 식비 조달조차 불가능한 학생들이 적지 않았다.

점심 식사 시간에 과사무실에 모여 도시락을 펼쳐놓으면 젓가락만 들고 덤벼드는 사람이 한둘이 아니었다. 당시 각 학과에는 도서실 겸 휴게실 겸 회의실로 사용되는, 학생들을 위한 공간이 있었다. 이러한 공간을 일컬어 '과사무실' 혹은 줄여 '과사'라고 불렀다. 학생들은 점심시간이 되면 과사무실에 모여 도시락을 먹곤 했다.

학생식당에서도 하나의 식판을 들고 여러 명이 밥을 타 먹는 경우가 드물지 않았다. 배식하는 아주머니들도 학생들의 딱한 사정을 잘 알고 있었기 때문에 싫은 소리를 하지 않고 밥을 넉넉히 퍼주곤 하던 시절이었다. 당시 이런 사람을 '빈대'라고 불렀다. 그렇게 부른 것은 이들이 톡톡 튀어 다니면서 남들에게 빌붙어 먹었기 때문일 것이다. '빈대'들은 자신들의 선배인 '거지'들처럼 절대로 주눅 들거나 미안해하는 법이 없었다. 가난마저도 낭만적으로 받아들인 것이다. 그 시절에도 모든 서울대생이 가난한 것은 아니었다. 하지만 그들은 '가난'의 정서를 고루 나누어 가졌다. 이 무렵 학생들은 민중을 내세우고 평등을 주장하고 있었다. 그러니 학생들이 '가난'의 정서를 나누어 갖는 것은 지극히 당연한 일이었다.

- **졸업정원제 시대의 풍속도**

졸업정원제 실시 이후 달라진 캠퍼스의 풍속도 가운데 가장 먼저 들 수 있는 것은 엄청난 인파였다. 대학 정원이 크게 늘어났으니 캠퍼스에 학생들이 많아지는 것은 당연했다. 학생식당에서 밥을 타는 줄은 한없이 길어졌고, 도서관도 학생들로 넘쳐났다. 캠퍼스 커플 사이에 아침 일찍 등교해 파트너의 자리를 대신 잡아주는 것은 당시 가장 생색이 나는 행동이었다.

하지만 당시 캠퍼스에는 평소 학생들이 접근하기 어려운 곳도 있었다. 아크로폴리스광장을 비롯한 잔디밭과 벤치들이었다. 이곳은 학생 대신 형사들이 차지하고 있었다. 형사들이 이곳에 진을 치고 눈과 귀를 쫑긋 세우고 있었기 때문에 학생들은 그 근처에 얼씬거릴 수 없었다. 이렇게 교정을 형사들에게 빼앗겼기 때문에 학생들은 가뜩이나 좁아터진 과사무실에 모여들 수밖에 없었다.

캠퍼스 벤치를 점령하고 있는 사복형사들

신군부는 졸업정원제를 실시하면 강제 탈락 규정을 통해 학점 경쟁을 유도하고 이로써 학생운동을 약화할 수 있으리라 기대했다. 당시 학생운동 진영도 이러한 의도를 간파하고 있었으므로 졸업정원제를 맹렬히 공격했다. 이 때문인지, 생각보다는 학생들 사이에 학점 경쟁이 널리 번지지 않았다. 제도권 교육 자체를 비판적으로 바라보려는 생각이 당시 학생들을 지배하고 있었다. 이뿐만 아니라 당시까지만 해도 졸업 후 취업하는 데 학교 성적이 큰 변수가 되지 못했다.

졸업정원제가 독재정권과 함께 언젠가 폐지될 것이라는 믿음도 강제 탈락 위협이 먹혀들지 않도록 하는 데 한몫했다. 실제로도 졸업정원제는 독재정권과 운명을 같이했고, 강제 탈락된 학생들 중 상당수가 나중에 구제되었다. 이렇게 강제 탈락의 위협으로 학생들을 강의실에 가두려는 시도는 실패로 돌아갔고, 학생들은 강의실 바깥에서 활발한 학생활동을 벌여나갔다.

학생들의 정치의식은 유신체제와 서울의 봄, 5·18민주화운동을 겪으면서 크게 고양되었다. 유신체제하에서의 극단적인 탄압에 대한 반발로 학생들의 정치의식은 반정부의 단계를 넘어 반체제 단계로까지 발전했다. 학생들의 의식은 5·18민주화운동을 거치면서 더욱 급진화되었다.

정치의식의 고양은 일부 운동권 학생에만 그친 것이 아니라 일반 학생들도 마찬가지였다. 당시 언더서클이라고 불리던 전통적인 학회뿐 아니라 다양한 학습 단위들을 통해 급진적인 생각들이 확산되기 시작했다. 이제 운동권인가 아닌가를 나누는 기준은 어떠한 생각을 하는가가 아니라 어떠한 행동을 하는가로 바뀌었다. 그리고 상황에 따라서는 아주 많은 학생들이 서슴없이 행동에 나서기도 했다.

● 배지가 사라진 이유

1980년대에 들어서면서 서울대생의 가슴을 장식하던 배지가 사라졌다. 1970년대만 하더라도 서울대 배지는 고교생들의 선망의 대상이었다. 그래서 대학에 합격하자마자 제일 먼저 하는 일이 배지 구입이었다. 배지를 구해서는 반짝거리도록 닦고 또 닦았다. 그렇게 신줏단지 모시듯 하던 배지가 어느새 소리 소문도 없이 사라져 버린 것이다.

서울대 배지

배지가 사라진 이유는 두 가지로 추정해 볼 수 있다. 첫 번째 이유는 불편해서였다. 1980년대에는 대학생들이 최대의 우범자였다. 그 시절 대학생들은 시도 때도 없이 불심검문을 당해야만 했다. 학교에 등교할 때는 물론이고 시내에서도 종종 경찰에게 가방을 열어 보여야 했다. 그러한 시대에 남들에게 대학생임을 공공연히 밝히고 다니는 것은 결코 현명한 처신이 아니었다.

하지만 배지가 사라진 좀 더 근본적인 원인은 1980년대에 유행한 진보적 사상에서 찾아야만 한다. 진보적 사상의 가장 핵심적인 가치가 바로 평등이었다. 배지로 상징되는 학벌 의식은 이러한 평등주의와 도무지 어울리지 않는 것이었다. 자신이 대학생이라는 사실도 미안해해야만 했던 시절이었으니

다시 고개를 든 카드놀이

관악 캠퍼스 곳곳에서 카드놀이가 또 다시 성행하고 있다. 지난 몇 달간 없어진 듯하더니 최근 들어 잔디밭 강의실 등에서 고개를 들기 시작한 것. 지난 22일 하오에도 자연과학관과 학생회관 사이의 잔디밭에는 카드놀이를 하는 학생들이 네 그룹이나 눈에 띄었다. 이들이 주로 벌이는 카드놀이는 이른바 '마이티'라는 것. 주로 1~2학년생들이 틈만 나면 잔디밭과 심지어는 강의실까지 놀이판을 벌인다는 것인데 공개적인 장소에서 놀이판을 벌이는 것은 지성인이라면 삼가야 하는 것이 도리가 아닐른지? 카드놀이를 벌이는 학생들의 자성이 아쉽다.

≪대학신문≫, 1978년 6월 26일

학벌을 자랑하는 것은 가당치도 않은 일이었다.

교복이나 신사복 대신에 몸을 움직이기 편한 캐주얼한 복장이 유행했다. 구두 대신 운동화를 신기 시작했다. 손으로 들고 다니는 책가방 대신에 당시 색(sack)으로 불리던 주머니를 어깨에 둘러메고 다녔다. 언제 데모가 일어날지 알 수 없는 시대라서 평소부터 그에 대비해 이러한 복장을 갖추고 있었던 것이다.

그 무렵 교복 대신에 '과티'가 등장했다. '과티'는 주로 과학생회에서 제작해 나누어 입었는데 여기에는 서울대생임을 강조하는 내용보다는 각 학과의 특색을 반영한 글귀를 새겨 넣었다. 1985년 역사교육과 과티의 경우 "역사는 부른다"라는 글귀가 새겨져 있었다.

1980년대에는 대학가의 생활문화도 많이 바뀌었다. 군사독재정권과 팽팽히 대치하던 긴장된 분위기와 당시 급속히 확산되고 있던 급진적 사고는 생활문화에도 영향을 미쳤다. 카드놀이를 비롯해 1970년대까지만 해도 아무 문제가 없이 행해지던 놀이문화가 퇴폐적이라는 이유로 지탄의 대상이 되었다. 어용적인 학도호국단이 가을 축제에서 쌍쌍파티를 열려고 하자 학생들이 몰려가 행사를 방해하기도 했다.

여학생들은 등교할 때 화려한 옷차림이나 화장을 하는 것을 가능한 한 피해야만 했다. 그렇게 하지 않을 경우 주변 사람들의 서늘한 시선을 받아야 했고, 심한 경우에는 면전에서 질책을 받기도 했다. 여학생의 옷차림은 1970년 대에도 비교적 수수한 편이었는데, 그때는 여학생의 숫자가 워낙 적었으므로 남의 시선을 의식해야 했기 때문이다. 1980년대에는 여학생이 크게 늘어났지만 또 다른 이유로 이러한 전통이 계속 이어졌다. 질박하고 금욕적인 운동권 문화가 캠퍼스를 지배하고 있었기 때문이다. 여학생들의 화려한 옷차림은 성을 상품화하는 '퇴폐적인' 문화로서 금기의 대상이 되었던 것이다.

4. 신세대의 등장과 흔들리는 진보 컨센서스

● 대학 정원의 자율화

1987년 6월 민주항쟁의 결과 민주화의 물결이 대학가에 파급되었다. 정치적 민주화와 함께 대학 운영의 자율화가 추진되었다. 정부도 각 대학의 자율성을 확대하는 방향으로 대학 정책을 조정했다. 이러한 자율화의 바람은 대학 정원의 자율화로 이어졌다.

대학 정원 자율화는 1989년부터 구체화되기 시작해 1992년 문민정부가 출범하면서 본격화되었다. 문민정부의 '5·31교육개혁안'에서는 대학의 기능 가운데 하나를 평생교육으로 설정하면서 대학 설립에 준칙주의를 적용했다. 이에 따라 법에서 정한 조건만 충족되면 대학 정원에 구애받지 않고 대학 설립을 인가했다. 그 결과 1990년대 후반 들어 수많은 대학이 잇달아 설립되었다.

이렇게 대학이 늘어나면서 대학생의 숫자도 급증했다. 1990년 158만 명에서 1995년 221만 명으로 늘었으며 2000년에는 313만 명이 되어 10년 전에 비해서 100%p 가까이 증가했다. 그에 따라 대학진학률도 크게 높아졌다. 1990년 33.2%에서 1995년 51.4%를 기록하더니 2000년에는 68%에 이르렀다. 그로부터 5년 뒤인 2005년에는 82.3%에 도달했다. 이렇게 대학생이 급증한 결과 사회적 수요에 비해 대졸자가 지나치게 많이 배출되었으며, 이것은 결국 청년

실업 문제의 발생으로 이어졌다.

이렇게 1990년대에 들어서 대학생 숫자가 크게 늘어나는 와중에 서울대생의 숫자도 증가했다. 1990년 2만 7740명에서 1995년 3만 23명으로 늘어나더니 2000년에는 3만 1814명이 되어 10년 사이에 4074명이 증가했다. 전체 대학생이 100%p 가까이 늘어난 반면에 서울대생은 14.6%p 늘어나는 데 그쳤다.

그중 학부생 증가율은 특히 낮았다. 1990년 2만 433명에서 1996년 2만 3019명으로 늘더니 2000년에는 다시 2만 2213명으로 줄어들어 10년 사이에 1780명이 증가하는 데 그쳤다. 더구나 그로부터 5년 뒤인 2005년에는 2만 422명으로 줄어들어 1990년의 수준으로 되돌아갔다.

대학원생의 증가율은 상대적으로 높았다. 1990년 7307명에서 1995년 7831명, 2000년 9601명으로 10년 사이에 2294명이 증가했다. 그로부터 5년 뒤인 2005년에는 다시 1만 637명으로 늘어 드디어 1만 명 선을 돌파했다. 이처럼 1990년대 이후 서울대 학생 수의 증가는 학부생이 아니라 대학원생에 집중되었다. 이 무렵 서울대가 연구중심대학 전략을 추진한 결과다.

당시 학생 수 증가에서 또 하나 주목되는 것은 여학생의 증가다. 여학생 수는 1980년대에 졸업정원제의 실시와 함께 이미 한차례 증가해 1985년 여학생이 전체의 21.1%를 차지한 바 있다. 이후 1995년까지 그 수준을 유지했는데 1996년부터 다시 증가하기 시작해 2001년에는 31.5%로 드디어 30% 선을 넘어섰다. 즉 1980년대 전반기가 여학생 비율이 첫 번째로 높아진 시기였다고 한다면 1990년대 후반기는 여학생 비율이 두 번째로 높아진 시작한 시기였다고 할 수 있다.

● 신자유주의적 교육 개편의 바람

1990년대에 들어서 신자유주의적인 교육 개편의 바람이 대학가에 불기 시작했다. 그 신호탄이 되었던 것은 문민정부가 1995년에 발표한 이른바 '5·31교육개혁안'이다. '5·31교육개혁안'은 교육 전반에 관한 개혁 방안을 담고 있었지만, 특히 대학 교육과 관련해서는 선진적인 미국식 대학 모델의 도입을 추구했다. 이후 국민의 정부와 참여정부도 문민정부의 신자유주의적인 교육개혁 방안을 이어받아 계속 추진했다.

한편 서울대는 1990년대 중반 이후 자체적으로 대학 발전 전략을 추진하기 시작했다. 그것은 당시 '연구중심대학'으로의 발전 전략이라 했는데, 그 요점은 대학의 무게중심을 학부에서 대학원으로 이동하는 것이다. 서울대는 1970년대에도 이와 흡사한 개혁 구상을 추진한 바 있다. 당시에는 이를 '대학원중심대학'이라고 불렀다. 이 구상은 1980년대에 군사정권이 졸업정원제를 실시하면서 학부 정원을 대폭 증원하는 바람에 무산되고 말았다. 1987년 6월 민주항쟁 이후 대학이 자율성을 회복하면서 과거에 무산되었던 '대학원중심대학' 구상이 이름을 일부 바꾸어 되살아난 것이다.

연구중심대학 발전전략의 개요는 다음과 같다. 기초교육과 교양교육은 학부에서 담당하고 전공 교육은 대학원에서 담당한다는 것이다. 이를 위한 첫 번째 실행 방안이 학부제였다. 학부제란 지나치게 세분화된 학과들을 좀 더 광역화된 교육 단위인 학부로 통합하는 것이다. 세분화된 학과의 울타리를 해체해 학생들이 학부 과정에서 폭넓은 기초교육과 교양교육을 받도록 하자는 것이 그 취지였다.

연구중심대학 발전 전략의 장기적인 목표는 학부제를 넘어 학부대학 - 전문대학원 체제를 구축하는 것이었다. 즉 학부대학을 설립해 전공 구별 없이 입학한 학생들을 대상으로 교양교육과 기초교육 실시하고, 전공과 관련된 심화교육은 전문대학원이 담당하도록 한다는 것이다.

학부제는 1994년부터 시행되었다. 자연대·공대·농대 등 이공 계열 단과대학들이 학부제 실시를 주도했다. 반면에 인문대·사회대·사범대 등 인문사회 계열의 단과대학에서는 학부제 실시를 둘러싸고 한바탕 홍역을 치러야만 했다. 그 결과 인문사회계열 단과대학들에서는 제한된 범위에서만 학부제가 실시되었다.

학부제가 실시된 단과대학에서는 학과가 해체되었다. 여러 개 학과를 합친 학부는 학생 수가 너무 많았기 때문에 부득이하게 학생들을 여러 개 반으로 나누어 편성했다. 학과는 전통적으로 학생들의 기초적인 생활공동체였다. 따라서 학생들의 일상생활은 주로 학과라는 공간에서 이루어졌다. 총학생회로 대표되는 학생자치활동도 과학생회에 그 뿌리를 두고 있었다. 따라서 학부제의 실시는 단순히 교육 기구의 변화에만 그치지 않고 학생운동을 비롯한 학생생활 전반에 걸쳐 큰 충격을 주었다.

● 서울대 입시를 둘러싼 숨바꼭질

1990년대 들어 대학정책에 자율화 물결이 밀어닥쳤지만 대학입시와 관련된 정책만은 과열 과외 부활의 위험성 때문에 다른 대학 정책과 달리 일정한 규제의 틀을 유지했다.

대학입시와 관련한 자율화의 상징은 1981년 신군부에 의해 폐지된 바 있는 대학별 고사의 부활이다. 서울대의 경우도 6월 민주항쟁 이듬해인 1988학년도 입시부터 곧바로 대학별 고사의 부활을 추진했다. 하지만 당시 교육 당국이 대학별 고사의 부활에 매우 조심스러워했기 때문에 오랜 줄다리기 끝에 1994학년도 입시부터 비로소 대학별 고사를 실시할 수 있었다.

당시 교육 당국은 자율화라는 시대적 분위기에 밀려 대학별 고사를 허용했지만, 이를 견제할 수 있는 장치를 마련하고자 했다. 먼저 기존의 학력고사에 비해 범교과적으로 수학 능력을 측정할 수 있는 대학수학능력시험을 도입했다. 이와 아울러 고교 교육 정상화를 명분으로 고등학교 내신성적을 전형에 반영하도록 했다.

1990년대 신자유주의적 교육 개편의 신호탄이 되었던 '5·31교육개혁안'에도 대학입시와 관련된 내용이 포함되어 있었다. '5·31교육개혁안'의 기본적인 방향은 자율성의 확대였지만, 대학입시에서만큼은 이 원칙을 차별적으로 적용했다. 사립대 입시에서는 자율성을 확대했지만, 국·공립대 입시에서는 국가가 제시하는 기준과 방법에 따르도록 규제했다. 국·공립대의 정점에 서울대가 있었으므로 이 규제는 사실상 서울대를 겨냥한 것이다. 자율화를 틈타 서울대가 대학입시에서 독주하지 못하도록 고삐를 죄어야 한다는 것이 당시 교육 당국의 생각이었다.

정부뿐 아니라 여론도 결코 서울대에 우호적이지 않았다. 서울대가 과열 과외를 일으키는 주범이라는 전통적인 인식이 여전히 남아 있었다. 또한 사회적 평등을 강조하는 진보 진영도 학벌 타파를 교육 분야의 기본 목표로 삼았기 때문에 대학입시에서 서울대의 독주를 규제해야 한다는 입장이었다. 이렇게 서울대는 대학입시와 관련해 사방에서 쏟아지는 따가운 눈초리를 받아야만 했다.

규제의 주요 타깃이 된 것은 대학별 필답 고사였다. 그 결과 대학별 필답 고사는 부활된 지 1년 만인 1995년도 입시 때부터 그 비중이 단계적으로 축소되다가 1997학년도 입시에서는 완전히 폐지되었다. 서울대는 이후에도 지속적인 감시와 규제를 받으면서 학생을 선발해야만 했다. 그런 상황에서도 우수한 학생들을 확보하기 위해 다각도로 노력했다. 특차 전형과 특기자 전형 등 여러 유형의 전형 방법을 개발함으로써 대학별 고사의 효과를 거두려고 한 것이다.

한편 서울대는 대학입시에서 사회적 형평성을 확대하기 위한 전형 방법도 마련했다. 1998학년도부터 시행된 고교장추천제와 2005학년도부터 시행된 지역균형선발제도가 그것이다. 이 두 제도는 전인적 자질과 잠재 능력을 평가하는 동시에 교육여건의 불균형으로 말미암아 낙후된 지역의 학생들이 받을 수밖에 없는 불이익을 완화하려는 목적도 있었다.

● 명문고 대신 등장한 특목고

명문고 전성시대는 앞서 살펴보았듯이 1980년대에 막을 내렸으며, 그 결과 서울대 합격자들이 여러 고등학교로 고르게 분산되기 시작했다. 그런데 1990년대에는 과학고등학교(이하 '과학고')와 외국어고등학교(이하 '외국어고') 등 특수목적고등학교(이하 '특목고')들이 서울대 입시에서 두각을 나타내면서 신입생들이 일부 출신 학교에 집중되는 양상이 다시금 나타나기 시작했다.

과학고는 1983년 경기과학고가 문을 연 것을 시작으로 이후 각 시도별로 하나씩 설립되었다. 과학고들은 1987년부터 특목고로 지정되었으며 2009년부터는 하나둘씩 과학영재고로 이름을 바꾸기 시작했다. 외국어고는 1984년 대원외고와 대일외고가 문을 연 것을 시작으로 이후 수많은 외국어고가 설립되었다. 모두 공립이었던 과학고와는 달리 외국어고는 모두 사립이었다. 외국어고도 1992년부터 특목고로 인가받았다.

이러한 특목고들이 1990년대에 들어서면서 서울대 입시에서 두각을 나타냈다. 1991학년도에는 대원외고가 139명, 서울과학고가 74명의 합격자를 배출했다. 1994학년도에는 대원외고가 188명의 합격자를 배출했고, 서울과학고는 132명의 지원자 전원이 합격하는 기록을 세웠다. 이 밖에 대일외고와 명덕외고 등 여타의 외고도 좋은 성적을 거두었다. 이런 추세는 그 후에도 그대로 이어졌다. 또한 특목고의 강세와 함께 경기고·서울고·단대부고 등 이른바 강남 8학군에 소재한 학교들이 거의 동시에 좋은 성적을 내기 시작한 점도 눈에 띈다.

한편 1990년대 후반이 되면 서울대 합격자를 배출하는 고교의 수가 늘어나는 현상도 나타났다. 입학관리본부의 발표에 의하면 1996년 584개 고교에서 1999년 678개로 늘어났다. 이렇게 합격자를 배출한 고교의 수가 늘어난 것은, 마침 그 무렵 시행된 학교장추천제의 효과가 반영된 결과였다.

● 저물기 시작한 코리안 드림의 시대

1980년대까지도 서울대에는 지방의 저소득층 출신 학생이 상대적으로 많았다. 형편이 어려운 집안 출신 수재들이 다니는 대학이었던 것이다. 서울대는 코리안 드림을 실현할 수 있는 경로 가운데 하나였다. 하지만 1990년대 들어 서울대생의 존재 형태가 과거에 비해 크게 달라지기 시작했다.

1990년대 이후 나타난 눈에 띄는 변화 가운데 하나가 서울대 신입생 보호자(아버지)의 학력이 크게 높아진 점이다. 1982년 대졸 이상이 41.1%이던 것이 (그중 대학원 졸업 5.6%) 1993년에는 대졸 이상이 52.7%(그중 대학원 졸업 11.2%)로 늘어났다.

고졸의 비율은 1982년과 비슷했으며 중졸 이하의 비율은 많이 줄어들었다. 대졸 이상 고학력자 비율은 그 후로도 계속 증가해 2002년 71.7%가 되었다. 그중 대학원 졸업도 25.8%로 늘어나 4분의 1을 차지했다. 고졸은 23.1%, 중졸 이하는 5.2%에 불과했다.

이 같은 고학력자 비율의 증가는 보호자의 직업에도 그대로 반영되어 전문직과 관리직 비율의 증가로 나타났다. 전문직은 1988년 7.8%에서 2002년 18.1%로 2배 이상 증가했다. 관리직은 같은 기간 7.8%에서 20.6%로 3배 가까이 늘었다. 행정사무직도 16.5%에서 24.1%로 약간 증가했다. 이 세 직종을 합한 비율은 32.1%에서 62.8%로 증가했다. 반면 농수산업은 12.7%에서 2.3%로 급감했고, 판매서비스업도 25.2%에서 16.9%로 줄었다. 이제 1차산업 직종은 극소수에 불과했고, 상업서비스업도 줄어들어 직업 분포의 중심이 전문직과 관리직으로 이동한 것이다.

그에 따라 학생들의 경제 형편도 개선되었다. 가족의 월수입 분포를 보면 1988년의 경우 40~60만 원 구간에 가장 많고(21.4%), 그다음이 20~40만 원 구간(15.9%)이었다. 1993년의 경우 160만 원 이상이 17.6%로 가장 많고, 그다음이 80~100만 원 구간으로 16.6%였다. 140~160만 원 구간도 10.8%를 차지해 1988년에 비해 가정 형편이 크게 개선된 것을 알 수 있다.

학비충족도도 많이 개선되었다. '많이 부족하다'라는 응답이 1988년 14.7%에서 1993년 5.0%로 줄었다. '조금 부족하다'라는 응답도 같은 기간 27.7%에서 17.1%로 줄었다. 반면에 '여유 있다'는 응답은 22.1%에서 38.95%로 늘어났다.

하지만 이런 추세도 1997년 외환위기를 맞아 현저히 꺾였다. '여유 있다'가 1998년 22.6%로 떨어진 반면 '겨우 충당한다'가 44.4%나 되었고, '조금 부족하다'도 26.6%로 늘어났다. '많이 부족하다'는 큰 변화가 없었다. 외환위기를 극복하고 난 뒤에는 다소 개선되었다. '여유 있다'라는 응답이 2002년 33.2%로 증가한 반면에 '조금 부족하다'라는 응답은 15.3%로 줄었다. 하지만 '겨우 충당한다'라는 응답은 47.7%로 여전히 높았다.

학생들의 경제 형편은 외환위기 때 일시적으로 나빠졌지만, 그 후 어느 정도 회복되었다. 여기에 보호자의 고학력화와 전문직/관리직 비율의 증가까지 더해보면 서울대는 이제 더는 어려운 집안의 수재들이 다니는 대학이 아니었다. "개천에서 용이 나온다"라는 이른바 코리안 드림의 시대가 저물기 시작한 것이다.

● 봇물이 터진 등록금 인상

서울대 등록금은 1980년대 전반기에 한번 크게 오른 후 상대적으로 잠시 안정되었다. 하지만 1990년대에 들어서면서 등록금 인상의 봇물이 터지기 시작했다. 1990년 인문·사회계와 자연계 등록금(학부생 기준)이 각각 55만 원과 63만 원이던 것이 1995년에는 89만 원과 114만 원으로 올라 5년 동안 각기 61.9%p와 81.5%p의 인상률을 기록했다.

이 무렵 등록금 인상을 주도한 것은 기성회비였다. 기성회비는 1992년 1학기에 한꺼번에 최고 19.1%p까지 인상되었고, 1995년 1학기에도 기성회비가 16.8%p 인상되었다. 기성회비가 등록금 인상을 주도한 것은 등록금 가운데 기성회비만을 서울대가 자체적으로 책정할 수 있었기 때문이다. 과거 군사정권 시절에는 기성회비도 사실상 문교부가 책정했으나, 민주화된 후 그것을 책정하는 권한이 각 대학으로 넘어왔다. 학생들은 민주화의 대가를 기성회비 인상이라는 형태로 치렀다.

1990년대 후반기에도 등록금 인상 기조는 이어졌지만, 인상률은 상대적으로 낮아졌다. 1995년에서 2000년 사이 5년 동안 인문사회계 등록금은 33.5%p 인상되었으며, 자연계 등록금은 51.3%p 인상되었다. 직전보다는 덜하지만 여전히 등록금이 만만치 않게 오른 것이다.

이렇게 등록금이 고공행진을 했음에도 1990년대 초까지는 등록금 문제가 학생운동의 핵심적인 이슈가 되지 못했다. 그것은 당시까지만 해도 정치적 학생운동의 기세가 어느 정도 유지되고 있었기 때문이다. 아직까지도 등록금 문제와 같은 학내 이슈는 부차적인 것이었다.

또한 앞에서 살펴보았듯이 1990년대에 들어서면서 서울대생의 경제적 형

뛰는 쌀롱자 위에 나는 등록금

쌀롱자, 새 학기 등록금 고지서를 받아보니, 가슴이 답답하구나. 이번 학기에도 어머니가 빚을 내서 …… 장학금도 못 받으니 다 내 잘못인줄 알아야지, 등록금 오르면 뭐가 좋은지, 등록금이 어디에 쓰이는지 모르는데, 제일 답답한 건 누구 하나 등록금 얘길 꺼내는 사람이 없다는 것, 돈으로 상처받은 가슴, 달랠 길은 조기 졸업뿐(?).

≪대학신문≫, 1996년 3월 4일

편이 개선되고 있었던 점도 영향을 미쳤을 것으로 보인다. 서울대생들은 아직까지는 등록금 인상을 감당할 수 있는 경제적 여력이 있었던 것이다. 그런데 1997년 외환위기 이후에도 등록금 인상의 기세가 계속되었으니, 이제는 서울대생들도 등록금 인상 반대운동에 나서지 않을 수 없었다.

• 서울대생, 정치적으로 보수화되었나?

흔히 1990년대에 들어서 서울대생의 정치적 보수화가 시작된 것으로 알려져 있다. 학생운동이 크게 고양되었던 1980년대와 비교한다면 1990년대에 들어서 상대적으로 보수화된 것은 분명한 사실일 것이다. 1990년대에 대학에 입학한 이른바 '신세대' 대학생들이 자유분방하고 개인주의적이어서, 엄격하고 공동체 중심이었던 이전 세대와 사고방식이나 생활문화에서 큰 차이가 있었던 것도 분명하다. 하지만 좀 더 찬찬히 살펴보면 1990년대에 학생들의 정치적 보수화가 본격화되었다고 말하기는 아직 어렵다.

≪대학신문≫이 1992년에 실시한 설문조사에 따르면 스스로 진보적이라고 응답한 학생 46.1%였으며, 중도적이라고 답한 학생 40.9%, 보수적이라고 답한 학생 13.0%였다. 1992년이면 이미 '신세대' 담론이 관악캠퍼스 주변에 떠돌기 시작할 무렵이었다. 이 무렵까지도 절반에 가까운 46.1%의 학생이 스스로 진보적이라고 생각하고 있었다.

그로부터 5년이 지난 1997년에도 큰 변화는 나타나지 않았다. 1997년 ≪대학신문≫의 설문조사에 따르면 스스로 진보적이라고 답한 학생이 47.6%, 중도적이라는 학생이 41.4%, 보수적이라는 학생이 11.0%였다. 5년 사이에 진보층은 1.5%p 늘었고, 보수층은 2%p 줄어들었다. 이를 통해 1997년 이전까지는 적어도 주관적으로는 결코 보수화되지 않았음을 알 수 있다.

서울대생들은 1990년대에도 여전히 정치에 대해 큰 관심이 있었다. ≪대학신문≫이 1992년과 1997년에 실시한 설문조사에 따르면 정치에 대한 관심을 묻는 질문에 대해 '관심이 있다'는 응답이 1992년 77.3%, 1997년 71.8%였다. 약간 줄어들기는 했지만 여전히 학생 대다수가 정치에 큰 관심을 보이고 있음을 알 수 있다.

하지만 좀 더 세부적으로 살펴보면 미시적인 변화는 보인다. 정치에 대한 관심이 '많이 있다'는 응답이 1992년 31.5%에서 1997년 21.0%로 크게 줄어든 반면, '약간 있다'는 응답은 1992년 45.8%에서 1997년 47.8%로 약간 늘어난 것이다. 즉 정치에 대한 관심 자체는 어느 정도 유지되었지만 그 열성도가 상당히 떨어진 것을 알 수 있다. 겉으로는 1980년대식 진보 컨센서스가 그런대로 유지되고 있었지만, 내적으로는 흔들리기 시작했던 것이다. 이는 좀 더 세부적인 질문에 대한 답변을 살펴보면 좀 더 분명해진다.

먼저 우리나라에 적합한 민주주의 유형을 묻는 질문에는 서구식 자유민주주의라는 응답이 1992년 17.0%에서 1997년 26.8%로 크게 늘어난 반면, 서구식 사회민주주의라는 응답은 1992년 30.1%에서 1997년 14.3%로 대폭 줄어들었다. '민중민주주의'라는 응답은 1992년 23.4%에서 1997년 24.8%로 거의 변화가 없었다.

우리나라에 적합한 경제체제를 묻는 질문에는 자본주의 시장경제체제라는 응답이 1992년 4.4%에서 1997년 15%로 크게 증가한 반면, 사회주의적 혼합경제체제와 사회주의 계획경제체제라는 응답이 각각 1992년 각각 23.7%와 7.8%에서 1997년 7.0%와 1.0%로 크게 줄었다. 그 대신 자본주의적 혼합경제체제라는 응답은 1992년 57.6%에서 1997년 67.3%로 상당히 증가했다.

학생들이 생각한 대학의 목적도 바뀌었다. 사회학연구실습팀의 조사에 따르면 대학을 '사회변혁을 위한 사회정치적인 사회화의 기능을 수행하는 곳'이라고 생각한 학생이 1990년 22.3%에서 1995년 13.6%로 크게 줄었다. 반면에 '개인의 자아를 실현하는 곳'이라는 의견이 1990년 40.6%에서 1995년에는 56%로 크게 상승했다.

이와 같이 1990년대에도 겉으로는 진보 컨센서스가 여전히 유지되고 있었지만 그 강도는 과거에 비해 많이 약해졌으며, 세부적인 각론에서는 개인주의적 경향을 보이기 시작했음을 알 수 있다.

5. 법인화 시대의 도래와 다원화된 서울대생

● '국립대학법인 서울대'로 새로 출발하다

21세기 들어 서울대에서 일어난 가장 큰 변화로는 무엇보다 먼저 법인화를 들 수 있다. 법인화를 통해 서울대의 법적인 지위가 변경되었으며 이는 학교의 지배구조뿐 아니라 대학 사회 전반에 걸쳐 폭넓은 변화가 있었기 때문이다.

서울대는 2011년 12월 28일 '국립대학법인 서울대학교'로 다시 태어났다. 서울대의 법인화라는 말 그대로 서울대가 교육부의 하부 기관으로서의 지위에서 벗어나 독자적인 법인격을 갖게 된 것을 의미한다. 서울대는 형식논리상 법인화를 통해 정부의 통제에서 벗어나 자율성을 확보할 수 있게 되었다. 좀 더 구체적으로 말하면 서울대가 국립대학이라는 획일적인 틀에서 벗어나 독자적인 발전을 도모할 수 있게 되었다는 것이다.

서울대는 당초 독자적 발전이라는 명분을 내세워 법인화를 추진했다. 하지만 서울대는 법인화를 추진하면서 독립적인 재정 기반을 확보하지 못했기 때문에 법인화 이후에도 여전히 국가에 재정적으로 의존해야만 했다. 그래서 부득이하게 법인의 명칭에 '국립대학'이라는 네 글자를 덧붙여 두어야만 했다. 이전처럼 교육부 하부 기관으로서의 '국립대학'은 아니지만 국가로부터 완전히 독립한 존재도 아닌 것이 바로 '국립대학법인 서울대학교'다. 이러한 이유로 법인화를 추진할 당시부터 그 명분으로 내건 '자율성'과 '독자적 발전'에 대해 의심하는 사람들이 적지 않았다.

앞서 말했듯이 서울대는 연구중심대학 발전 전략의 일환으로 법인화를 추진했다. 그런데 서울대의 연구중심대학 발전 전략 자체가 신자유주의적인 사고에 기초한 것이었으므로, 법인화가 단지 법적 지위의 변경에 그치는 것이 아니라 앞으로 신자유주의적인 방식으로 학교를 운영하겠다고 예고한 것이었다.

1990년대 들어 신자유주의적 대학 개편이 다방면에서 이루어지면서 서울대 학생들은 이에 대한 반대운동을 광범위하게 전개한 바 있다. 따라서 학생들 사이에서는 법인화에 대해 반대하는 의견이 압도적으로 많았다. 그들은 장기간에 걸친 행정관 점거를 비롯해 격렬한 반대운동을 전개했다.

이러한 반대에도 불구하고 법인화는 결국 이루어졌다. 정부는 2009년 12월 11일 서울대 법인화를 위한 법안을 국회에 제출했고, 이 법안은 2010년 12월 8일 국회 본회의를 통과했다. 이 법률에 따라 법인화를 위한 일정이 하나하나 진행되어 2011년 12월 28일 법인등기를 마침으로써 '국립대학법인 서울대학교'가 출범하게 되었다.

● 학부생은 줄고 대학원생은 늘고

1990년대 들어 증가 추세가 약화되던 서울대생 수는 21세기에 들어서면 아예 감소세로 돌아섰다. 이것은 전국적인 추세로, 이 무렵 정부의 대학 정원 정책이 변화한 결과였다.

정부는 2003년 무렵부터 대학 구조조정을 추진하면서 대학 정원 감축을 유도하기 시작했다. 노령화 사회의 도래에 따라 초등학교와 중등학교의 학생 수가 이미 줄어들고 있었으므로 이에 대비하기 위해 대학 정원 감축을 꾀한 것이다. 하지만 이 정책은 당장 큰 실효를 거두지는 못했다. 2005년 320만 명에 이르던 대학생 수가 2008년에는 317만 명으로 줄었지만, 이후 2016년까지 그 수준을 유지했으니 대학 정원이 늘어나는 것을 막는 데 그친 것이다.

서울대의 학생 수는 21세기 들어 감소세로 돌아섰다. 2005년 3만 1059명에서 2010년에는 2만 6941명까지 줄어들었다. 이후 약간 반등해 2015년에는 2만 8490명까지 늘어났지만 반등의 폭은 그리 크지 못했다. 그중에서도 학부생의 감소폭이 더 컸다. 1998년 2만 3039명으로 정점을 찍은 후 계속 줄어들어 2006년에는 1만 9812명으로 2만 명 선 이하로 떨어졌고, 2010년에는 1만 6325명이 되었다. 1998년부터 2010년까지 12년간 6714명이 감소해 29.1%p나 줄었다.

　　그런 속에서도 여학생 수는 오히려 약간 늘었다. 1998년 학부생 가운데 남학생은 1만 7504명에서 2010년 9821명으로 7683명 줄어든 반면, 여학생은 5535명에서 6504명으로 969명 늘어났다. 이에 따라 여학생 비율은 크게 증가했다. 2001년에 30% 선을 돌파한 여학생 비율이 2009년에는 40.6%로 40% 선마저 돌파했다. 이후 여학생 비율은 대체로 40% 선을 유지하고 있다. 아직도 여학생 숫자가 남학생에 비해 적지만, 공대 등 몇몇 단과대학을 제외한 대부분의 단과대학에서는 이제 여학생이 더는 소수자가 아니게 되었다.

　　한편 학부생이 감소하는 21세기에 들어서도 대학원생 숫자는 꾸준히 증가했다. 2000년 9601명에서 2003년 1만 139명으로, 2015년에는 1만 1979명으로 늘어났다. 2009년에 잠시 9795명으로 줄어들었지만 곧 증가세를 회복했다. 이렇게 대학원생이 꾸준히 증가한 것은 서울대가 이 무렵 연구중심대학 발전 전략을 추진한 결과다. 이로써 대학원생이 양적인 측면에서도 학생사회의 또 다른 주역으로 등장했다.

● 동시에 나타난 출신학교의 집중과 확산

　　1990년대부터 서울대 입시에서 두각을 나타내기 시작한 특목고 출신들은 21세기에도 여전히 위세를 떨쳤다. 먼저 과학고 출신이 신입생 중에서 차지하는 비율이 꾸준히 늘어나 2009학년도 입시에서 10.3%를 차지했다. 2013학년도 입시에서는 6.3%로 줄어들었지만, 이는 일부 과학고가 영재고로 전환한 결과였다. 같은 해 영재고가 5.3%를 차지했으므로 둘을 합하면 11.6%가 된다. 이후에도 과학고와 영재고가 차지하는 비율은 늘어만 갔다.

외국어고 출신이 차지하는 비율도 늘어나 2011년에는 11.5%를 차지했다. 이후 증가세가 주춤했지만 9%대의 비율은 유지하고 있다. 이 무렵 외국어고의 증가세가 멈춘 것은 2010년 '자율형사립학교'(이하 '자사고') 제도가 도입되었기 때문인 것으로 보인다. 자사고의 기원은 2001년 민족사관고·광양제철고·포항제철고·현대청운고·상산고·하나고 등이 이른바 자립형 사립학교로 설립된 데서 연유한다. 정부가 2010년에 자사고 제도를 도입하면서 기존의 자립형 사립학교들이 자사고로 전환했으며, 신규로 신청을 받기도 해 도합 43개 학교가 자사고로 선정되었다. 자사고는 2013년부터 졸업생을 배출하기 시작했는데, 그해 서울대 신입생 가운데 자사고 출신이 14.4%를 차지했다. 이후 그 비율이 꾸준히 늘어 2016학년도에는 19.3%에 이르렀다.

이렇게 특목고에 자사고까지 등장하면서 일반고 출신의 비율은 점점 줄어들었다. 일반고 출신은 2000년대 전반까지만 해도 80%대를 차지했는데 이후 계속 줄어들어 2013년에는 50%대로 떨어졌으며, 이듬해에는 47.2%까지 떨어졌다.

그런데 이 무렵 서울대 합격자를 배출한 고교의 수는 오히려 늘어났다. 1990년대 후반부터 시작된 서울대 합격자 배출 고교 수의 증가세는 21세기에도 이어졌다. 2004년 775개이던 것이 2009년 963개로 늘어났다. 이후 증가세가 꺾여 2014년엔 831개로 줄어들었지만, 그 후에도 이 수준은 유지하고 있다. 이렇게 합격자 배출 고교의 숫자가 늘어난 것은 지역균형선발제도 덕이다.

신입생의 출신 지역에도 변화가 나타나 서울/대도시 출신이 줄고, 농촌·중소도시 출신이 증가했다. 서울 출신은 2000년과 2001년에 각각 전체의 45.2%와 47.3%에서 2009년에는 35.9%로 줄었다. 2002년 농어촌특별전형이 도입되면서 2001년 1.9%에 불과했던 읍·면 출신 학생 비율이 3.0%로 증가했다. 2005년 지역균형선발제가 도입되면서 읍·면 출신 학생 비율이 다시 늘어나 5.0%가 되었다. 읍·면 출신 학생들은 이후에도 5% 내외를 유지하고 있다. 중소도시를 의미하는 시 지역 출신은 2007년 31.8%에서 2017년 36.7%로 증가했다. 한편 광역시 출신은 2007년 27.5%에서 2017년 20.7%로 줄어들었다. 이렇게 21세기에 들어서 농어촌특별전형이나 지역균형선발제가 도입되면서 농촌과 중소도시 출신 비율이 늘어나기 시작했다.

한편 서울대 입시와 관련해 늘 거론되는 이른바 강남 8학군 출신은 1990년대에 두각을 나타냈지만, 정작 21세기에 들어서는 오히려 그 비율이 줄어들었다. 2002학년도 17.0%에서 점차 줄어 2006학년도에는 11.8%를 기록했으며 이후 그 수준을 유지했다. 2000년대에 강남 8학군 출신 비율이 줄어든 것은 이 무렵부터 특목고나 자사고 출신이 늘어난 것과 연동된 결과로 분석된다.

이렇게 2000년대 이후 서울대 입시에서는 합격자가 특정 지역, 특정 성격의 고교에 집중되는 현상과 함께 합격자 배출 고교가 전국적으로 확대되는 현상이 동시에 나타났다.

• 어머니의 학력도 높아지다

1990년대에 시작된 신입생 보호자의 고학력화 현상은 21세기에도 지속되었다. 아버지가 대졸 이상 학력인 학생이 2002년 71.7%, 2009년 81.5%, 2015년 84.8%로 증가했다. 그런데 21세기 들어 아버지 학력 못지않게 어머니의 학력도 높아졌다.

어머니의 학력은 2002년 고졸 39.9%, 대졸 42.2%, 대학원졸 8.5%이던 것이 2015년에는 고졸이 21.9%로 크게 감소한 데 비해 대졸과 대학원졸은 각각 62.3%와 13.4%로 크게 증가했다. 어머니가 대졸 이상 고학력자인 비율은 76.7%로 아버지의 84.8%보다는 낮지만 크게 차이 나지 않고 증가 속도는 더 빠르다. 아버지에 이어 어머니 학력까지 높아진 것도 학생들의 가정 형편이 개선되었음을 보여주는 또 하나의 지표라 할 수 있다.

보호자의 직업이 전문직과 관리직으로 집중되는 추세는 21세기에 들어서도 그대로 이어졌다. 전문직과 사무직 비율은 각각 2002년 18.1%와 24.1%에서 2015년 30%와 31.2%로 늘어났다. 관리직 비율은 같은 기간 20.6% 선을 유지했다. 반면 판매서비스업 비율은 2002년 16.95%에서 2013년 10.3%로 줄어들었다. 보호자의 직업이 전문직·사무직·관리직으로 집중되는 현상이 날이 갈수록 심화되고 있는 것이다.

● 더 서러운 풍요 속의 빈곤

학생들의 가정 형편이 개선되는 추세는 21세기에도 계속 이어졌다. 가족의 월수입은 1990년 40~100만 원 구간에 집중되어 있었는데, 그로부터 25년이 지난 2015년에는 350~750만 원 구간에 집중되었다. 이는 그사이의 물가인상을 감안하더라도 가정 형편이 개선되어 왔음을 잘 보여준다.

이것은 학생들이 자각하는 사회계층 의식에도 그대로 투영되었다. 자신이 중류에 속한다고 응답한 학생이 1998년 58.6%이던 것이 2005년에도 56.8%로여전히 절반 이상을 차지하고 있다. 이에 비해 자신이 중하류에 속한다고 응답한 사람은 1998년 21.0%에서 2005년 17.6%로 줄어든 반면에, 중상류에 속한다고 응답한 사람이 17.1%에서 22.7%로 늘었다. 이를 통해 학생들의 중류의식이 여전히 강고한 가운데 조금씩 상향 이동하고 있음을 알 수 있다.

하지만 가정 형편이 어려운 학생도 여전히 적지 않았다. 서울대를 포함한7개 대학 학생들을 대상으로 한 ≪대학신문≫의 조사에 의하면 2007년 서울대생 가운데는 다른 대학 학생들에 비해 고소득층에 속한 학생도 많았지만,저소득층에 속한 학생들 역시 평균보다 많았다.

서울대 안에서도 단과대학별로 나뉘었다. 의대, 경영대, 음대, 미대, 치대에는 상대적으로 고소득층이 많았던 반면에 인문대, 사회대, 사범대, 간호대,수의대, 약대에는 상대적으로 저소득층이 많았다. 학생들의 경제 형편이 내부적으로 양극화하는 가운데 나타난 풍요 속의 빈곤 현상이라고 할 수 있다.

● 사립대와 맞먹게 된 서울대 등록금

서울대 등록금은 21세기에 들어서 이전보다 더 큰 폭으로 인상되었다.2000년부터 2005년까지 5년 동안 인문사회계는 73.1%p, 자연계는 50.6%p 인상되었다. 그 결과 1996년 평균 119만 원이던 등록금이 약 10년이 지난 2005년에는 277만 원으로 폭등했다.

2000년대의 등록금 폭등은 1990년대 중반 이후 대학가에 불기 시작한 신자유주의 바람 때문이다. 김영삼 정부는 이른바 '5·31교육개혁안'에 따라 대학 운영의 자율성을 확대하는 조치를 취했고, 각 사립대학도 이에 부응해 양적 성장을 위한 경쟁에 나섰다. 사립대학들은 등록금을 대폭 올려 양적 성장에 소요되는 비용을 충당했다. 이화여대와 고려대 등 이른바 명문 사립대학들이 등록금 인상을 선도했다. 서울대도 연구중심대학 발전 전략을 추진하면서 그 길을 뒤따라갔다.

신자유주의 시대를 맞이해 사립대학 사이에서도 등록금 액수가 차등화되었으며, 여러 국립대학의 등록금도 제각기 달라졌다. 그 결과 2000년대 이후 서울대 등록금은 주요 사립대학보다는 저렴하지만, 다른 국립대학보다는 비싸졌다.

2005년 당시 서울대의 등록금은 고려대의 69.6%, 연세대의 73.9%, 이화여대의 65.9%였다. 대략 주요 명문 사립대학 등록금의 70% 안팎이었던 것이다. 이에 비해 같은 국립대학인 부산대의 144.9%였다. 이는 서울대가 등록금 인상을 선도하던 주요 사립대학들을 한발 뒤에서 따라간 결과다. 서울대는 이제 더 이상 등록금이 저렴한 대학이 아니다.

그런 만큼 21세기에 들어서면서 등록금 인상 문제가 학생운동의 주요한 이슈로 떠올랐

2002년 등록금 인상에 항의해서 행정관을 점거하는 모습

다. 2002년에는 총학생회가 등록금 인상에 항의하며 총장실을 점거하는 등 격렬히 대응했다. 이후에도 해마다 등록금 문제는 학내의 뜨거운 현안이 되었다. 학생들이 이렇게 등록금 인상을 반대하고 나섰기 때문에 학교 당국은 재학생과 신입생의 등록금을 차별화해 신입생 등록금을 집중적으로 인상했다. 이는 학생들의 등록금 인상 반대운동을 우회하기 위한 편법이었다.

● 장학금은 확충되었지만

21세기 들어 등록금이 지속적으로 인상되면서 이를 보완하기 위해 장학금도 확충되었다. 등록금을 올리는 대신 장학금 혜택을 확충하는 것은 신자유주의적인 대학 발전 전략의 해법 중 하나인데, 서울대도 연구중심대학으로의 발전을 추구하면서 이 해법을 채택했다. 이에 따라 학교 당국은 장학금을 확충하기 위해 다각도로 노력했다.

대학 당국은 장학금 제도를 정비해 그 종류를 다양화했다. 교내 장학금은 성적우수장학금과 소득기준장학금으로 나뉘는데 이 가운데 성적우수장학금은 전체 학기 성적 평점 평균이 3.6 이상인 학생에게 지급하는 장학금이다. 소득기준 장학금은 부모의 소득을 기준으로 형편이 어려운 학생에게 주는 것으로, 서울대가 연구중심대학이라는 발전 전략을 추진하면서 역점을 둔 새로운 제도다. 2007학년 1학기부터 신입생을 대상으로 시행한 맞춤형장학복지제도가 그 대표적인 예다. 2012년에는 국가에서 지급하는 국가장학금과 연동해 맞춤형장학복지제도를 더욱 확대 적용했다.

이와 같은 적극적인 노력으로 장학금 수혜율이 크게 개선되었다. 학부 재학생 1인당 장학금은 2013년 271만 원, 2014년 284만 원, 2015년 308만 원으로 증가했다. 등록금 대비 장학금 수혜율도 2013년부터 2015년까지 53.4%에서 57.2%로 증가했다. 또한 2005년 이후 장학금 지급에 선택과 집중 원칙을 적용해 소수에게 다액의 장학금을 지급해 실질적으로 보탬이 될 수 있도록 배려했다.

● 아르바이트도 부익부 빈익빈

이렇게 장학금이 늘어났지만 그것으로 경제적인 문제가 모두 해결된 것은 아니다. 장학금을 통해 등록금을 조달했다손 치더라도 생활비 문제는 여전히 남기 때문이다. 2015년 ≪서울대저널≫의 조사에 의하면 부모와 동거하는 학생들의 평균 월 지출액은 53±3만 원이고 동거하지 않는 학생들은 65±2만 원으로 나타났다. 여기서 월 지출액은 등록금과 보증금을 제외한 생활비와 주거비를 합친 금액으로 등록금 이외에도 상당한 비용이 필요하다는 것을 알

> ## "집안 형편 어려워 과외 5개 뛰었어요"
>
> "그 유복한 사람들과는 아예 출발선부터 다르죠."
>
> 한재중씨(인문계2·05·가명)는 집안 형편이 어려워 입학할 때부터 혼자 힘으로 학교를 다녔다. 1학년 때 그는 한 학기에 과외를 5개나 '뛰며' 학비와 생활비를 댔다. 한재중씨는 "과외 때문에 공부할 시간이 부족해 학점이 좋지 않았다"며 "학점이 낮아 외부 장학금은 먼 나라 얘기였다"고 말했다. 그는 교내 장학금도 충분히 받지 못했다. 2005년 약 34만원의 수업료를 면제받은 것과 2006년 1학기에 기성회비 50%를 면제받은 것이 전부다. 전액장학금은 한 번도 받지 못했다. 한재중씨는 "유복한 환경에 학점도 좋은 학생들이 정보화포털에서 재산을 '0'이라고 적고 사연을 지어내 장학금을 받아간다"고 말했다. 한재중씨는 "유복한 집안 학생들은 등록금을 많이 올린다고 해도 크게 싫어하지 않지만 나 같은 학생들에게 등록금은 바로 생계문제"라고 하였다.
>
> ≪대학신문≫, 2007년 3월 4일

수 있다. 과거에 비해 주거비가 올라가고 생활수준이 높아진 것도 생활비가 늘어난 원인이 되었다.

이렇듯 등록금 이외에 생활비 문제가 새로운 이슈로 떠오르자 학교 당국은 생활비까지 지급하는 장학금 제도를 마련하기도 했지만, 예산의 제약으로 수혜의 폭이 그리 넓지는 않았다. 생활비 조달을 위해 학자금 대출을 이용하기도 했지만 대출 이자 부담이 만만치 않았다. 이 때문에 학교 당국에서 학자금 대출 이자를 지원하는 장학제도를 마련하기도 했다.

학생들 대부분은 생활비를 부모에게 의존하거나 아니면 부업을 통해 보충할 수밖에 없었다. 2005년 사회발전연구소가 주관한 '서울대 재학생 요구 및 실태조사'에 의하면 아르바이트 경험이 있는 학생의 비율이 88%로 나타났다. 학생 대부분이 한 번쯤은 아르바이트를 경험했음을 알 수 있다. 아르바이트 직종은 대부분 학원강사나 과외교습이었다.

그런데 이 조사에 따르면 아르바이트도 단과대학별로 양극화되었다. 즉 약대와 의대 등은 아르바이트로 월 소득 60만 원 이상의 고소득을 올리는 비율이 30% 이상인 반면에 사회대와 공대 등은 그 비율이 10%대에 그쳤다. 부모가 고소득층인 학생들은 저소득층인 학생들에 비해 아르바이트를 적게 했지만, 일단 아르바이트를 하게 되면 고소득을 올렸다. 아르바이트 직종은 대부분 과외교습이었지만, 일부 막노동을 포함한 건설업이나 서비스 직종도 있었다. 이러한 아르바이트를 하는 학생들은 대부분 저소득층 출신인 것으로 조사되었다.

● 21세기 들어 요동친 학생들의 정치적 성향

21세기 들어 서울대생들의 정치적 성향은 요동을 쳤다. 1997년 외환위기 이후 정치적 보수화가 시작되어 2007년 정점에 달했지만, 이후 보수정권의 난맥상을 겪으면서 보수층이 무너진 결과 다시 원래 상태로 되돌아왔다. 하지만 1990년대까지 유지되었던 진보 컨센서스가 원래 모습 그대로 복원된 것은 아니다.

서울대생들의 정치적 보수화는 1997년 외환위기를 겪고 난 뒤부터 본격화된 것으로 보인다. ≪대학신문≫의 조사에 의하면 1997년 스스로 진보적이라고 생각하는 학생이 47.6%이던 것이 2007년에는 33.5%로 줄어들었다. 진보층이 10년간 14.1%p 줄어든 셈이다. 반면에 스스로 보수적이라고 생각하는 학생은 같은 기간 11.0%에서 40.5%로 껑충 뛰었다. 보수층이 10년 만에 네 배로 늘어난 것이다. 1997년에는 여러 정치 성향 중 가장 큰 비중을 차지한 것이 진보층이었으나, 2007년에는 보수층으로 바뀌었다. 10년 사이에 진보층과 보수층의 위치가 완전히 뒤바뀐 것이다. 이렇게 2007년 무렵이 되면 서울대생의 보수화는 그 정점에 도달했다.

2007년 서울대를 포함한 7개 대학 학생들의 정치의식 조사에 의하면 서울대생 가운데 자신이 보수적이라고 응답한 사람이 40.5%에 달한 반면에 7개 대학 전체 응답자의 평균은 35.1%였다. 따라서 다른 대학에 비해서도 서울대생의 보수화 경향이 더 심했음을 알 수 있다. 당시 대통령 후보에 대한 지지도 조사에서도 서울대생의 47.8%가 이명박 후보를 지지해, 2위 문국현 후보

집안 소득, 출신 지역 따라 보수·진보 갈려

조사 결과에 따르면 부모의 소득이 많을수록 보수적이고 한나라당 지지율이 높았으며 부정적 대북인식을 가지고 있었다. 또 학생들의 출신고교의 소재지가 외국이나 강남 8학군일 경우 보수 성향이 뚜렷했다. 이는 학생들의 출신 지역을 외국, 강남 8학군, 강남 8학군 제외 기타 지역, 수도권, 광역시, 기타 중소도시, 읍·면 지역으로 구분해 분석한 결과다. 설문조사 연구책임자 이재열 교수(사회학과)는 "읍·면 지역 출신 학생일수록 일관되게 진보적, 반(反)이해타산적이며 기초학문을 지향하는 모습을 보인 것이 이번 조사에서 가장 주목할 점이라고 강조했다. 학생들은 부모의 소득 수준이 높을수록 성장과 안정 등 '물질적 가치'를 중시했다. 반면 소득 수준이 낮을수록 자아 실현과 삶의 질 등 '탈물질적 가치'를 중시하는 것으로 드러났다. 이는 소득 수준이 높아질수록 탈물질적 가치를 중시한다는 학계의 통념과는 배치되는 것으로, 서울대의 특수한 현상으로 해석할 수 있다.

≪대학신문≫, 2006년 3월 12일

(8.3%)와 3위 정동영 후보(8.0%)에 대한 지지도와 현격한 차이를 보였다. 지지 후보가 없는 정치적 무관심층도 많았다.

그런데 좀 더 자세히 살펴보면 1997년부터 2007년까지 10년 동안 진행된 서울대생들의 정치적 보수화 과정은 두 단계로 나뉘는 것을 알 수 있다.

첫 번째 단계는 1997년부터 2002년까지의 시기로 진보에서 중도로의 이행기다. 이 기간 동안 진보층은 47.6%에서 29.8%로 17.8%p 줄어든 반면에, 보수층은 11.0%에서 17.6%로 6.6%p 증가하는 데 그쳤다. 즉 줄어든 진보층이 모두 보수층으로 이동하지는 않은 것이다. 그런데 중도층은 41.4%에서 52.7%로 11.3%p 증가했다. 즉 단순화해 생각한다면 진보층의 감소분 가운데 3분의 1 정도만 보수층으로 이동했고, 나머지 3분의 2 정도는 중도층으로 이동한 것을 알 수 있다. 그 결과 2002년 시점에 가장 큰 비중을 차지한 것은 중도층이었다. 즉 진보의 아성은 이미 무너졌지만, 아직 정치적 보수화가 노골적으로 진행되지는 않았다고 할 수 있다.

두 번째 단계는 2002년부터 2007년까지의 시기로 중도에서 보수로의 이행

기다. 이 기간에 보수층이 17.6%에서 40.5%로 크게 늘어났다. 하지만 그렇다고 해서 이 기간에 진보층이 줄어든 것은 아니었다. 진보층은 같은 기간 29.8%에서 33.5%로 약간 증가했다. 정작 크게 줄어든 것은 진보층이 아니라 중도층이었다. 중도층은 52.7%에서 23.2%로 크게 줄어들어 그야말로 반토막이 났다. 이는 중도층이 대거 보수층으로 이동했음을 보여준다. 이렇게 2002년부터 2007년까지 서울대생들의 정치의식의 변화를 살펴보면 중도층이 무너지고 진보와 보수로 나뉘는, 정치적 양극화 현상이 벌여졌다고 할 수 있다.

학생들의 정치 성향은 2007년 이후 다시 한번 요동쳤으니, 이번에는 보수층이 격감하기 시작한 것이다. 스스로 진보적이라고 생각하는 학생이 2007년 33.5%에서 2017년 41.8%로 8.3%p 증가했다. 반면에 스스로 보수적이라고 생각하는 학생은 같은 기간 40.5%에서 9.4%로 급격히 감소했다. 무려 31.15%p나 감소한 것이다.

보수층이 이렇게 격감한 직접적인 이유로는 무엇보다 먼저 박근혜-최순실 국정 농단 사태와 이에 따른 촛불집회를 들 수 있다. 하지만 보수층의 감소는 일찍부터 시작되었다. 2007년 40.5%에 달했던 보수층은 2012년에 이미 16.6%로 줄어든 상태였다. 이명박 정부 시기를 거치면서 보수층이 이미 무너지기 시작했던 것이다. 그 위에 박근혜 정부의 어이없는 실정이 거듭되자 보수층은 더 줄어 2017년에는 9.4%로 역대 최하를 기록했다.

하지만 주목해야 할 점은 2007년 이후 보수층에서 떨어져 나간 학생 대부분 진보층으로 이동하지 않았다는 점이다. 2007년 이후 10년 동안 보수층이 31.1%p 감소한 반면, 진보층은 8.3%p밖에 증가하지 않았다. 반면에 이 기간 동안 중도층은 23.2%에서 48.8%로 크게 증가했다. 25.6%p나 늘어난 셈이다. 즉 2007년 이후 붕괴한 보수층이 진보층이 아니라 중도층으로 이동한 것을 알 수 있다. 그 결과 2017년에 가장 큰 비중을 차지하고 있는 것은 중도층이다.

2017년 시점에 서울대생 가운데 진보층과 중도층은 각기 41.8%와 48.8%로 균형을 이루고 있다. 20년 전인 1997년에도 진보층과 중도층이 각기 47.6%와 41.4%로 균형을 이루고 있었다. 다만 1997년에는 진보층이 중도층보다 7% 많은 진보 우위의 균형이었으나, 2017년에는 중도층이 진보층보다 6.2% 많은 중도 우위의 균형이라는 점에서 차이가 있다. 따라서 진보 컨센서스가 원래 모습 그대로 회복된 것은 아니다. 학생들이 정치적으로 다원화된 상태는 그대로 유지되고 있다. 향후 학생들의 정치적 향배는 이 중도층이 어떠한 길을 선택할 것인지에 달려 있다고 할 수 있다.

- **'면학 분위기'가 조성되다**

21세기 들어 학생들의 생활에서 나타난 주요한 변화 가운데 하나가 바로 이른바 '면학 분위기'의 조성이다. 언제부턴가 학생들이 수업 시간마다 꼬박꼬박 출석하고 과제물도 제때 제출하기 시작했다. 사실 서울대에서는 1990년대까지만 해도 '면학 분위기'가 조성되었다고 말하기 어려웠다.

그동안 국가나 학교 당국이 '면학 분위기'를 조성하기 위해 수많은 시도를 했지만 한 번도 성공한 적이 없었다. 1980년대에는 이른바 졸업정원제에 따른 강제탈락 위협으로 '면학 분위기'를 조성하려 했지만 실패했다. 1990년대에도 학교 당국은 면학 분위기를 조성하기 위해 이른바 학사관리 엄정화 방안을 추진했지만, 학생들이 학생운동을 약화하려는 의도에서 나온 것이라고 의심해 크게 반발하는 바람에 실효를 거두지 못했다.

그런데 21세기에 들어서면서 학생들 '스스로' 면학 분위기 조성에 나섰다. 이는 신입생에 대한 설문조사에서도 단적으로 드러난다. 신입생이 대학생활에서 중요한 일로 꼽은 것이 2005년에는 대인관계 40.3%와 학업 31.6%이었는데, 2008년에는 학업 37.8%와 대인관계 25.2%로 역전되었다. 2014년이 되면 67.1%의 학생들이 학업을 가장 중요한 일로 꼽았다.

이렇게 21세기 들어 학업을 중시하게 된 것은 무엇보다 먼저 1997년에 일어난 외환위기를 꼽을 수 있다. 외환위기로 직접적 충격도 컸지만, 이후 청년 실업문제가 대두하기 시작하면서 개인의 스펙 관리 시대가 열렸다. 서울대생들도 여기서 예외가 아니었다. 그래서 무엇보다 먼저 학점부터 관리해야 했으며, 이를 위해서는 출석과 과제물에 충실해야 했다. 따로 외국어 능력도 챙겨야 했다. 이렇게 '면학 분위기'가 조성된 것은 바람직한 일이며, 결코 문제될 것이 없다.

하지만 장기적인 안목에서 볼 때 학생들이 지나치게 학교 성적에만 매몰되어 학생활동을 활발히 펼치지 못하게 된다면 이것은 결코 바람직한 일이라고 할 수 없다. 그런데 현실을 보면 학생회 활동에 대한 참여도가 시간이 갈수록 떨어지고 있고, 여러 학생 매체가 기자를 구하지 못해 줄줄이 폐간되는 실정이다. 이것이 바로 '면학 분위기' 조성이 초래한 후유증이라고 할 수 있다.

● 일상생활의 변화

21세기 들어 '면학 분위기'가 조성된 것과 함께 대학가의 분위기도 많이 바뀌었다. 과거의 공동체문화와 집단주의문화는 사라지고 개인주의와 자유주의가 확산되었다. 이와 아울러 학생사회의 주된 관심사도 정치에서 문화로 옮겨갔다. 학생들의 문예활동도 사회집단의 문제보다는 개인의 일상과 심리 갈등에 초점을 맞췄다.

일상생활도 많이 바뀌었다. 검소하고 질박했던 1980년대의 대학문화가 1990년대를 거치면서 거의 자취를 감추고 21세기에 들어서면 학생들이 마음껏 돈을 써도 남의 눈치를 보지 않는 세상이 되었다. 학생들이 몰고 온 자동차 때문에 주차난이 심해졌으며 학생들의 맵시 있는 화장과 옷차림으로 캠퍼스의 분위기도 달라졌다.

21세기 들어 외부 프랜차이즈업체가 교내에 입점하면서 논란이 일기도 했다. 2009년에 행한 설문조사 결과에 따르면 상업문화의 침투라는 이유로 반대하는 학생도 상당수 있었지만(32.3%), 이에 찬성하는 학생 수가 훨씬 많았다(65.2%). 이들은 찬성한 이유로 설령 값이 비싸더라도 다양하고 맛있는 음식을 먹을 권리가 있다는 점을 들었다.

외모도 바뀌었다. 학생들의 가정 형편이 개선된 만큼 옷차림도 화려해졌다. 이들은 대학에 입학하기 전부터 이미 노스페이스 패딩을 비롯해 명품에 길들어 있었다. 서울대생의 가정 형편이 개선된 만큼 옷차림이 과거에 비해 좋아지는 것은 당연했다. 2010년대 들어 나타난 새로운 현상 중 하나가 바로 이른바 '과잠'의 등장이다. '과잠'이란 학과 단위로, 단체로 만들어 입은 점퍼라는 뜻이다. 과거 1980년대에는 '과티'가 유행한 적이 있는데 이제 그것이 '과잠'으로 바뀐 것이다.

'과티'과 '과잠'은 몇 가지 점에서 차이가 있다. 먼저 '과티'는 값이 저렴했지만, '과잠'은 '과티'에 비해 상대적으로 값이 비싸다. 하지만 그보다 중요한 차이는 디자인에 있다. 예전의 '과티'는 학과 구성원의 단결을 도모하는 것이 목적이었으므로

정치외교학부 과잠

대학의 로고보다는 학과를 상징하는 구호를 새겨 넣었지만, 이제 '과잠'은 학과보다는 대학의 로고를 크게 새겨 넣는다. 2016년에는 강남 S고교 졸업생들이 서울대 로고와 출신 고교 로고를 양팔에 새긴 점퍼를 맞춰 입어 화제가 된 적이 있다. 이 점퍼는 엄밀한 의미로 '과잠'이라고 할 수는 없지만, 학생들이 왜 '과잠'을 입는지 잘 보여주는 사례라고 할 수 있다.

21세기 들어 서울대생들은 자신이 서울대생임을 과시하기 위해 '과잠'을 입은 것이다. 1980년대에 자취를 감춘 학교 배지가 20여 년의 세월이 지나 형태를 바꾸어 다시 되살아난 셈이다. 하지만 서울대생들이 귀중하게 간직해야 할 것은 드높은 자부심과 그에 걸맞은 책임의식이라고 하는 '자기 마음속의 배지'가 아닐까?

제2장

학회

학생들은 1950년대부터 '학회'라는 이름으로 자율적인 학술 단체를 조직해 활동했다. 1990년대까지 학과를 단위로 조직된 '과(科)학회'는 대학생활의 중요한 공간이었다. 이렇게 학회라는 용어는 거의 반세기에 걸쳐 사용되어 왔지만, 시대적 변화에 따라 성격이 크게 변해 계보적으로 연결되지 않는다. 하지만 학생운동의 흐름에서 본다면 '학회'들 사이에 연결고리가 전혀 없는 것은 아니다. 종래의 학회가 1980년대 들어 학생운동의 필요성 때문에 해체되고 대신 만들어진 것이 바로 학과를 단위로 하는 과(科)학회였기 때문이다. 이렇듯 학회는 학생운동의 산실 역할을 했다. 학회의 역사는 그야말로 학생운동의 역사 그 자체라고 해도 과언이 아니다.

1. 학회가 등장한 이유

● 1950년대의 학회들

『서울대학교20년사』에 의하면 개교한 이후 각 단과대학에서는 학과마다 학회가 조직되기 시작했다. 하지만 학회의 구체적인 이름이 자료에 등장하기 시작한 것은 한국전쟁이 끝나고 난 뒤인 1950년대 중반부터다.

당시 학회의 조직 형태는 다양했다. 문리대는 학과를 단위로 하여 학회가 조직되었고, 법대처럼 사실상 단일 학과인 경우는 세부 전공별로 학회가 만들어졌다. 학과 내에 연구소모임도 다양하게 조직되었다. 당시 서울대는 연립대학의 성격을 띠었기 때문에 기본적으로 대학생활은 단과대학을 근간으로 이루어졌다. 따라서 학회활동 역시 단과대학을 기본 단위로 했다. 1950년대에 단과대학별 학회의 현황을 살펴보면 다음과 같다.

먼저 문리대에서는 '국어국문학회'·'한국우주학회'·'물리학연구회'·'영문학회'·'통계학회' 등이 학과별로, '후진국문제연구회'·'한국문화연구회' 등이 단과대학을 단위로 조직됐다. 문리대는 기초학문을 담당하는 단과대학으로서 분과학문을 기준으로 학과가 나뉘었기 때문에 학회도 학과를 기본 단위로 하여 조직하려는 경향이 강했다.

법대에서는 '형사법학회'·'민사법학회'·'상사법학회'·'국제법학회'·'사회법학회'·'범죄문제연구회' 등 세부 전공 분야별로 학회가 조직되었다. 상대의 경우는 학생연구회 산하에 '이론경제연구회'·'상학연구회'·'경영경제학회'·'무역학회'·'원서연구회' 등 다양한 학회가 있었다. 법대와 상대는 문리대와는 달리 응용학문을 전공하는 단과대학이었으며 학과의 수도 많지 않았다. 따라서 학회도 학과가 아니라 세부 전공별로 조직되었다.

사범대의 경우는 문리대처럼 '교육학회'·'사학회'·'영문학회'·'수학회'·'생물학회'·'가정학회' 등 분과학문별 학회가 많이 만들어졌지만, 동시에 단과대학 차원에서 더욱 실천적인 학회인 '농촌사회연구회'가 조직되어 활동했다.

1950년대의 학회는 조직의 양태뿐만 아니라 활동 내용에서도 다양했다. 학회란 말 그대로 학술 연구를 근간으로 하기에 전공 관련 학회가 주종을 이루었지만, 일부는 사회민주주의 서적을 탐독하는 등 이념적 지향성이 있었다. 문리대의 '신진회'와 법대의 '신조회'가 대표적인 예다.

사범대의 '농촌사회연구회'처럼 실천적인 학회는 다른 단과대학에도 있었다. 농대의 '4-H연구회'와 '덴마크연구회', 약대의 '소'모임 등이 그러한 예다. 이 단체들은 과거 브나로드운동의 전통을 이어받아 농촌계몽운동을 전개했다. 이들은 농촌계몽운동과 함께 이론적 학습도 병행했기에 넓은 의미에서 학회의 범주에 포함시킬 수 있다.

당시 학회의 활동 방식은 다음과 같다. 학회는 지도교수를 모시고 창립총회를 개최한 후 학교 당국에 공식적으로 등록해 활동을 개시했다. 학회의 멤버십은 유연했다. 학회는 회원제를 채택했지만 배타적이지 않아 여러 학회에 동시에 발을 걸치는 사람도 있었다. 운영 방식도 상당히 개방적이어서 세미나나 토론회에 회원이 아닌 사람의 참석을 허용하기도 했다.

학회들이 모여 연합조직을 구성하기도 했다. 법대의 경우 17개 학회가 모여 학회평의회를 구성하여 학생회와는 별도로 독자적인 사업을 벌였다. 이를

테면 법대 학술제의 기획과 운영은 학회평의회의 몫이었다. 상대의 경우도 10여 개의 학회가 모여 연합단체인 '학생연구회'를 구성했다. '학생연구회'는 각 학회의 재정을 지원하고 ≪상대평론≫을 발간했다. '전국 경상대학 경제정책 토론대회'를 개최하는 것도 '학생연구회'의 역할이었다. 농대에서는 일찍부터 농촌 문제와 관련된 학회활동이 활발했는데, 이 학회들이 '농촌문제연구회'라는 이름의 연합체를 구성해 농대 학생활동을 주도했다.

● 학회가 등장한 이유

학생들이 학회를 조직해 자율적인 학술활동을 전개하는 것은 대학생활의 기본으로서 지극히 당연한 일이라고 할 수 있다. 하지만 서울대에서 일찍이 학회활동이 시작된 데에는 또 다른 이유가 있었다. 초창기 서울대에서는 분과학문을 단위로 한 체계적인 교육과정이 자리 잡기까지 시간이 얼마간 걸렸기 때문에 학생들이 자율적으로 학습할 필요가 있었다.

1950년대까지만 해도 대학생들은 요즘에 비해 나이가 많았다. 서울대가 개교할 무렵은 그야말로 역사적 격동기였으므로 이러저러한 사정으로 대학 진학이 늦어진 사람이 많았다. 개교 당시 서울대생의 절반 이상이 교사·기자·공무원 등으로 이미 사회인이었다. 한국전쟁 이후에도 직업을 가진 '늙은' 학생들이 많았다. 이에 비해 교수진은 상대적으로 젊었다. 1950년대가 되면 해방 직후 서울대에서 학업을 마친 사람들이 곧바로 교수로 자리를 잡는 사례가 적지 않았기 때문이다.

서울대는 1946년에 개교하면서 학과제라는 미국식 대학 제도를 받아들였지만, 실제로는 경성제국대학으로부터 이어받은 강좌제의 전통이 상당 기간 유지되었다. 학과에서 분과학문을 단위로 체계적인 교과과정을 운영하는 것이 사실상 불가능했기 때문이다. 따라서 강의는 개별 전공 교수별로 제각기 이루어졌다. 더구나 한국전쟁이 일어난 이후로는 어수선한 분위기 때문에 수업이 정상적으로 진행되지 못했다. 교수진이 절대적으로 부족했으므로 교수들은 여러 대학에 겹치기로 출강해야 했고, 따라서 강의에 집중하기 어려웠던 것도 사실이다.

사정이 이렇다 보니 학생들 사이에서 공식적인 강의에 의존하기보다는 독학을 하거나 학생들끼리 소모임을 구성해 스스로 학습하는 전통이 만들어졌다. 당시 학부생의 학문적 수준은 높았다고 평가할 수 있다. 돌이켜보면, 이 시기 제출된 학부 졸업논문 가운데는 각 분야의 연구사에서 두고두고 거론되는 뛰어난 작품이 꽤 많다. 당시 서울대의 학풍이 이러했기에 자율적인 학술 활동을 뒷받침하기 위해 학회가 만들어졌던 것이다.

● 4·19혁명 전후 활성화된 학회들의 활동

서울대 학회 가운데는 4·19혁명의 전개 과정에서 상당한 역할을 한 학회도 있었다. 혁명 당시 문리대에서의 시위 준비는 정치학과 학생들이 조직한 '후진국문제연구회'의 회원들이 주도했다.

정치학과 학생들은 1956년 말에 '신진회'라는 이름의 학회를 결성한 바 있었다. 당시 '신진회'는 이념 서클의 성격을 지녀, 유근일 필화사건으로 말미암아 자유당 정권의 탄압을 받아 공식적으로는 1958년 1월에 자진 해산했다. 하지만 실제로는 '후진국문제연구회'로 명칭을 바꾸어 활동을 계속해 왔다.

'후진국문제연구회'는 4·19혁명으로 자유당 정권이 무너진 후 '신진회'라는 원래 명칭을 회복했다. 신진회는 4·19혁명 직후 '민족통일연맹'(이하 '민통련')을 조직해 남북학생회담을 제안하는 등 통일운동을 전개했다.

'민통련'에는 신진회 이외에 법대의 사회법학회 회원들도 참여했다. 사회법학회의 뿌리는 1956년에 법대에서 조직된 '신조회'였다. 신조회는 페이비어니즘 즉 영국식 사회민주주의를 표방하는 이념 서클로서, 1958년에 사회법학회로 이름을 바꾸었다.

4·19혁명을 전후한 시기에 농촌 문제 관련 학회들의 활동도 활성화되었다. 기존 학회들에 더해 새로운 학회가 생겨나기도 했다. 1961년 5월 6일에 법대에서 창립한 '농촌법학회'가 대표적인 사례다. 특히 전공 관련성이 높은 농대와 수의대에서 이러한 움직임이 활발히 일어났다.

농대에서는 '농정연구회'가 4·19혁명 직후 결성되었다가 5·16군사정변으로 강제해산 되자, 이를 대신하기 위해 '농사단'을 다시 결성했다. 농사단은 이후 방법론의 차이로 말미암아 '개척농사회'와 'NSD'로 분리되었다. 농대에는 '농사단' 이외에 1959년에 결성된 '한얼'이라는 이념 서클이 별도로 존재했다. 수의대에서도 4·19혁명 직후 '구농회'와 '농촌연구회'가 조직되었다.

사범대에서는 1957년에 '농촌사회연구회'가 결성되었으며, 1959년에 결성된 '농촌계몽대'가 4·19혁명 이후 '향토개발회'로 명칭을 바꾸었다. 약대에서는 1958년에 농어촌의 계몽과 봉사를 통해 사회복지를 증진하고 회원 상호간의 친목 도모를 목적으로 하는 '소'모임이 조직되었다.

이렇듯 4·19혁명을 전후한 시기 여러 단과대학에서는 농촌 문제를 연구하고 더 나아가 농촌계몽을 실천하기 위한 학회들이 많이 만들어졌다. 이 학회들은 1961년 6월에 '서울대 향토개척단'을 조직해 곧바로 농촌활동을 전개했다.

당시 '향토개척단'에 참가한 단체로는 앞에 언급한 단체 외에 '우리문화연구회'(문리대, 음대)·'농촌연구회'(미대)·'TT클럽'(치대, 간호학과)·'농업경제학회'(상대) 등을 들 수 있다. 이렇게 4·19혁명 직후 전개된 농촌계몽운동은 학회활동의 활성화를 자극했다.

2. 학회들, 학생운동에 뛰어들다

● 한일협정 반대운동을 주도한 민족주의비교연구회

4·19혁명 당시 문리대 시위를 정치학과 학생들이 조직한 '신진회' 회원들이 주도했다면, 1964년에 벌어진 한일회담 반대운동은 '민족주의비교연구회'(이하 '민비연') 회원들이 주도했다. 이후 시간이 가면서 다른 학회들도 하나 둘 학생운동에 관여하기 시작했다.

'민비연'은 1963년 10월 4일에 창립했다. 회원은 주로 정치학과와 사회학과 학생들로, 사회학과의 황성모 교수를 고문으로 모셨다. '민비연'은 창립 직후

서클 순례: 문리대 문우회

…… 문우회는 우리 민족사에 있어 큰 전환점을 형성하던 혼미의 1970년 초여름 그간 침체되어 왔던 문리대 학회활동의 새로운 전기를 마련하고 집중적이고 능동적인 학회활동을 전개하려는 의도 아래 동일한 목표 아래 활동하고 있던 농문회, 한얼, 팍스로마나 등 3개 사회과학서클을 통합하여 창립한 통합적 사회과학 서클이다. 그러므로 문우회는 민주·민족투쟁을 계속해온 선배들의 맥맥한 전통을 이어받아 이 조국의 현실에 대한 학구적 탐구와 그 실천적 행동을 목표로 하고 있다. …… 우리 문우회는 우리와 뜻을 같이하는 용기와 지혜를 가진 문리대 학우들이 같이 연구 토론하고 행동하기를 바라고 있다. …… 매주 금요일 오후 5시에 문리대 학생회관에서 열리고 있는 사회사상사와 경제사 세미나에 학우들의 많은 참석을 바란다. _회장 박홍석

≪의단≫, 제2호, 1971년 10월 17일

한미행정협정 체결을 촉구하는 활동을 전개한 바 있다.

'민비연' 회원들은 박정희 정권이 한일협정을 추진하자 고려대와 연세대 학생들과 함께 1964년 3월 24일 대규모 가두시위를 벌였다. 이렇게 '민비연'이 서울대 학생운동의 주도 세력으로 활약하자, 정부는 집중적으로 탄압을 가했다. 그 결과 두 차례에 걸쳐 '민비연 사건'이 일어났다. 지도교수와 회원들이 대거 체포되어 고문을 당했으며, 이들에게 내란음모죄라는 무시무시한 죄목을 씌었다. 그중 일부는 이른바 '동백림사건'에 엮이어 간첩으로 몰리기까지 했다. '민비연' 자체도 1965년에 인가가 취소되어 사실상 강제해산 되었다.

'민비연'이 해산된 후 문리대에서는 손학규 등이 '낙산사회과학연구회'를, 이각범 등이 '후진국문제연구회'를 조직하여 '민비연'의 역할을 대신했다. 양학회는 1970년 서중석 등의 '농문회'와 최재현 등의 '한얼회'까지 끌어들여 '문우회'로 통합되었다. '문우회'는 이후 문리대의 학생운동을 주도했다.

• 법대와 상대의 학회

한편 1960년대 중후반이 되면 법대와 상대 소속 학회에서도 학생운동에
가세하는 회원들이 속속 등장했다. 대표적인 예가 바로 법대의 '사회법학회'
였다. '사회법학회'는 1958년에 '신조회'를 모태로 창립했다. 1963년에 '농촌법
학회'와 통합해 한때 '농촌사회법학회'가 되기도 했지만, 곧 분리되어 '사회법
학회'라는 이름을 되찾았다. 1969년 삼선개헌 반대운동 단계에 이르러 '사회
법학회' 회원들이 서울대 학생운동을 이끄는 새로운 주역으로 등장했다.

상대를 대표하는 학회 가운데 하나가 '경우회'다. 이 학회는 초기에는 문리
대의 '민비연'에 비해 연구에 비중을 두었다. 당시 '경우회'에서 활동했던 김수
행의 회고에 의하면, 창립 당시 회원 수는 학년별로 대략 10명 정도이고, 신입
생은 3학년생이 개별 면담을 한 후 뽑았다. '경우회'의 커리큘럼은 경제학을
중심으로 짜였는데, 1학년은 경제원론, 2학년은 경제사, 3학년은 경제학사, 4학
년은 한국경제론을 주로 공부했고, 존 힉스(John Hicks)나 마틴 셀리그먼
(Martin Seligman)의 원전도 읽었다. 이렇게 연구와 학습에 치중하던 '경우회'도
결국에는 학생운동의 물결에 휩쓸리는 것을 피해 갈 수 없었다.

상대에서는 1967년에 정운영 등이 '한국사회연구회'를 조직했다. 당시 상
대 소속 학회들은 제각기 이론과 투쟁 어느 한쪽에 치우치는 경향이 있었는
데, 양자를 겸하자는 취지로 탄생한 것이 바로 '한국사회연구회'였다. '한국사
회연구회'는 상대 소속으로 출범했지만, 1960년대가 끝나갈 무렵부터 다른 단
과대학 신입생도 받기 시작했다. 그래서 1970년대 초에 이르면 상대 학생들
이 여전히 중심을 이루면서 문리대와 법대, 사범대의 학생들까지 포괄하게
되었고, 서울대 학생운동을 이끄는 주역으로 성장했다.

• 학회 내부에서 벌어진 논쟁

학회는 원래 자율적인 학술활동을 위해 만들어졌지만 4·19혁명과 1960년
대를 거치면서 이념적 성향이 강한 일부 학회들이 학생운동을 주도하는 세력
으로 등장하기 시작했다.

이러한 학회들도 처음부터 학생운동을 목적으로 조직된 것은 아니었다. 출범할 때는 순수한 학문 연구를 지향했지만, 시간이 흐르면서 점차 정치적 실천을 중시하는 단체로 바뀌었던 것이다. 따라서 회원들 가운데는 전통적인 방식의 학회 운영, 즉 순수한 학문 연구를 선호하는 이들도 적지 않았다.

법대의 '농촌법학회'를 예로 들면, 1964년 한일회담 반대운동 당시까지만 해도 학회 내에 두 부류가 공존했다. 한 부류는 연구와 학습 활동에 충실하려는 이들이고, 다른 부류는 사회참여에 적극적으로 나서자는 이들이었다. 회원들 가운데 한일회담 반대운동에 적극 참여한 사람들이 있지만, 이는 엄연히 개인 차원의 실천이었다.

두 부류는 1960년대 내내 학회의 방향을 놓고 끊임없이 논쟁을 벌였다. 애초에는 첫 번째 부류가 주류였지만, 시간이 갈수록 두 번째 부류에 속하는 사람이 늘어나는 추세였다. '농촌법학회'는 1971년 교련 반대시위 무렵 비로소 학생운동의 소용돌이에 본격적으로 휘말렸다. '농촌법학회'가 그랬듯이 다른 주요 학회들도 학생운동을 위한 서클로 완전히 변신한 것은 1970년대에 들어서였다.

학회들이 학생운동에 뛰어드는 양상은 단과대학마다 달랐다. 문리대는 앞에서 보았듯이 대학의 성격상 이념 서클의 성격을 띤 학회가 일찍부터 출현하여 학생운동에도 일찍 휘말렸다. 이로 인해 '신진회'와 '민비연'이 그러했듯이 등록 취소나 해산 등으로 단절을 겪어야 했고, 그럴 때마다 학생운동을 주도하기 위한 학회를 새로 만들어야 했다. 따라서 학생운동을 주도한 학회의 계보가 복잡할 수밖에 없다. 이에 비해 법대와 상대의 경우에는 전통적인 학회 가운데 일부가 내부적으로 변화를 겪어 학생운동에 적극 뛰어드는 양상을 보였다.

이렇듯 1960년대 후반이 되면 학회들이 학생운동을 주도하기 시작했다. 이런 학회는 주로 문리대, 법대, 상대에 있었다. 문리대에는 여학생이 일부 다니고 있었지만, 법대와 상대에는 여학생이 극히 드물었다. 따라서 학회들이 주도하던 학생운동에 여학생들이 참여하는 것은 결코 쉽지 않은 일이었다.

3. 군부독재에 의해 언더서클로 내몰리다

● 유신체제의 구축과 학회들의 수난

1972년 이른바 '10월유신'이 선포되면서 당시 박정희 정권에 가장 강력한 비판세력이었던 학생운동은 된서리를 맞지 않을 수 없었고, 이 과정에서 학생운동을 주도하던 학회 역시 큰 수난을 겪었다. 유신체제에 반대하는 학생들이 체제 밖으로 내몰렸듯이, 학회들도 결국 타의에 의해 비공개 지하서클로 내몰리고 말았다. 당시 이러한 서클을 '언더서클'이라고 불렀다.

사실 '10월유신'은 1971년에 이미 시작되었다. 박정희 대통령은 그해 4월 27일에 치러진 제7대 대통령 선거에서 온갖 방식으로 선거 부정을 자행하고도 김대중 후보를 간신히 이기는 데 그쳤다. 아울러 그해 봄부터 전국적으로 벌어지기 시작한 대학가의 교련 반대시위는 가을까지 이어졌다.

박정희 정권은 이러한 정치적 곤경을 극복하기 위해 강경책으로 맞섰다. 1971년 10월 15일에 위수령을 선포했고, 12월 6일에는 국가비상사태를 선언했으며, 12월 27일에는 '국가보위에 관한 특별조치법'을 발동했다. 이를 기반으로 이듬해에 국회해산과 계엄령 발동을 골자로 하는 '10월유신'을 선포했다. 이로써 각 대학은 즉각 휴교에 들어갔으며, 정치활동이 전면 금지되는 등 '겨울공화국'이 시작되었다.

학생운동에 대한 탄압은 1971년 10월 15일 '위수령'이 발동되며 본격화했다. 위수령의 주요 골자는 데모를 주모한 학생은 모두 대학에서 추방하고, 학술 목적 이외의 서클은 모두 해산하며, 대학의 신문과 잡지는 간행을 중지시키고, 필요한 경우 대학에 군을 투입한다는 것이었다. 실제로 위수령 공포와 함께 주요 대학 캠퍼스에 군부대가 진주했고, 전국적으로 177명의 학생을 제적과 함께 체포하여 강제징집 했다.

당시 서울대에서는 61명의 학생이 제적되고 3개의 학회가 해체되었으며 13개 간행물이 폐간되었다. 이 3개 학회가 바로 '문우회', '후진국사회연구회', '사회법학회'였다. 이 가운데 '문우회'는 앞서 지적했듯이 1960년대 후반 '낙산

사회과학연구회'·'후진국문제연구회'·'농문회'·'한얼회' 등이 통합해 만든 학회로 1969년의 삼선개헌 반대운동부터 문리대 학생운동을 주도해 왔다.

'후진국사회연구회'는 '문우회'에 통합된 '후진국문제연구회'와는 별개의 학회로, 1969년에 교양과정부에서 조직되었다. 이 학회의 회원들이 1971년 문리대를 비롯한 여러 단과대학의 학생회장으로 선출되어 교련 반대운동을 주도했다. 이러한 이유로 강제해산의 칼날이 이 학회에 떨어졌던 것이다.

'사회법학회'는 1960년대 중반부터 법대의 학생운동을 주도해 줄곧 정권의 눈총을 받고 있던 터였다. '농촌법학회'도 교련 반대운동에 적극 가담하는 바람에 당초에는 강제해산의 대상에 포함되었지만, 지도교수의 노력으로 간신히 해산을 모면할 수 있었다.

해산을 모면하고 살아남은 학회들도 활동에서 큰 제약을 받았다. 학교 당국은 문교부의 지시에 따라 학칙을 개정했는데, 개정된 학칙은 '과외활동은 지도교수의 지도를 받아야 하며 교육 수행과 학내 질서 유지에 배치되는 활동은 할 수 없다'고 규정했다. 이에 따라 이듬해 학생 단체 등록을 할 때 엄격한 심사가 이루어졌고, 그 결과 1971년에 204개이던 등록 단체의 수가 다음 해에 89개로 줄어들었다.

1974년 4월에 발생한 '민청학련 사건'도 학회들에 큰 타격을 주었다. 박정희 정권은 긴급조치 4호를 발동해 민청학련 관련자 1024명을 체포하여 이 가운데 180명을 구속·기소했다. 이 중 상당수가 서울대생으로, 그 대부분이 여러 학회의 회원들이었다. 이렇게 유신시대의 막이 열리면서 서울대의 학회들은 큰 타격을 입었다. 하지만 이들은 이에 굴하지 않고 몸을 추슬러 장기적인 항전을 위한 변신을 시작했다.

● **언더서클로 내몰리다**

서울대학교는 1975년에 관악캠퍼스로 이전했다. 시내 여러 군데 흩어져 있던 단과대학들이 관악캠퍼스로 집결한 것이다. 서울대학교는 1946년 개교할 때 종합대학으로 출범했지만, 실질적인 종합화는 관악캠퍼스로 이전하면서 이루어졌다고 할 수 있다. 캠퍼스의 종합화를 겪으면서 학회들의 존재 형태와 운영 방식도 바뀌었다. 유신체제의 등장과 함께 학생활동에 대한 엄격한 통제는 이미 시작되었지만, 이것이 캠퍼스 종합화라는 변수와 맞물리면서 학회활동의 변화를 초래한 것이다.

먼저 유신체제가 선포되면서 박정희 정권의 탄압에 맞서 조직을 지키는 것이 학회들의 당면 과제였으므로, 급선무는 1971년의 위수령으로 강제해산된 학회들의 복구였다. '사회법학회'는 '경제법학회'라는 이름으로 재건되었다. '문우회'와 함께 '후진국사회연구회'가 강제해산 되자 '한국문화연구회'가 그 빈자리를 채우며 문리대에서의 학생운동을 주도했다. 하지만 '한국문화연구회'도 1974년에 민청학련 사건에 휘말리면서 무너지고 말았다.

1975년 3월에 인문대에서는 '문맥회'가 조직되었다. 문리대의 맥을 잇는 학회라는 의미였다. '문맥회'는 조직되자마자 등록도 하지 못한 상태에서 3월 24일과 4월 3일 시위에 뛰어드는 바람에 그 회원들이 대거 구속되거나 제적되었다. 그 잔여 세력이 '동양고전연구회'라는 이름으로 등록을 시도했지만 실패로 돌아간 후 1976년부터 '역사철학회'라는 이름으로 신입생을 모집했다. 문리대는 종합화와 함께 인문대, 사회대, 자연대로 나뉘었다. 사회대에서는 문리대의 전통을 잇는 학회로 '사회복지연구회'가 출범했다. 자연대에서도 비슷한 성격의 학회를 만들려는 시도가 있었지만 뜻을 이루지 못했다.

상대에 소속되었던 '한국사회연구회'도 민청학련 사건으로 큰 타격을 입었다. '한국사회연구회'는 73학번을 중심으로 조직 재건에 나서 1975년 무렵이면 어느 정도 기력을 되찾는 데 성공했다. 하지만 '한국사회연구회'는 1975년에 학회 등록을 할 수 없었다. '한국사회연구회'는 이듬해부터는 '사회과학회'라는 명칭을 사용하기 시작했다. 학회 등록을 포기하면 신입생 모집 등 여러 가지 면에서 불편함이 따를 수밖에 없었지만 정권의 탄압을 피하기 위해 부득이하게 학회 등록을 포기했던 것이다.

'한국사회연구회' 이외에도 여러 학회가 등록을 포기했다. 당시 이렇게 등록을 하지 않은 학회들을 일컬어 '언더서클'이라고 불렀다. 여기서 '언더'는

'언더그라운드'의 준말로서 비공개 지하서클인 셈이다. 반면에 공식적으로 등록하여 공개적으로 활동하는 서클을 일컬어 '오픈서클'이라고 했다. 그러니까 공개 조직으로 시작한 여러 학회가 유신체제의 매서운 칼날을 피하기 위해 어쩔 수 없이 이른바 '언더서클'로의 길을 걸어야만 했다.

당시 '언더서클'들은 말이 '언더그라운드'이지, 생각보다 비밀스러운 조직이 아니었다. 학교와 공안 당국에는 회원 명단이 비밀이어야 했지만, 학생사회 내부에서도 반드시 비밀이었던 것은 아니다. 언더서클의 회원들은 대부분 서로 누가 어느 언더서클의 회원인지 알아보았다. 또한 주변의 일반 학생들도 누가 언더서클의 회원인지 짐작하고 있었다. 당시 언더서클들과 그 회원들은 학생사회에서 신뢰받고 있었다. 따라서 밀고는 걱정하지 않아도 되었다. 언더서클의 존재와 그 구성원은 학생들 사이에서는 사실상 공공연한 비밀이었다.

언더서클들 가운데는 '한국사회연구회'처럼 스스로 등록을 포기한 경우도 있지만, 대부분은 가능하면 어떻게든 등록 상태를 유지하려고 애를 썼다. 앞서 언급했듯이 '역사철학회'의 경우 1975년에 '동양고전연구회'라는 이름으로 등록을 시도했다. 학회들이 자진해서 언더서클의 길을 선택한 것이 아니라 까다로운 등록 절차로 말미암아 어쩔 수 없이 제도권 바깥으로 밀려난 것이다.

● **관악캠퍼스 시대 학회들의 변화**

언더서클로 변신한 것 이외에도 관악캠퍼스 시대가 열리면서 학회에 나타난 변화는 더 있었다. 학회들도 단과대학의 울타리를 넘어 종합화되었던 것이다. 서울대학교는 관악캠퍼스로 이전하기 한 해 전인 1974년부터 계열별 모집을 실시했다. 계열별 모집이란 신입생을 계열별로 모집해 1년간 교양교육을 실시한 후 2학년 때 학과를 배정하는 제도였다. 기본적으로 인문계열, 사회계열, 자연계열로 나누어 선발했고, 교육계열과 농학계열 등은 별도로 선발했다.

종합화와 함께 단과대학 체계도 개편될 예정이었다. 문리대를 인문대·사회대·자연대로 나누고, 상대의 경제학과는 사회대로, 경영학과는 경영대로 독립시키는 것 등이 개편의 골자였다. 새로운 단과대학 체계에서 사회계열은 법대, 경영대, 사회대를 하나로 아우른 모집 단위였다. 그래서 당시 전국의 고교생들의 꿈은 서울대 사회계열이었다.

이렇게 계열별 모집과 종합화를 통해 단과대학 체계가 개편되면서 학회들의 운영에도 변화가 있을 수밖에 없었다. 종래의 학회는 대부분 단과대학에 기반을 두고 있었다. 신입생도 단과대학별로 모집하는 것이 보통이었다. 그런데 교육 기구가 개편되고 계열별 모집도 시작되면서 문제가 발생하기 시작했다.

예를 들어 법대에 기반을 두고 있던 '농촌법학회'와 '사회법학회'의 경우를 살펴보면 이 학회들은 1974년 신입 회원을 모집할 때 당장 모집 대상을 놓고 문제에 봉착했다. 1974년부터 서울대가 신입생을 계열별로 뽑기 시작했기 때문에 그해에 법대에는 1학년이 없었다. 결국 이 법대 소속 학회들은 사회계열 신입생을 대상으로 회원을 모집할 수밖에 없었다. 사회계열 신입생들은 2학년으로 올라가면서 법대·사회대·경영대 등 여러 단과대학으로 흩어졌다. 이렇게 하여 자연스럽게 단과대학의 울타리가 무너졌다. 법대 소속 학회뿐 아니라 다른 학회들도 계열별 모집과 종합화를 겪으면서 부득이 단과대학의 울타리를 넘어서게 되었다.

물론 그 이전에도 단과대학의 울타리를 넘어선 학회가 없었던 것은 아니다. 1969년에 교양과정부에서 조직된 '후진국사회연구회'가 그 대표적인 사례다. 1969년 당시 서울대 여러 단과대학 신입생들은 모두 공릉동 캠퍼스에 설치된 교양과정부에 모여서 1년 동안 교양교육을 받아야 했다. 따라서 '후진국사회연구회' 회원들은 여러 단과대학 학생들로 구성될 수밖에 없었고, 2학년 때 제각기 소속 단과대학으로 흩어져 학생운동을 주도했다.

상대 소속의 '한국사회연구회'도 일찍부터 단과대학의 울타리를 넘어 다른 단과대학에서 신입생을 모집한 바 있다. 훗날 서울대의 언더서클들이 나아간 길을 생각한다면 선견지명이 있었던 셈이다. 관악캠퍼스로 이전한 이후 다른 언더서클들도 대부분 단과대학의 울타리를 넘어서 신입생을 모집하기 시작했다. 이렇게 캠퍼스의 종합화와 함께 언더서클들의 종합화도 이루어졌다.

1970년대에 들어서 나타난 또 다른 변화로서 언더서클의 저변이 캠퍼스 전체로 확대되었다는 점을 들 수 있다. 1960년대 서울대 학생운동은 사실상 문리대, 법대, 상대가 주도했다고 해도 과언은 아니다. 1970년대에 들어서 학생운동은 다른 단과대학으로까지 번져갔다. 그리고 이것은 다른 단과대학으로 언더서클이 확산되도록 했다.

그러한 사례로 가장 먼저 들 수 있는 것이 공대의 '산업사회연구회'다. '산업사회연구회'는 1960년대 말 조직되어 1971년 위수령 이후 급성장하여 '산업경제연구회'를 분가시켰고 1974년부터는 'C팀'이라는 명칭으로 별도의 학내 스터디그룹을 조직했다. 공대는 1970년대 말까지 관악캠퍼스에 합류하지 않고 공릉동 캠퍼스에 남아 있었다. 따라서 독자적인 학생운동 생태계를 유지하고 있었다. 그 중심에 있었던 것이 바로 '산업사회연구회'였다.

사범대에서는 1974년에 채광석·유상덕·박부권 등이 '야학문제연구회'를 조직했다. 이 단체는 사범대생답게 야학을 기치로 내걸었지만 단순한 야학교사팀이 아니라 엄연한 이념 서클이었다. 의대에서도 1970년에 '사회의학연구회'가 조직되었다. 당시 의대생들은 의예과 시절 문리대에서 공부를 했고, 이때 상당수가 문리대생들과 함께 학생운동을 경험했다. 이들이 본과에 올라가서 조직한 것이 '사회의학연구회'였다.

여학생들로 이루어진 이념 서클도 출현했다. 사범대 여학생들은 1973년부터 독서 모임을 운영하다가 1974년에 '딜돌'이라는 명칭의 여학생 서클을 출범시켰다. 이 서클은 구미공단에 대한 실태조사를 하고 보고서를 발간하는 등 활발한 활동을 전개했으며, 이후 사범대의 울타리를 넘어 서울대 전체 여학생을 대상으로 하는 서클로 발전했다.

오픈서클이 이념 서클로 전환한 경우도 있었다. '대학문화연구회'가 그 대표적인 사례다. 그 전신은 1973년에 발족한 '청녕쿨'이라는 독서 서클이었다. '청녕쿨'은 1975년에 관악캠퍼스로 옮겨오면서 '대학문화연구회'로 이름을 바꾸어 본부 소속 서클로 등록했다. 이 서클은 1970년대 후반에 접어들면서 내부에서 서클의 진로 문제를 놓고 논쟁이 일었다. 이때 적극적인 사회참여를 주장하는 후배 그룹이 승리하면서 점차 그 성격이 이념 서클로 바뀌기 시작했다. 이 무렵 본부 소속 오픈서클 가운데 '고전연구회'나 '국어운동학생회'도 '대학문화연구회'만큼은 아니지만 그 나름대로 이념 서클로의 변화를 겪었다.

언더서클의 종합화에 수반된 현상이 또 하나 있다. 언더서클들이 단과대학의 틀을 넘어 신입생을 모집하면서 여학생들이 언더서클에 가입하기 시작한 것이다. 그리고 이를 통해 여학생들이 서울대의 학생운동에 조직적으로 참여할 수 있는 길이 열렸다.

● 언더서클들, 유신체제에 맞서다

1970년대 들어 폭압적인 유신체제를 겪으면서 학회들 중에는 대학생들의 공개적인 학술 단체로서의 성격에서 벗어나 학생운동을 위한 조직, 즉 언더서클로 바뀐 경우가 많았다. 학술활동의 내용도 학생운동을 위한 이론 무장에 역점을 두었으며, 심지어는 정상적인 정치활동 자체가 사실상 불가능한 상태에서 대정부 투쟁을 주도하는 역할까지 떠맡아야 했다.

유신체제하에서 학생회가 해체되면서 학생들을 대표할 수 있는 존재가 사라진 이상, 부득이하게 언더서클들이 학생들을 정치적으로 대변할 수밖에 없었다. 따라서 언더서클들은 후배들을 양성하는 역할 이외에 각종 집회와 시위를 조직하고 여기에 학생들을 동원하는 역할까지 아울러 수행해야만 했다. 언더서클들은 공안 당국의 감시와 탄압을 피해 이러한 역할을 수행하기 위해 그 나름대로 체계를 갖추어갔다.

언더서클들이 새로운 학생운동 시스템을 만들어내게 된 데에는 1974년의 민청학련 사건이 큰 영향을 미쳤다. 당시 1024명이 체포되고 그중 180명이 구속·기소되었다. 서울대의 여러 언더서클도 이 사건으로 말미암아 큰 피해를 입었다. 이들은 민청학련 사건으로 입은 상처를 추스르면서 장기적인 투쟁을 준비해야 했다. 따라서 민청학련 사건 이후 대규모 조직을 만드는 것은 가급적 피해야만 했다.

장기적인 투쟁을 위해서는 언더서클의 내부 체계부터 바꾸어야 했다. 각 언더서클은 사찰 기관의 감시를 피해 조직을 보전하기 위해 이중 구조를 취했다. 이들은 우선 대외적인 회장과 내부 회장을 따로 두었다. 대외적인 회장이 공식적인 활동을 담당했지만, 이와 별도로 드러나지 않는 언더서클의 비밀 지도부로서 내부 회장을 두었다. 내부 회장은 언더서클의 운영뿐 아니라 학생운동 전반을 책임졌다.

다음으로 언더서클들 사이의 연계도 강화했다. 박정희 정권의 집요한 탄압을 견뎌내기 위해서는 무엇보다 먼저 언더서클들이 힘을 합칠 필요가 있었다. 아무래도 언더서클로 전환하면서 가장 먼저 닥친 문제는 신입 회원 확보였다. 당시 주로 고등학교 선후배 관계 등의 사적인 네트워크를 활용해 신입 회원을 모집했지만, 일정한 한계가 있을 수밖에 없었다.

이러한 문제를 극복하기 위해 언더서클들은 1977년부터 공동 모집 방식으로 신입 회원을 확보했다. 우리는 그 흔적을 당시 ≪대학신문≫을 통해 확인할 수 있다. 1978년 3월 20일 자 ≪대학신문≫은 신학기를 맞이해 여러 서클과 학회를 소개하는 기사를 게재했다.

이 기사는 본부 서클로 국어운동학생회·고전연구회·대학문화연구회를 소개하고 있으며, 단과대학 소속 학회로 국제경제학회·경제사학회·경제철학회·농촌경제학회·사회과학연구회·사회복지연구회·사회철학연구회·흥사단아카데미·후진국경제연구회(이상 사회대), 농촌법학회·경제법학회(이상 법대), 역사철학회(이상 인문대), 공업경제연구회(이상 공대) 등을 소개했다. 이듬해인 1979년 3월 12일 자 ≪대학신문≫에도 비슷한 기사가 실렸다. 이 기사에 따르면, 이 학회들은 1979년 봄에도 공동 모집을 했다.

이렇게 언더서클들의 공동 모집이 가능했던 것은 앞서 보았듯이 관악캠퍼스로의 이전과 함께 서클들도 단과대학의 울타리를 넘어 종합화되었기 때문이다. 그러니까 언더서클의 모집 대상이 동일해진 것이다. 당시 언더서클들이 교육 프로그램과 커리큘럼을 공유하면서 서로 간의 차별성이 없어진 점도

한 요인이 되었다. 언더서클들은 박정희 정권에 대한 저항이라는 공통된 목표 앞에 똘똘 뭉칠 수밖에 없었는데, 이것이 언더서클의 일상적인 운영에까지 영향을 미친 것이다.

공동 모집의 구체적 양상은 이러했다. 학생회관 등에 설치된 공개 창구를 통해 모집이 이루어지기도 했지만, 역시 가장 확실한 방식은 고등학교 선후배 관계를 이용하는 것이었다. 따라서 당시 언더서클의 회원들은 신학기에 재서울대 고교 동문회에서 개최하는 신입생 환영회에는 반드시 참석했다. 특정 고교 출신들이 특정 서클에 몰리는 경우 협의를 거쳐 신입생들을 여러 서클로 나누어 다시 배정하기도 했다. 이때 해당 신입생에게는 "커리큘럼이 크게 다르지 않으므로 어느 서클에 가든 상관이 없다"고 설명하곤 했다.

이렇게 신입생 모집 등 일상적인 운영에서 서클들이 긴밀하게 협력할 수 있었음은 그들 사이에 상당한 수준의 네트워크가 이미 존재했음을 말해준다. 협의를 위한 통로는 일찍부터 존재했다. 언더서클들은 1970년대에 들어서면서 자연발생적으로 일종의 협의체를 구성한 바 있다. 그것이 언더서클 운영과 관련된 일상적 협의 수준을 넘어서 서울대 학생운동의 방향을 조율하고 결정하기 위한 컨트롤타워 차원으로 격상된 것은 1970년대 후반에 들어서다.

이 협의체에는 '서클연합회'라는 명칭이 편의상 사용되곤 했지만, 공식적인 것은 아니었다. 이는 정권에게 다시금 민청학련 사건과 같은 대형 조직 사건을 조작하도록 빌미를 주지 않겠다는 계산이 작용한 결과였다. 공안 당국의 눈길을 피하기 위해서는 최대한 비밀을 유지하면서 뚜렷한 형체가 없이 유연하게 움직여야 했던 것이다.

물론 그렇다고 하여 기본적인 조직 체계조차 없을 수는 없었다. 서울대 학생운동을 기획하고 실천하기 위한 협의체는 학번을 단위로 각 언더서클에서 파견한 인원으로 구성되었다. 대개 이들은 학부 2학년 말에 협의체로 들어가 3학년 때부터 활동을 시작했다.

3학년 때에는 협의체에서 결정한 사항을 각 언더서클에 전파하고, 시위에 후배들을 동원하며, 유인물을 제작해 살포하는 작업 등을 담당했다. 이들은 4학년으로 진급하기 직전 한 해 후배들로 이루어진 후속 협의체를 미리 만들어놓고, 4학년이 된 뒤에는 학생운동의 방향 설정과 집회 및 시위 기획을 담당하는 한편 조를 짜서 차례대로 시위를 이끈 뒤 교도소로 끌려갔다.

협의체의 임무는 엄중했지만 그 조직의 형태는 간소하고 유연하며 융통성이 있었다. 유신체제하의 공안 당국에서조차 그 실체를 알아내지 못하다가 1980년 12월이 되어서야 비로소 발각되었다. 당시 공안 당국은 이를 일컬어 '무림'이라고 불렀다. 여기서 '무림'이란 안개(霧)의 숲(林)이라는 뜻이다. 마치 안개 속에 들어가 있는 것처럼 도무지 조직의 실체가 아리송하다는 의미로 붙인 이름이었다.

당국은 애초 대단한 반정부 조직을 적발한 것으로 생각했지만, 막상 들여다보니 두드러진 '수괴'도 없었고, 일사불란한 조직 체계도 찾아낼 수 없었다. 이렇게 느슨해 보이는 조직으로 학생운동을 이끌면서 유신체제에 맞서 그것에 균열을 일으켰으니 공안 당국으로서는 도무지 이해하기 어려운 일이었을 것이다. 이처럼 미스터리로 비쳐졌던 서울대 학생운동 체제의 요체는 바로 이러한 언더서클들 사이의 유연하고 융통성 있는 네트워크였던 것이다.

• 전두환 정권 시절의 언더서클

10·26사건으로 유신체제가 무너지고 1980년의 이른바 '서울의 봄'이 찾아왔다. 대학가에 민주화의 물결이 크게 일었고 학회들도 더 이상 '언더서클'로 남아 있을 이유가 사라진 듯 보였다. 하지만 '서울의 봄'은 오래가지 않았다. 5·17군사정변을 신호탄으로 역사적 반동이 일어나 '제5공화국'이라는 이름으로 군부독재정권이 재등장했다. 학생들은 다시금 정치적 자유를 박탈당했고 학회들도 언더서클로 되돌아가지 않을 수 없었다.

1980년 12월에 일어난 '무림사건'은 언더서클들에 결정적인 타격을 입혔다. '무림사건'이란 1980년 12월 11일에 일어난 학내 시위를 계기로 서울대 학생운동을 이끈 언더서클들 협의체가 드러난 사건이다. 이 때문에 협의체에 속해 있던 여러 언더서클이 일거에 일망타진되고 말았다. 김명인 등 9명이 구속되고 90여 명이 강제징집 되어 군대로 끌려갔다.

이 사건 이후 언더서클들은 자신을 지키기 위해 보안을 더욱 강화해야 했다. 당시 최대 금기어는 언더서클의 이름이었다. 심지어 신입 회원을 모집할 때도 서클의 이름을 절대로 알려주지 않았다. 일상생활에서도 서클의 이름을 입 밖에 내지 않았다. 만약을 대비해서 가짜 이름을 만들어두기도 했다. 심지어는 '학회'라는 말 자체까지도 사용하지 않았다. 이를 대신해 '팀'이나 '집'이라는 말을 쓰곤 했다. 같은 언더서클 회원끼리는 '우리 식구'라고 불렀다. '집'을 영어로 번역해 '패밀리'라고도 했지만, 처음부터 자주 쓴 표현은 아니었다. 새 군사정권의 매서운 칼날을 피하기 위해 우선은 납작 엎드려 있을 필요가

당국이 파악하고 있는 이념서클은 현재 서울대의 경우 철학문제연구회, 경제철학회, 한국사회연구소, 사회복지연구회, 역사철학회, 대학문화연구회, 경제법학회, 농촌법학회, 향토개척단이 있다. 서클 명칭은 지난 80년 말 서울대의 역사철학회 사건 이후 명칭이 바뀐 것도 많고 이합집산이 심하기 때문에 어떤 서클이 어디에 몇 개 존재하는가는 별 의미가 없다.

≪경향신문≫, 1982년 1월 25일

있었다.

공안 당국은 '무림사건'으로 학생운동 지도부와 여러 언더서클을 일망타진한 후 당분간 서울대에서는 시위가 없을 것이라고 장담했다. 하지만 이를 비웃기라도 하듯이 서울대에서는 1981년 3월 19일 시위를 시작으로 연이어 시위가 벌어졌다. 1981년 1학기에는 거의 한 달에 한 번꼴로 시위가 터져 나왔으며, 이러한 추세는 이후로도 계속 이어졌다. 공안 당국은 그해 여름 다시 한번 이른바 '학림사건'이라는 조직 사건으로 탄압의 칼날을 들이댔지만, 그 추세를 바꾸지는 못했다.

서울대 학생운동 진영이 '무림사건'과 '학림사건'으로 큰 타격을 입었음에도 시위가 끊임없이 이어진 것은 그만큼 신속하게 역량을 회복했음을 보여준다. 그리하여 1983년경이 되면 시위를 주동하겠다고 나서는 사람이 너무 많아서 이를 교통정리 하는 것이 큰일일 정도였다.

당시 서울대에서 학생운동 역량을 신속하게 길러낸 것은 바로 언더서클들이었다. 이들은 단지 과거의 역량을 회복하는 선을 넘어서 시간이 갈수록 회원이 급증하는 추세였다. 회원의 급증은 81학번이 입학할 무렵부터 시작해 이후 더욱 확대되었다.

언더서클들은 회원의 수가 급증하자 대책을 세워야 했다. 처음에는 몇 개조로 나누어 각기 세미나를 진행하는 방식을 취했다. 나중에는 아예 분리해서 각각 별개의 소학회로 운영했다. 그리고 소학회들 간에는 회원들도 서로알 수 없도록 했다. 이것은 공안 당국으로부터 침탈을 당했을 때 피해를 최소화하기 위한 차단장치였다. 따라서 회원의 확대재생산에 성공한 언더서클들은 각기 여러 개의 소학회를 거느렸으며, 소학회를 많이 거느릴수록 학내 학생운동에서 해당 언더서클이 차지하는 비중과 영향력이 커지는 것은 당연한일이었다.

● 언더서클 회원이 급증한 이유

공안 당국의 거듭된 침탈에도 언더서클의 회원들이 급증한 이유는 무엇이었을까? 그 첫 번째 이유로는 '서울의 봄'의 경험을 들 수 있다. 전두환 정권의 철권통치로도 1980년 봄 전국적으로 일어난 대규모 학생시위의 기억을 완전히 지워버릴 수는 없었다. 학생들은 겉으로는 굴복하는 듯 보였지만, 그 이면에는 치밀어 오르는 분노를 속으로 삭이고 있었다.

1980년 5월 광주에서 일어난 비극은 이러한 분노를 더욱 증폭시켰다. 당시 대학가에서는 언더서클의 회원들뿐 아니라 일반 학생들까지도 전두환 정권에 대한 분노를 공유하고 있었다. 이러한 대학가의 분위기가 언더서클의 회원을 급증시키는 기본적인 동력을 제공했다.

1981년 이후 회원이 늘어난 데에는 또 다른 이유가 있었다. 그것은 이 무렵부터 서울대를 비롯해 대학생 정원 자체가 급격히 늘어났기 때문이다. 당시 신군부는 입시 지옥 문제를 해결한다는 명목으로 졸업정원제를 실시했다. 졸업정원제란 각 대학이 원래 정원에 30%를 가산한 만큼 신입생을 선발한 다음 재학 중 초과 모집 인원을 강제로 탈락시키고, 원래 정원에 해당하는 인원만 졸업시키는 것을 말한다.

이 제도를 실시하면 대학에 입학하는 인원이 당장 30%나 증가하는 효과가 있기 때문에 대학 진학의 높은 문턱을 낮출 수 있는 대증요법일 수 있었다. 또한 전두환 정권은 이 제도를 실시하면 재학 중 30%가 탈락할 수밖에 없으므로, 학생들 사이에 학점 경쟁이 벌어져 결과적으로 학생운동을 약화하는 효과가 있을 것으로 기대했다. 졸업정원제는 1981학년도 신입생 모집부터 시행되었다. 이와 별도로 대학 정원 자체도 단계적으로 크게 확대했다. 그 결과 대학 입학생 수는 급증했으며 대학교육은 이제 엘리트 교육에서 벗어나 대중교육의 영역으로 전환되기 시작했다.

이러한 정부 정책의 결과, 서울대의 학생 수도 1981년을 기점으로 단계적으로 늘어났다. 학부생을 기준으로 1980년에 1만 4640명이던 것이 1981년에 1만 6589명, 1982년에는 1만 9071명으로 늘어났다. 이는 1980년에 비해서 30%p 증가한 수치다. 이후에도 꾸준히 증가하여 1985년에 2만 3771명에 달했다. 이는 1980년과 비교해 약 62%p 증가한 수치다.

이렇게 학생 정원이 크게 늘어난 것도 언더서클의 회원 증가에 큰 영향을 미쳤다. 언더서클의 회원들 가운데 특히 82학번 단계부터 그 수가 크게 늘어났다. 당시 언더서클들에서는 82학번의 회원들이 워낙 많아 "어디 가도 눈의 띈다"라는 소리를 들었다. 82학번들은 이후 각 언더서클에서는 물론이고 학생운동의 일선에서 전방위적으로 큰 활약을 했다.

1980년대에 들어서는 여학생의 수도 크게 늘었다. 이에 따라 언더서클에 가입하는 여학생도 많아져, 언더서클의 한 축을 이루었다. 이 과정에서 여학생들이 독자적인 언더서클을 만들기도 했다. 1980년 봄에 사범대의 심상정과 인문대의 곽복희, 가정대의 장영인 등이 이러한 움직임을 주도했다. 사범대에서는 심상정·서혜경·유시주·한경애 등이 여학생 학회를 만들었다.

4. 언더서클 대신 등장한 과학회들

● 오픈서클들을 조직하다

1980년대 중반 들어 오랜 역사를 간직한 언더서클들이 일제히 해체되었다. 그리고 그 역할의 상당 부분을 각 학과에서 조직된 학회, 즉 과(科)학회들이 대신 떠맡게 되었다. 이것은 서울대 학생운동 시스템이 근본적으로 변화했음을 의미한다. 이러한 변화의 조짐은 1982년부터 나타나기 시작했다.

1982년 이후가 되면 학생운동의 역량이 회복되고 여러 언더서클의 회원이 급증하면서 학생운동의 활동공간이 확대되었다. 당시 언더서클들을 중심으로 하는 서울대 학생운동 진영은 인적자원을 재생산하고 대정부 투쟁을 수행하고도 힘이 남아돌 정도가 되면서, 이제 전통적인 언더서클의 활동 영역을 넘어 이른바 '오픈 공간'으로의 진출을 시도했다.

'오픈 공간'이란 비공개적인 언더서클의 활동공간과 대비되는 개념으로, 대외적으로 개방되어 있고 공개적인 활동공간을 말한다. 학교 당국에 공식적으로 등록하는 오픈서클이나 각 단과대학의 학보편집실도 '오픈 공간'에 해당하며 분과학문 체제의 기본 단위인 학과라는 제도적인 공간도 '오픈 공간'이라고 할 수 있다. 1982년 무렵이 되면 학생운동 진영이 다양한 방법으로 오픈 공간으로의 진출을 시도하기 시작했다.

전두환 정권이 1981년부터 제도권 언론기관을 총동원해 이데올로기 비판이라는 이름으로 운동권과 일반 학생들을 분리시키기 위해 음해와 모략 공세를 대대적으로 펼치기 시작했다. 이러한 점도 학생운동 진영으로 하여금 더 이상 언더서클이라는 비좁은 울타리에 갇혀 있어서는 안 되겠다는 판단을 하게 만들었다.

가장 대표적인 오픈 공간으로는 공식적으로 등록하고 공개적으로 활동하는 이른바 오픈서클들을 들 수 있다. 학생운동 진영은 1982년에 들어서면서 이러한 오픈서클의 영역으로 활동의 폭을 넓히기 시작했다. 그 첫 번째 사례가 바로 '세계문화연구회'였다. '세계문화연구회'는 1982년에 본부 소속 오픈서클로 등록했다. 그런데 여러 언더서클에서 차출된 인원들이 모여 이 서클을 조직했다는 점에 주목할 필요가 있다. 이 서클은 특정 언더서클이 독자적으로 만든 것이 아니라 여러 언더서클이 힘을 합쳐 만들었다. 이것은 서울대 학생운동 진영의 통일된 방침에 따라 이 서클이 만들어졌음을 뜻한다.

'세계문화연구회'와 같이 본부 소속 오픈서클이 만들어지기도 했지만 각 단과대학 소속의 오픈서클을 조직하려는 움직임도 나타났다. 이 경우에도 대부분 '세계문화연구회'와 마찬가지로 여러 언더서클의 회원들이 차출되어 창립 요원 역할을 했다.

단과대학 소속 오픈서클들은 단과대학에 따라 조직 형태가 다양했다. 사범대의 '교육연구회'처럼 단과대학 전체를 대상으로 오픈서클을 조직하는 경우도 있었지만, 인문대의 '청죽학사'와 '문사철'처럼 계열별로 오픈서클을 조직한 경우도 있었다. 또한 법대의 '법사회학회'와 '법철학회'처럼 한 단과대학에 복수의 오픈서클을 만든 경우도 있었다.

인문대에서 계열별로 오픈서클을 조직했던 것은 당시의 입시제도와 관련이 있다. 인문대는 1982학년도부터 신입생을 문학계열·사학계열·철학계열 등 계열별로 선발했다. 단과대학을 단위로 선발하는 것에 비하면 모집 단위가 세분화되었지만, 신입생들이 학과에 소속되지 못한 채 1학년을 지내야 한다는 점은 과거와 마찬가지였다.

이렇게 소속된 학과가 없어 겉돌 수밖에 없는 신입생들을 모집해 의식화하기 위해 계열별로 하나씩 오픈서클을 만든 것이다. 신입생의 입장에서는 계열별 오픈서클에 가입하면 다른 학생들보다 1년 먼저 각 학과의 선배들을 만날 수 있었기에 인기가 높았다.

새로 만들어진 오픈서클의 커리큘럼은 언더서클의 그것과 별반 다르지 않았다. 1980년대 초 언더서클의 커리큘럼이 빠르게 급진화했지만, 당시 대학가 전체의 분위기도 이것을 뒤따라가는 상황이었으므로 오픈서클이라고 해서 특별히 수위를 조절할 필요가 없었다. 바꿔 말하면 언더서클 회원들의 사상적 경향이 이러한 오픈서클들을 징검다리 삼아 일반 학생들에게까지 확산되었던 것이다.

● 과학회의 등장

또 다른 '오픈 공간'으로 바로 학과를 들 수 있다. 당시 학생들의 학교생활은 주로 학과사무실을 중심으로 이루어졌다. 특히 사복형사가 일상적으로 캠퍼스 곳곳에 진을 치고 있던 1980년대 초에 학생들은 더더욱 학과사무실로 모여들지 않을 수 없었다. 학생들은 등교하면 먼저 학과사무실에 모여 서로 간에 정보를 교환하고 함께 울분을 터뜨리는 것이 대학가의 일상적인 풍경이었다. 학과사무실은 전두환 정권의 철권통치 시절에 학생들이 몸을 숨길 수 있는 일종의 벙커였던 셈이다.

따라서 학생운동 진영은 일찍부터 학과를 무대로 하는 대중활동을 구상했다. 1982년부터는 과거 언더서클을 단위로 실시하던 농촌활동을 학과를 단위로 실시하기 시작했다. 또한 학과에서 시국 문제에 대한 토론을 실시하고 학과 소식지를 발행하는 등 학과공동체를 일구기 위해 노력했다. 그러한 연장선에서 학과를 단위로 하는 학회, 곧 과(科)학회가 만들어지기 시작했다. [●]

서울대에서 '과학회'라는 것이 만들어지기 시작한 것은 대략 1984년 무렵이다. 과학회란 학과를 기반으로 했기에 기존의 학회인 언더서클과 '학회'라는 명칭을 공유했지만, 존재 형태는 크게 달랐다. 무엇보다도 기존 학회가 비공개적으로 활동하는 언더서클이었다면 과학회는 공개적으로 활동하는 일종의 오픈서클이었다.

과학회는 학과라는 제도권 공간을 기반으로 했으므로 일부 특수한 경우를 제외하고 기존의 언더서클들과 계보적으로 연결되지 않았고, 이러한 점에서 과학회는 기존의 언더서클과는 전혀 다른 별개의 조직이었다고 할 수 있다.

● 당시에는 과학회의 '과' 자를 된소리로 읽어 통상 '꽈학회'라고 불렀다. 과학회뿐만 아니라 과사무실도 '꽈사무실'로 발음했다. '과'보다는 '꽈'로 부르는 것이 훨씬 어감이 강하고 그만큼 강렬한 인상을 준다. 당시 어느 교수는 이 된소리 발음에서 군부독재를 향해 잔뜩 날이 서 있던 학생들의 예민한 심리 상태를 읽어낸 바 있다.

그런데도 과학회가 '학회'라는 표현을 이어받은 것은 각 학과에서 과학회를 조직하는 데 앞장선 사람들은 대부분이 언더서클의 회원들이었으며, 과거 언더서클들이 했던 기능을 과학회가 대신 수행해 줄 것을 기대했기 때문이다.

하지만 과학회는 단순한 오픈서클이 아니었다. 당시 오픈서클은 여러 종류가 있었지만, 서클은 기본적으로 회원들이 자유롭게 가입할 수 있는 자발적인 단체였다. 반면에 과학회는 학과 학생회에 소속된 공식 기구로서 대부분의 학과에서 학생들은 복수의 과학회 가운데 하나에 사실상 의무적으로 가입해야만 했다. 특히 신입생들이 그러했다.

이렇게 과학회가 각 학과의 학생회와 밀접한 관련이 있는 만큼, 과학회가 등장한 이유를 알아보기 위해서는 학생회 문제부터 우선 살펴볼 필요가 있다. 서울대 총학생회는 1980년 '서울의 봄' 당시에 부활했다가 5·17군사정변로 곧바로 파괴된 바 있다. 전두환 정권은 대학생들의 끊임없는 저항에 밀려 1984년에 이른바 학원자율화조치를 단행해 학생활동의 자유를 어느 정도 허용했다. 물론 이는 궁극적으로 학생운동을 통제하기 위한 것이지만 당시 학생운동 진영에서는 이러한 공간을 활용하기로 결정했고, 그 결과 총학생회가 다시금 부활하게 되었다.

총학생회가 부활할 때 그 기반이 된 것이 각 학과의 학생회였다. 그동안 학과에서의 대중활동을 바탕으로 학과 단위 학생회가 만들어졌고 이를 토대로 하여 총학생회가 되살아날 수 있었던 것이다. 그리고 이런 과정에서 함께 만들어진 것이 바로 과학회들이었다.

과학회는 1980년대 중반을 넘어서면서 대부분의 학과에서 조직되었다. 그리고 학과에 따라 여러 개의 학회가 조직되어 그 수가 전체적으로 얼마가 되는지 정확히 파악하기 어렵다. 몇몇 학과를 중심으로 어떠한 학회들이 조직되었는지 살펴보면 다음과 같다.

인문대 철학과의 경우 한국근현대사연구회·사회철학회·녹죽·프락시스 등 4개의 과학회가, 국사학과에는 민중사상연구회·정치경제연구방·민족문제연구회·한국민족해방운동사연구회 등이 있었다. 사범대 역사교육과에는 역사교육학회·역사철학학회·근대사학회 등이, 사회대 사회학과에는 사회발전연구회·문학학회·역사학회·철학학회 등의 과학회가 있었다. 의대는 학년 단위의 학회를, 약대는 '약과 사회'라는 이름의 단일 학회를 조직했다.

학회의 수나 명칭에서 볼 수 있듯이 과학회는 과학생회 조직의 일부로서 편제된 것이었다. 따라서 대부분의 과학회는 진보적 역사의식을 함양하고 아울러 현실에 대한 비판의식을 기르는 데 초점을 맞추었다. 과거 학회의 교육 기능을 거의 그대로 옮겨온 것이다.

다음으로 과학회 운영의 실상을 살펴보자. 당시 과학생회는 과학생회장 아래에 여러 집행 부서가 있었고, 그 가운데 하나가 문화부 혹은 학술부였다. 그리고 과학회는 문화부나 학술부에 소속되어 있는 조직이었다. 학생들은 여러 개의 과학회 가운데 하나를 선택해 가입해야 했다. 학과마다 편차가 있기는 하지만, 과학회의 가입은 대체로 의무였다. 즉 과학회는 학생들을 편제하고 관리하는 기능도 했다.

또한 학기 초에는 신입생을 대상으로 학회가 별도로 구성되었다. 신입생은 의무적으로 이에 가입해야 했고, 선배들이 '학회교사'라는 이름으로 신입생 학회에 참석해 지도를 했다. 신입생들은 이를 거쳐 각 전공 학회에 소속되었다. 모든 학생이 과학회 활동에 열성적으로 참여했던 것은 아니다. 특히 3, 4학년 등 고학년의 경우 운동권이 아니라면 상대적으로 소극적이었다.

과학생회 조직에는 문화부 이외에도 편집부와 사회부 등 다른 집행 부서들이 있었다. 여기에는 부서장 이외에 부원들이 있었다. 학생들은 과학회에도 가입했지만 집행 부서의 부원으로도 활동했다. 그리고 집행 부서들은 맡은 업무 이외에 자체적인 세미나 프로그램을 운영했다. 이것으로 우리는 당시 과학생회가 얼마나 촘촘하게 학생들을 편제하여 관리했는지 알 수 있다.

이렇게 1980년대 중반 이후 서울대생들의 대학생활은 과학회를 중심으로 이루어졌다. 특히 신입생과 저학년이 더욱 그러했다. 이를 통해 과학회는 학생운동을 위한 기초적인 학습과 생활공동체로서 기능했고, 이를 바탕으로 학생운동에 참여할 예비 활동가를 양성하는 역할을 했다.

● 언더서클의 해체

서울대의 언더서클들은 1985년 말부터 1986년 초에 이르는 시기에 거의 동시에 해체되었다. 이들은 말 그대로 은밀하게 활동해 왔으므로 해체를 공개적으로 밝히는 행사도 하지 않았다. 하지만 오랜 전통을 간직한 언더서클 대부분이 이 무렵에 대부분 해소되었다. 그것은 각 언더서클 내부에서 소리 소문 없이 이루어졌다. 대부분 이와 관련된 문서도 남기지 않았다. 따라서 당시 언더서클들이 왜 해체되었는지는 후일 여러 사람들의 회고담을 통해 그 퍼즐을 맞춰볼 수밖에 없다.

언더서클의 해체는 82학번과 83학번 선에서 결정해 밀어붙였다는 것이 공통된 증언이다. 해체가 시작된 1985년 겨울 82학번은 졸업반이었고 83학번은 3학년을 마치고 4학년으로 올라갈 시기였다. 84학번 이하의 후배들은 약간 의아해하면서도 선배들의 결정에 따랐다고 한다. 81학번 이전 선배들은 놀라고 걱정스러워했지만 대세를 막아내기에는 역부족이었다고 한다.

당시 언더서클들에 대해서는 여러 가지 비판이 제기되었다. 한편에서 서클이라는 것이 원래 소박하고 아마추어적이어서 기본적인 한계를 지닌다는 지적이 있었다. 자유주의자와 기회주의자의 온상이라는 비판도 있었다. 다른 한편에서는 각 서클이 가진 조직이기주의와 분파주의가 학생운동의 발전에 걸림돌로 작용한다는 비판이 제기되기도 했다.

서클에 대해서 이러한 비판이 제기된 데에는 그 나름의 이유가 있었다. 첫 번째 비판은 1980년대 전반에 학생운동의 이념이 급진화된 데 따른 것이다. 서울대 학생운동 진영의 일각에서는 혁명을 꿈꾸는 사람들이 나타났고, 이들은 더 강고한 전위투사들의 조직을 만들려고 했다. 당시 이러한 전위투사를 뱅가드(vanguard)라고 불렀다. 이들의 눈에는 일차적인 공동체의 수공업적인 조직문화를 간직하고 있던 언더서클들이 매우 유치한 것으로 여겨졌다. 이제 서클의 수준을 넘어서 명실상부한 전위조직으로 전환해야만 한다고 생각했다.

조직이기주의와 분파주의라는 비판도 그 나름의 이유가 있었다. 당시 서울대 학생운동을 주도했던 언더서클 가운데는 앞서 보았듯이 여러 개의 소학회를 거느린, 영향력이 큰 서클들이 있었다. 이러한 언더서클들을 메이저 패밀리라고 불렀는데, 당시 서울대 내에서는 '5대 패밀리' 혹은 '8대 패밀리'가 거론되기도 했다.

그런데 1982년 이후 학생운동이 급속하게 팽창하면서 전통적인 언더서클들만으로는 이를 모두 담아내기 어려워졌다. 여러 언더서클들의 회원도 늘어났지만, 언더서클 이외의 공간에서 의식화된 학생들이 급격히 증가했다. 고전연구회를 비롯한 본부 소속 오픈서클들도 언더서클 못지않게 급진화되었다. '메아리'나 '탈반'과 같은 문화·예술 관련 서클이나 '총기독학생회'와 같은 종교 서클들도 마찬가지였다.

이렇게 학생운동 세력이 팽창하니 종래의 주류 언더서클이 주도하는 학생운동 시스템에 대한 불만이 커질 수밖에 없었다. 학생운동의 규모가 종전 시스템으로는 도저히 담아낼 수 없을 정도로 확대된 결과였다. 학생의 수가 급격히 증가한 82학번과 83학번의 선에서 서클의 해체가 추진된 것은 결코 우연이 아니었던 것이다.

한편 1980년대에 들어서 학생운동이 급진화하면서 내부에서 노선을 둘러 싸고 견해 차이가 발생하기 시작했다. 학생운동 노선을 둘러싼 논쟁은 1980년 대 초에 이미 시작되었지만, 급진적 이념의 수용과 함께 이론적 대립으로까지 이어졌다. 그 결과 이른바 MC 그룹과 MT 그룹 사이의 대립이 보여주듯이 학 생운동 내부의 갈등은 심각한 상태에 이르렀다. 여기서 MC는 'main current'의 첫 글자를 딴 것으로 당시 서울대 학생운동의 주류 그룹을 일컫는 말이었다. MT는 '민투'를 알파벳으로 표기했을 때 첫 글자를 딴 것으로 주류 그룹에 비해 더 적극적인 정치투쟁을 주장하던 비주류 그룹을 일컫는 말이었다.

학생운동 내부의 노선투쟁이 심각하게 벌어지자 마치 그 책임이 서클에 있는 것처럼 비춰졌다. 그 결과 언더서클이 분파주의의 온상이라는 비판이 일었던 것이다. 서클들이 제 나름대로 이론적 지향성을 가지고 있는 것이 사 실이었으므로, 어느 서클은 MC에, 다른 서클은 MT에 속한다는 이야기가 비 공식적으로 떠돌곤 했다.

하지만 당시 언더서클들이 반드시 이론적으로 일사불란하게 통일되어 있 었던 것은 아니다. 같은 서클 안에서도 MC의 경향성을 가진 회원과 MT의 경 향성을 가진 회원들이 공존하기도 했다. 이러한 경우 두 사람은 만날 때마다 논쟁을 벌였겠지만, 언더서클 특유의 끈끈한 인간관계가 이들을 묶어주었 다. 서클이 분파주의의 온상이라는 비판은 근거가 전혀 없지 않았지만, 어느 정도 과도한 것이었다고 할 수 있다.

앞서 보았듯이 서클의 해체는 1985년 말부터 다음 해 봄 사이에 급격히 이 루어졌다. 하지만 좀 더 넓은 시각에서 살펴보면, 학생운동에서 언더서클이 차지하는 위상과 비중이 조정되는 과정은 이보다 더 일찍 시작되었다. 서울 대 학생운동을 이끌어가는 시스템 자체가 언더서클에서 단과대학으로 옮겨 간 것이다. 이 과정을 간략하게 살펴보자.

앞서 보았듯이 1970년대 서울대 학생운동은 언더서클들의 유연한 협의체 를 기반으로 이루어졌다. 이 협의체가 공안 당국에 발각된 '무림사건'으로 서 울대 학생운동은 큰 타격을 입었고, 학생운동을 이끌어가기 위해서는 새로운 시스템 구축이 급선무였다.

서울대 학생운동 진영은 1982년 무렵이 되면 이른바 'Po시스템'이라는 새로운 시스템을 구축하는 데 성공한다. 그 핵심은 다음과 같다. 먼저 언더서클 회원들로 이루어진 학생운동 활동가들을 단과대학별로 재배치한다. 단과대학별로 책임자인 포스트를 선정하고 포스트를 중심으로 하는 내부 동원 체계를 구축한다. 그런 다음 7명의 주요 단과대학 포스트들이 모여 전체 협의체를 만들어 서울대 학생운동의 전체적인 방향과 일정을 조율한다. 그리고 이를 바탕으로 타 학교와의 연계망을 구축한다. 당시 이러한 시스템을 약칭해 'Po시스템'이라고 불렀다.

서울대 학생운동 시스템을 이렇게 개편한 것은 언더서클이 운동 역량의 재생산에만 전념하도록 하고, 유인물 배포와 반정부 시위 등 운동의 실천은 Po시스템이 맡도록 함으로써 언더서클에 닥칠 수 있는 위험을 사전에 차단하자는 것이었다. 이렇듯 Po시스템의 기본 목표는 언더서클의 보호였지만, 역설적이게도 그 결과 학생운동에서 언더서클이 갖는 위상이 축소되기 시작했다.

학생운동의 무게중심이 언더서클에서 단과대학 차원으로 옮겨간 것은 Po시스템뿐만이 아니었다. 단과대학 소속의 오픈서클을 만든 것 역시 그러한 변화의 일환이었다. 학생운동 체제를 단과대학 중심으로 개편한다고 했을 때 그 뿌리가 되는 것은 당연하게도 학과였다. 1982년 이후 학생운동 진영은 학과에서의 활동을 일관되게 강화했다.

이렇듯 학생운동 역량의 재생산과 학생운동의 실천을 분리 내지 복선화하려는 노력은 지속적으로 추구됐고, 그 결과 단과대학을 기반으로 하는 학생운동 시스템이 만들어졌다. 하지만 그 이후에도 언더서클들은 여전히 운동 역량의 재생산이라는 중대한 과제를 떠맡고 있었다. 이러한 상황에서 언더서클들을 과감하게 해체할 수 있었던 요인은 과연 무엇이었을까?

앞서 보았듯이 서울대 학생운동 진영은 1982년경부터 여러 형태의 오픈서클을 만들어내기 시작했다. 이들은 오픈서클들을 발전시키면 기존의 언더서클을 대신해 운동 역량을 재생산할 수 있을 것으로 판단했던 것이다. 그리고 그 대표적인 예가 바로 '과학회'였다.

● 여전히 유지된 비공개 학습 팀

1970년대로부터 내려온 유서 깊은 언더서클들이 1985년 말부터 전격적으로 해체되기 시작했다. 그리고 학생운동의 활동가를 재생산하는 기능을 과학회들이 떠맡게 되었다. 그렇다면 언더서클의 해체로 비공개 학습 팀이 완전히 없어졌을까? 결론부터 이야기하자면 반드시 그렇지는 않다. 과학회의 이면에 비공개 학습 팀들이 엄연히 존재했고, 이러한 비공개 학습 팀들은 여전히 학생운동에서 큰 역할을 했다.

언더서클의 해체 이후 학생운동 활동가들은 각각의 운동 노선을 중심으로 재결집했다. 언더서클 대신에 정치적 이념과 학생운동의 노선을 함께하는 정치적 분파, 즉 정파들이 생겨난 것이었다. 학생운동 내부에서 노선투쟁은 격렬했고, 이 과정에서 여러 정파가 발생했다.

언더서클이 해체된 직후인 1986년 시점에 학생운동 노선의 분화를 단순화하면 NL 그룹과 CA 그룹의 대립 구도로 정리할 수 있다. NL 그룹은 반외세 투쟁의 중요성을 강조하는 정파로서 1985년부터 등장해 1986년에 이르면 학생운동의 대세가 되었다. 이에 비해 CA 그룹은 선도적 정치투쟁을 강조하는 정파로서, 과거 학림 그룹과 민추위 그룹의 전통을 이어받았다. 민추위가 무너진 후 살아남은 MT 계열 학생운동 세력이 그 주축이 되었다. 두 정파는 각기 '자민투'와 '민민투'라는 반합법 투쟁 조직을 결성해 활동을 전개했다.

1980년대 중반에 접어들면 일반 학생들에 대한 의식화 학습은 과학회가 담당했지만, 그 성격상 각 정파의 핵심 활동가 양성까지 감당할 수는 없었다. 그래서 각 정파가 제각기 비공개 학습 팀들을 운영했다. 당시 이러한 학습 팀에는 특별한 명칭을 붙이지 않았다. NL 계열에서는 '사C(사상서클)'라고 불렀고, CA 계열에서는 'T(팀)'라고 부르는 것이 일반적이었다.

비공개 학습 팀은 과학회 등에서 선발된 잠재력 있는 인원을 중심으로 구성되었다. 이들에게는 더 심화된 내용을 학습시켰고, 어느 정도 학습이 진전되면 학생운동 일선에 투입했다. 비공개 학습 팀은 엄격한 보안을 유지하고 세미나도 학교 바깥의 은밀한 장소에서 행했다. 가명을 사용해 성원들 상호 간에도 알 수 없도록 하는 보안장치를 구축하기도 했다.

개별 학생을 기준으로 학생운동의 입문 과정은 다음과 같이 정리할 수 있다. 대학에 입학하면 과학회에 가입해 활동하고 이 가운데 선발된 인원은 비공개 학습 팀에서 훈련을 거쳐 정파에 가입했다. 정파의 조직 형태는 시기별·정파별로 달랐다. 실천 공간은 '자민투'나 '민민투'와 같은 반합법 투쟁 조직이나 총학생회와 같은 자치 조직 등 다양했다.

이렇듯 1980년대 중반 이후 학생운동의 이면에는 비합법 공간에서 활동하는 여러 정파가 존재했다. 이러한 정파들은 더 철두철미한 학생운동 활동가를 양성하기 위해 비공개 학습 팀을 운영했다. 이 학습 팀은 1992년 서울대 내의 여러 정파가 그동안의 비공개적인 활동 방식을 탈피해 공개 정치조직을 건설할 무렵까지 존속했다.

5. '학회운동'의 시대

● 1990년대 초 과학회들의 실상

1984년경부터 생겨나기 시작한 과학회들은 1987년 6월항쟁 이후 캠퍼스 전체로 확산되었다. 1990년대에 들어서면 과학회를 빼놓고는 서울대의 학생운동을 거론할 수 없을 정도가 되었다. 과학회를 중심으로 하는 학생운동론, 즉 '학회운동론'이라는 것이 대두하기까지 했다.

'학회운동론'이 왜 제기되었는지 알기 위해서는 우선 1990년대 초 과학회의 실상부터 살펴보아야만 한다. 당시 과학회의 실상은 '양적인 성장과 질적인 정체'로 요약할 수 있다. 양적인 성장 양상은 쉽게 확인된다. 1989년 당시 서울대 내의 과학회는 대략 400여 개로 추산된다. 또한 한 집계에 따르면, 1990년대 초에 전체 신입생의 80% 이상이 과학회에 가입했다. 과학회의 양적 성장은 1990년대 들어서도 계속 이어졌던 것이다.

양적인 성장에 비한다면, 운영의 실상에는 문제가 적지 않았다. 신입생 대부분이 과학회에 가입했지만 1학년만 마치면 다음 해에는 운영을 담당할 일부만 남고 대부분 빠져나갔다. 그래서 과학회의 수명은 길어야 1년 반이라는 이야기가 떠돌았다. 경험의 전수가 체계적으로 이루어지지 않아 과학회의 운영을 맡은 학회교사의 전문성은 축적되지 않는 반면, 신입생의 자발성과 적극성은 시간이 갈수록 약화되어 갔다. 또한 과학회들이 대부분 천편일률적인 커리큘럼을 답습하는 바람에 과학회 참여가 일종의 통과의례로 여겨지기까지 했다.

당시 학생들은 질적인 정체의 원인이 도구주의적인 학회관에 있다고 진단했다. 도구주의적 학회관이란 과학회를 그 자체의 발전 주체로 보지 않고, 학생회에서 활동할 인력을 양성하거나 정파의 활동가를 발굴하기 위한 통로로만 간주하는 관점을 말한다. 실제로 당시에 1학년 2학기 무렵이 되면 장래성 있는 신입생들은 하나둘 학생회나 각 정파로 빠져나갔고, 정작 과학회는 자기 발전을 위한 내적 동력을 유지하고 키우지 못해 질적인 성장을 도모하기 어려웠다.

1990년대 들어 과학회가 정체를 보인 데에는 외부적 요인도 있다. 과학회들은 애초부터 대학의 공식 커리큘럼과는 근본적으로 다른 진보적인 내용의 대안 학습을 존재 이유로 삼았다. 그런데 1989~1992년의 세계사적인 '현실사회주의'의 붕괴는 진보 진영에 큰 충격을 주었을 뿐만 아니라, 과학회의 근거 자체도 흔들었다.

국내의 정치적 변화도 영향을 미쳤다. 1987년의 직선제 개헌 이후, 이전과 달리 최소한의 절차적 민주주의가 확보되었으며, 그 결과 진보 진영도 단계적으로 의회 정치에 편입되기 시작했다. 또한 노동운동이 발전하면서 상대적으로 학생운동의 위상과 역할이 점차 축소되기 시작했다. 이러한 외부적 변화들도 자연스럽게 과학회들의 긴장감을 이완시켰다.

또한 1990년대에 대학생들의 존재 형태도 변화했다. 우선 1987년 노동자 대투쟁 이후 경제성장과 함께 분배 구조의 개선이 일정하게 이루어지면서 우리 사회는 1990년대에 들어 대중소비 단계로 진입하기 시작했다. 그 결과 대학가에는 자유주의와 개인주의로 무장한 신세대 학생들이 등장했다. 또한 1980년대에 급격히 증가한 대학 정원으로 1990년대에 대졸자 공급이 수요보다 많아졌고, 그 결과 취업 경쟁의 시대가 열렸다.

신세대 학생들은 지식인으로서의 사명감과 희생정신에 입각한 학생운동의 전통적 관념에 조심스럽게 의문을 던지기 시작했다. 1980년대에 대학 사회가 민주화와 산업화라는 격렬한 진통을 겪으면서 확보했던 세계관과 변화의 전망도 그 기초가 흔들리기 시작했다. 그리고 실제로 이러한 양상은 과학회의 세미나 자리에서 자주 표출되곤 했다. 결국 학생사회의 변화는 대안적인 전망에 기초한 과학회들의 기존 정체성을 동요시켰다.

● '학회운동론'의 대두와 학회연합 조직

그렇다고 과학회들이 위기에 직면해 그대로 무너진 것은 결코 아니었다. 오히려 위기를 극복하고 과학회의 위상을 끌어올려 강화하고자 하는 이른바 '학회운동론'이 대두했다. '학회운동론'의 요지는 과학회 활동을 학생회나 정파를 중심으로 진행되던 기존의 학생운동과 구별되는 독자적인 운동 영역으로 발전시켜야 한다는 것이었다.

당시에는 학생회를 중심으로 하는 자치활동과 정파들을 중심으로 하는 정치활동에 비해 과학회의 활동은 그 독자성을 인정받지 못하고 있었다. 하지만 학회운동론자들의 생각은 달랐다. 그들은 과학회는 독자적인 조직 기반도 있고 고유한 역할도 있으므로 학생회 및 정파의 도구로서만 이용되어서는 안 되고, 제3의 운동 영역으로 발전시켜 3자가 균형 있게 정립하는 구도가 가장 바람직하다고 판단했다. 그들은 이를 위해 과학회들을 단과대학과 학과의 특성에 맞게 계열화해 대중성과 전문성을 갖춘 독자적 조직으로 발전시킨다는 처방을 제시했다.

이를 구체화하기 위한 실천 방안 가운데 하나가 바로 학회연합이었다. 당시 과학회들은 과학생회의 산하조직이었고, 과학생회를 통해 총학생회 체제의 일부로 편제되어 있었다. 그런데 학회운동론자들은 학생회로부터의 독자성을 강조하면서 조직 차원에서도 과학회들을 학생회와는 별도로 조직화하자고 주장했다.

학회연합 건설론이 실행에 옮겨지기 시작한 것은 1990년부터다. 당시 총학생회는 학회연합 건설을 공약의 하나로 내걸었고, 출범 즉시 학술부 산하에 학회연합 준비위원회를 구성했다. 총학생회는 학회연합을 추진하면서 구체적 방안으로 부문계열학회연합이라는 것을 제시했다. 당시 유행하던 부문계열운동론에 근거해 과학회들을 단과대학이나 학과별 특성에 맞게 계열화 및 조직화하여 부문계열운동을 주도할 수 있는 활동가를 양성하자는 것이다.

이 무렵 이렇게 새로운 운동론이 제기된 것은 한국의 산업구조가 고도화되면서 대학의 기능이 소수의 지배이데올로기나 관료 경영자를 양성하는 곳에서 전문 기술 인력과 중간관리직인 사무직을 대량생산 하는 곳으로 바뀌었다고 보았기 때문이다. 6월항쟁에 가담한 '넥타이부대'에서 민주적 화이트칼라의 가능성이 확인되고, 1990년대에 들어서 전교조를 비롯한 여러 화이트칼라노조가 만들어졌으며, 민주언론운동이나 진보적 학술운동 등이 활발하게 전개되고 있었던 것도 부문계열운동론이 제기된 배경 가운데 하나였다.

이러한 부문계열운동론은 당시에 과학회들이 신입생 중심의 학회 운영이라는 한계를 극복하고 고학번의 참여를 유도해 전문성을 확보하게 해주는 돌파구로 받아들여졌다. 그리고 1990년대에 들어서 이 운동론에 따른 과학회들이 생겨났다. 대표적인 사례가 자연대의 과학기술 학회들이었고, 사범대에서도 교과교육 관련 전공학회들이 만들어졌다.

부문계열운동론은 상당히 폭넓게 확산되고 있었고, 그렇기에 총학생회도 학회연합을 추진할 수 있었다. 사실 부문계열학회연합은 총학생회에 앞서 각 단과대학의 학회들이 먼저 추진했다. 자연대에서는 1990년 4월에 과학기술학회들이 결집해 과학기술학회연합을 만들었다. 1992년에 자연대와 공대의 '과학기술학회연합'과 '문학동아리연합준비회'·'음대문예학회준비회' 등이 힘을 합쳐 '부문계열운동 활성화를 위한 강연회'를 공동 개최한 사실로 미루어보아 부문계열운동론에 입각한 학회연합 시도는 이후로도 상당 기간 이어졌음을 알 수 있다.

하지만 이런 시도도 결국에는 성공을 거두지는 못했다. 자연대의 과학기술학회연합도 채 3년을 넘기지 못하고 해체되고 말았다. 동아리 중심으로 시도된 사회과학학술연합도 1993년 무렵부터 존속이 불투명해졌다. 당시 부문 계열별학회연합의 건설 시도가 실패로 돌아간 근본적인 이유가 기층 과학회의 부실에 있다는 것이 일반적인 의견이었다.

● 학회 지원 기구

이렇게 학회연합 건설이 실패로 돌아가자 이를 타산지석으로 삼아 기층 과학회들을 결집하는 조직적 틀이나 중앙 단위를 건설하지 않고 그 외곽에서 과학회들의 활동을 지원하는 기구를 만들려는 움직임이 나타났다. 사실 이러한 움직임은 학회연합의 건설을 시도할 때 함께 시작되었지만, 학회연합 시도가 실패로 돌아간 뒤에도 계속 이어졌다.

학회 지원 기구로 가장 먼저 들 수 있는 것은 과학회 활동과 관련된 매체, 즉 학회지였다. 1990년에 총학생회는 학회연합 건설을 시도하면서 아울러 학회연합 기관지로서 학회지 발간을 추진했다. 당시 총학생회는 이 학회지를 학회연합 활동의 축적물임과 동시에 학회연합 사업의 내용적 지도체로 설정했다. 총학생회 학술부를 중심으로 과학회지 발간이 추진되어 1990년 5월에 ≪함께사는세상≫ 창간호가 발간되었다. 하지만 ≪함께사는세상≫은 학회연합 건설이 실패로 돌아가면서 계속 발간되지 못했다.

1990년대 과학회 활동과 관련해 대표적인 매체로는 ≪학회평론≫을 들 수 있다. 정운영과 김수행 교수가 담당하던 가치론과 맑스주의 경제학 수강생들의 합동 종강 모임에서 참석자들이 의견을 모아 1992년 9월에 이 매체를 창간하기에 이르렀다. ≪학회평론≫은 1990년대 '학회운동'의 방향성을 제시하고 실질적 정보를 제공해 과학회 활동가의 필독서가 되었다. 이것은 그 관심 범위를 '학회운동' 차원을 넘어 학생운동과 학생사회 전체로까지 확대했으며 그 결과 학생운동 전반에 걸쳐 이론적 모색을 하는 매체로 자리 잡았다.

각 단과대학별로도 과학회를 지원하는 기구들이 만들어졌다. 사회대에서는 1995년에 몇몇 과학회장을 중심으로 '사회대 학회연합 준비위원회'가 구성되었지만, 다른 과학회장들의 호응을 얻지 못해 과학회를 위한 지원 기구로 위상을 축소해 기관지 ≪학회교육≫을 발행했다. ≪학회교육≫ 편집진은 잡지 발행에만 그치지 않고 방학 중에 학회교사 교양대회를 개최하는 등 적극적으로 과학회 활동을 지원했다.

공대에서는 학생정치조직인 '공대현장'의 학회분과가 '학회현장'이라는 이름을 내걸고 과학회 기반이 상대적으로 취약한 공대에서 과학회에 대한 지원기구를 자임하면서 학회 자료 수집, 학회교사 교육, 신입생 학회 지원 사업 등을 추진했다. 법대에도 학회정책연구소가 만들어져 자료집 『Autonomia』를 발행하는 등 활동을 전개했다.

● 과학회의 동아리화를 시도하다

1990년대에 들어서면서 신자유주의에 입각한 대학 개편이 시작되었다. 이 개편 가운데 하나가 학부제 실시였다. 이로 말미암아 과학회의 토대인 학과 공동체가 해체될 위기에 직면했고, 이에 대한 대안으로 과학회의 동아리화가 시도되었다.

과학회의 공동체성 강화 문제는 학부제 실시에 앞서 1990년대 초부터 거론되었다. 그 해결 방안의 하나로 '과학회의 동아리화'가 제시되었다. 1990년에 총학생회에서 학회연합을 추진하면서 과학회의 동아리화를 제기했고, 1992년에는 실제로 단과대학 차원에서 과학회의 동아리화가 추진되기도 했다.

당시 과학회의 동아리화를 주장한 사람들은 그 근거로 첫째, 이를 통해 학회의 재생산이 손쉬워지고, 둘째, 학회 회원들 사이의 인적인 유대가 강화되며, 셋째, 학회활동의 정형이 확보되어 활동 속에서 학회의 정체성을 찾을 수있을 것이라는 점을 들었다. 동아리화를 통해 과학회가 정체성과 공동체성을 강화할 수 있을 것이라는 논리였다.

이런 문제 제기의 배경으로 애당초 과학회가 지녔던 한계를 들 수 있다. 1990년대에 들어서 과학회들은 '진보적 학습을 매개로 한 생활공동체'를 표방했다. 하지만 실상을 들여다보면 이런 생활공동체의 실체는 과학회라기보다는 차라리 학과였다. 과학회란 사실상 학과의 공동체성을 강화하기 위한 하나의 교육프로그램에 불과했다.

그래서 개개의 과학회들은 실제로는 정체성도 분명하지 못하고 응집력도 그리 강하지 않았다. 과학회에 참가하지 않더라도 학과라는 공동체에서 벗어나는 것은 아니었으므로 과학회 불참에 어떤 심각한 결단이 요구되는 것도 아니었다. 사정이 이렇기에 과학회에 독자적인 정체성을 기대하기 어려웠고, 바로 이런 이유에서 1990년대에 들어서 '학회운동'이 표방되면서 그 정체성 강화 방안으로 '과학회의 동아리화'가 모색된 것이다.

과학회의 동아리화에 대한 모색은 1980년대 중반에 있었던 언더서클의 해체에 대한 재평가로 이어졌다. 물론 이 무렵에도 이른바 '패밀리' 체제의 폐쇄성에 대한 문제의식은 여전했다. 하지만 강한 소속감과 인간적 유대감이라는 측면에서 과거의 '언더서클'들에도 본받을 점이 없지 않다는 인식이 생겨났다. 과학회의 동아리화라고 할 때, 여기서 '동아리'란 언더서클들이 지녔던 긍정적인 측면을 가리키는 것이었다.

이러한 모색은 학부제가 실시되어 제도적으로 학과가 소멸하면서, 그것이 지녔던 공동체성을 어떻게 유지할 것인가라는 문제의식과 결부되어 더욱 절실해졌다. 실제로 전술한 '공대현장' 그룹의 경우 학부제가 실시될 경우 학부라는 새로운 제도적 공간에서 찾기 어려운 소속감과 유대감을 담보하기 위해 1980년대 '언더서클'들의 기풍을 되살리려고 시도했다.

이렇게 학부제의 실시는 학과공동체 해체의 위기이기도 했지만, 동시에 과학회를 강화할 계기가 될 수 있다는 인식도 없지 않았다. 학생정치조직인 '학생연대'는 학부제가 실시될 경우 과학생회가 담당했던 부문까지 과학회가 감당케 하여 그것을 단위로 학생사회를 재편하자는 주장을 펴기도 했다.

과학회 강화를 통해 학부제에 대응하려는 실험이 자연대에서 시도되었다. 자연대에서는 학부제 실시에 즈음하여 관심 분야와 활동 내용에 따라 기존의 과학회들을 재편성해 환경방·성방·역사철학방·과학철학방·언론문화방·통일사랑방 등의 '방'으로 개편했고, 이를 통해 학부제 실시로 해체된 학과공동체를 대체하려고 했다. 그리고 여기서 한 걸음 더 나아가 '방'을 대학 행정의 단위로 인정해 줄 것을 학교 당국에 요청했다. 이는 해체된 학과를 대신할 수 있는 학생자치의 기본단위로 '방'을 발전시키고자 하는 구상이었다. 하지만 이러한 구상은 학교로부터 승인을 얻지 못하고 내부적으로도 문제가 없지 않아 성사되지 못했다. 결국 자연대의 '방' 실험은 실패로 돌아가고 반(班)학생회 체제로 귀결되고 말았다.

● 『페다고지』에 다시 주목하다

1990년대 후반에 들어서면서 '학회운동'과 관련해 '페다고지'라는 용어가 다시 주목을 받았다. 1996년 총학생회 학술국은 '페다고지96'이라는 제목으로 학회교사 교양대회를 개최했다. '페다고지'를 기치로 내건 행사는 다음 해에도 개최되었다. 페다고지가 1990년대 후반 '학회운동'의 키워드 가운데 하나가 된 것이다.

여기서 '페다고지'란 브라질의 민중교육자 파울로 프레이리(Paulo Freire)가 지은 『피억압자의 교육

학회교사를 위한 교양대회 페다고지

학』을 약칭한 것이다. 이 책은 이미 1970년대에 우리나라에 소개되어 야학운동만이 아니라 학생운동 전반에 큰 영향을 미쳤다. 노동야학의 현장에서 교사와 학생을 각각 '강학'과 '학강'이라고 부른 것도 가르침과 배움에 양자가 공동으로 참여하는 것과 상호성을 강조하는 그의 교육사상에서 유래한 것이었다.

이 책이 제기한 '은행저축식 교육'과 '문제 제기식 교육'의 대비는 당시 여러 과학회들에서 행한 의식화 교육의 이론적 바탕이 되었다. '의식화'라는 말 자체도 이 책에서 유래했다. 당시 학생운동 진영에서 '의식화'라는 말을 즐겨 사용하자 공안 당국에서도 운동권을 지칭하는 표현으로 '의식화된 대학생'이라는 용어를 사용할 정도였다. 당시 공안 당국은 '의식화'라는 말이 계급의식을 지향한다고 보았다. 그래서 당연히 부정적인 뉘앙스로 받아들였다.

그런데 1980년대 후반에 여러 진보적인 이론서가 쏟아져 나오는 가운

데 『페다고지』는 한동안 사람들의 뇌리에서 사라졌다. 그러다가 1990년대 중반을 지나면서 '학회운동'과 관련해 다시금 소환된 것이었다. 『페다고지』가 재소환된 이유는 무엇이었을까?

먼저 이론이라는 측면에서는 1990년대 초에 '현실사회주의'가 붕괴한 이후 여러 진보적 이론을 원점으로 되돌아가 철저히 재점검하는 움직임이 있었다. 『페다고지』도 이러한 재검토 과정에서 그 가치가 재발견되었다고 할 수 있다.

하지만 『페다고지』가 다시 주목을 받은 더 근본적인 이유는 '학회운동' 자체에서 찾아야 한다. 앞서 보았듯이 과학회의 활동과 관련해 1990년대 전반기에 학회연합 등 여러 거시적 방안이 시도되었지만, 대부분 실패로 돌아갔다. 그 결과 1990년대 후반에 들어서면서 과학회 내에서의 미시적 실천에 주목하기 시작했다.

이러한 미시적 실천 가운데 가장 핵심적인 요소가 바로 세미나였다. 따라서 과학회가 진행하는 세미나에 대한 자기 점검이 이루어졌고, 많은 문제점이 지적되었다. 우선 커리큘럼의 결정이나 과학회의 운영이 과연 민주적인가라는 문제가 제기되었다. 커리큘럼은 회원들의 뜻과는 상관없이 과거의 것을 답습하고 있으며, 선배들이 일방적으로 가르치는 방식으로 세미나가 운영된다는 지적이 있었다. 심지어는 낡은 '의식화' 방식을 극복해야 한다는 주장까지 제기됐다.

프레이리에 의하면 '의식화'란 단순히 지식을 주입하는 것이 아니라, 인간이 주체로서 현실에 대해 인식하고 또 행동함으로써 자신의 능력에 대한 자각에 이르는 매우 역동적인 과정이다. 『페다고지』에서 말하는 의식화는 은행저축식 교육이 아니라 교사와 학생이 공동으로 참여하는 문제 제기식 교육을 통해서만 달성할 수 있는 것이다.

그런데 이와 같은 '의식화'라는 용어가 1990년대에 들어서 '낡은'이라는 수식어가 덧붙어 원래의 의미와는 정반대로 일방적인 주입식 교육을 뜻하는 것으로 바뀌어버렸다. 낡은 '의식화'를 극복하자는 주장에서 볼 수 있듯이, 이제 '의식화'라는 용어 사용 자체가 기피되고 있던 실정이었다. 당시 『페다고지』에 다시 주목한 것은 '의식화'의 원래 정신을 과학회에서 구현하자는 취지였다.

『페다고지』재발견의 연장선에서 과학회의 세미나와 관련해 교육의 방법론에 대한 검토와 성찰이 이루어졌다. 당시 과학회 운영을 위한 교육학적 방법론을 일컬어 '학회교육학'이라고 불렀다. 학회교육학의 시선은 커리큘럼의 개발, 세미나에서 토론을 효율적으로 진행하는 방식, 뒤풀이를 비롯한 과학회에서의 생활문화에 이르기까지 과학회 운영 전반에 두루 미쳤다. 이 과정에서 과학회 운영의 핵심적 역할을 담당하는 학회 교사의 중요성이 강조되었다. 앞서 살펴본 여러 학회 지원 기구가 학회교사 교육을 위한 프로그램을 개발한 것도 이들의 역량을 강화하기 위해서였다.

• 자치교육과 과학회

1990년대 중반에 학생운동과 관련한 유행어 가운데 하나가 '자치'였다. 1996년에 열린 학회교사 교양대회에서 '자치교육의 장'으로서의 과학회 활성화 방안이 논의됐고, 또 다음 해에 법대의 학회정책연구소에서 발행한 자료집 제목이 『Autonomia』였던 점이 말해주듯이 '학회운동'과 관련해 '자치'라는 용어가 많이 쓰였다.

법대 학회정책연구소
자료집 『Autonomia』

그런데 이때 사용된 '자치'라는 말은 일반론적인 용어로 쓰인 것이 아니었다. 그것은 기성 질서를 부인하고 어떤 대안적인 것을 추구한다는, 대학을 다시 급진화하기 위한 구호이자 기치였다. 이 용어는 주로 대학 교육과 관련해 사용되었으며, 제도 교육을 부정하고 대안 교육을 추구하는 것을 일컬어 자치교육이라 불렀다. 일종의 문화혁명을 꾀하는 것이었다.

이 시기에 '자치'가 유행한 것은 68혁명에서 비롯된 유럽의 신좌파 이론의 수용과 관련이 있다. 68혁명 당시 대학개혁 문제가 주요한 쟁점으로 떠오른 바 있다. 프랑스 파리의 낭테르대학의 학생 반란이 촉발했듯이 대학 자체에 대한 급진적인 문제 제기가 이루어졌고, 대안 대학의 건설이라는 실험이 이루어졌다. 이와 같은 신좌파의 문제의식이 20여 년의 시차를 두고 한국에서 제기된 것이다. 1990년대 중반 이후에 본격화된 신자유주의적인 고등교육 개편도 학생들로 하여금 '자치'라는 이름 아래 대안적인 교육을 모색하도록 원인을 제공했다. 그러니까 학생운동이 이른바 신자유주의적 고등교육 개혁에 맞서기 위한 이론적 도구로 신좌파의 이론을 채택한 것이다.

그 결과 교육자치운동의 일환으로 이른바 제2대학이라고 하는 방안이 검토되었다. 제2대학이란 기존의 대학을 앙시앵레짐으로 간주해 전면적으로 부정하고 학생 스스로 대안적인 대학을 건설하자는 것이다. 제2대학 담론은 서울대에서도 유행했지만 이를 직접 실행에 옮긴 곳은 연세대였다.

연세대의 제32대 총학생회는 총학 사업으로 제2대학을 추진했다. 학생회 산하에 제2대학국을 신설해 문학·역사·철학 등의 주제에 관한 진보적인 강좌를 개설했다. 초기에는 인기가 높았지만 시간이 지날수록 참여가 저조해져 결국 지속적인 프로그램으로 자리 잡는 데 실패했다.

서울대에서는 제2대학 대신에 자치도서관이 세워졌다. 자치도서관은 총학생회 사업의 일환으로 1996년 개관했다. 이것은 단순한 생활도서관이 아니라 여러 과학회나 학생정치조직들에서 생산한 각종 자료를 수집·정리하고 이를 필요로 하는 단위에 공급하는 기능을 아울러 수행했다. 자치도서관은 이 밖에

자치도서관 건설을 위한 워크숍

도 과학회의 활동을 뒷받침하기 위한 다양한 사업을 추진했다.

자치교육 문제는 '학회운동'과 관련해 특히 활발히 논의되고 실천되었지만, 그것에 그치지 않고 학회운동의 울타리를 넘어 학생운동 일반에까지 영향을 미쳤다. 서울대 학생운동은 1990년대 들어 정치적 이슈에서 학내 이슈

로 방향 전환을 시도했다. 이후 학칙, 등록금, 학부제, 법인화 문제 등 학내 문제가 주요한 이슈가 되었다. 이와 같은 전환에는 일반 학생들의 호응을 얻어내기 위한 전술적인 고려가 얼마간 작용했을 것이다. 하지만 더 근본적인 원인은 학생운동의 흐름이 대학 교육과 관련해 대안적 질서를 추구하고 있었기 때문이다. 그리고 이를 통해 학내의 미시적 민주주의 문제가 학생들의 시야에 들어오기 시작했다.

1990년대 학회운동을 상징하는 매체인 ≪학회평론≫은 2000년 9월에 제17호를 종간호로 남기고 역사의 뒤안길로 사라졌다. 이는 학회운동 시대가 막을 내렸음을 의미하는 것이다. 이렇듯 학회운동은 결국 종언을 고했지만, 그 과정에서 이루어졌던 여러 이론적 모색이나 실천의 경험들은 소중한 정신적 자산으로 남았다.

6. 21세기 학생 학술활동의 변화

● 학생 학술활동의 다양화

21세기에 들어서도 과학회라는 제도 자체는 얼마간 유지되었다. 사회대의 경우 2002년 무렵까지도 과마다 서너 개의 학회가 있었고 신입생들은 의무적으로 가입해야 했다. 법대에서도 2005년까지 신입생을 일괄적으로 여러 학회에 배정했다. 농대는 2007년 무렵에도 상록자치도서관을 통해 '과학기술학회'나 '정치학회' 등 과학회들이 활동을 하고 있었다. 과학회 체제는 적어도 2000년대 전반기까지는 유지되었다고 볼 수 있다.

하지만 과학회의 실상을 들여다보면 시대적 변화를 절감하지 않을 수 없다. 학습 내용의 정치적 긴장감이 이완된 지 오래이며 세미나는 형식적으로 진행되었다. 그런데도 과학회가 없어지지 않은 것은 학생들 사이에 교유 관계를 유지하기 위해서였다. 원래 과학회가 표방한 것이 '진보적 학습을 매개로 한 생활공동체'였는데, '진보적 학습'은 사라지고 '생활공동체'만 남은 셈이다. 이렇게 과학회들의 운영이 느슨해지고 인원이 감소하면서 학회들의 통폐합이 잦아졌다. 기술기계항공공학부의 과학회인 '우리심지'는 2000년에 기존 학회인 '우리'와 '심지'가 통폐합해 만든 것이다.

과학회는 전통적으로 세미나에서 주로 역사·철학·경제 등의 분야를 다루어왔다. 그런데 21세기에 들어서면 이러한 전통적인 분야를 넘어서 여러 주제를 다루는 다양한 과학회가 출현했다. 여성주의를 주로 다루는 서양사학과의 '바램'이나 생태주의에 관심을 기울인 법대의 '현실과 철학' 등이 그러한 예다.

전공 공부와 연관된 학회도 만들어졌다. 정치학을 공부하는 '더폴'과 사범대 물리교육과 학술학회인 '북극성', 교육학과의 교육연구학술동아리인 '들꽃'을 비롯해 기계항공공학부의 자동차 설계를 공부하는 동아리 '저절로', 농업생명과학대학의 조경을 공부하는 동아리 'LAUC' 등이 있다.

학과나 반 단위에서 전통적인 과학회 대신에 소모임이 등장하기도 했다. 이러한 학과 단위의 소모임들은 학과 학생회 산하의 공식 기구였던 과학회들과는 달리 특정 주제에 관심이 있는 학생들이 모여 자발적으로 조직했다. 이 소모임들은 이미 1990년대부터 만들어지기 시작했다. 당시에는 소모임의 자발성에 주목해 이것들을 과학회의 범주 안에 포함시키기도 했다. 하지만 그것들은 조직 방식이 과학회와는 전혀 달랐다.

소모임의 관심 주제는 다양했다. 인권·여성주의·문화 등이 주로 다루어졌으며, 취미생활을 공유하는 소모임도 있었다. 1997년 ≪대학신문≫의 조사에 따르면, 학과나 반에는 2개 정도의 소모임이 활동하고 있었다. 대표적인 것으로는 여성주의 소모임을 들 수 있는데, 사회대의 경우 2002년 시점에 각 학과나 반에 여성주의 소모임이 하나씩은 있었다.

소모임은 조직과 활동은 자유로웠지만 그런 만큼 구성원을 안정적으로 충원하기 힘들었기에 대부분 그 수명이 짧았다. 역사교육과에서는 소모임이 활성화되어 1999년 무렵 전통적인 사회과학학회인 '애플'과 함께 영화 감상 소모임인 '오닉스'와 고적답사 소모임인 '애궐복궐' 등이 있었다. 하지만 이런 소모임들은 주도하던 학생들이 졸업하면 해산되는 것이 보통이었다.

소모임은 조직적인 취약성과 짧은 생명력을 극복하기 위해 비슷한 성격의 소모임끼리 연대하는 경우도 있었다. 영화 관련 소모임들은 중앙동아리인 '씨네꼼'·'얄라셩' 등과 연대해 '관악영화연대모임'을 만들었다. 사회대의 여성주의 소모임들은 힘을 합쳐 '사연'을 만들었고, 이는 '관악여성모임연대'로 확대되었다.

과학회 이외에 본부 소속 학술 동아리들도 21세기 들어 큰 어려움을 겪어야만 했다. 1998년에 '한벗철학연구회'의 한 회원은 "얼마 전까지 프랑스 철학 같은 새로운 주제를 쉽게 찾을 수 있었지만 이제는 대안으로 모색할 수 있는 주제를 찾기 어려워졌다"라고 토로했다.

이러한 사정 때문에 학술분과 동아리 수가 21세기 들어 줄어들었다. 1995년 시점에 제1학술분과 5개와 제2학술분과 5개를 합쳐 모두 10개의 학술 동아리가 등록되어 있었는데, 2004년이 되면 1분과와 2분과를 합쳐 8개의 동아리만이 남았고, 2005년의 시점에는 '고전연구회'·'프로메테우스'·'통합과학연구회' 등 6개의 동아리만이 살아남아 활동하고 있었다. 2007년이 되면 이때까지 살아남았던 마르크스주의 경제학 동아리 '프로메테우스'마저 인원 부족으로 활동을 중단했다. 이렇게 학술 동아리가 줄어든 반면에, 취미 및 교양 동아리나 창업을 준비하는 동아리는 증가했다.

'프로메테우스'가 활동을 중단했지만 진보적 학술 동아리의 전통이 완전히 끊어진 것은 아니었다. 2010년 무렵 '맑음'이라는 동아리가 새로 조직되었다. 이 동아리는 공식적으로 레닌주의나 트로츠키주의를 표방하지는 않지만 마르크스사상에 관심 있는 학생들이 주로 참가했다. 회원은 대부분 공대, 농생대, 사범대, 사회대에 분포했다. '맑음'은 학습뿐만 아니라 학내외 현안에 대해 재빠르게 입장을 표명하고 행동에 참여하는 실천적인 동아리였다.

● 자율적 학술활동의 제도화

21세기에 들어서 과학회나 학술동아리 등을 통한 학생들의 자율적 학술활동이 침체하는 반면, 학교 당국은 이를 제도적으로 뒷받침하기 위한 여러 조치를 취하기 시작했다.

서울대학교는 21세기 들어 연구중심대학으로의 발전 전략을 본격적으로 추진했다. 연구중심대학 발전전략의 개요는 서울대를 대학원 중심 대학으로 발전시키고 학부에서는 교양교육을 강화한다는 것이었다. 이에 따라 교양교육의 강화를 위한 조치들이 취해졌는데 그 가운데 하나가 학생들의 자율적 학술활동을 제도적으로 뒷받침하는 것이었다.

서울대는 2003년에 발표한 '서울대학교장기발전계획(2002~2011)'에서 전통적 방식의 교과목 이외에 1학년 학사 지도의 내실화 필요성을 제기했다. 이로부터 4년 뒤인 2007년에 발표한 '2007~2025 서울대학교 장기발전계획'에서는 이것을 위한 구체적인 방안으로 신입생세미나, 자기 계발을 위한 학생 포트폴리오 제도 도입, 기숙사 생활을 통한 하우스세미나 등을 제시했다.

서울대학교장기발전계획
2002~2011년

서울대는 장기발전계획에서 제시한 방안들을 2000년대 후반부터 실행에 옮겼다. 서울대는 2004년에 정부의 수도권 대학 특성화 사업의 일환으로 지원을 받아 각종 교육프로그램을 개발했는데 여기에 신입생세미나, 옴니버스 강좌, 사회봉사과목 프로그램, 학생자율교육 프로그램 등이 포함되었다. 이 가운데 신입생세미나와 학생자율교육 프로그램은 당시까지 과학회나 학술동아리에서 이루어지던 자율적 학술활동과 관련된 내용이어서 주목된다.

먼저 신입생세미나는 교수학습개발센터에서 '스몰 그룹 세미나(Small Group Seminar)'라는 개념으로 개발해 2005년부터 개설되었다. 교수 1명당 15명 내외 학생을 배정해 이론 강의와 함께 토론, 현장학습, 초청 강연 등 다양한 방식으로 운영했다. 기존 강의와는 달리 자유로운 분위기 속에서 학생들이 적극적으로 참여하는 방식으로 진행되어 인기가 높았다. 2005학년도 1학기에 60개 강좌가 개설된 이래로 비슷한 규모의 강좌가 계속 개설되고 있다.

학생자율교육프로그램(SDE: Student Directed Education)은 학생들이 탐구하고 싶은 통합적이고 시사적인 주제를 정해 학생이 주도적으로 강좌를 계획하고 이끌어나가는 프로그램이다. 이 가운데 하나인 학생자율세미나는 3명의 학부생이 탐구하고 싶은 주제와 영역을 설정해 제안하면 여기에 관심을 가진 여러 학생이 등록해 지도교수의 지도 아래 자기 주도적인 방식으로 협력 학습을 하는 그룹 스터디 형식의 교과목이다. 2007년 동계 계절학기부터 개설되기 시작한 이래로 계속되고 있다.

2010년대에 들어서면서 거주대학이라는 형태로 학생들의 자율적인 학술활동을 제도적으로 뒷받침하려는 시도도 이루어졌다. 거주대학(Residential College)이란 학생이 교수와 기숙사에서 함께 지내면서 정규 교과목은 물론이고 문화·예술·체육·봉사 등 다양한 활동을 통해 전인교육을 받도록 하는 제도를 말한다. 거주대학 구상은 모든 신입생은 1년간 기숙사에서 생활하게 하여 대학생활 전반을 지도할 것을 제안한 '서울대학교장기발전계획(2002~2011)'에서 시작되었다. 이후 여러 장기발전계획을 거치면서 이 구상은 구체화되었다.

서울대는 시흥캠퍼스 건설을 추진하면서 거주대학 구상을 실행하려 했다. 거주대학은 자율적 교육활동을 인프라와 제도라는 측면에서 뒷받침할 수 있다는 점에서 긍정적인 요소가 없지 않았다. 하지만 학생들은 만약 시흥캠퍼스가 희망자가 아닌 신입생 전원을 대상으로 한 의무적인 거주대학으로 운영될 경우 신입생들과 재학생들의 교류가 감소할 것이며, 이것은 결국 학생사회를 약화시킬 것이라고 우려했다. 그 결과 학교 당국과 학생들 사이에 심각한 갈등이 빚어졌다.

시흥캠퍼스를 둘러싼 갈등에서도 볼 수 있듯이 학교 측에서 추진하고 있는 학생 학술활동의 제도화는 자칫 전통적인 자율적 학술활동을 대체하여 학생운동을 약화하려는 것이 아니냐는 오해를 불러일으킬 수도 있다. 이런 점에서 학생들과 진정한 소통이 절실하다. 아무리 취지가 좋다고 하더라도 학생들의 자율적이고 적극적인 참여가 뒤따르지 않는다면 결코 소기의 성과를 거둘 수 없는 법이다.

제3장

학생자치

학생들은 학생회를 통해 자신들의 집단적 권익을 실현하고 정치·사회적 의견을 표출한다. 이러한 점에서 학생회는 조합으로서의 성격과 정치적 대표로서의 성격을 동시에 지닌다. 서울대의 학생회는 한국 현대사의 소용돌이 속에서 파란만장한 격동을 겪어야만 했다. 독재권력에 의해 학생회가 아예 해체되어 버린 시기도 있었다. 거꾸로 학생회가 단순한 학생자치기구의 위상을 뛰어넘어 학생운동의 사령부 역할을 담당한 시기도 있었다. 21세기에 들어서는 학생회의 정체성을 둘러싸고 학생들 사이에 이견과 갈등이 빚어지기도 했다. 학생회가 정치와 복지 가운데 어느 하나만을 일방적으로 선택할 수는 없었으며 시간이 가면서 균형점을 찾아갔다.

1. 초창기 학생자치의 수난

● 개교 전후의 학생회

1945년 8월 15일 해방을 맞이하면서 여러 공공기관과 기업에는 자치 조직들이 결성되었다. 공장에서는 노동자들이 자주관리위원회를 조직했으며, 각급학교에서도 직원회와 학생자치회 등 다양한 자치 조직들이 만들어졌다. 경성대학을 비롯한 서울대의 여러 전신학교에도 이러한 자치 조직들이 만들어졌다.

당시 신문 기사에는 경성대학의 법문학부와 의학부, 이공학부의 학생회가 등장하며 여러 관립전문학교의 학생회도 보인다. 신문 기사의 내용만 가지고는 이 학생회들이 어떠한 조직 체계를 갖추었는지 자세히 알 수는 없다. 당시 학생회들이 정치적 색채를 분명히 내세우지는 않았던 것으로 보이지만 학생 사회의 분위기는 대체로 좌파 학생들이 주도했다. 1945년 12월 신탁통치 반대운동이 불붙으면서 학생사회 내부의 이념적 대립이 가시화되기 시작했다.

우파 학생들은 반탁전국학생연맹(이하 '반탁학련')으로 결집했으며 좌파 학생들은 재경학생행동통일촉성회(이하 '학통')를 중심으로 뭉쳤다. '반탁학련'이나 '학통'은 모두 학교 간 연합조직으로 중앙 조직을 먼저 만든 후 각 학교마다 조직을 확대해 나갔다. 경성대학의 우파 학생들은 반탁학련 지도부의 노선에 불만을 품고 반탁학련과는 별로로 경성대학동지회를 결성했다. 하지만 두 단체는 1946년 7월 31일 다시 통합해 전국학생총연맹(이하 '전국학련')을 결성했다.

경성대학을 비롯한 여러 전신학교의 학생회들은 1946년 여름부터 이른바 국대안 파동의 소용돌이에 휘말렸다. 여러 전신학교의 학생회 대부분이 국립서울대학교로의 통합에 부정적이어서, 등록 거부와 맹휴 등의 방식으로 반대의사를 표출했다. 이러한 반대에도 불구하고 서울대는 개교했다. 서울대가 개교한 후 각 단과대학 학생회들이 국대안 반대운동을 이어나갔다.

이렇게 서울대에서 국대안 반대운동이 불붙기 시작하자 좌파 학생들의 연합조직이던 '학통'은 이를 정치적 쟁점으로 삼아 군정청을 공격하는 정치투쟁을 벌이기 시작했다. 이에 서울대 내의 우파 학생들은 '국립서울대학교건설학생회'(이하 '건학회')를 조직해 맞섰다. '건학회'도 국대안 그 자체를 지지하는 것은 아니었다. 하지만 학통이 주도하는 동맹휴학에는 극력 반대했다.

국대안 파동이 가라앉고 나자 서울대 학생사회는 크게 바뀌었다. 국대안 파동의 와중에서 학통은 불법화되었다. 서울대 내의 좌파 학생 상당수가 자퇴 등의 형식으로 학교를 떠나야만 했다. 이후 각 단과대학의 학생회는 우파 학생들이 주도했다. 1948년 6월 30일 문리대 학생회가 간행한 『문리과대학

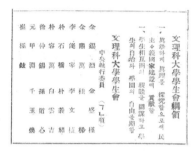

문리대 학생회 강령

명부』를 살펴보면 강령에 '민주주의 국가 건설에 공헌한다'고 밝히고 있으며, 박용만·백운길·손도심 등 건학회 회원들이 대거 중앙집행위원으로 참여하고 있다. 이로써 '건학회'를 중심으로 결집한 우파 학생들이 문리대 학생회를 장악한 것을 확인할 수 있다.

● 학도호국단의 등장

서울대의 학생자치는 이렇게 국대안 파동 속에서 한바탕 홍역을 치러야만 했지만 더 큰 시련이 기다리고 있었다. 1948년 8월 15일 정부가 수립되자 관제 동원 기구인 학도호국단(이하 '호국단')을 만들면서 서울대를 비롯한 각급학교의 학생회를 모두 없애버린 것이다.

호국단은 초대 문교부 장관 안호상의 작품이다. 문교부는 1948년 겨울부터 호국단 조직 작업에 착수했다. 호국단 결성을 위한 사전작업으로 1949년 1월

각급학교의 학생회나 동지회 및 동창회 등 각종 자치 조직을 모두 해산시켰다. 1949년 2월 시/군 단위 호국단부터 결성되기 시작했다. 4월 들어 서울대를 비롯한 각 대학에 호국단이 결성되었으며, 4월 22일 중앙호국단이 결성되는 것으로 호국단 결성은 마무리되었다.

호국단 결성에 대해 반발이 전혀 없지는 않았다. 우파 계열 학생 단체인 '전국학련'은 1949년 5월 26일 "학생자치 조직들을 해산하는 것은 학생활동의 자유를 억압하는 것"이라 비판하면서 '학도호국단조직요강'의 수정을 요구하는 청원서를 문교부에 제출했다. 하지만 당시 정부는 대통령령으로 "학도호국단 이외의 학생단체는 존재할 수 없고 학생들은 학도호국단을 통해서 활동해야만 한다"라는 내용의 '대한민국학도호국단규정'을 공포했다. 정부가 이렇게 완강한 태도를 보이자 '전국학련'은 그해 11월 스스로 해산을 결의할 수밖에 없었다. 하지만 '전국학련'의 간부 대부분은 중앙호국단의 학생 간부로 포섭되었다.

호국단은 중앙호국단-시/도호국단-학교호국단의 3단계 조직 체계를 갖추었다. 중앙호국단은 대통령이 총재를 맡았으며, 단장과 부단장은 문교부 장관과 차관이 맡았다. 시/도호국단의 단장은 시장과 도지사, 교육감이 맡았으며, 학교호국단의 단장은 교장·학장·총장이 맡았다. 이러한 조직 체계로 미루어볼 때 호국단은 학생자치 조직이 아니라 전형적인 관제 동원 조직이었다고 할 수 있다.

서울대의 경우 먼저 각 단과대학별로 호국단이 만들어졌으며, 그 연합체로 '서울대 학도호국단'이 결성되었다. 각 단과대학 호국단의 단장은 학장이 맡았다. 학생운영위원장과 위원은 단장이 임명했다. 학생운영위원회 산하에 훈련부·체육부·UN학생부·후생부·학예부·공작부 등의 집행 부서를 두었다. 학생들은 대대-중대-소대의 편제를 갖춘 호국대로 편성되었다.

호국단의 집행 부서에 여학생과 관련된 업무를 담당한 부서는 없었다. 그것은 호국단이 기본적으로 군사적 동원 조직이었기 때문이다. 사범대를 비롯해 여학생이 많은 몇몇 단과대학에는 여학생회가 있었지만, 임의단체일 뿐

학도호국단 간부수련회
1949년 11월

공식적인 학생자치 조직으로 인정받지 못했다.

호국단의 여러 집행 부서 중에 규율부의 활동이 가장 활발했다. 초창기에는 더욱 그러해서, 그 명칭도 규율부가 아니라 감찰부였다. 학생들을 감시하고 통제하는 것이 감찰부의 역할이었다. 원래 좌파 학생을 색출해 학생사회에서 추방하는 것이 이 부서의 임무였다.

호국단이 오로지 이념적인 활동만 한 것은 아니다. 문예부는 학보 발간과 웅변대회 개최 등을 주도했으며, UN학생회는 국제 교류 활동을 벌였다. 호국단은 이 밖에 신입생 환영회, 졸업생 환송회, 체육대회, 예술제 등의 연례행사도 주관했다. 그것은 모든 학생활동은 호국단을 통해서 해야 한다는 '호국단 규정' 때문이었다.

● 호국단에 학생자치 기능이 일부 도입되다

호국단에 대한 학생들의 문제 제기는 일찍부터 시작되었다. 호국단이 민주주의에 역행하여 군국주의 사상을 고취하며 파시즘적 경향을 띤다는 비판이었다. 심지어 정부 내에서도 이러한 문제의식이 있었다. 문교부는 1951년 4월 '학교학도호국단운영요강'을 발표했는데, 그 요지는 호국단이 정치단체나 군사단체가 되어서는 안 되며 학칙과 학교 교육에 근거해 활동해야 한다는 것이었다.

한국전쟁의 발발과 함께 국방부가 호국단 대신 학도호국의용대라는 것을 별도로 조직해 운영했기 때문에 문교부와 마찰을 빚고 있었다. 문교부가 이 운영요강을 발표한 데에는 국방부와의 이러한 마찰도 상당히 영향을 미쳤다고 볼 수 있다.

하지만 1950년 5월 안호상의 후임으로 문교부 장관에 임명된 백낙준의 생각도 운영요강에 어느 정도 담겨 있었다. 백낙준은 평안북도 정주 출신으로 미국에 유학해 프린스턴대학교와 예일대학교에서 공부한 인물이다. 독일 유학파였던 안호상과는 성향이 다를 수밖에 없었다. 그는 전임 장관인 안호상의 국수주의 교육을 불식하고 미국식 민주주의 교육을 구현하기 위해 노력하고 있었다. 당시 ≪대학신문≫의 보도에 따르면 이 운영요강에 대해 미국 교육자들이 찬사를 보냈다고 한다. 즉 백낙준은 미국의 지지를 배경으로 호국단의 군국주의적 색채를 탈색시키려 한 것으로 보인다.

이 운영요강에 따라 1951년 8월 '대한민국학도호국단규정개정안'이 공포되었다. 이로써 호국단이 정부 주도의 준군사 조직에서 개별 학교 중심의 자치 조직으로 개편되기 시작했다. 여태까지 단장이 임명하던 학생운영위원장을 학생들이 직접 선출할 수 있게 했으며 대의원회도 설치하도록 했다.

단과대학 호국단 운영위원장 선거는 1952년 12월 법대부터 시작되었다. 이듬해에는 사범대에서 선거가 실시되었으며 다른 단과대학들도 뒤를 이었다. 법대·수의대·사범대는 직선을 통해 운영위원장을 선출했으며, 나머지 단과대학은 대의원회를 먼저 구성한 후 거기서 운영위원장을 선출했다. 대의원회는 각 학과에서 선출한 대의원으로 구성되어 운영위원회 간부를 선출하거나 추인했고, 예산과 결산을 심의했다. 호국단의 경비는 등록금과 함께 거둔 호국단비로 충당했다.

단과대학 운영위원장들이 모여 단과대학 호국단의 연합체인 '서울대 학도 호국단' 운영위원회를 구성했다. 서울대 학도호국단 운영위원장은 단과대학 운영위원장들이 윤번제로 맡았다. 1955년에는 각 단과대학에서 500명당 1명 씩 선출한 38명의 대의원으로 이루어진 '서울대 학도호국단' 대의원회도 구성 되었다. 대의원 중에서 의장 1명과 부의장 2명을 선출했으며, 임기는 6개월이 었다. 호국단 활동은 대부분 단과대학별로 이루어졌으므로 서울대 전체 호국 단의 운영위원장과 대의원회의 역할은 별로 없었다.

이후 해마다 봄이나 가을이 되면 단과대학 호국단 운영위원장을 뽑는 선 거가 실시되었는데 생각보다 그 열기가 높았다. 농대·문리대·미대·상대·약 대·치대의 경우 5월에 선거를 실시했으며 공대·법대·사범대·수의대는 10월 에 선거를 실시했다. 선거 열기가 뜨거워서 투표를 둘러싸고 금품 수수와 폭 력행사 등 불상사가 일어나기도 했다.

호국단에 자치 기능이 도입되면서 새롭게 나타난 현상이 하나 있다. 그것 은 호국단의 집행 부서로 여학생부가 창설되었다는 점이다. 1958년 호국단 산하에 여학생부가 창설되어 신입생 환영 모임, 여학생 구기 대회 등을 개최 했다.

● 여전히 남은 관제 동원 기구로서의 성격

호국단이 1952년 이후 학생자치 조직으로서의 기능을 일부 수행하기 시작 했지만 관제 동원 기구로서의 성격이 아주 없어진 것은 아니었다. 전국의 호 국단을 통제하는 중앙호국단이 여전히 남아 있었고, 그 단장은 여전히 문교 부 장관이 맡고 있었다. 따라서 호국단은 기본적으로 여전히 정부 산하의 하 부 동원 조직이었던 것이다.

정부는 1950년대 내내 호국단을 이용해 학생들을 정치적으로 동원했다. 가장 먼저 열린 행사로는 1953년 2월 부산에서 열린 '학생 출정 계몽 선전 운

1950년대 주요 학생 동원 행사

1. 학생출정 계몽선전운동 및 전시학도궐기대회(1953.2)

2. 북진통일 학도총궐기대회(부산, 1953.4.22)

3. 휴전회담 반대데모(1953.6.12)

4. 미군 철수반대 국민총궐기대회(1954.9.26)

5. 영·캐나다타협안 반대 국민총궐기대회(1954.11.8)

6. 대한민국 주권옹호 학도총궐기대회(1954.11.18)

7. 적성휴전감시위원 축출국민대회(1954.8.6)

8. 이박사 대통령재출마 요청데모(1956.3.10)

9. 대한학도 반공궐기대회(1956.10.20)

10. 신의주학생의거사건 기념대회(1956.11.23)

11. 감군 반대 데모(1957.9.24)

12. 인도네시아 반공혁명군 지원궐기대회(1958.5.24)

13. 재일교포 북송반대 데모(1959.2.13)

14. 아시아 반공민족대표 환영 및 반공총궐기대회(1959.6)

『서울대학교 60년사』

동 및 전시 학도 궐기 대회'를 들 수 있으며 가장 마지막으로 열린 행사는 1959년 6월에 열린 '아시아 반공 민족 대표 환영 및 반공 총궐기대회'였다. 1955년 '적성 휴전 감시위원 축출 국민대회' 때는 학생들을 4개월 동안 동원했으며, 1959년 2월부터 시작된 '재일교포 북송 반대 데모'는 6개월 동안이나 지속되었다.

이렇게 시도 때도 없이 학생들을 행사에 불러대는 바람에 학생 사이에서 공부할 틈이 없다는 볼멘소리가 나올 정도였다. 1953년 11월 9일 자 ≪대학신문≫에 실린 호국단 문제에 대한 좌담에서 한 참석자는 "호국단의 공적이 있다면 행정부가 기획하고 있는 행사에 학생들을 일률적으로 순응 복종케 한 것뿐인 비민주적 조직"이라고 비판하면서 호국단 해체를 강력히 주장했다.

이러한 분위기 때문에 호국단 내부에서까지 해체론이 나올 정도였다. 1950년대 중반 이후 호국단 운영위원장 선거 때만 되면 여러 후보가 '학도호국단 해체'라는 공약을 들고 나오는 진풍경이 벌어지곤 했다. 1960년 2월 호국단 간부 가운데 몇몇 사람이 선거를 통한 정권교체를 위해 공명선거추진학생위원회라는 단체를 결성하기도 했다. 4·19혁명 당시 호국단 간부들이 시위를 이끈 대학도 더러 있었는데, 호국단이 학생을 대표하는 기능을 일부 수행하고 있었기 때문이었다.

2. 4·19혁명으로 활짝 열린 학생회 시대

● 학도호국단의 해체와 학생회의 건설

4·19혁명으로 말미암아 서울대를 비롯한 대학가에서는 곧바로 학내 민주화를 위한 운동이 벌어졌다. 이 과정에서 가장 먼저 타깃이 된 것이 바로 호국단이다. 학생들은 곧바로 호국단을 해체하고 학생회 건설에 착수했다.

1960년 4월 30일 공대와 상대 학생들이 학생총회를 열고 호국단 해체를 결의했으며, 같은 날 문리대와 법대 교수회에서도 호국단 해체 문제가 논의되었다. 허정 과도 내각은 이러한 여론을 무시할 수 없어 5월 3일 열린 국무회의에서 호국단 해체를 결정했다. 그 결과 중앙호국단이 먼저 해체되자 서울대 당국도 호국단을 해체하고 새로운 학생자치기구를 구성하기 위한 준비에 착수했다. 이에 따라 5월 5일 학장회의에서 '학생자치기구 조직에 관한 결의'가 채택되어 총장 명의로 각 단과대학에 시달되었다.

이렇게 호국단이 해체되자 서울대의 각 단과대학 학생들은 학생회를 건설하는 작업에 착수했다. 먼저 학생회칙을 제정하고 학생회장을 선출했다. 법대 학생들이 5월 16일 선거에 돌입한 것을 시작으로 각 단과대학 학생들이 속속 이에 나섰다. 문리대는 각 학과에서 학생 30명당 1명의 비율로 대의원을 뽑아 대의원회에서 학생회장을 선출했다.

서울대학교 학생회 헌장

제1장 총칙

제1조 본회는 서울대학교 학생회라고 칭한다.

제2조 본 학생회 헌장은 본대학교 학생의 자유롭고 민주적인 자치활동에 필요한 제반 사항을 규정하고 이를 운영함을 목적으로 한다.

제2장 학생회

제1절 구성

제3조 학생회는 12개 단과대학의 학생회장과 본 대학교 여학생회에서 선출된 대표로서 구성된 합의체이다.

제4조 각 단과대학 학생회장의 임기는 9월 1일부터 익년 8월 31일까지로 한다.

제2절 임원

제5조 학생회에 정부의장 각각 1인을 둔다

제6조 의장의 대외적으로 학생회를 대표하며 대내적으로는 별도의 규정이 없는 한 학생회 회무를 통할한다.

제7조 부의장은 의장을 보좌하며 학생의장 유고시에는 그의 직능을 대행한다.

제8조 정부의장 임기는 1개월 교대제로 하고 그 선출 방법은 따로 정한다.

......

한편 서울대생 전체를 대표하는 자치 기구를 구성하기 위한 작업도 시작되었다. 12개 단과대학의 학생 대표들이 5월 23일 모임을 갖고 '학생회헌장'을 제정해, 이에 따라 총학생회를 출범시켰다. 서울대 총학생회는 12개 단과대학 학생회장과 여학생회에서 선출한 대표로 구성되었다. 총학생회는 정·부의장 각 1명씩을 두었는데 임기는 1개월이며 단과대학 학생회장들이 윤번제로 맡았다. 당시 의장을 총학생회장이라고 불렀다.

한편 '학생회헌장'의 규정에 따라 서울대 여학생회가 각 단과대학 여학생회장들에 의해 6월 3일 구성되었다. 이때 사정이 있어 참석하지 못한 상대, 공대·수의대·의대 등 4개 단과대학을 제외한 8개 단과대학 여학생 대표들이 참석했다. 법대 행정학과 4학년 임옥기가 초대 서울대 여학생회장으로 선출되었다.

학생회의 기본 구조는 호국단의 그것과 별반 다르지 않았다. 단과대학 학생회장들이 모여 총학생회를 구성하고, 윤번제로 그 의장을 맡는 등 호국단의 형식적인 틀을 대부분 그대로 이어받았다. 하지만 내용을 들여다보면 양자 사이에는 근본적인 차이가 있었다. 그 핵심은 자율성이다. 호국단에 학생 자치 기능이 일부 허용되었지만, 기본적으로는 통제와 동원을 위한 관제 기구였음에 비해 4·19혁명 이후 만들어진 학생회는 자율성이 완전히 보장된 온전한 의미의 학생자치 조직이었던 것이다.

4·19혁명 이후 만들어진 학생회는 다양한 활동을 전개했다. 학생회는 등록금의 일부로서 의무적으로 납부해야 했던 기성회비를 국가가 부담하도록 요구해 이를 관철시키는 등 학생들의 집단적인 권익을 지키기 위한 활동도 펼쳤다. 학생회는 여기에 그치지 않고 4·19혁명의 정신을 사회에 확산시키기 위해 국민계몽운동과 새생활운동을 벌이는 등 대외적인 활동도 정력적으로 전개했다.

당시 진보적인 정치의식을 가진 일부 학생들은 서울대민족통일연맹(이하 '민통련')을 결성해 학교 밖에서 좀 더 정치적 색채가 강한 통일운동을 전개하고 있었다. 신진회가 여기에 앞장섰다. 그러자 학생회는 '서울대'라는 명칭을 사용하는 학생활동은 학생회로 일원화해야 한다고 주장하고 나섰다. 즉 학생회만이 서울대생을 대표할 수 있으므로 민통련도 '서울대'라는 이름을 내걸고 활동하려면 학생회에 가입해 학생회의 통제를 받아야 한다는 뜻이었다.

이에 따라 민통련이 학생회 가입을 신청했지만 학생회는 민통련이 노골적으로 정치활동을 한다는 이유로 승인을 보류했다. 이로써 당시 학생회가 정치적 색채가 짙은 학생운동에 대해서는 신중한 태도를 취하고 있었음을 알 수 있다.

● 학생회의 조직 체계

서울대는 종합대학을 표방하고 출범했지만 개교 이후 상당 기간 그 내실을 다지지 못하고 연립대학 수준에 머물고 있었다. 학생자치활동도 주로 단과대학 학생회를 중심으로 이루어졌다. 따라서 1960년에 만들어진 총학생회는 단과대학 학생회장들의 연석회의에 지나지 않았다.

각 단과대학 학생회의 조직 체계부터 살펴보면 다음과 같다. 학생회장은 학생들의 직접선거(이하 '직선')로 선출되었다. 문리대와 같이 간선제를 실시하는 단과대학도 없지는 않았지만, 대부분 직선으로 회장을 뽑았다. 각 단과대학 학생회에는 회장 외에 의결 기구로 대의원회를 두었다. 집행위원회나 운영위원회를 설치한 단과대학도 있었다. 회장 산하에는 학생회 사업을 추진하기 위한 여러 집행 부서가 있었다. 사범대의 경우에는 총무부, 학예부, 체육부, 사업부, 섭외부, 여학생부를 설치해 각기 업무를 분장했다.

단과대학에 따라서는 학생회 이외에 다른 학생 기구가 학생활동을 나누어 맡기도 했다. 법대의 경우 '학회평의회'가 구성되어 학생회와는 독자적으로 법대 학술제 기획과 운영 등을 담당했다. 상대의 경우 '학생연구회'가 구성되어 각 학회의 재정 지원이나 ≪상대평론≫ 발간 등의 업무를 담당했다. 이를 위한 예산도 별도로 배정되었다. 모든 학생활동이 반드시 학생회로 일원화되지는 않았던 것이다. 이 무렵 학생언론도 학생회로부터의 자율성을 추구하고 있었다.

다음으로 단과대학 학생회를 기반으로 구성된 총학생회의 조직 체계를 살펴보자. 총학생회는 처음에 단과대 학생회장의 연석회의로 출범했지만, 시간이 흐르면서 그 위상이 조금씩 강화되었다. 그 결과 1962년부터는 단과대학 학생회장들이 1개월씩 돌아가면서 맡던 총학생회장의 임기도 6개월로 늘어났다.

아울러 총학생회에도 집행위원회가 설치되었다. 이에 따라 단과대학 학생회장들 이외의 일반 학생들도 집행위원회 산하 각 부서장이 될 수 있었다. 총학생회는 1963년부터는 본부회의와 운영위원회라는 이원적인 조직 체계를 채택해 집행 기능을 강화했다. 이렇게 시간이 갈수록 총학생회의 위상이 강화되었지만 그럼에도 불구하고 그 기본적 성격은 여전히 단과대학 학생회의 합의체였다.

총학생회 내에서 단과대학의 학생회에 준하는 지위를 가진 자치 조직으로 여학생회와 교양과정부의 학생회가 있었다. 여학생회는 서울대의 여학생들을 대표하는 기구로서 각 단과대학의 여학생회들을 바탕으로 조직되었다. 교양과정부는 신입생 전체의 교양교육을 담당하기 위한 교육 기구로서, 1958년에 처음 생겼으나 이내 폐지되었다가 1968년에 부활했다. 그 후 1학년생 전체가 공대의 공릉동 캠퍼스에 설치된 교양과정부에서 1년간 교양교육을 받아야만 했다. 그래서 이들을 위한 별도의 학생회가 조직되었다. 총학생회 내에서 교양과정부의 학생회장도 여학생회장과 마찬가지로 단과대학의 학생회장에 준하는 대접을 받았다.

● 학생회장 선거의 양상

단과대학 학생회장은 대부분 직선으로 선출했지만 총학생회장은 단과대학 학생회장들 가운데서 간선으로 선출했다. 총학생회장 선거의 투표권은 당연히 단과대학 학생회장들이 갖고 있었다. 교양과정부 학생회장의 경우 1학년이므로 총학생회장 선거에서 투표권은 부여되었지만 피선거권은 없었다. 여학생회장의 경우 교양과정부 학생회장과 달리 총학생회장 피선거권과 관련해 명시적인 규정은 없었다. 하지만 여학생회장이 총학생회장으로 출마하는 경우는 없었던 것으로 보인다.

학생회장 선거운동의 양상은 단과대학 학생회장 선거와 총학생회장 선거 사이에 큰 차이가 있었다. 단과대학 학생회장의 선거운동은 비교적 뜨거운 열기 속에 진행되었다. 출마한 후보자

1970년 문리대 학생회장 선거

도 많았고 선거유세도 활발했다. 대부분의 단과대학에서 직선제를 채택했기 때문에 모든 학생이 투표에 참여했다. 단과대학에 따라서는 약대처럼 특정 학회나 서클 출신이 조직력을 기반으로 학생회장을 독식하는 경우가 전혀 없지는 않았지만, 대부분의 대학에서는 여러 후보자가 출마해 경선을 벌였다.

선거운동이 시작되면 출마자들은 득표를 위해 무엇보다 먼저 출신 지역과 출신 학교를 기반으로 하는 인맥부터 챙기기 시작했다. 이른바 명문고 출신이 학생회장 선거에서 압도적으로 유리했다. 선거에 이기기 위한 전략으로 주요 명문고 출신자들 사이에 합종연횡이 이루어지는 것이 다반사였다. 그들끼리 막후 협상을 통해 러닝메이트나 순번제 등의 방식으로 나눠 먹기를 하는 것이다. 당시 이러한 막후 협상을 일컬어 '바터'라고 불렀다. 따라서 주요 명문고 출신이 아니라면 학생회장 선거에 끼어들 엄두를 낼 수 없었다.

선거운동을 위한 비용도 많이 들었다. 선거에 뛰어들면 선거운동원들을 모아 선거캠프부터 차려야 했다. 학교 근처의 술집이나 다방이 이들의 주된 활동 무대였다. 이곳을 무대로 '바터'가 이루어지기도 하고 유권자에게 향응이 제공되기도 했다. 그러자니 선거 비용은 나날이 늘어나서 1967년에 이르면 5만 원에서 10만 원에 달할 정도가 되었다고 한다.

사범대학과 같이 여학생이 많은 단과대학의 경우에는 여학생의 표가 당락에 주요 변수가 되기도 했다. 따라서 사범대학의 경우 단과대학 입후보자들이 대부분 여학생을 러닝메이트로 내세워 선거를 치렀다. 남학생이 학생회장 후보를 맡고 여학생이 부회장 후보를 맡기도 했지만, 부회장 후보를 두 명 내서 남학생과 여학생이 나누어 맡기도 했다. 간호학과가 독립하기 전까지 의과대학 학생회장 선거에서도 사범대의 경우와 마찬가지로 의학과 남학생과 간호학과 여학생이 정·부회장 후보로 출마하는 경우가 많았다. 사범대 가정교육과가 1968년 가정대학으로 독립한 이후 가정대 학생회는 여학생들만의 것이 되었다.

총학생회장 선거의 양상은 단과대학 학생회장 선거 때와는 전혀 달랐다. 총학생회장은 단과대학 학생회장들이 간선으로 뽑기 때문에 과열될 이유가

기성 사회 무색한 선거전

선거 때만 되면 각 출신 고등학교 별로 동창회 모임 공고가 학교 게시판을 채우기 마련이다. 소위 거취를 정한다는 것이다. 그런데 이 소위 거취를 정하는데 국회의원 선거나 대통령 선거의 축소판이 재현된다. '모 고등학교에게 학생 임원 자리 하나', '×고교는 ○○명이니 얼마' 이런 식의 소위 선거 참모진과의 교섭 끝에 어느 쪽으로 낙착을 보게 마련이다. 더 큰 교환도 있다. '올해는 우리, 내년에는 너희'. 이것은 비교적 표가 많은 학교의 경우이다. …… 여기에는 지방색과 학교 간 라이벌 의식도 작용된다. 가장 많은 수를 가진 K고교 같은 데는 항상 고전을 하는데, 그 이유는 다른 학교들이 '안티K'의 깃발을 들었을 때 대부분 이에 호응한다는 것이다.

≪대학신문≫, 1967년 10월 16일

없었다. 임기도 6개월이었으므로 1년에 두 차례 선거를 치러 학기마다 총학생회장을 선출했다. 그래도 후보는 난립했다. 하지만 반드시 과반수를 획득해야 당선이 되는 제도 때문에 총학생회장이 제때 선출되는 경우가 오히려 드물었다. 과반수를 얻은 후보가 없어서 재투표를 거듭하느라 당선자가 확정되기까지 시간이 한정 없이 오래 걸렸다. 아예 당선자를 결정하지 못한 채 한 학기가 지나가는 경우도 적지 않았다.

● 학생회는 무슨 일을 했나?

1960년대에는 학생생활이 단과대학별로 이루어진 만큼 학생회 활동의 중요한 무대도 단과대학이 될 수밖에 없었다. 따라서 학생회 사업의 대부분은 단과대학 학생회가 맡아서 추진했다. 총학생회가 담당한 사업이라곤 종합대학제, 종합체육대회, 총장기 쟁탈 마라톤 대회 등 서울대생 전체가 참여하는 몇몇 행사뿐이었다. 이런 행사는 그리 많지 않았다.

이에 비해 단과대학 학생회들은 다채로운 사업을 펼쳤다. 신입생 환영회·축제·체육대회와 같은 연례행사를 치러내는 것은 물론이고, 학보를 발간하고 강연회와 음악감상회를 개최하기도 했다. 이처럼 각종 사업을 진행하기 위해 단과대학 학생회 안에 여러 실무 부서를 두었다.

1962년 사범대 학생회의 활동 계획을 통해 단과대학 학생회 활동의 한 사례를 살펴보면 다음과 같다. 총무부는 휴게실 겸 음악감상실 설비와 운영을 담당했으며, 학예부는 연극·음악·문학반의 정기적 연구발표회를 개최했다. 체육부는 사범대 부속기관 종합체육대회를 주관했으며, 사업부는 직업을 알선하고 자매부락을 운영했다. 섭외부는 학술강연회를 3회 개최하는 한편, 뉴스영화를 매주 정기적으로 1회씩 상영했다. 여학생부는 교양강좌와 포크댄스 모임을 열었다.

여기서 주목되는 점은 학생 복지시설인 휴게실 겸 음악감상실을 학생회에서 자율적으로 운영하고 있었다는 점이다. 사범대뿐 아니라 약대의 경우에도 학생회가 신문 무인판매대를 운영했다. 또한 사업부에서 직업 알선을 담당한 점도 주목된다. 상대 등 다른 단과대학에서도 학생회가 학생들의 부직을 알선했다. 사범대에서는 학생회가 자체적으로 기금을 조성해 장학금을 지급하기도 했다. 이렇게 학생회는 학생들의 복지를 위해 다양한 활동을 전개했다.

학생회의 활동은 총학생회보다는 단과대학 학생회를 중심으로 이루어졌는데, 이는 학생회의 예산 배분에서도 그대로 드러난다. 1960년대에는 등록금을 징수할 때 함께 거두어 학생회에 지급하는 학생회비가 1인당 200원이었는데 그중 10%에 해당하는 20원만 총학생회 경비로 할당되었고, 나머지 180원은 단과대학 학생회에서 집행했다. 1960년대 전반기까지는 이 20원마저도 총학생회에 제대로 지급되지 않았다. 1964년의 경우 총학생회는 실제로는 할당된 액수의 4분의 1에 해당하는, 1인당 5원만 사용할 수 있었다. 그나마도 이 돈을 각 단과대학 학생회들이 가지고 있다가 단과대학 학생회장단이 만장일치로 합의를 해야만 지출할 수 있었다.

시간이 가면서 총학생회가 원래 할당된 액수인 1인당 20원을 모두 사용할 수 있게 되었지만 그래봐야 전체 예산은 20만 원 남짓에 불과했다. 1971년을 기준으로 살펴볼 때 총학생회의 예산 20만 원 가운데 회의비나 위문행사비 등 고정적으로 들어가는 비용인 10만 원 정도를 빼고 나면 남는 액수는 10만

원 안팎에 지나지 않았다. 이에 비해 각 단과대학 학생회장들이 집행할 수 있는 예산은 간행물비를 제외하고도 70만 원에서 120만 원 정도가 되었다. 이것만으로도 1960년대 학생회의 활동이 주로 단과대학을 무대로 이루어졌음을 알 수 있다.

● 학생회, 학생운동에 말려들다

앞서 살펴보았듯이 1960년대 서울대 학생회 활동의 본령은 학생자치에 있었다. 하지만 학생회가 4·19혁명이 가져다준 선물 가운데 하나였던 만큼 학생운동과 전혀 무관할 수는 없었다. 학생회는 구성되자마자 국민계몽운동을 주도했던 데에서 알 수 있듯이 일찍부터 학생들의 사회참여를 위한 창구 역할을 했다. 하지만 앞서 살펴본 민통련과의 관계 설정 문제에서도 볼 수 있듯이 학생회와 정치적 학생운동의 관계에 대해 분명한 기준이 확립되어 있었던 것은 아니다.

이에 대한 학생회장들의 생각은 1962년 9월 총장과의 간담회를 통해 어느 정도 엿볼 수 있다. '학생활동과 사회참여'라는 주제로 열린 간담회에서, 학생회는 사회참여와 거리를 두고 자치 기구로서 본분을 다해야 한다고 보는 사람도 있었지만, 한국과 같은 후진국에서는 학생의 사회참여는 반드시 필요하며 따라서 학생회의 자치활동 범위에 포함되어야 한다고 주장하는 사람도 있었다. 이처럼 당시까지는 서울대 학생회 내에서도 학생회와 학생운동의 관계에 대한 분명한 합의가 이루어지지 않았던 것이다.

하지만 학생회가 언제까지나 학생운동과 무관하게 남아 있을 수는 없었다. 서울대 학생회가 학생운동에 본격적으로 휘말리기 시작한 것은 1964년 한일협정 반대운동부터다. 이 운동은 그해 3월 24일부터 민족문제비교연구회라는 학회의 주도로 시작되었다. 그 후 이 운동이 전국으로 확산되자 서울대생의 대표를 자처하던 학생회도 더 이상 보고만 있을 수 없어 이에 동참했다. 다른 대학들의 사정도 마찬가지였다. 그해 5월 말 31개 주요 대학 학생회장들이 모여 '난국타개학생대책위원회'를 결성해 이 운동의 전면에 나서기 시작했다. 이 운동이 정점을 이룬 6월 3일에는 시내 주요 대학 학생회들이 주축이 되어 대규모 가두시위를 전개했다.

1960년대 후반에 접어들면 학생회는 더욱 본격적으로 학생운동의 물결에 휩쓸리기 시작했다. 1969년에 있었던 삼선개헌 반대운동은 애초부터 학생회가 앞장서서 이끌어나갔다. 1971년의 교련 반대운동은 사안의 성격 때문에 학생회가 앞장설 수밖에 없었다. 어느덧 학생회는 학생운동의 한가운데로 들어섰다. 그리고 이 무렵부터는 학생회장이라는 감투를 쓰면 학생시위를 주도하다가 구속이 되거나 학교로부터 징계를 받는 것이 당연시되었다.

1970년대에 들어서면 아예 학생운동을 하기 위해 학생회장에 출마하는 사람들까지 나타나기 시작했다. 그 대표적인 사례를 들자면 1969년 교양과정부에서 만들어진 후진국사회연구회 회원들을 들 수 있다. 이 학회의 회원인 이호응·최회원·김상곤 등은 3학년이 되었을 때 의도적으로 학생회장에 출마해 당선되었다. 이들은 각각, 당시 학생운동이 활발하던 문리대·법대·상대의 학생회장이 되었으며 힘을 합쳐 1971년의 교련 반대시위를 주도했다. 이렇게 1960년대를 거치면서 학생회는 단순한 학생자치 기구가 아니라 학생운동의 주요한 근거지가 되었다.

이렇게 학생회를 중심으로 전개되는 학생운동에 여학생들이 끼어들기는 쉽지 않았다. 물론 여학생들이 학생회 활동에 참여할 수 있는 제도적인 길은 열려 있었고 여학생회장이 총학생회의 일원으로 참여하기도 했다. 하지만 당시 학생운동은 총학생회장이 아니라 단과대학 학생회장들이 주도하고 있었다. 더구나 당시 학생운동을 주도하던 단과대학들에는 여학생 수가 매우 적었다. 따라서 당시 여학생들은 개별적으로 학생시위에 참여하는 것은 몰라도 학생회를 통해 조직적으로 학생운동을 주도하는 그룹에 끼기는 어려웠다.

이화여대나 숙명여대와 같은 여자대학의 경우와 비교하면 이러한 점이 더욱 분명히 드러난다. 여자대학들의 경우 여학생들이 학생회를 통해 일찍부터 학생운동에 뛰어든 반면, 서울대 여학생들은 남녀공학에 다닌 탓에 오히려 학생운동을 주도하는 그룹에 끼지 못하는 역설적인 현상이 발생한 것이다.

3. 군부독재, 학생자치를 유린하다

● 학생회에 대한 통제가 시작되다

이렇게 학생회가 학생운동에 뛰어들자 박정희 정권은 학생회에 대한 통제를 강화하기 시작했다. 그 신호탄이 바로 1971년 10월 15일에 있었던 '위수령'이다. 위수령이란 군 병력을 동원해 질서를 유지하는 것을 가리킨다. 위수령이 발동되면서 서울대를 비롯한 시내 7개 대학에 군 병력이 투입되었다. 정부 당국은 위수령을 발동한 지 사흘 뒤인 10월 18일 '학칙 개정안'을 각 대학에 시달했다. 서울대는 12월 2일 학장회의를 개최해 '단과대학 학생회칙 준칙안'을 통과시켰다. 그리고 새 학칙에 따라 학생회가 구성될 때까지 학생회 활동을 정지시켰다.

당시 문교부가 시달한 학칙 개정안은 다음과 같은 내용을 담고 있었다. 첫째, 학생회와 대의원회의 회칙은 총장의 승인을 받아야 한다. 둘째, 학생회와 대의원회의 임원으로 선출된 자는 총장의 인준을 받아야 한다. 셋째, 총장은 학생회와 학생 단체의 해체와 임원 개선(改選)을 명할 수 있다.

또한 단과대학 학생회칙 준칙안은 다음과 같은 내용을 담고 있었다. 첫째, 대의원회가 학생회장 불신임을 가결할 경우 대의원회를 해산할 수 있는 권한을 학생회장에게 부여한다. 둘째, 대의원회와 학생총회의 의결정족수를 늘린다. 셋째, 모든 집회는 사전에 학장의 허가를 받는다. 넷째, 학생회와 대의원회 사이에 갈등이 있을 경우 총장과 학장이 중재 역할을 한다. 이 밖에 학생회 간부의 자격 기준을 강화하는 내용과 서클을 학생회의 산하단체로 편입하는 내용도 포함되어 있었다.

이상의 내용들은 모든 학생활동을 학생회로 일원화해 이를 한꺼번에 통제하려는 의도를 담고 있다. 학생회장에게 대의원회를 해산할 수 있는 권한을 부여한 것은 그동안 대의원회를 통한 학생들의 요구에 떠밀려 학생회장이 어쩔 수 없이 학생시위에 나서는 경우가 있다고 보았기 때문이다. 이것은 국회 해산이 수반된 이른바 10월유신을 예고하는 듯한 내용이어서 주목된다.

학생회에 대한 통제의 여파는 여학생회에도 미쳤다. '단과대학 학생회칙 준칙안'에는 학생회의 집행 부서로 여학생부를 설치하도록 하는 내용이 포함되어 있다. 학생회에 여학생부를 설치한다는 것은 기존의 여학생회를 해체하는 것을 의미했다. 학생자치활동을 학생회로 일원화해 한꺼번에 통제하려는 당국의 의도가 여학생회에도 예외 없이 적용된 것이다. 이 준칙에 따라 이듬해부터 각 단과대학에 여학생회 대신 여학생부가 설치되었고 그 연합체로 총여학생부가 만들어졌다. 이것은 4·19혁명 이전의 학도호국단 시절로 되돌아간 것을 의미한다.

학교 당국은 1972년에 들어서면서 개정된 학칙에 따라 학생회를 구성할 것을 종용했다. 하지만 학생회 구성은 처음부터 난항을 겪었다. 학생회 간부의 자격 조건이 대폭 강화되는 바람에 이러한 조건을 충족시킬 수 있는 사람을 찾는 것부터가 쉽지 않았다. 이 때문에 각 단과대학 학생회를 구성하는 일이 순조롭지 못했다.

1학기를 마치기 전에 학생회를 구성할 수 있었던 단과대학은 상대·공대·치대·의대·음대·미대·가정대·교양과정부 등 9개 단과대학뿐이었다. 문리대·법대·농대·사범대 등 4개 단과대학은 학생회 구성이 2학기로 미루어졌다. 이 가운데 문리대와 법대는 1972년이 다 가도록 학생회를 구성하지 못했다. 이렇게 단과대학 학생회 구성이 어려움을 겪으면서 1972년에는 총학생회도 구성하지 못했다.

각종 서클도 어려움을 겪어야만 했다. 개정된 학칙에 따라 모든 서클은 학생회에 등록을 해야만 했는데 학생회 구성이 지체되면서 서클 등록도 미루어질 수밖에 없었다. 학생회가 일상적으로 추진하던 사업도 중단되었다. 농대 학생회가 추진해 온 코스모스 심기 사업이 그 대표적인 예다. 학생활동이 전면적으로 마비되는 사태가 발생한 것이다.

학생회 구성이 지체되면서 학생회비 지출이 중단되자 학교 당국은 이 돈을 학생 복지시설 건립비로 돌려쓰는 방안을 발표했다. 당시 학생처장은 학생회장을 임명제로 뽑아 학생회를 구성하는 방안도 검토하고 있다고 밝혔다.

학생처장이 짜낸 이러한 편법은 훗날 박정희 정권에 의해 학도호국단이라는 이름으로 전격적으로 실행되었다.

10월유신의 광풍이 몰아닥치고 학생들이 이에 맞서 싸우는 과정에서 학생회의 운명도 온전할 수 없었다. 1975년 5월 13일 긴급조치 9호가 발동된 지 이틀 뒤인 5월 15일 학교 당국은 학생회와 대의원회 구성을 금지했다. 이에 따라 이미 구성된 미대와 약대 학생회도 기능이 정지되었다. 물론 당시 학교 당국 스스로 이러한 조치를 취한 것은 아니다. 당시 박정희 정권은 서울대뿐 아니라 전국적으로 모든 학생회를 해체해 버리고 대신 학도호국단을 부활시켰다. 이로써 4·19혁명으로 다시 시작된 학생회 시대가 막을 내렸다.

● 학생회의 해체와 학도호국단의 설치

박정희 정권은 1975년 5월 13일 긴급조치 9호를 발동한 직후부터 대학과 학생활동에 대한 통제를 강화하는 조치를 속속 내놓기 시작했다. 5월 14일에는 각 대학 내의 서클들을 해산시켰으며, 5월 20일에는 각 대학의 학생회를 모두 해체하고 대신 학도호국단을 만들 것을 지시했다.

박정희 정권은 1975년 5월 20일 열린 국무회의에서 '학도호국단설치령'을 의결했다. 그리고 이에 근거해 전국 98개 대학 총장회의를 소집하여 호국단 설치를 지시했다. 이 지시에 따라 서울대를 비롯한 모든 대학에서 호국단 설치 작업이 시작되었다. 서울대의 경우 6월 30일 호국단 발대식을 거행했다. 이로써 4·19혁명으로 말미암아 해체된 호국단이 15년 만에 다시 등장했다.

호국단의 조직 체계는 15년 전의 그것과 크게 다르지 않았다. 문교부에 중앙호국단을 설치하고, 시/도교육위원회에 시/도호국단을 설치하며, 각급학교에 학교별 호국단을 설치했다. 고등학교의 호국단은 시/도교육위원회에 설치된 시/도호국단이 관할했고, 대학의 호국단은 문교부에 설치된 중앙호국단이 직접 관할했다.

서울대 호국단의 조직 체계를 살펴보면 단장은 총장이 맡고 부단장은 학생처장과 학생군사교육단장이 맡았다. 중앙에 지도위원회를 두고 그 밑에 학

학도호국단 검열
1978년

생제대(學生梯隊)와 운영위원회를 두었다. 학생제대는 1949년 호국단이 처음 만들어질 당시의 호국대에 비견되는 군사적 조직으로 학생들을 사단 - 연대 - 대대 - 중대 - 소대 단위로 편성했다. 대대 이상의 학생제대 산하에는 총무부·훈련부·문예부·새마을부·체육부·지도부·여학생부 등의 부서를 두도록 했다. 과거 학생회의 여학생부가 호국단의 여학생부로 이름이 바뀌었다. 이로써 완벽하게 4·19혁명 이전 시절로 되돌아가게 되었다.

호국단은 학생들에게 안보의식을 주입하는 것을 목표로 한 준전시 조직으로 자발적인 조직인 학생회와는 달리 하향식 관제조직이었다. 따라서 일사불란한 지휘 체계가 강조되었다. 호국단의 간부는 학교 당국이 일방적으로 임명했다. 1949년에 만들어진 호국단도 처음에는 간부를 임명했지만 1952년부터는 학생들이 선출하도록 한 바 있다. 이러한 측면에서 보자면 1975년 다시 만들어진 호국단은 15년 전인 1960년 4·19혁명 직전 시점의 호국단에 비해서도 퇴행한 것이다.

호국단이 만들어진 후 모든 학생활동은 호국단의 틀 안에서만 가능했다. 모든 서클은 호국단을 통해 등록 신청을 해야 했으며 모든 행사도 호국단을 통해 학교 당국의 허가를 받아야만 했다. 그리고 호국단 간부는 학교 당국이 일방적으로 임명한 학생들이 맡았다. 따라서 호국단이 만들어진 후 학생활동은 위축될 수밖에 없었다. 이제 서울대는 학생자치가 완전히 사라진 일종의 암흑시대를 맞이하게 되었다.

1975년 학생회가 해체되었지만 박정희 정권도 기초 단위의 학생 대표인 과학생회장까지 없애지는 못했다. 당시 시대적 분위기 때문에 '과학생회장'이라는 명칭을 드러내놓고 사용하지 못하고 '과회장'이라고 줄여서 부르거나 혹은 '과대표'라고 불렀다. 1975년 이후에도 각 학과에서는 여전히 학생들이 의견을 모아 자율적으로 과회장을 뽑았다.

주요 현안이 있을 경우 '과회장회의'가 소집되었다. 과회장회의는 대체로 단과대학별로 열렸지만 때로는 전교 차원에서 열리는 경우도 있었다. '과회장회의'는 학생회가 해체된 학생자치의 암흑시대에 그나마 학생들의 의견을 수렴할 수 있는 숨구멍 역할을 했다. 과회장회의는 비공식적이기는 하지만 일종의 자치기구의 기능을 수행한 것이다.

한편 과회장회의와는 별도로 호국단 간부 선임에 선출제적 요소를 도입하려는 움직임도 있었다. 특히 1977년에는 학생회 부활을 요구하는 시위가 벌어졌으며 호국단 내부에서도 이 문제를 둘러싸고 자성의 목소리가 일어날 정도였다. 호국단은 당시 연세대에서 시행하고 있던 학생추천제도를 벤치마킹하여 호국단 간부를 간선제로 선출하는 방안을 검토했다. 당시 학생운동 진영에서도 이러한 방안에 긍정적 반응을 나타냈다. 1977년 2학기에 접어들면서 이러한 움직임은 더욱 구체화되었다. 사회대에서는 간선제가 실시될 경우 김부겸이 학생대표 물망에 올라 있었다. 하지만 간선제를 통해 호국단을 사실상 장악하려는 학생들의 시도는 학교 당국의 거부로 실패로 돌아갔다.

하지만 문교부도 호국단 체제를 그대로 유지할 수 없다는 사실은 인정하지 않을 수 없었다. 그래서 일부 개선책을 내놨다. 먼저 호국단에 학생들을 편제하는 방식을 바꾸어, 교련 교육 중심의 군대식 편제를 탈피하여 학과를 단위로 한 편제로 개편했다. 그리고 호국단 간부 선임 방식도 개선해, 각 학과의 교수회에서 학생들의 의견을 반영해 2인 이상의 학생을 추천하면 학교 당국이 그 가운데 한 사람을 임명하도록 했다. 그 밖에 과(科)연락학생을 두어 호국단 간부와 학생들 사이의 연결고리 역할을 맡도록 했다. 이러한 방안은 종래의 임명제보다는 개선된 것이지만, 1952년 이후 1960년까지 호국단 간부를 학생들이 직접 선출한 것과 비교해도 훨씬 못 미치는 수준이었다.

● 서울의 봄을 맞아 잠시 소생한 학생회

1979년 가을에 일어난 10·26사건으로 말미암아 유신체제는 스스로 무너지고 말았다. 서울대에서는 곧바로 학내 민주화를 이루려는 움직임이 시작되었고, 이를 위해서는 먼저 학생회부터 살려내야만 했다. 학생회를 되살리는 데에는 유신체제하에서 비공식적인 자치기구 역할을 하고 있던 과회장회의가 결정적인 역할을 담당했다.

1979년 11월 22일 8개 단과대학 37개 학과의 과회장들이 모여 연석회의를 개최했다. 여기서 학생회부활추진위원회(이하 '학추위')를 결성하기로 결의했고, 그에 따라 11월 27일 학생회관 라운지에서 700여 명의 학생들이 참석한 가운데 '학추위'가 정식으로 결성되었다. '학추위'는 과회장들과 각 서클의 대표 그리고 각 단과대학의 학보 편집장들로 구성되었다. '학추위'는 효율적인 업무 추진을 위해 단과대학 대표 1명, 서클장 대표 2명, 편집장 대표 1명, ≪대학신문≫ 대표 1명으로 이루어진 집행위원회를 구성했다.

집행위원회는 산하에 학생활동소위·학내언론소위·학칙개정소위 등을 구성하여 학생회 부활을 위한 준비 작업에 착수했다. 집행위원회는 학생회칙 시안을 마련해 공청회를 거친 후 임시총대의원회의의 의결을 거쳐 확정했다. 확정된 학생회칙에 따라 각 단과대학 학생회장 선거를 실시하는 한편, 총대의원

1980년 봄의 학생회장 선거 유세

회에서 총학생회장을 선출함으로써 학생회를 되살리는 작업이 완료되었다.

학생회와 함께 여학생회도 다시 만들어졌다. 당초 학생회를 부활시킬 때 학생회와 별도로 여학생회를 만들지 않고 총학생회 산하에 여학생부를 둘 심산이었다. 그것은 1975년 학생회가 해체될 당시의 조직 체계가 그러했기 때문이다. 하지만 앞에서 살펴보았듯이 당시 여학생회를 없애고 학생회의 여학생부로 편입시킨 것은 학생활동을 통제하기 위한 것이었다. 따라서 총학생회를 재건하는 기본 취지에서 보자면 총학생회 산하에 여학생부를 두는 것보다는 총학생회와는 별도로 여학생회를 다시 만드는 것이 바람직했다. 당시 심상정을 비롯한 여학생들이 이러한 문제를 제기해 총학생회와 별도로 총여학생회를 다시 만들 수 있었다. 그해 총여학생회장으로 교육학과 3학년 이재인이 선출되었다.

재건된 총학생회의 조직 체계를 살펴보면 먼저 최고의결기구로 총대의원회를 두었다. 총대의원회는 각 학과의 과회장들과 계열 대표들로 구성되었으며, 총학생회장과 부학생회장을 선출하며 사업·예산·결산 등을 심의하는 기능과 학칙 개정을 건의하는 권한을 가졌다. 1975년 이전의 학생회에서는 단과대학 학생회장들이 모여 자신들 가운데 총학생회장을 뽑았는데 이번에는 총대의원회에서 선출하는 것으로 바뀌었다.

학생회 사업의 기획과 집행을 위해 운영위원회를 두었다. 운영위원회는 총학생회장, 부학생회장, 단과대학 학생회장, 여학생회장으로 구성되었다. 운영위원회 산하에는 총무부·문예부·사회부·체육부 등의 집행 부서를 두었다. 학생활동의 자율성을 보장하기 위해 학생활동위원회를 설치했다. 1975년 이전의 학생회에 비해 상대적으로 총학생회의 기능과 역할이 강화된 것이다.

재건된 학생회는 학교 당국의 승인을 받았다. 서울대는 4월 3일 학장회의를 개최해 호국단 폐지와 학생자치기구 인정을 골자로 하는 학칙 개정안을 의결했다. 하지만 문교부는 학생회를 공식적으로 인정하지 않고 미적거렸다. 호국단도 폐지하지 않고 조직과 운영을 일부 개선하는 방안만을 내놓고 눈치를 보고 있었다.

학생회는 서울의 봄 당시 민주주의의 회복을 위해 서울대생들이 교내외에서 벌인 각종 시위를 주도했다. 그 결과 5·17군사정변 당시 총학생회장을 비롯한 학생회 간부들이 대부분 구속되거나 군에 강제징집 되었다. 그리고 학생회 자체도 공중 분해되었다.

● 학도호국단 체제로 되돌아갔지만

5·17군사정변에 따른 휴교령은 조기방학으로 이어졌다. 여름 방학동안 학교 당국에 의해 호국단이 다시 만들어졌다. 편제의 명칭을 사단 - 연대 - 대대 등 군대 용어 대신 최고제대 - 중간제대 - 단위제대로 바꾸고, 사단장 - 연대장 - 대대장 등 간부의 명칭을 총학생장 - 단과대학 학생장 - 학과 학생장으로 바꾸었지만, 기본적인 틀은 1979년까지의 호국단과 마찬가지였다. 역사의 시간을 10·26사건 이전으로 되돌려 놓은 것이다. 여학생회도 학생회와 운명을 같이 했다. 5·17군사정변으로 여학생회도 해체되어 버렸으며 호국단 산하의 여학생부로 되돌아갔다.

5·17군사정변 이후 다시 등장한 호국단은 10·26사건 이전의 호국단에 비해 개선된 점이 없지는 않다. 문교부는 서울의 봄을 맞이하여 학생들이 호국단을 부정하고 학생회를 되살릴 때 이를 인정하지 않는 대신, 호국단에 대한 개선 방안을 내놓은 바 있다. 중앙호국단과 시/도호국단을 폐지하고 과거 학교장이 맡았던 단장제를 폐지해 호국단을 순수한 학생조직으로 개편한다는 것이었다. 그 연장선에서 호국단 간부 선임 과정에 선출제의 요소를 일부 도입했다. 이러한 개선 방안은 5·17군사정변 이후 그대로 적용되었다.

개선된 선임 방식을 살펴보면 과거에는 호국단 간부를 학교 당국이 일방적으로 임명했음에 비해 이번에는 과학생장을 학과장의 추천을 받아 총장이 임명하면, 이렇게 임명된 과학생장들이 모여 단과대학 학생장을 호선(互選)하고, 이렇게 뽑힌 단과대학 학생장들이 모여서 다시 총학생장을 호선하는 방식으로 바뀌었다. 과학생장을 총장이 임명하고, 호선된 단과대학 학생장과 총학생장을 학장과 총장이 승인하는 절차가 남아 있어서 형식상 여전히 임명제의 틀을 유지했지만 내용상으로는 선출제의 성격이 가미된 것이었다.

우선 과학생장의 선발 과정을 살펴보면 형식상 학과장이 추천하면 총장이 임명하는 것으로 되어 있지만, 실제로는 각 학과의 학생들이 과학생장을 선출했다. 학과장의 추천과 총장의 임명은 그야말로 요식행위에 불과했다. 이렇게 학생들이 과학생장이 선출하면 그 이후 단과대학 학생장과 총학생장은 그들 내부에서 호선하도록 되어 있었으므로 학생운동 진영이 좀 더 조직적으로 움직인다면 호국단에 들어가 이를 장악할 가능성이 전혀 없지는 않았다.

학생들은 1980년 여름방학에 다시 만들어진 호국단을 절대 인정하지 않았다. 그래서 호국단이 주최한 그해 가을 축제 행사를 전면적으로 보이콧했다. 하지만 서울대 학생운동 진영은 1981년 한 해를 보내면서 호국단 문제를 심각하게 검토했다. 그 결과 이듬해인 1982년부터는 호국단을 장악해 활용하기로 방침을 정했다. 이 무렵 호국단 총학생장을 선출할 때 단과대 학생장뿐 아니라 과학생장들도 참여하게 된 점도 이러한 결정을 뒷받침한 배경 중 하나였다.

1982년 총학생장 선거 결과, 김상준이 총학생장으로 선출되었다. 그는 1980년 서울의 봄 당시 총학생회장이던 심재철과 대의원회 의장이던 유시민과 같은 언더서클 출신이었다. 그는 당시 학생운동 진영이 내세운 총학생장이었던 셈이다. 당시 김상준을 비롯한 호국단 간부들에게 부여된 임무는 호국단이라는 틀 안에서 최대한 역할을 하다가 임기를 마칠 무렵이 되면 장렬하게 자폭하는 것이었다.

실제 1982년 호국단 집행부는 한 해 동안 맡은 바 임무를 훌륭히 수행했다. 그리고 임기가 끝나갈 무렵인 11월 3일 직접 반정부 시위를 주도했다. 이 사건으로 총학생장 김상준, 부학생장 송태수, 문예부장 이호곤, 총무부장 이건준 등 4명이 체포되었다. 당시 전두환 정권은 이들의 신분이 호국단 간부였으므로 시위를 벌인 사실을 그대로 밝히기가 곤란했다. 그래서 이들을 구속시키는 대신에 지도휴학이라는 방식으로 강제로 군대에 보내는 선에서 사건을 덮어버렸다.

첫해의 실험이 어느 정도 성공적이라는 판단에 따라, 1983년과 1984년의 호국단도 마찬가지 방식으로 학생운동 진영이 장악했다. 당시 공안 당국과 학생운동 진영이 호국단을 둘러싸고 기묘한 줄다리기를 하고 있었던 셈이다. 1984년 학생회 재건의 주역을 호국단이 떠맡게 된 것도 결코 우연한 일이 아니었다.

4. 학생회를 재건하여 반독재투쟁에 나서다

● 학생회의 재건

서울대생들은 1984년 학생회를 재건해 전두환 정권의 폭정에 맞서 반독재투쟁을 전개했다. 학생회는 이러한 과정에서 일약 6월항쟁의 주역으로 떠올랐다. 먼저 1984년 학생회가 재건되는 과정부터 살펴보면 다음과 같다.

전두환 정권은 1983년 연말 이른바 '학원자율화'를 내걸고 구속 학생 석방, 제적 학생 복학, 해직 교수 복직 등의 조치를 연이어 발표했다. 이듬해 봄에는 그동안 캠퍼스에 상주하던 사복형사들을 철수시켰다. 학생들을 더 이상 힘으로만 누를 수는 없기 때문에 취한 조치였다. 이는 비록 학원자율화를 내걸었지만, 학생자치를 규제하는 학칙의 민주적 개정을 수반하지 않은 매우 기만적인 것이었다.

이 학원자율화조치에 대해 서울대 학생운동 진영의 생각은 엇갈렸다. 어떤 사람들은 그것이 매우 형식적이고 기만적인 것에 불과하므로 곧 폭압적인 본질을 다시 드러낼 것이라고 보았으나, 다른 사람들은 그것이 기만적인 것은 분명하지만 생각보다 장기화될 수 있다고 보았다.

이처럼 생각은 엇갈렸지만 양측 모두 이 조치가 가져다준 정치적 틈새를 최대한 활용하기로 방침을 정했다. 학생의 힘으로 밀어붙여 실질적인 학원자율화를 쟁취하겠다는 것이다. 이에 따라 1984년 3월 학원자율화추진위원회가 구성되었으며, 이를 바탕으로 같은 해 9월에는 학생회가 재건되었다. 이 과정에서 호국단이 핵심적인 역할을 떠맡았다. 그 경과는 다음과 같다.

1984년 3월 6일 아크로폴리스광장에서는 호국단 주최로 학원자율화조치에 대한 공개토론회가 열렸다. 이 자리에서 호국단을 대신할 새로운 학생자치 조직을 재건하는 문제가 거론되었다. 호국단은 그 사흘 뒤 공개운영위원회를 개최했는데 이 자리에서 '학원자율화추진위원회'(이하 '학자추위')를 구성할 것을 결의했다.

이 결의에 따라 각 학과와 단과대학에서 학자추위가 속속 결성되었다. 학자추위의 결성 과정을 살펴보면 먼저 각 학과에서 학과 단위의 학자추위가 결성되었다. 학과 단위 학자추위는 학칙·교육·문화·언론 등 4개 분과로 구성되었다. 각 학과의 4개 분과 대표들은 단과대학별로 모여 회의를 열고 단과대학 차원의 4개 분과위원장을 선출했다. 단과대학의 학자추위 위원장들이 모여 전체 학자추위를 구성하고, 그 위원장으로 남승우를 선출했다. 이와 아울러 언론협의체와 서클연합회도 구성되어 활동을 시작했다. 이렇게 학자추위는 각 학과를 시발점으로 하여 상향식으로 만들어졌다. 이후 학자추위는 서울대생을 실질적으로 대표하는 자치기구의 역할을 수행하며 학원자율화를 추진해 나갔다.

학자추위는 자신을 공식적인 학생 자치기구로 인정해 줄 것을 학교 당국에 요구했다. 학교 당국은 이 요구를 즉각 거부했고, 호국단과 학자추위 대표 12명은 이에 항의해 도서관을 점거하고 단식농성을 벌였다. 이에 대해 학교 당국은 무더기 징계로 맞섰다. 학자추위는 5월에 접어들면서 '민중생활조사위원회'와 '광주항쟁진상조사위원회' 등을 구성해 사회민주화운동에 뛰어들면서 학내 민주화 문제는 잠시 미뤄두었다.

여름방학을 맞이해 새로운 학생자치 조직을 만드는 문제가 다시 현안으로 떠올랐다. 학자추위는 학도호국단, 언론협의체, 서클협의회와 함께 '학생대표기구개선협의회'를 결성했다. 이 협의회는 학생회칙 시안을 만들어 2학기 개강과 동시에 공표했으며 9월 14일에는 학생총회를 개최해 새 학생회칙을 통과시켰다.

새 학생회칙은 1980년 '서울의 봄' 당시의 학생회칙을 대부분 원용했지만,

일부 달라진 내용도 있다. 과거에는 총학생회장을 대의원회에서 간선으로 선출한 반면, 이번에는 전교생이 직선으로 선출하도록 바꾸었다. 새 학생회칙에 따라 전교생이 직접 투표해 이정우를 총학생회장으로 선출함으로써 학생회의 재건이 완료되었다.

**1984년 사범대
학생회장 선거 투표용지**

총학생회와 함께 총여학생회도 재건되었다. 총학생회가 출범한 1984년 가을 각 단과대학의 여학생들은 단과대학 여학생회장을 선출했으며, 이듬해인 1985년 4월 3일 사회학과 4학년 이진순을 총여학생회장으로 선출함으로써 총여학생회의 재건 작업도 마무리되었다.

학생회가 재건되었지만 이후 학생회가 맞닥뜨린 현실은 녹록지 않았다. 당시 문교부와 학교 당국은 호국단 이외의 단체는 절대 인정할 수 없다는 태도를 고수했다. 문교부는 1984년 10월 학원자율화조치는 계속 추진하되 호국단을 존속시킨다는 방침을 발표했다.

학생회를 재건하는 와중에 이른바 '서울대프락치사건'이 발생했다. 이 사건은 서울대 구내를 기웃거리며 정보를 캐던 가짜 학생을 적발해 조사하는 과정에서 벌어졌다. 이로 말미암아 복학생협의회 회장 유시민을 비롯해 많은 학생이 구속되었다. 학생들은 이에 항의하기 위해 민한당사를 점거해 농성을 벌

**1984년 총학생회장선거 당시 선거
운동원들**

였는데, 신임 학생회장인 이정우도 이 사건에 연루되어 제명되었다. 재건된 학생회는 이렇게 처음부터 정부 및 학교 당국과 정면으로 충돌했다.

이후 학교 당국은 학생회를 임의단체로 규정해 예산 지원을 하지 않는 등 여러 가지 방법으로 활동을 방해했다. 등록금과 함께 징수한 학생회비도 학생회에 지급하지 않았으므로 학생회 운영이 매우 어려워졌다. 이후 학생회는 해마다 학생들을 대상

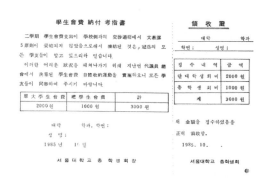

학생회비를 자체적으로 걷기 위해 학생회가 발행한 고지서

으로 학생회비를 학생회에 직접 납부해 달라는 캠페인을 벌이는 한편, 서적 할인 판매 등 다양한 방법으로 학생회 활동을 위한 예산 확보에 나서야 했다.

● 학생회, 반독재투쟁의 전면에 나서다

학생회가 재건되면서 해마다 치러지는 총학생회장 선거유세가 캠퍼스의 새로운 풍경으로 등장했다. 1985년 4월에 열린 총학생회장 선거유세에서는 학내 문제가 거의 전혀 거론되지 않았고, 개헌 문제나 5·18민주화운동 진상 규명 문제 등이 주된 이슈였다. 이는 1985년 2·12총선으로 분출되기 시작한 민주화에 대한 국민적 열망이 총학생회장 선거에도 고스란히 전해진 결과다. 따라서 후보들이 학내 문제를 둘러싸고 공약 경쟁을 벌이기보다는 정치적인 쟁점을 둘러싸고 선명성 경쟁을 벌였다.

당시 공안 당국은 총학생회장 후보자들이 경쟁적으로 과격한 공약을 내거는 바람에 신경을 곤두세웠다. 과격한 선거유세를 제지하기 위해 여러 가지 수단과 방법을 동원했다. 그 과정에서 학생들과 심각한 갈등과 충돌을 빚기도 했다. 이것은 시간이 갈수록 심해져서 1986년 가을 정점에 달했다. 총학생

회장 선거유세장에는 후보자의 가족들이 몰려와 자녀의 연설을 몸으로 막는 사태가 발생한 것이다. 이는 물론 공안 당국의 사전 공작에 의해 유도된 것이었다. 이런 치졸한 방법으로도 별 효과를 거두지 못하자 공안 당국은 아예 경찰 병력을 교내로 투입해 선거유세를 원천적으로 봉쇄했다. 이런 경우에는 선거유세가 곧바로 반정부 시위로 돌변하곤 했다.

선거가 끝나고 새로 출범한 총학생회는 선거유세 과정에서 공약했던 대로 반독재투쟁을 전개했다. 그 후 학생들이 아크로폴리스광장에서 총학생회가 주최한 집회를 마치고 교문으로 몰려가 그곳을 지키는 전투경찰과 공방전을 벌이는 것이 일상화되다시피 했다.

전국의 각 대학에서 학생회가 재건되면서 대학 간 연합조직을 만들려는 움직임도 시작되었다. 1984년 11월 3일 전국학생대표기구회의가 결성되었으며 이것이 확대 개편되어 11월 20일 전국학생총연맹이 결성되었다. 이 조직의 의장은 당시 지명수배 중이던 서울대 총학생회장 이정우가 맡았고, 부의장은 고려대 총학생회장 김영춘이 맡았으며, 대변인은 연세대 총학생회장 송영길이 맡았다.

전국학생총연맹은 의장 이정우 등 간부들이 체포되는 바람에 이렇다 할 활동을 전개하지도 못한 채 곧바로 와해되어 버리고 말았다. 하지만 이듬해인 1985년 4월 17일 전국 23개 대학 학생대표가 모여 전국학생총연합(이하 '전학련')을 재건했다. 서울대 총학생회장 김민석이 전학련 의장에 선출되었다.

한편 서울대 학생운동 진영은 합법적이고 공개적인 활동을 전개하는 학생회와는 별도로 반(半)합법 투쟁 조직들도 만들었다. 학생회는 공개된 조직인 만큼 아무래도 전면적인 정치투쟁을 벌이는 데는 제약이 있을 수밖에 없었다. 따라서 학생회는 대중에 기반을 둔 공개적인 활동을 통해 일종의 외피 역할을 맡도록 하고, 선도적인 정치투쟁은 반합법 투쟁 조직이 담당하도록 하자는 것이 당시 학생운동 진영의 생각이었다.

반합법 투쟁 조직의 첫 번째 사례로는 1984년 민추위 그룹이 만든 민주화투쟁위원회를 들 수 있다. 고려대, 연세대, 성균관대에도 비슷한 성격의 투쟁 조직들이 만들어져서 이들이 힘을 합쳐 민주화투쟁학생연합(이하 '민투학련')을 결성하기도 했다. 이듬해에는 전학련을 결성하면서 그 산하에 민족통일민주쟁취민중해방투쟁위원회(이하 '삼민투')라는 이름의 투쟁 조직을 결성했다. 각 대학에도 학생회와 별도로 대학 단위의 삼민투가 결성되었다.

서울대의 삼민투 위원장은 함운경과 김연형이 맡았다. 이 두 사람이 함께 나선 이유는 당시 서울대 학생운동을 주도하던 두 정파인 MC 그룹과 MT 그룹이 함께 삼민투에 참여했기 때문이다. 삼민투가 실행한 가장 대표적인 선도적 정치투쟁으로는 1985년 5월에 발생한 미문화원점거사건을 들 수 있다.

이 무렵 총학생회장을 비롯해 학생회 간부가 되는 것은 매우 위험한 일이었다. 선거에 출마한 후보자 가운데는 유세 도중 발언 때문에 선거가 끝나고 난 뒤 곧바로 체포되거나 수배되는 경우가 많았다. 학생회가 일상적으로 반정부시위를 주도하면서 총학생회 간부들 가운데 수배되거나 체포되는 사람이 늘어났다. 1985년 총학생회장 김민석은 미문화원점거사건을 배후 조종한 혐의로 수배되어 오래 잠행하면서 활동하다가 결국 구속되었다. 1986년 2학기에는 총학생회장을 비롯해 사회부장, 여학생회장 등 집행부 대부분이 구속되어 학생회의 기능이 사실상 마비되었다.

● 6월항쟁의 주역이 되다

학생들은 이렇게 1984년에 재건한 학생회를 지켜내기 위해 큰 희생을 치러야만 했다. 그렇게 지켜낸 학생회는 1987년 6월항쟁 과정에서 한몫을 톡톡히 했다.

당시 서울 시내 여러 대학의 학생회들은 서울지역대학생대표자협의회(이하 '서대협')를 중심으로 결집되어 있었다. 따라서 그때 서울 시내에서 일어난 대학생 가두시위의 전술은 서대협에 의해 기획되었다. 서울대 총학생회도 서대협 남부지구의 일원으로서 도심지 가두시위에 조직적으로 참여했다.

서울대생들은 6월항쟁 당시 아크로폴리스광장에 모여 총학생회가 주최한 출정식을 마친 후 가두시위에 나서는 것이 일상적인 모습이었다. 학생들은 학생회 연락망을 통해 가두시위 전술 지침을 전달받았으며 시내에서는 총학생회의 깃발 아래 집결해 가두시위를 벌였다. 그 결과 6월항쟁이 끝나고 난 뒤 총학생회의 기세는 하늘을 찌를 듯 높아졌다.

6월항쟁 이후 총학생회에는 해결해야 할 숙제가 하나 남아 있었다. 그것은 학교 당국으로부터 공식적으로 인정받는 일이다. 학교 당국의 인정이 없더라도 활동이 불가능한 것은 아니었지만, 여러모로 불편했다.

총학생회는 1985년 이후 문교부 및 학교 당국과 회칙을 둘러싸고 팽팽히 맞서왔다. 문교부는 1985년 들어 학도호국단의 폐지는 현실로 받아들였지만, 학생회 인정의 전제 조건으로 이른바 '문교부 5원칙'을 제시했다. 그것은 학생회칙에 '정치활동 금지' 등의 내용을 명시해야 한다는 것이었다. 당시 학생회는 이것을 거부한 바 있다.

하지만 6월항쟁 이후 학생회는 학교 당국과 협상을 시작하면서 이 문제에 유연히 대응하기로 방침을 정했다. 협상 과정에서 "총학생회는 조국의 자주 민주 통일을 실현하며 대학의 자치를 완전히 실현함을 그 목적으로 한다"라는 대목을 "사회의 봉사에 능동적으로 기여한다"라는 완곡한 표현으로 수정하는 선에서 타협했다.

이에 학교 당국은 학생회를 공인하고 등록금과 함께 징수한 학생회비를 학생회에 지급하기 시작했다. 학교 당국이 총학생회를 인정한 후 개정된 회칙에 따라 총학생회 선거를 다시 실시해 총학생회를 새로 구성했다. 새로 구성된 총학생회는 9월 29일 출범식을 개최했다. 이처럼 총학생회는 6월항쟁 과정에서 큰 역할을 담당했을 뿐 아니라 항쟁의 결과 학내민주화가 진전됨으로써 제도적 기반을 강화할 수 있었다.

총여학생회도 총학생회와 비슷한 길을 걸었다. 총여학생회는 1985년 4월에 재건되었지만, 이듬해에 총학생회 산하의 여학생부로 다시 흡수되었다. 학생운동 역량을 학생회에 모두 집중하던 당시 분위기 속에서 총여학생회를 별도로 운영하기는 힘들었기 때문이다. 학생운동의 소용돌이에 휘말린 결과라 할 수 있다. 6월항쟁 이후 여학생들은 곧바로 총여학생회를 재건하기 위한 작업에 착수해 1989년 이를 성사시켰다.

● **학생회의 시대가 활짝 열리다**

앞에서 본 대로 학생회는 6월항쟁의 전개 과정에서 대규모 학생시위를 조직해 학생운동의 주역으로 등장했다. 학생들은 1987년 이후에도 6월항쟁의 여세를 몰아 대규모 가두시위를 통해 6월항쟁 당시의 상황을 재현하려 했다. 이렇게 대규모화한 학생운동을 담아낼 수 있는 유일한 그릇이 바로 당시 학생회였다. 그리하여 1988년 이후 '학생회의 시대'가 활짝 열렸다.

'학생회 시대'의 꽃은 총학생회장이었다. 1975년까지 학생자치활동은 총학생회가 아니라 단과대학 학생회를 중심으로 이루어지고 있었다. 캠퍼스 종합화로 학생들의 생활이 하나로 통합된 데다가 1984년 재건된 학생회가 총생회장 직선제를 도입하면서 과거에 비해서 총학생회장의 위상이 높아졌고 영향력도 커졌다.

하지만 총학생회를 중심으로 하는 학생운동 시스템을 든든하게 지탱해 준것은 학과를 단위로 조직된 과학생회였다. 1980년대 이전에도 과학생회가 있었지만 그 이름에 걸맞은 조직적 실체를 갖추지는 못했는데, 1980년대 중반부터 과학생회의 조직적 기반을 갖추기 시작했다. 이 무렵 과학생회는 언더서클에서 활동하는 이른바 운동권 학생들 중심으로 구성되고 운영되었다. 그들은 1982년 무렵부터 학과를 대중활동을 위한 효과적인 공간으로 주목해, 농활도 학과 단위로 추진하고, 학과를 무대로 과(科)학회를 만들면서 그 성과를 바탕으로 과학생회를 건설했다. 이렇게 만들어진 과학생회들을 기반으로 해서 1984년 총학생회가 재건될 수 있었다.

당시 과학생회의 조직 체계를 살펴보면 과학생회장 산하에 편집부·사회부·문화부 등을 두었다. 여학생부를 별도로 둔 학과도 있었다. 문화부 산하에는 복수의 과학회들이 편제되어 있었고, 편집부는 과학생회의 소식지인 과회지를 발간했다. 이렇게 모든 영역의 학생활동이 과학생회를 무대로 이루어졌다. 수많은 과학생회의 활동가들이 별로 눈에 띄지 않는 곳에서 노력한 덕택에 총학생회장이 막강한 힘을 발휘할 수 있었다.

학생회를 중심으로 한 학생운동 시스템의 손과 발이 되어준 것이 과학생회였다고 한다면 학생회의 날개가 되어준 것은 다른 대학 총학생회와의 네트워크였다. 1985년 결성된 전국학생총연합(전학련)이 그 첫 사례다. 1987년 5월에는 서울지역대학생대표자협의회(서대협)가 결성되어 6월항쟁을 성공적으로 이끌었고, 그 후 서대협이 발전적으로 재조직되어 서울지역총학생회연합(이하 '서총련')이 되었다. 그와 동시에 전국 대학 총학생회장들의 협의체인 전국대학생대표자협의회(이하 '전대협')도 만들어졌다.

서울대 총학생회는 이러한 연대 조직을 결성하는 데 큰 역할을 했다. 전대협과 서총련을 중심으로 하는 각 대학 간의 네트워크가 구축되면서 이를 활용한 연합집회가 빈번히 열렸다. 이렇게 각 대학 안에서는 총학생회를 정점으로 하는 학생운동 시스템이 구축되고 이것이 서대협·전대협 등의 광역적·전국적 네트워크에 연결되면서, 학생회는 그야말로 학생운동의 사령부가 되었다. 이러한 과정에서 등장한 것이 바로 '전투적학생회론'이다.

'전투적학생회론'이란 1987년 이후 주로 NL 계열의 학생운동 진영에서 제시한 주장으로서 학생회는 학생들의 자치 조직일 뿐만 아니라 학원 민주화운동과 사회 민주화 운동을 동시적으로 담당하며 민족해방운동을 목표로 하는 조직이라는 것이다. 이전에 학생운동은 언더서클들에 뿌리를 둔 비합법 조직에 의해 주도되었기에 1984년 재건된 학생회도 그들의 외피 정도로만 인식되었다. 그런데 NL 진영은 1987년부터 대중노선을 채택해 학생회 자체를 대중적 투쟁 조직으로 새롭게 자리매김하고, 자신의 인적 역량을 학생회 활동에 대거 투입했다. 이러한 '전투적학생회론'으로 무장한 NL 진영은 그 후 서울대를 비롯한 각 대학의 학생회를 장악해 나갔다.

NL 진영에 비해 전통적으로 선도적 정치투쟁을 선호했던 PD 진영은 학생회의 중요성을 NL 진영보다 뒤늦게 깨달았다. NL 진영이 여러 대학 학생회를 장악하고 이를 바탕으로 전대협의 주류로 자리 잡기 시작하자 PD 진영도 이에 맞서 '민중민주학생회론'을 내걸고 학생회를 장악하기 위해 나섰다. '민중민주학생회론'도 학생회를 학생운동을 위한 대중조직으로 보는 것은 '전투적학생회론'과 마찬가지였다. 이후 서울대를 비롯한 여러 대학에서는 학생회를 장악하기 위한 NL 진영과 PD 진영 간의 경쟁이 시작되었다.

5. 학생회, 새로운 역할과 과제에 직면하다

● 학생정치조직들, 학생회장 선거에 뛰어들다

학생회는 1990년대 들어 새로운 역할과 과제에 직면해야만 했다. 학생회는 1990년대에도 과거의 전통을 이어받아 정치투쟁도 전개하는 한편, 학생조합이라는 새로운 역할도 담당해야 했고, 대학개혁이라는 새로운 과제에도 직면해야 했다.

1990년대 들어 전투적인 학생운동이 서서히 퇴조했으며 학생운동을 둘러싼 환경도 바뀌었다. 국내적으로 문민정부가 출범하고, 국제적으로 소련과 동유럽의 현실사회주의 체제가 붕괴한 것이다. 이 무렵 학생운동 진영에 나타난 주목되는 현상은 학생정치조직의 등장이었다. 이것은 학생회의 운영에도 상당한 변화를 가져왔다.

과거 학생운동의 핵심 세력들은 비합법적인 공간에서 은밀하게 활동하는 것이 보통이었다. 그런데 이제 공개적으로 활동하는 학생정치조직을 결성한 것은 여태까지의 비합법 전위 조직 노선을 공식적으로 폐기했음을 의미한다.

학생정치조직이 결성된 첫 번째 사례로 1992년 5월에 발족한 진보학생연합을 들 수 있다. 1991년 지방선거에 참여하기 위해 결성된 제도권 진보정당인 민중당 청년학생위원회 구성원들이 이 조직을 만들었다. 이 조직은 1994년 다른 학생정치조직들과 통합해 21세기진보학생연합(이하 '21세기연합')을 결성했다. 서울대 내의 NL 좌파와 PD 진영 가운데 반제·반파쇼 투쟁을 강조하던 이른바 AP 그룹이 연대해 '21세기연합'을 결성했다.

21세기연합의 기관지

한편 PD 진영 가운데 반제·반독점자본 투쟁을 강조하던 이른바 AMC 그룹이 주축이 되어 '민중정치 실현의 대장정학생연합'(이하 '대장정연합')을 만들었다. 이렇게 탄생한 21세기연합과 대장정연합은 서울대에서 강력한 조직력을 자랑한, 1990년대의 대표적 학생정치조직이다. 그 밖에 PD 계열의 전국학생연대, NL 계열의 자주대오와 애국청년선봉대 등이 있었지만 이 두 조직에 비해서는 세력이 약했다.

학생정치조직들은 공개적인 정치활동을 전개했는데 주요한 활동 무대가 된 곳이 바로 학생회였다. 학생회를 맡으면 대표성과 대중적 기반, 자금까지 한꺼번에 확보할 수 있기 때문이다. 학생회는 이처럼 매력적인 활동공간이었기에, 학생정치조직들은 만들어지자마자 총학생회장 선거에 뛰어들었다. 그 결과 총학생회장 선거는 여러 학생정치조직이 서로 경쟁하는 무대가 되었다.

1993년 가을에 치러진 제37대 총학생회장 선거에는 무려 5명의 후보가 난립했다. 그중 21세기연합이 내세운 후보가 당선되었다. 이후 21세기연합은 1994년·1996년·1998년·2000년 등 모두 다섯 번의 총학생회장 선거에서 승리했다.

21세기연합의 강력한 경쟁자가 된 것이 바로 대장정연합이었다. 대장정연합은 1995년·1997년·2001년의 총학생회장 선거에서 승리했으며 21세기연합이 해산한 뒤인 2004년 가을 선거에서도 승리했다. 이렇게 1990년대에는 1999년 가을에 치러진 선거를 제외하고 모두 21세기연합과 대장정연합이 번갈아 가면서 승리했다. 즉 1990년대 서울대 총학생회장 선거 구도는 21세기연합과 대장정연합의 경쟁으로 요약할 수 있다.

이 두 개의 학생정치조직이 번갈아 가면서 당선자를 배출한 데에는 다음과 같은 사정이 있었다. 당시 총학생회를 제대로 운영하기 위해서는 약 15명 이상의 4~5학년 활동가가 필요했다. 학생정치조직들은 총학생회 이외에 단과대학 학생회 상당수도 함께 운영하고 있었다. 따라서 하나의 학생정치조직이 학생회를 맡아 운영할 경우 그에 속한 4학년 이상의 활동가 대부분을 학생회에 투입해야 했다. 이렇듯 한 학생조직이 한 해 동안 학생회의 각종 일상 업무에 시달리며 역량을 소진하다 보니, 다음 해 선거에서는 1년 동안 힘을 비축한 다른 학생정치조직에게 패배하여 학생회를 넘겨주는 일이 되풀이된 것이다.

• 총학생회장 선거의 양상

여러 학생정치조직이 공개적으로 총학생회장 선거에 나서면서 선거는 매우 성황을 이루었다. 우선 출마한 후보 수가 늘어났다. 1992년 가을 선거 때까지 총학생회장 후보자는 2명 정도에 불과했는데 1993년 가을 선거에서는 후보자가 5명으로 늘어났으며 이듬해인 1994년에 4명이 출마했다. 이후에도 후보자 수는 한동안 이 수준을 유지했다.

여러 후보가 치열하게 경쟁하면서 선거유세의 모습은 더욱 요란해지고 화려해졌다. 각 선거캠프의 선거운동원들이 같은 복장을 하고, 노래와 율동 심지어는 힙합 공연 등 각종 퍼포먼스를 총동원해 어떻게든 학생들의 이목을 끌려고 했다. 어떤 선거캠프는 선거유세를 위해 대형 멀티비전을 동원하는 바람에 선거관리위원회로부터 경고를 받기도 했다.

이렇게 선거운동의 열기가 시간이 갈수록 고조된 데 비해 선거유세장에 모인 학생 수는 시간이 갈수록 오히려 줄어들었다. 1990년대 초까지만 해도 총학생회장 선거유세에 참석한 학생이 3000명을 넘었다. 하지만 후보자가 5명으로 늘어난 1993년 선거유세 때부터 참석한 학생 수가 급격히 줄기 시작했다. 2000년에는 각 후보자의 선거운동원을 빼고 나면 순수한 참석자는 50여 명에 불과할 지경이었다.

학생의 숫자뿐 아니라 투표율도 시간이 갈수록 낮아졌다. 1992년까지는 투표율이 65% 이상을 유지했는데 1993년 이후 낮아지기 시작했다. 1995년에는 48%로 50% 선을 넘지 못했으므로 부득이하게 연장투표를 실시해야만 했다. 1996년과 1997년에는 투표율이 다행히 50%를 넘어 연장투표가 없었지만, 1998년에는 다시 47.6%로 떨어져 연장투표를 실시했다. 이후에는 거의 매년

텅 빈 총학생회장 선거유세장 《대학신문》, 2010년 11월 10일

연장투표를 실시하는 것이 관례처럼 되었다.

급기야 21세기에 들어서는 연장투표를 실시해도 50%의 투표율을 달성하지 못하는 경우가 왕왕 발생했다. 이러한 경우 부득이하게 이듬해 봄 재선거를 거쳐 뒤늦게 총학생회를 출범시켜야만 했다. 봄에 재선거를 치르면 아무래도 신입생들의 투표율이 높을 수밖에 없기 때문에 50%의 투표율을 달성할 수 있었다.

이렇게 1990년대 중반부터 총학생회장 선거의 투표율이 낮아진 것은 그만큼 학생회에 대한 학생들의 관심이 식어가고 있음을 의미한다. 거기에는 여러 가지 이유가 있을 수 있다. 1990년대 들어 개인주의와 소비문화로 무장한 이른바 '신세대' 학생들이 등장한 점도 그 원인 가운데 하나로 지적될 수 있다. 하지만 그 무렵 학생회의 기반을 실질적으로 위협한 것은 따로 있었다. 그것은 바로 학부제 실시에 따른 학과공동체의 해체였다.

학부제란 인접 학문 분야의 학과들을 통합해 모집 단위를 광역화하고, 2~3학년 때 전공을 선택하게 하는 제도다. 서울대는 1990년대 중반부터 단계적으로 학부제를 실시했다. 기존의 학과에 비해 광역화된 학부는 이제 더는 학생들의 생활공동체로서 기능할 수 없었다. 이 때문에 학부를 다시 여러 개의 반으로 나누어 과학생회 대신 반학생회가 조직되기도 했지만, 반학생회는 과거의 과학생회와 같은 응집력과 조직력을 발휘하지 못했다. 앞에서 살펴보았듯이 1980년대에 구축된 총학생회 시스템의 기초는 과학생회였다. 학부제의 실시가 이와 같은 학생회 시스템의 기초를 무너뜨린 것이다.

● 학생회론의 변화

이처럼 학생들의 관심이 줄어들자, 학생회는 학생들의 관심을 이끌어내기 위해 다각도로 변신을 꾀했다. 이에 따라 학생회 운영 방법에 관한 논의, 곧 학생회론도 바뀌었다. 과거 전투적학생회론은 유능한 활동가 대부분을 학생회에 투입해 대중 조직인 학생회를 전투 조직화하는 것을 목표로 삼았다. 하지만 이제 전투적 학생운동의 기세가 꺾이기 시작하면서 학생회론도 달라져야만 했다.

이후 전투적학생회론이 너무 정치투쟁에 치우쳤다는 비판이 제기되면서 이른바 자주적학생회론이 제기되었다. 자주적학생회론은 정치투쟁 이외에 학생들의 일상생활 영역도 아울러 강조했지만 정치투쟁 중심의 학생회 메커니즘은 크게 달라지지 않았다.

하지만 1993년 생활학생회론이 등장하면서 그동안 정치투쟁에 치우쳤던 학생회론이 실질적으로 바뀌기 시작했다. 제36대 총학생회는 생활학생회론을 제기하면서 '생활 속의 진보'와 '비판적 지성의 산실로서의 대학 복원'을 추구했다. 그 요지는 정치투쟁 중심이었던 학생회 활동의 한계를 극복하고 일반 학생들의 생활에 기초한 새로운 공동체운동을 개척하겠다는 것이다. 제36

대 총학생회는 생활학생회론을 구현하기 위해 단과대학과 과학생회의 자율성을 대폭 확대했으며, 집행 부서 가운데 투쟁국을 정치국으로 이름을 바꾸었고, 학원개혁위원회를 신설해 학내 문제 해결에 적극 나섰다.

1994년의 제37대 총학생회는 이러한 취지를 이어받아 네트워크학생회론을 제시했다. 제37대 총학생회는 21세기연합이 맡아서 운영하고 있었다. 그들은 학생회 활동을 통해 대학을 진보의 진지로 만들어야 한다는 문제의식을 가지고 있었다. 학생 대중의 가치관이 다양하게 분화하는 상황에서 학생들을 학생회로 끌어들이기 위해서는 중앙집권인 구조를 혁파하여 개방성을 강화하는 것이 불가피하다고 본 것이다. 제37대 총학생회는 네트워크학생회론을 통해 학생 대중의 다채로운 흐름을 진보의 그물망(네트워크)으로 촘촘하게 엮어내려고 했다.

제37대 총학생회는 이를 위해 여태까지 학생운동의 외곽 사업 정도로만 여겨지던 부문 계열 운동에 주목해 각 부문의 전문적 영역에서 진보적 가치를 실현하고자 하는 개인, 학회, 소모임, 부문 조직들을 학생회의 주체로 끌어들이려 했다. 또한 대학 사회의 지방자치를 기치로 내걸고 관료적 형태의 종래 집행부 부서 체계를 생활문화위원회·사회연대위원회·학술위원회 등 위원회 체계로 개편했다. 이 위원회들이야말로 네트워크학생회론의 핵심 요소였다. 여러 위원회가 학내의 부문별 학회·소모임·동아리 등 여러 단체와 긴밀한 연계를 맺으면서 정보 유통의 매개자이자 여론의 중재자 역할을 하도록 한다는 구상이었다.

당시 이러한 네트워크학생회론에 대해 학생들 사이에서 상당한 비판이 제기되었다. 그중에는 지나치게 자발성을 강조하면서 조직 체계를 개편하는 바람에 총학생회 - 단과대학 학생회 - 과학생회로 이어지는 골간 조직이 흔들리는 결과를 초래했다는 비판도 있었다. 정치사업의 비중이 지나치게 축소되었다는 지적도 나왔다. 특히 PD 진영에서는 네트워크학생회를 '단말기 없는 네트워크'라고 비판하기도 했다. 하지만 제37대 총학생회가 도입한 예산자치제를 그 후의 총학생회들이 이어간 것처럼 네트워크 학생회론의 문제의식과 실험은 이후 21세기 서울대 학생회 운영에 상당한 영향을 미쳤다.

● 학생조합으로서의 새로운 역할

1990년대 초반까지도 총학생회장 선거는 정치의식 설문조사라는 느낌을 줄 정도로 투표의 기준은 정치노선이었다. 각 후보는 유세 과정에서 자신의 정치적 입장이 무엇이며 정치투쟁의 방향을 어떻게 설정하고 있는지를 밝히는 데 주력했다. 예컨대 1992년의 제36대 총학생회장 선거에서 쟁점이 된 것은 '범민주 단일 후보냐? 민중 대통령 후보 추대냐?'라는 임박한 대통령선거에 대한 대응 방향이었다.

학생정치조직들이 총학생회장 선거에 뛰어들기 시작한 1993년 이후에도 정치노선이 선거에 미치는 영향은 여전히 컸다. 21세기연합과 대장정연합을 비롯한 여러 학생정치조직들은 서로 다른 정치노선을 갖고 있었다. 따라서 총학생회장 선거는 여러 학생정치조직들이 얼마나 폭넓은 조직적 기반을 갖고 있으며 그 정치노선과 학생운동 방략이 학생 대중에게 얼마나 설득력이 있느냐에 따라 판가름 났다.

하지만 학생정치조직 사이에 총학생회장 선거를 둘러싼 경쟁이 치열해지면서 선거에 이기기 위해서는 학생운동에 별반 관심이 없는 일반 학생들의 표까지 끌어모아야 했다. 이에 순수하게 학내 문제나 학생복지와 관련된 공약도 개발할 필요가 있었다. 예컨대 1994년 선거에서는 학교 식당의 품질 개선 공약이, 1995년 선거에서는 학부제 반대와 이수 학점 축소 공약이 학생들에게 먹혀들었다. 1999년 선거에서는 장학금을 성적이 아니라 필요성을 기준으로 지급하자는 공약이 득표에 도움이 되었다.

이에 따라 학생회의 성격도 바뀌기 시작했다. 학생운동의 사령부로서의 성격은 1990년대에 들어서도 상당 기간 유지되었지만, 학생들의 일상적인 이익을 지키기 위한 학생조합으로서의 성격이 조금씩 더해지기 시작한 것이다. 학생조합이라는 개념은 1980년대 말 전투적학생회론 시절에도 제기된 바 있으나 그때에는 원론적인 수준에 그치고 말았다. 그런데 1990년대 중반부터는 학생회가 학생조합으로서의 역할을 제대로 수행하지 못하면 다음 해 선거를 기약할 수 없게 된 것이다.

학생회에 학생조합으로서의 성격이 더해지면서 학생회 활동가들이 해야할 일은 더욱 많아졌다. 과거에는 후배들을 잘 설득해서 정치투쟁만 잘하면 그만이었는데 이제는 학생조합의 실무자로서, 수업이나 장학금 등 학사 문제는 물론이고 식당이나 도서관 등 학생 복지 문제까지 두루 챙겨야 했다. 이렇게 복지 공약을 놓고 여러 학생정치조직들이 치열한 경쟁을 벌인 결과, 이제 복지 공약만으로는 그것이 어느 학생정치조직의 것인지 구별하기 어려울 정도가 되었다.

● 새롭게 대두한 대학개혁 문제

학생회 활동의 무게 중심이 정치 문제에서 학생 복지 등 학내 문제로 이동한 것을 단순히 선거의 득표 전략 때문이라고만 할 수는 없다. 1990년대 들어그런 변화를 초래한 또 하나의 이유로 대학가에서 대학개혁 문제가 새로운 이슈로 떠오른 점을 들 수 있다.

대학개혁이 학생운동의 새로운 이슈로 떠오른 배경은 두 가지다. 하나는 1990년대 초부터 문민정부가 추진한 신자유주의적인 교육개혁이다. 이른바 '5·31교육개혁안'이라는 이름의 정부 정책에 서울대 당국도 보조를 맞춰 자체적인 장기 발전계획을 추진했다. 그러자 당시 학생들도 무한경쟁 논리에 기초한 신자유주의적인 교육개혁에 맞서 자기 나름의 대학개혁을 구상하기 시작했다.

다른 하나는 당시 학생운동 진영이 대학을 혁신해 진보의 진지로 삼으려는 이른바 '진지전론'이 대두한 것이다. '진지전론'이라는 이탈리아의 혁명가 안토니오 그람시의 이론을 받아들여 제기한 것으로서 현실사회주의가 무너지면서 도래한 전략적 수세기를 넘어서기 위해 대학 사회에 진보의 진지를 구축해 장기적인 지구전을 펼쳐야 한다는 논리였다. 지구전을 펼치기 위해서는 당면한 정치적 이슈를 쫓아다니기에 앞서 대학 사회 내부를 진보 사상의 진지로 바꾸는 것이 급선무였다. 이에 따라 대학개혁 문제가 학내의 핵심 과제로 떠올랐다.

학생회의 대학개혁을 위한 구체적 실천은 크게 두 가지 방향으로 이루어졌다. 첫째, 학교 당국을 상대로 학교 운영에 학생들의 참여를 보장하라고 요구하는 것과 둘째, 이른바 자치 교육이라는 이름으로 대안적 교육을 시도하는 것이었다. 이에 '참여'와 '자치'가 대학개혁을 위한 두 가지 핵심적인 구호로 떠올랐다.

대학 운영에 학생들의 참여를 보장해야 한다는 주장은 일찍이 1971년 교련 반대운동 과정에서 이미 제기된 바 있다. 당시 총학생회가 발표한 '학원대민주화운동지침'과 같은 해 9월 서울대대학원 학원자유수호위원회가 작성한 '대학개혁의 기본방향'에는 학생의 기본권 중 하나로 '학생 참가'가 포함되어 있었다. 특히 후자는 학교 운영에 학생들의 의견을 반영하기 위한 통로로 상설 '교수·학생협의회'를 학칙상의 기구로 구성할 것을 제안했다. 하지만 당시 학생들은 박정희 정권의 폭압적 대학 통제에 맞서 싸우는 것을 우선할 수밖에 없었으므로 대학 내부의 민주주의에 속하는 '학생 참가' 문제를 어쩔 수 없이 뒤로 미루어두었다.

그로부터 20여 년이 지난 뒤인 1990년대에 들어서서 학생 참여 문제가 다시금 제기되었다. 1993년 제36대 총학생회는 학생들이 대학개혁에 참여하는 것을 보장하라고 학교 당국에 요구하고 나섰다. 당시 총학생회 산하에 학원개혁위원회를 설치해 강의 실태 파악을 위한 설문조사를 실시했다. 총학생회는 그 결과를 바탕으로 학생들의 이수 학점과 교수의 강의 시간을 줄일 것, 농촌활동이나 동아리 활동 등 정규 교육과정 이외에 현장성을 갖춘 비정규적 교육활동도 학점을 인정받을 수 있도록 할 것 등을 학교 당국에 요구했다.

1994년 제37대 총학생회도 전임 총학생회의 기조를 이어받아 교육개혁협의회를 구성하고 『교육개혁백서』를 발간했다. 총학생회는 이 백서를 통해 참여 강의를 제안했으며 나아가 참여대학의 건설을 주장하고 나섰다. 참여대학이란 말 그대로 대학 구성원과 당국 모두에 의사소통이 가능하고 서로의 발언권이 보장된 대학을 만들자는 것이다. 참여대학이란 학생들이 커리큘럼 결정 과정에 대해 알권리(정보권), 교육행정 과정에 참여하고 비판할 권리(참여권), 필요에 따라 학생 자신이 직접 실행할 권리(자치행동권)를 보장받을 수 있는 대학이다.

총학생회는 1994년 10월 대학개혁 학생추진위원회를 구성해 학교 당국이 추진해 온 대학개혁에 대한 학생 참여와 학생자치 영역의 강화를 추진했다. 총학생회는 여러 개혁 과제를 놓고 학교 당국과 간담회를 개최했으며 협의 기구를 구성해 양자 사이의 논의를 제도화하기로 했다. 그 결과 이듬해인 1995년부터 학교 당국과 '학사행정개선논의모임'을 수시로 갖는 등 대학 교육에 학생들이 참여할 수 있는 길이 열리기 시작했다. 1995년에 비공식적으로 시작된 학사행정개선논의모임은 1999년 교육환경개선협의회로 제도화되었다.

한편 학생회는 1990년대 들어 자치교육이라는 이름으로 대안적인 교육의 실험을 시도하기도 했다. 여기서 말하는 '자치(autonomia)'는 유럽의 68혁명에서 비롯된 신좌파 이론가들이 제기한 용어로, 기성 질서를 부인하고 대안적 질서를 추구하는 것을 가리키는 말이다. 이런 의미의 '자치'는 당시 학생사회를 다시 급진화하기 위한 구호가 사용되었다.

이러한 자치교육 실험 가운데 가장 대표적인 예로 제2대학을 들 수 있다. 제2대학이란 기존의 대학제도를 전면 부정하면서 학생 스스로 대안적인 대학을 건설한다는 것이다. 제2대학 담론은 서울대에서 싹텄지만 이를 직접 실행에 옮긴 곳은 연세대였다. 서울대에서는 제2대학 대신에 자치도서관이 세워졌다. 자치도서관은 단순한 생활도서관이 아니라 여러 과학회나 학생정치조직들이 생산한 자료를 수집·정리하는 기능을 아울러 수행했다.

6. 21세기 학생자치활동의 변화

• 총학생회장 선거 구도의 변화

21세기에 들어서 학생회는 큰 격동을 겪어야만 했다. 학생회를 둘러싼 운동권과 비운동권의 대립이 심각한 갈등으로까지 이어졌기 때문이다. 다행히도 이러한 대립과 갈등은 오래 이어지지 않았고 새로운 균형점을 찾아가기 시작했다.

21세기 총학생회장 선거에서 일어난 소용돌이는 1999년 가을에 치러진 총학생회장 선거에서 비운동권 후보가 최초로 승리한 사건에서 비롯되었다. 이후 비운동권 후보들이 계속 출마해 총학생회장 자리를 놓고 기존의 학생정치조직 소속 후보들과 경쟁하기 시작했다. 이로써 학생정치조직들 사이의 경쟁이라는 1990년대 구도는 깨져버렸고 운동권과 비운동권의 경쟁이라는 새로운 구도가 만들어졌다.

1999년 가을 치러진 43대 총학선거에서 '광란의 10월' 선거캠프가 승리하면서 서울대에서는 처음으로 비운동권 총학생회가 출범했다. 그 후 비운동권 후보와 운동권 후보가 번갈아 가면서 승리했다. 제46대(2003)·제47대(2004)·

제49대(2006) · 제51대(2008) · 제52대(2009) 총학생회가 비운동권 총학생회다. 그 도전에 맞서 운동권 후보가 승리한 경우는 제44대(2001) · 제45대(2002) · 제48대(2005) · 제50대(2007) 총학생회다.

'광란의 10월' 선거캠프는 기존의 운동권 후보들과는 전혀 다른 방식으로 선거운동을 전개했다. 선정적인 선거캠프 이름과 모토 이외에 특별한 정책이나 공약은 하나도 제시하지 않았다. 후보자 토론회나 공동유세 등 전통적인 선거운동에는 일체 참여하지 않았고 힙합 공연 등으로 선거유세를 대신했다. 기존 학생회의 지나친 정치성을 비판하면서 축제를 활성화하고 문화 사업을 강화할 것만을 약속했다.

그런데도 '광란의 10월' 선거캠프는 기존 학생회에 대한 학생들의 권태감에 편승해 운동권 후보들을 누르고 승리했다. 이로써 서울대에서 최초로 비운동권 총학생회가 출현했다. 이것은 당시 전국적인 뉴스가 되었다. 하지만 다른 대학들에서는 이미 1990년대 초부터 비운동권 총학생회가 나타나기 시작했으니 서울대에서는 상대적으로 늦은 편이었다.

'광란의 10월' 선거캠프는 2000년 봄 제43대 총학생회를 출범시켰지만 처음부터 순탄하지 않았다. 출범과 동시에 총학생회가 전학대회에 제출한 총노선부터 부결되었다. 대부분 운동권 출신으로 이루어진 각 단과대학의 학생회장들과도 손발이 맞지 않았다. 따라서 총운영위원회도 파행적으로 운영되었다.

총학생회는 거의 유일한 공약 사항인 가을 축제도 매끄럽게 치러내지 못했다. 축제 기간에 일어난 여러 가지 사건 때문에 큰 타격을 입었다. 그래서 최초의 비운동권 총학생회 실험은 사전 준비를 갖추지 못했고 사업 추진 능력도 부족했기 때문에 실패로 돌아갔다고 평가되었다.

최초의 비운동권 총학생회의 실패로 말미암아 그 후 두 차례 선거에서는 잇달아 운동권 후보가 승리했다. 제44대 총학생회는 21세기연합이, 제45대 총학생회는 대장정연합이 맡아 운영했다. 이로써 1990년대와 마찬가지로 21세기연합과 대장정연합이 교대하는 구도가 재연되는 듯 보였다. 하지만 제46대 총학생회부터는 다시금 바통을 비운동권에 넘겨주어야만 했다.

2002년 가을에 치러진 제46대 총학선거에서 비운동권인 '서울대생, 학교로 돌아오다'(이하 '학교로') 선거캠프가 승리했다. '학교로' 선거캠프는 과거 실패로 돌아간 '광란의 10월' 선거캠프의 실험을 의식해서인지 스스로 '준비된 비운동권'임을 자처했다. 후보 본인은 스누라이프 회장과 생활협동조합 학생위원장 등을 지냈고, 선거 참모들도 도서관 자치위원회와 ≪서울대저널≫ 등에서 활동한 경험이 있다는 점을 내세웠다.

'학교로' 선거캠프도 '광란의 10월' 선거캠프와 마찬가지로 탈정치를 내세우고 학생 복지를 강조했다. 하지만 축제 활성화 이외에는 제대로 된 공약이 없었던 '광란의 10월'과 달리 '학교로' 선거캠프는 학생들의 대학 운영 참여와 자치활동 활성화에 기여할 수 있는 다양한 공약을 제시해 선거에서 승리할 수 있었다.

그들이 운영한 제46대 총학생회는 김민수 교수 복직 투쟁과 기성회비 반환운동 등 학내 이슈는 물론이고 이라크 파병 반대 동맹휴업 등 정치적 사안에 대해서도 적극 대처해 학생들의 호평을 받았다. 그 결과 다음 선거에서도 제46대 총학생회에서 활동한 학생들이 꾸린 후속 선거캠프가 승리할 수 있었다.

2004년 가을에 치러진 제48대 총학생회장 선거에서는 대장정연합이 확대 개편된 전국학생연대회의 계열의 'Q' 선거캠프 소속 후보가 당선되었다. 대장 정연합은 여태까지 경쟁하던 학생정치조직이었던 21세기연합이 해산해 후보 자를 내지 않는 바람에 그 반사이익을 얻었다. 'Q' 선거캠프가 당시 서울대 학 생사회에서 새로운 화두로 떠오르고 있던 여성주의를 적극적으로 수용한 점 이 승리의 요인이 되었다고 분석하기도 한다.

이 선거에서 특기할 것은 'Q' 선거캠프의 후보로 여학생인 류정화가 출마 해 총학생회장에 당선됨으로써 서울대 최초로 여학생 총학생회장이 탄생했 다는 점이다. 2005년 봄 출범한 제48대 총학생회는 산하에 여성국을 설치해 여성주의를 공론화하는 데 주력했다. 하지만 연세대와 고려대는 각기 2000년 과 2001년에 첫 여학생 총학생회장을 배출했으니 약간 뒤늦은 감이 없지 않 다. 서울대에서는 그 이후에도 여학생 총학생회장이 여러 명 배출되었다.

이렇게 운동권이 2004년 가을에 치러진 선거에서 승리해 다시금 총학생회 를 차지할 수 있었지만 시간이 갈수록 학생정치조직의 힘이 약화되는 것은 막을 수 없었다.

● **운동권과 비운동권이 정면으로 충돌하다**

총학생회장 선거를 둘러싼 운동권과 비운동권의 대립은 마침내 양자 사이 의 정면충돌로 이어지고 말았다. 비운동권이 장악했던 2006년 제49대 총학생 회는 탈정치의 단계를 넘어 운동권에 적대적인 정책을 펼치는 바람에 운동권 과 심각한 갈등을 빚었다. 그래서 제49대 총학생회는 '비운동권'이 아닌 '반 (anti)운동권' 총학생회로 평가되기도 한다.

제49대 총학생회를 탄생시킨 선거캠프는 비운동권인 '서프라이즈' 선거캠 프였다. '서프라이즈' 선거캠프도 과거의 여느 비운동권 선거캠프들과 마찬가 지로 탈정치를 내세워 선거에서 승리했다. 이렇게 출범한 제49대 총학생회는 출범한 직후부터 사사건건 운동권과 충돌했다.

첫 번째 충돌은 4·19대행진을 둘러싸고 일어났다. 4·19대행진은 당시 매 년 4월 19일에 치르던 기념행사로, 아크로폴리스광장에서부터 시작해 교내

행진을 거쳐 두레문화관 앞의 4·19탑에서 마무리 짓곤 했다. 신임 총학생회장은 총운영위원회가 이 행사의 추진을 요구하자 행사가 아크로폴리스광장에서 시작된다는 이유로 이를 거부했다. 총학생회장 선거 때 아크로폴리스광장에서의 집회 금지를 공약으로 내세웠다는 점을 이유로 들었다.

결국 단과대학 학생회장들이 총학생회와 별도로 4·19기획단을 구성해 이 행사를 치를 수밖에 없었다. 당시 총학생회장이 경찰 병력을 불러서라도 아크로폴리스광장에서 집회가 열리는 것을 막겠다고 발언한 것으로 알려져 갈등은 더욱 심화되었다. 운동권은 민주화운동의 전통을 내세운 반면, 비운동권은 학생의 학습권을 명분으로 내세워 정면충돌한 것이다.

두 번째 충돌은 총학생회에서 한총련 탈퇴 선언을 하며 시작되었다. 제49대 총학생회는 5월 14일 기자회견을 열어 한총련에서 탈퇴하겠다고 선언했다. 서울대 총학생회는 1998년 임시 전학대회에서 서총련 불신임안을 의결했으므로, 사실상 이미 한총련에서 탈퇴한 상태였다. 따라서 제49대 총학생회의 한총련 탈퇴 선언은 당시 한총련에 대한 부정적인 여론을 이용해 운동권 전체를 몰아붙이려는 일종의 정치적인 쇼였다. 제49대 총학생회가 제출한 한총련 탈퇴안은 그해 10월에 열린 전학대회에서 '이미 탈퇴했다'는 이유로 부결되었다.

제49대 총학생회는 전임 총학생회에 대해 근거 없는 중상모략을 했으며, 인터넷을 통해 운동권을 비방하고자 여론조작을 했다는 의혹을 받기도 했다. 실제로 제49대 총학생회의 집행국장은 2005년 5월 '학생회 목에 방울 달기'라는 단체를 만들어 제48대 학생회를 공격하는 활동을 한 바 있다. 그들은 이듬해인 2006년 '학생의 학생을 위한 학생에 의한 학생회를 만드는 모임'(이하 '학4모')을 만들어 조직적인 결집을 시도했다. 그래서 그들이 입으로는 탈정치를 내세웠지만, 실제로는 또 다른 정치를 위해 우파 학생정치조직을 만들려는 것이 아닌지 의심하는 사람도 있었다.

그 무렵 뉴라이트 세력들이 각 대학에 비운동권 총학생회가 세워지도록 막후에서 지원하고 있다는 소문이 떠돌고 있었다. 앞에서 언급한 단체들이 학교 외부의 정치세력과 연계되었다는 직접적인 증거는 없다. 하지만 당시 '학생회 목에 방울 달기'가 한나라당 심재철 의원의 초청 강연회를 개최한 사실 등이 알려졌기 때문에 이러한 의심은 사라지지 않았다.

제49대 총학생회는 제대로 임기를 마치지 못했다. 총학생회장이 선거운동 과정에서 ≪한겨레 21≫ 수습기자와 고려대 의대 입학이라는 거짓 경력을 내세웠고, 이후에도 도박 게임업체로부터 기부금을 받은 사실이 알려져 임시 전학대회의 의결에 따라 탄핵되었다. 그를 이어 총학생회장의 직무를 대행하던 부학생회장도 중도에 사퇴하는 바람에 제49대 총학생회는 출범한 지 석 달 보름 만에 무너졌다. 이 때문에 단과대학 학생회장들이 연석회의를 구성해 남은 기간 총학생회의 역할을 수행해야만 했다.

제49대 총학생회가 중도 하차한 뒤에도 운동권과 비운동권의 갈등은 가라앉지 않고 오히려 증폭되었다. 제49대 총학생회의 간부들은 앞에서 언급한 '학4모'를 결성해 총학생회장 탄핵을 운동권의 정치 보복으로 몰고 가면서 당시 총학생회의 역할을 대신하던 단과대학 학생회장 연석회의를 공격했다.

그런데 문제는 일반 학생들 가운데도 총학생회장 탄핵이 절차상 잘못되었다는 주장에 귀를 기울이는 사람이 상당수 있었다는 점이다. 약대 학생회장이 2006년 9월 26일 실시한 탄핵에 대한 설문조사에 의하면 서울대생 가운데 58.4%가 탄핵이 정당했다고 응답했다. 하지만 절차에 문제가 있다고 답한 학생도 69.2%나 되었다. 그중 58.5%의 학생이 총투표 또는 학생총회를 거쳐야 했다고 응답했으며, 10.7%의 학생은 '절차상 문제가 많으므로 탄핵은 무효'라고 답했다.

이렇게 일반 학생들의 여론도 결코 운동권에 우호적인 것만은 아니었다. 2006년은 서울대 학생들이 운동권과 반운동권으로 나뉘어 정면충돌해 갈등이 가장 고조된 시점이었다고 할 수 있다. 이것은 이 무렵 학생들의 마음이 확연하게 갈라져 있었음을 의미한다.

● 운동권과 비운동권이 충돌한 이유

21세기 들어 비운동권 학생회가 연이어 등장한 이유는 무엇일까? 그 이유는 이 무렵 학생들의 정치적 보수화에서 찾을 수 있다. 서울대 학생들의 정치적 보수화는 대체로 1998년 이후 시작되었으며 다름 아닌 2007년 무렵 절정에 달했다.

학생생활연구소의 조사에 따르면, 1997년 스스로 진보적이라고 생각하는 학생의 비율이 47.6%에서 2007년에는 33.5%로 감소했다. 이에 반해 스스로 보수적이라고 생각하는 학생의 비율이 같은 기간 11.0%에서 40.5%로 격증했다. 따라서 총학생회장 탄핵을 둘러싸고 운동권과 비운동권이 치열하게 부딪치고 있던 2006년 무렵 학생들의 정치의식 지형은 분명히 운동권에 불리했다. 총학생회장 탄핵을 운동권의 정치보복으로 몰아가는 것이 일반 학생들 사이에 어느 정도 먹혀든 까닭도 바로 여기에 있었다.

당시 학생들의 보수화는 ≪대학신문≫이 2005년 9월에 행한 학생 의식 조사에서도 확인된다. 학생회가 중점적으로 해야 할 일을 묻는 질문에 도서관 문제와 셔틀버스 문제 같은 '학생 복지사업'이라고 답한 사람이 74.1%나 되었고 '교육권 관련 사업'이라고 답한 사람도 46.0%인 반면, 통일·노동운동 등 학내·외 정치 사안이라고 답한 사람은 5.5%에 불과했다. 또한 학생회와 학생정치조직의 활동이 분리되어야 한다고 답한 사람도 63.9%나 되었다.

1997년 이후 서울대 학생들의 정치적 성향이 보수화된 이유는 다음 몇 가지로 간추릴 수 있다. 먼저 경제적 요인으로 외환위기 이후 불어닥친 취업에 대한 부담감, 학생의 가정 형편 변화 등을 꼽을 수 있다. 정치적 요인으로는 이 무렵부터 상대적으로 진보적인 정당이 10년간 집권했다는 점을 들 수 있다. 그 이전과 이후 보수정당이 집권한 시기에는 스스로 진보적이라고 생각하는 학생이 다수를 차지했으니 학생의 정치의식과 집권 세력의 성격 사이에 일정한 상관관계가 있음을 알 수 있다.

이처럼 학생들의 정치의식이 운동권에 크게 불리한 상황이었으니, 운동권이 총학생회장 선거에서 비운동권과 겨루어 교대로라도 승리한 것은 그것만으로도 매우 대단한 일이었다. 이렇게 불리한 정치의식 지형에도 운동권이 선전할 수 있었던 것은 그들이 가지고 있는 조직력과 그 조직을 통해 전수된 학생회장 선거와 학생회 운영의 노하우 때문이었다.

비운동권은 운동권에 비해 상대적으로 조직력이 약했고 선거와 운영의 노하우도 부족했다. '광란의 10월' 선거캠프는 애당초 총학생회를 꾸려 운영할 만한 제대로 된 인적자원을 확보하지 못했다. '학교로' 선거캠프는 이 문제를 어느 정도 극복했기 때문에 총학생회를 나름대로 성공적으로 운영할 수 있었다. '서프라이즈' 선거캠프의 경우에는 구성원들의 도덕적 불투명성과 정치적 편향성이 문제가 되었다.

운동권 선거캠프들이 나름대로 버틸 수 있었던 또 하나의 이유로는 여전히 스스로 진보적이라고 생각하는 학생의 비율이 3분의 1 선은 유지하고 있었다는 점을 들 수 있다. 1997년과 2007년 사이에 일어난 보수화의 실상은 진보의 붕괴가 아니라 중도가 보수로 이동한 것이었다. 앞에서 살펴보았듯이 보수층은 11.0%에서 40.5%로 격증한 반면, 중도층은 40.0%에서 26.0%로 줄어들었다.

학생의 정치의식이라는 측면에서 볼 때 2006년 총학생회를 둘러싸고 벌어진 운동권과 비운동권의 충돌은 33.6%를 차지하는 진보와 40.5%를 차지하는 보수의 충돌이었다. 둘 사이를 완충할 수 있는 중도층이 크게 줄어들었기 때문에 그 충돌은 더욱 격렬할 수밖에 없었다.

운동권의 지지기반인 진보층도 단과대학별로 편차가 있었다. 정확한 수치가 확인되지는 않지만, 2006년 무렵 인문대·사회대·사범대 등의 단과대학에는 여전히 진보층이 많았다. 그런 이유로 총학생회장을 비운동권이 맡았던 2006년에도 단과대학 학생회장 중에는 운동권 출신이 많았던 것이다. 하지만 단과대학에 따라서는 보수적인 학생회장이 당선되는 경우도 적지 않았다. 따라서 단과대학 학생회장들끼리도 충돌하는 일이 생겼다. 2000년대 중반에 이르면 학생회는 운동권과 비운동권 혹은 반운동권이 격돌하는 전쟁터가 되었다.

- 정치와 복지의 이분법을 넘어서

21세기 들어 학생회를 둘러싸고 운동권과 비운동권 혹은 반운동권이 격돌했을 때 핵심 쟁점은 '정치냐? 복지냐?'였다. 비운동권은 입만 열면 '탈정치'를 내세우며 학생정치조직들의 '정치'를 공격했다. 그리고 '복지'를 마치 자신들의 전매특허처럼 내세웠다. 그들은 학생회란 학생들의 조합과 같은 곳이므로 '정치'를 하려면 다른 데 가서 하라고 주장했다.

하지만 운동권도 결코 '복지'를 무시하지 않았다. 앞에서 보았듯이 여러 학생정치조직들은 이미 1990년대부터 매년 총학생회장 선거에 맞추어 학생 복지와 관련된 공약을 열심히 만들어냈고, 이는 21세기에도 이어졌다. 더구나 비운동권과 경쟁하려면 복지 공약의 내용과 분량을 과거보다 더 늘려야 했다.

그래서 2000년대 후반에 접어들면 사실 학내 문제에 관한 공약만으로는 어느 쪽이 운동권이고 어느 쪽이 비운동권인지 구별하기 어려웠고, 정치적 사안에 대한 공약을 살펴보아야 비로소 식별할 수 있었다. 그런데도 비운동권은 운동권 후보의 복지 공약이 허울에 불과하고 그들의 마음은 언제나 정치에 가 있다고 비난했다.

사실 운동권 선거캠프가 꾸린 총학생회의 관심이 정치에 가 있었던 것은 분명하다. 가령 2005년 제48대 총학생회의 경우 선거 과정에서는 학점취소제와 대여장학금제 등 구체적인 공약을 내세워 당선되었지만, 막상 당선된 뒤에는 그 공약의 내용을 성실히 실천하기보다는 "신자유주의적 세계화 반대" 등 정치적인 주장만 한다는 비판을 받았다. 하지만 그들이 복지 공약을 실천하지 않았다고 하는 것은 지나친 비판이다. 그들도 힘이 닿는 대로 복지 공약을 실천하려고 노력했고, 그래야만 다음 해 선거에서도 이길 수 있다는 것을 잘 알고 있었다. 다만 모든 행동에 대해 정치적으로 해석하고 그 의미를 부여하는 버릇을 버리지 못하고 있었을 뿐이다.

하지만 학생회가 기본적으로 학생조합으로서의 성격을 띠고 있는 한 어떠한 성향의 학생회라고 해도 복지 문제를 도외시할 수는 없다. 하물며 직선을 통해 총학생회장을 뽑는 제도 아래서는 더더욱 그럴 수밖에 없다. 따라서 '정치냐 복지냐'라는 구호는 학생들의 이기적인 마음을 자극해 상대방을 공격하기 위한 일종의 정치적 선동이었다고 할 수 있다.

하지만 달도 차면 기울기 시작하듯이 2007년 이후 정치와 복지의 이분법은 서서히 무너지기 시작했다. 이후 비운동권 총학생회의 경우도 운동권과 극단적으로 각을 세웠던 2006년 제49대 총학생회와는 달리 시간이 가면 갈수록 정치와 복지의 이분법에서 조금씩 벗어나기 시작했다. 2008년 제51대 총학생회가 그러한 예라고 할 수 있다.

제51대 총학생회를 운영한 '실천가능' 선거캠프는 그야말로 실천 가능한 복지 공약을 내세워 선거에서 승리했다. 이 선거캠프도 과거의 비운동권 선거캠프처럼 탈정치를 표방했지만 2년 전의 제49대 총학생회와는 달리 광우병 촛불집회 등 정치적 사안에 대해 나름대로 적극적으로 대응했다. 물론 당시 총학생회가 앞장서서 촛불집회에 나선 것은 아니고 학생들의 격앙된 분위기에 떠밀려 어쩔 수 없이 끌려나온 측면이 없지는 않았지만, 제49대 총학생회에 비해서는 진전된 모습을 보인 것은 분명한 사실이다. 이어서 등장한 비운동권 총학생회들도 이런 분위기를 이어받아 정치적 사안에 나름대로 대응하기 시작했다.

이렇게 시간이 갈수록 운동권 학생회하에서든 비운동권 학생회하에서든 모두 복지와 정치가 공존하며 균형을 이루어갔다. 그렇게 된 가장 근본적인 이유는 2007년 이후 학생들의 정치의식이 변화한 데 있었다. 2007년부터 2012년 사이에 보수층은 40.5%에서 16.6%로 격감한 반면, 진보층은 33.5%에서 31.3%로 횡보했다. 보수층이 이처럼 격감한 가장 직접적인 이유는 보수적인 이명박 정권의 퇴행적 국정 운영 때문이다. 같은 기간에 중도층은 23.2%에서 52.5%로 크게 늘어났다. 총학생회가 정치와 복지의 균형을 찾아가기 시작한 것은 중도층이 크게 늘어난 것과 맞물려 일어난 현상이다.

● **운동권, 총학생회장 선거에서 퇴장하다**

2006년 운동권과 비운동권이 일대 격돌한 이후 운동권의 기세는 눈에 띄게 약해졌고 2013년 이후 총학생회장 선거에서 운동권 후보는 아예 퇴장하고 말았다. 적어도 총학생회장 선거와 관련해서는 운동권이라는 말이 어느덧 옛말이 되어버렸다.

2007년 이후 2012년까지는 운동권과 비운동권이 번갈아 가면서 총학생회를 맡는 구도가 유지되었다. 2007년 3월에 치러진 제50대 총학생회장 선거에서는 전국학생연대회의 계열의 '스폿라이트' 선거캠프가 승리했다. 하지만 그해 11월 치러진 제51대 총학생회장 선거에서는 비운동권인 '실천가능' 선거캠프가 승리했다. '실천가능' 선거캠프는 이듬해 선거에도 승리해 2년 연속으로 총학생회를 운영했다.

2010년에는 투표율이 저조해 선거가 무산되는 바람에 총학생회를 구성하지 못했다. 따라서 부득이 단과대학 학생회장 연석회의가 총학생회의 역할을 대신했다. 2010년 가을과 그 이듬해인 2011년 가을에 치러진 제53대와 54대 총학생회장 선거에서는 운동권 후보가 다시 잇달아 당선되었다. 하지만 2013년 3월의 제55대 총학생회장 선거에서 비운동권 후보가 승리해 총학생회가 다시 비운동권에 넘어갔다. 그 이후 더 이상 운동권 총학생회는 등장하지 않았다.

이렇게 2013년 이후 운동권 총학생회의 명맥이 끊긴 이유는 무엇일까? 그 직접적인 이유는 1990년대부터 서울대 학생운동을 주도했던 학생정치조직들이 하나둘 문을 닫거나 약화되었기 때문이다. 당시 대표적인 학생정치조직이던 '21세기연합'은 2003년에 이미 해체되었고, 이후 서울대에서는 '대장정연합'이 가장 큰 학생운동 세력으로 남았다. '대장정연합'은 이후 전국학생연대회의로 확대 개편되었다가 2006년 '서울대학생행진'으로 이름을 바꾸어 2007년과 2011년에 총학생회를 맡은 바 있다.

운동권은 제54대 총학생회를 마지막으로 더는 당선자를 배출하지 못했다. 서울대 '학생행진'을 비롯한 운동권은 2013년 가을의 총학생회장 선거 때까지는 후보를 내세웠지만 이후에는 후보조차 내지 못했다. 따라서 2014년부터는 《대학신문》이 총학생회장 후보들을 소개할 때 더는 소속 학생정치조직을 소개하지 않게 되었다. 운동권 총학생회의 명맥이 완전히 끊겨버린 것이다.

● 새롭게 떠오른 절차적 민주주의

21세기 들어 학생들의 정치의식이 진보와 보수로 갈리고 총학생회를 둘러싸고는 운동권과 비운동권이 충돌하는 와중에 새로운 쟁점으로 떠오른 것이 바로 절차적 민주주의다.

과거에는 학생회 운영에서 절차적 민주주의가 별로 문제되지 않았다. 학생회가 학생운동의 사령부였던 1980년대 후반에는 특히 그러했다. 총학생회장을 선출하면 전쟁터로 나가는 장수에게 칼을 맡기듯이 집행부에 전권을 위임하고, 학생회가 집회를 소집하면 학생들은 아크로폴리스광장에 모여 학생회의 결단을 기다리곤 했다. 이것을 일컬어 민주집중제라고 했다.

하지만 21세기에 들어서면서 절차적 민주주의가 문제가 되기 시작했다. 학생회는 모든 의사결정을 할 때마다 하나하나 학생들의 의견을 물어가면서 사업을 벌여야만 했다. 그 과정에서 개회 정족수와 의결 정족수 등 규칙을 정확히 지켰는지도 엄밀히 따지게 되었다. 과거 전투적 학생회 시절에는 생각하지 않았던 새로운 문화가 생겨난 것이다.

이처럼 절차적 민주주의를 예민하게 따지게 된 것은 공교롭게도 학생회를 둘러싸고 운동권과 비운동권이 충돌하기 시작할 무렵과 일치한다. 이와 관련해 주목되는 사건이 바로 2005년 4월 1일에 있었던 비상학생총회다. 당시 총학생회는 비상학생총회의 결의에 의거해 대학본부 행정관을 점거했다. 총학생회는 비상학생총회에 1701명이 참석하여 학부 재적 인원의 10%를 넘겼으므로 개회정족수를 충족시켰다고 보고 회의를 진행했다.

하지만 일부 학생들은 학생회칙에 그 정족수가 20%로 명시돼 있다고 하면서 이의를 제기했다. 총학생회는 20%를 채우는 것은 현실적으로 불가능하고 이전에도 10%를 넘기면 정족수를 채운 것으로 간주하는 것이 관행이었다고 맞섰다. 이러한 해명에도 절차적 정당성에 흠결이 난 것은 숨길 수 없는 사실이다.

2011년 5월 30일의 비상학생총회
참석한 인원을 확인하기 위해 둘레에 줄을 친 것이 보인다.

당시 일부 학생이 정족수를 문제 삼은 것은 당시 운동권 총학생회가 학생들의 의견을 제대로 수렴하지 않고 일방적으로 밀어붙인다는 인상을 주었기 때문이다. 이러한 주장을 편 대표적인 집단으로는 앞서 살펴본 바 있는 '학생회 목에 방울 달기' 모임을 들 수 있다. 당시 이 모임은 우파 학생정치조직이라는 평을 듣고 있었다. 따라서 이런 주장은 운동권 총학생회에 대한 정치 공세로서의 성격도 일부 갖고 있었다. 하지만 당시 학생들의 여론 지형은 결코 운동권에 우호적이지만은 않았다. 결국 이 문제는 두고두고 논란이 되었으며, 2011년에 학생회칙을 개정함으로써 비로소 해소할 수 있었다.

이렇게 21세기 들어 개회 정족수 문제를 비롯해 학생회 활동에서 절차적 정당성 문제가 제기된 이유로는 무엇보다 학생회 활동에 학생들의 참여도가 떨어진 점을 들 수 있다. 우선 학생회장 선거의 투표율이 시간이 갈수록 떨어졌다. 정족수를 채우지 못해 재투표를 하는 일이 다반사였고 끝내 투표가 무산되어 총학생회를 구성하지 못하는 일도 벌어졌다. 총학생회장 선거뿐 아니라 학생회의 가장 중요한 행사인 전학대회조차 정족수를 채우지 못해 무산되거나 연기되는 일이 종종 벌어졌다.

학생총회의 경우도 예외가 아니었다. 1980년대에는 아크로폴리스광장에서 열리는 학생총회에 1만 명 이상의 학생이 모이는 일도 결코 드물지 않았고, 1990년대까지만 해도 총학생회가 비상학생총회를 소집하면 3000명 정도는 쉽게 모을 수 있었다. 따라서 당시에는 굳이 정족수 문제에 크게 신경을 쓸 필요가 없었다. 하지만 21세기 들어 학생총회에 참석하는 학생의 숫자가 크게 줄어들었다. 따라서 학생총회에 참석한 사람들이 어떻게 서울대생 전체를 대표할 수 있는가라는 문제가 제기된 것이다.

하지만 21세기 들어서 절차적 정당성 문제가 대두한 가장 근본적인 이유는 이 무렵 학생들이 정치적으로 다원화되었기 때문이다. 진보층이 주도하는 공론 구조가 무너지고 학생들이 정치적으로 다원화된 상황에서 민주집중제를 계속 유지하는 것은 불가능했다.

이후 총학생회는 모든 의사결정 과정에서 절차적 민주주의를 철저히 준수해야만 했다. 과거와 같이 일방적으로 학생을 동원한다는 것은 꿈도 꿀 수 없었다. 학생총회를 개회하려면 우선 개회를 위한 정족수부터 충족시켜야 했으며, 학생총회에서의 의사결정도 사사건건 표결을 거쳐야 했다. 학생총회의 결의에 따라 행정관 점거 농성 등 실력 행사에 들어간 뒤로도 각 단계마다 토론과 표결을 거쳐 다음 단계의 행동 방침을 결정해야만 했다.

제4장

학생언론

학생들은 신문과 잡지 등 여러 매체를 통해 대학생활에 필요한 정보를 제공하고, 의견을 개진하며, 이를 바탕으로 공론을 형성해 나간다. 학생언론은 학생들이 대학생활을 영위하는 데 꼭 필요한 또 하나의 공간인 셈이다. 서울대의 학생언론은 한국 현대사의 소용돌이 속에서 격동을 겪었다. 군사정권의 검열과 통제에 맞서 언론의 자유를 지키기 위해 분투해야 했고, 학생운동의 한가운데 뛰어들어 그 나팔수 역할을 자임하기도 했다. 한국 사회가 근대성의 문턱을 넘어서면서 어느덧 질풍노도의 시대는 저물어가고 학생언론도 새로운 변화를 모색하는 단계로 접어들었다.

1. 학생언론의 태동

● 개교 전후의 학생언론

1946년 국립서울대학교의 개교와 함께 서울대의 학생언론도 태동했다. 서울대는 당시 서울 인근의 여러 관립 고등교육 기관들을 한데 묶어 출범했기 때문에 말이 종합대학이지 실제로는 여러 단과대학이 각기 독자적인 정체성을 뽐내는 연립대학 수준을 넘어서지 못하고 있었다. 따라서 학생언론도 각 단과대학을 기본 단위로 하여 만들어지기 시작했다.

서울대의 여러 전신학교 가운데 하나인 경성대학 예과 학생회는 1946년 3월 5일 ≪경성대학예과신문≫를 창간했다. 이것은 타블로이드판 2면으로 열흘마다 한 번씩 발행되었다. 서울대가 개교한 후 문리대 학생회는 문리대의 단과대학 신문인 ≪대학신문≫을 간행했다. 이 신문은 서울대가 개교한 이듬해인 1947년 7월 1일에 창간되었다. 사범대 학생회도 같은 해 12월에 단과대학 신문인 ≪사범대학≫을 창간했다. 상대와 공대에서도 ≪상대신문≫과 ≪공대학보≫가 각기 창간되었다.

단과대학별로 발간되는 신문과 별도로 서울대생 전체를 대상으로 하는 신문도 창간되었다. 1948년 3월 1일에 ≪서울대학신문≫이 창간되었다. 처음에는 일주일에 한 번씩 발행되다가 나중에는 한 달에 한 번씩 발행되었으며 한국전쟁으로 발행이 중단되었다.

개교 초에 만들어진 매체로는 이 신문들 이외에 학보들도 있었다. 학보들은 대체로 1949년 출범한 학도호국단 문예부 명의로 발행되었다. 당시 발행된 학보로는 의대의 ≪의대(醫大)≫, 농대의 ≪농대(農大)≫, 치대의 ≪저경학보(儲慶學報)≫, 공대의 ≪불암산(佛巖山)≫, 농대 수의학부의 ≪목향(牧香)≫ 등을 들 수 있다. 이 가운데 ≪목향≫은 문예지로서의 성격이 강했다. 학보들 역시 한국전쟁으로 대부분 발행이 중단되었다.

● ≪대학신문≫의 창간

한국전쟁이 아직 완전히 끝나지 않은 1952년 2월 피난지 부산에서 ≪대학신문≫이 창간되어 현재까지 이어지고 있다. 이 신문은 1952년 1월 15일에 공보처의 인가를 받아 같은 해 2월 4일에 창간호를 발행했다. 창간 당시 최규남 총장이 발행 편집 겸 인쇄인이었고, 서항석이 주필을, 조풍연이 취재를 맡았다. 서항석은 극작가이자 언론인이었고, 조풍연도 일제 말기 문예지 ≪문장≫의 편집을 맡은 바 있는 기성 언론인이었다.

초창기 ≪대학신문≫에는 학생 기자가 없었다. 처음에는 제대로 된 사무실조차 없어 총장실 한구석에서 신문을 만들어야 했다. 이후 여러 곳을 전전하다가 서울로 돌아온 후 비로소 문리대 구내에 안정적인 사무실을 마련할 수 있었다.

≪대학신문≫은 창간 무렵에 전시 연합대학이 운영되고 있었으므로 서울대생만이 아니라 다른 대학 학생들까지 염두에 둔 범대학 신문의 성격을 띠었다. 그래서 이 신문은 지면 가운데 일부를 서울대 이외의 다른 대학들의 소식을 싣는 데 할애했고 서울대 학생뿐만 아니라 다른 대학 학생들에게도 배포했다. 초창기에 1만 부 정도를 발행했는데, 이 가운데 8000부 정도는 서울대 내에서 소화하고 나머지 2000부 정도는 다른 대학 학생들에게 배포했다.

≪대학신문≫, 창간호

≪대학신문≫은 창간호로부터 71호까지는 타블로이드판 4면으로 발행하고 72호부터는 대판(大版) 4면으로 확장했다. 신문의 제작비는 학생 납입금으로 충당했으므로 재정적인 어려움은 별로 없었다. 1953년에 한국전쟁이 끝나고 서울로 돌아온 후 서울대 이외의 다른 대학들도 제각기 자신의 신문을 발

간하기 시작했다. 이에 따라 ≪대학신문≫이 지녔던 범대학 신문으로서의 성격은 점차 약화되고, 서울대의 신문으로 자리 잡았다.

● 전후 학생언론의 재건

전쟁이 끝나고 서울대가 서울로 복귀하는 것을 전후해 학생언론도 재건되기 시작했다. 1951년에 이미 의대 학보 ≪의대≫가 속간한 데 이어 ≪상대평론≫과 ≪문리대학보≫가 1952년에 창간되었다. 다른 단과대학들도 속속 신문과 학보들을 창간했다.

≪문리대학보≫, 창간호

문리대에서는 1952년에 ≪문리대학보≫를 창간한 데 이어, 1957년에는 신문연구회가 ≪우리의 구상≫이라는 제목의 신문을 창간했다. 하지만 이것은 유근일 필화사건으로 말미암아 곧 폐간되고 말았다. 이 밖에 문리대 사회학과에서 1958년에 ≪사회학보≫를 창간했고, 문리대 의예과 학생들이 1960년에 ≪혈맥≫을 창간했다.

법대에서는 1954년에 ≪법대학보≫를 창간하고 상대에서는 1952년에 ≪상대평론≫이 창간한 데 이어 1958년에 신문 ≪상대월보≫를 창간했다. 사범대에서는 1954년에 학보인 ≪사대학보≫를 창간한 데 이어 1957년에 신문 ≪교우(敎友)≫를 창간했다. 사범대 여학생회도 1957년부터 회지 ≪청징(淸澄)≫을 발행했다.

농대에서는 1954년부터 신문 ≪농대신문≫과 학보 ≪상록≫을 발행하기 시작했다. 공대에서는 1952년에 학보 ≪불암산≫을 속간한 데 이어 1959년에 신문 ≪무영탑≫을 창간했다.

의대에서는 학보 ≪의대≫를 속간한 데 이어 1956년에는 신문 ≪함춘월보≫와 영자 신문 ≪News on Medicine≫을 창간했다. 치대에서는 한국전쟁으로 발행이 중단된 ≪저경학보≫의 뒤를 이어 1957년부터 ≪저경지(儲慶誌)≫를 발행했다. 약대에서는 1954년에 학보 ≪약원(藥苑)≫을 창간한 데 이어 1958

년에는 신문 ≪약대월보≫를 발행하기 시작했다.

이상에서 볼 수 있듯이 1950년대를 거치면서 ≪대학신문≫과 함께 단과대학별로 학생언론의 기틀이 마련되기 시작했다. 전체 서울대생을 대상으로 하는 ≪대학신문≫과는 별도로 단과대학에 따라 신문을 발간한 곳이 많았고, 대부분의 단과대학에서 잡지인 학보를 발간했다. 초창기 ≪대학신문≫은 학생기자가 아닌 전문기자에 의해 만들어졌기 때문에 학생들의 언론활동은 주로 단과대학을 중심으로 이루어졌다.

2. 4·19혁명으로 더욱 활성화된 학생언론

● 학생언론에도 영향을 미친 4·19혁명의 물결

4·19혁명을 계기로 하여 학생활동이 활성화되면서 학생들의 언론활동도 활발해졌다. 기존의 신문과 학보들이 제호를 변경하는 경우도 많았고, 새로 창간된 매체들도 있었다. 문리대에서는 4·19혁명 직후에 단과대학 신문인 ≪새세대≫를 창간했고, 1961년에는 영자지 ≪The Academy Tribune≫도 발행하기 시작했다. 새세대사는 1961년 4월 19일에 4월혁명 1주년을 맞아 문리대 학생회와 함께 기념강연회를 개최했다.

법대에서도 1960년 6월 15일에 ≪법대신문≫을 창간했다. 공대의 신문 ≪무영탑≫은 1960년 5월호부터 제호를 ≪서울공대≫로 바꾸어 발행했고, 사범대의 신문 ≪교우≫ 역시 이 무렵 제호를 ≪사대월보≫로 바꾸었다. 의대의 경우 한동안 발행이 중단되었던 단과대학 신문 ≪함춘월보≫를 속간했고, 문리대 치의예과 학생들은 1961년에 회지 ≪상아≫를 창간했다.

4·19혁명의 여파는 ≪대학신문≫에도 미쳤다. 교수들로 구성된 ≪대학신문≫의 편집위원회가 1960년 5월 2일에 자진 해산했다. 편집위원회는 편집국에서 제출한 제반 편집 계획을 심의해 통과시키는 기능을 담당했기에 마치 검열 기관과 같은 인상을 주고 있었다. 따라서 4·19혁명의 고조된 분위기 속

에서 편집위원회는 스스로 해산을 결의하지 않을 수 없었다. 이제 편집국장과 기자들이 편집권을 온전히 행사할 수 있었다.

≪대학신문≫은 출범할 당시 학생 기자가 아니라 전문기자의 손에 의해 만들어졌기 때문에 이에 대한 문제 제기가 일찍부터 이루어졌다. ≪대학신문≫이 학생들의 납입금으로 만들어지므로 학생들이 제작을 맡아야 한다는 정당한 주장이었지만, 곧바로 받아들여지지는 않았다. 그 대신에 1954년 9월 1일부터 학생기자제도가 부분적으로 도입되었다. 이로써 학생들이 ≪대학신문≫ 제작에 참여할 길이 열렸지만, 학생 기자에게 편집권이 온전히 주어진 것은 아니었다.

4·19혁명으로 이제 학생들이 ≪대학신문≫을 주도적으로 만들기 시작했다. 학생 기자의 편집권과 자율성이 확대되면서 ≪대학신문≫은 서울대생들의 공론장으로서 역할을 할 수 있었다. 아울러 서울대에서는 4·19혁명을 겪으면서 단과대학의 울타리를 넘어 서울대생이라는 통합된 자의식이 생겨나기 시작했다. ≪대학신문≫은 단과대학 간의 소통에 매개 역할을 하면서 새로운 자의식 형성에 힘을 보탰다.

- **≪대학신문≫과 단과대학 학보 체제로 개편되다**

4·19혁명 이후 ≪대학신문≫이 서울대 전체를 아우르는 신문으로 자리를 자 단과대학별로 발행하던 신문의 위상이 현저히 약화되었다. ≪대학신문≫

은 매주 발행된 데 비해서 단과대학 신문들은 한 달에 한 번 발행하는 것도 쉽지 않았다. 따라서 단과대학 신문은 속보성이라는 측면에서 ≪대학신문≫과 도저히 경쟁이 되지 못했다. 이에 따라 단과대학 신문들은 1960년대를 거치면서 점차 학보에 통합되거나 문예잡지로 바뀌었고, 그것도 아니면 아예 폐간되었다.

먼저 사범대에서는 1950년대에 학보 ≪사대학보≫와 신문 ≪교우(敎友)≫를 발행했다. 이 가운데 ≪교우≫는 1960년 이후 ≪사대월보≫를 거쳐 ≪사대신문≫으로 제호가 바뀌었다. ≪사대신문≫은 1963년에 이르면 더는 발행이 어려워지면서 53호를 종간호로 폐간했다. 하지만 ≪사대신문≫이 그냥 사라진 것은 아니었다. 그것은 1963년에 학보 ≪사대학보≫와 통합해 ≪청량원≫으로 재탄생했다. 4·6배판으로 60페이지 정도 분량의 월간지인

사범대 학보 ≪청량원≫

≪청량원≫은 사대신문사의 조직과 시설을 그대로 인수했고, 1965년에는 영자신문 ≪The Collegian≫도 흡수했다. ≪청량원≫은 영자신문을 흡수한 뒤 권말에 약 10쪽 이상의 영문 기사를 수록했다.

공대의 경우 1950년대에 학보 ≪불암산≫과 신문 ≪무영탑≫을 발행했다. 이 가운데 ≪무영탑≫은 4·19혁명 직후인 1960년 5월에 ≪서울공대≫로 제호를 바꾸었다. ≪서울공대≫는 1965년에 학보 ≪불암산≫에 통합되어 ≪서울공대≫로 재탄생했다. 학보 ≪서울공대≫는 4·6배판으로 월 1회 발행했는데 학내 뉴스, 학술논문, 학생 작품 등을 수록했다.

농대의 경우 1950년대에 학보 ≪상록≫을 연 1회, 신문 ≪농대신문≫을 월 1회 발행했다. ≪농대신문≫은 1966년에 학보 ≪상록≫에 통합되어 학보 ≪상록≫으로 재탄생했다. 통합된 학보 ≪상록≫은 4·6배판 60면 정도의 분량으로 한 달에 한 번 발행했다.

문리대의 경우 1950년대에 학보 ≪문리대학보≫를 발행했고, 4·19혁명 이

후 신문 ≪새세대≫를 창간했다. 문리대에서는 앞의 세 단과대학과 달리 학보와 신문의 통합은 없었고, ≪새세대≫는 1965년에 일방적으로 폐간되었다. 그 대신에 1967년에 ≪형성≫이 창간되어 ≪문리대학보≫와 함께 발행되었다. ≪형성≫이 폭넓은 학문 분야를 포괄하며 문리대생 상호 간의 의사소통과 대화의 광장으로 기능하는 종합지의 성격을 띠었다면, ≪문리대학보≫에는 주로 학술적인 논문들이 수록되었다.

농대 학보 ≪상록≫

상대 신문 ≪상대월보≫도 1967년 무렵 계간지 ≪상대평론≫에 통합되었고, 법대에서는 4·19혁명 직후 창간한 ≪법대신문≫이 계간지 ≪피데스≫로 개편되었다. 의대의 ≪함춘월보≫는 1964년에, 1963년에 창간된 치대의 ≪치대신문≫ 역시 1966년에 폐간되었다. 이렇게 단과대학들의 신문이 학보에 통합되거나 폐간되면서 서울대의 학생언론은 전체 서울대생을 대상으로 하는 ≪대학신문≫과 함께 각 단과대학별로 잡지인 학보를 발행하는 체제로

문리대 학보 ≪형성≫

개편되었다. 이는 서울대학교의 종합화가 학생언론이라는 측면에서도 진전되고 있음을 보여주는 것이다.

● 학생회로부터의 독립을 추구하다

1950년대에 단과대학의 학보는 학도호국단 문예부를 통해서 발행되었다. 4월혁명 이후 학도호국단이 해체되었지만, 학생언론은 새로 만들어진 학생회로부터의 독립을 추구했다. 사범대의 신문 ≪교우≫는 1960년 6월에 제호를 ≪사대월보≫로 바꾸면서 학생회로부터 독립된 신문으로의 개편을 추진했다. 4·19혁명 직후 창간한 ≪법대신문≫ 역시 마찬가지로 학생회로부터 독립

을 추구했다.

문리대 신문 ≪새세대≫의 경우 학생회와의 관계를 둘러싸고 약간의 마찰을 빚었다. ≪새세대≫는 4·19혁명 직후에 창간했는데, 새로 만든 학생회칙에는 ≪새세대≫와의 관계가 명확히 규정되어 있지 않았다. 1962년에 들어 새세대사가 학생회에 예산을 신청했지만, 학생회는 회칙에 근거 규정이 없다는 이유로 거절했다. 이 때문에 ≪새세대≫는 휴간을 할 수밖에 없었다. 결국 문리대 대의원회가 학생회칙 개정안을 마련했지만 정족수를 채우지 못해 여러 차례 유회되다가 1962년 11월 12일이 되어서야 비로소 개정안을 통과시켜 ≪새세대≫는 예산 지원을 받을 수 있었다.

문리대의 개정 학생회칙은 ≪새세대≫가 사칙(社則)에 따라 독자 운영을 할 수 있도록 승인했지만, 이 사칙은 문리대 대의원회의 심의를 거치도록 했다. 또한 개정 학생회칙은 '지도위원회는 교수회의에서 선정한 문리대 교수로 구성하되 학생회 전반과 ≪새세대≫에 대한 고문역을 담당한다'고 규정했다. 이렇게 ≪새세대≫는 예산 지원을 받기 위해 부득이하게 학생회 산하로 들어갈 수밖에 없었다. 하지만 운영의 자율성은 보장받았다.

≪새세대≫의 경우가 보여주듯이 예산 문제는 학생언론의 아킬레스건이라고 할 수 있다. 학생회를 포함해 외부로부터의 완전한 독립을 누리려면 독자적으로 예산을 확보하는 것이 관건인데, 이것이 쉽지 않았다. 당시 학생들이 제작한 매체 가운데는 ≪새세대≫처럼 돈을 받고 판매하는 유가지도 더러 있었지만, 이 경우에도 판매 대금은 제작비를 충당하기에 턱없이 모자랐다. 학생회와 별도로 출범한 여러 단과대학 신문이 학보와 통합을 하거나 폐간한 것도 결국은 돈 문제였다.

단과대학의 학보사들은 학보의 발간 외에도 다채로운 활동을 전개했다. 농대의 상록학보사는 상록문화상을 제정해 해마다 시상했다. 1966년 제4회 상록문화상은 김성수(농림활동 부문)·이광영(학생 그룹 활동 부문)·황건식(야학과 농촌활동 부문)·서둔야학(단체상) 등에 돌아갔다. 상록학보사는 학과 대항 심포지엄을 주최하기도 했다.

사범대의 청량원사는 해마다 고등학교 문예 콩
쿠르를 주최했다. 치대의 치대신문사도 저경문화
상을 제정해 해마다 시상했다. 이렇게 단과대학의
학보사들은 학보 발간이라는 학생언론의 고유한
역할뿐만 아니라 단과대학 내의 문화센터로서의
역할도 함께 수행했다.

상록문화상 관련 기사

3. 학생언론에 대한 통제와 저항

● 일찍부터 시작된 검열과 통제

학생언론에 대한 검열과 통제는 일찍이 1950년대부터 시작되었으며 5·16
군사정변 이후 더욱 강화되기 시작했다. 학생언론에 대한 통제의 첫 번째 대
상이 되었던 것은 ≪대학신문≫이었다. 당시 ≪대학신문≫은 일개 학내 매체
의 위상을 넘어 사회적으로 상당한 정치적 영향력을 행사했으며, 그런 만큼
엄격한 사전검열의 대상이 되었다. ≪대학신문≫이 검열의 표적이 된 대표적
인 사례로는 1956년 5월 28일 자에 실린 대통령 선거에 관한 특집기사를 들
수 있다. 특집으로 실린 일부 교수의 글이 과격하다는 이유로 수정한 후에야
비로소 배포될 수 있었다. 이러한 배포 중지 사태는 이후에도 여러 차례 발생
했다.

1960년대 들어 학생언론에 대한 검열과 이에 따른 필화사건이 잇달아 발
생하기 시작했다. 필화사건에 가장 많이 휘말린 매체는 문리대 신문 ≪새세
대≫였다. 1962년 5월 초에 나온 ≪새세대≫ 제36호의 기사 때문에 편집인과
담당 기자가 경질되었고, 제37호는 사설도 없이 발행되었다. 이 사건으로 반
년 가까이 편집인과 기자 일을 하던 김호준과 김정남이 물러나고, 그 대신에
김주연과 김승옥이 임명되었다.

≪새세대≫는 1964년에도 필화사건에 휘말렸다. 이번에는 11월 23일에 발

행된 제62호에 실린 기사가 문제가 되었다. 당시 이 신문에는 '이것이 내 조국이다'라는 제목의 고정란이 있었다. 여기에 "허기진 민의(民意)"라는 제목으로 양동 밀국수 급식소 이야기가 사진과 함께 기사화되었는데, 한국 사회의 어두운 측면을 다루었다고 해서 문제가 된 것이었다. 신문의 발행인인 문리대 학장은 배포 금지 조치를 취하는 한편, 발행인의 사전검열을 받지 않았다는 이유로 주간인 심재수를 2주간의 유기정학에 처했다.

≪새세대≫의 수난은 이것으로 끝나지 않았다. 이후 4개월 동안 정간이 지속되었고, 이듬해 4월에 복간 신청을 했지만 학교 당국은 차일피일 미루었다. 이에 따라 편집위원들이 '새세대복간투쟁위원회'를 조직해 서명운동을 벌였다. 교수 5명으로 구성된 지도위원회에서는 이 신문이 학생회와 유리되어 있는 점을 지적하면서 학생회 문예부에 소속시키기로 결정했다. 이와 아울러 복간을 위해 서명운동을 벌인 두 학생에게 무기정학 처분을 했다.

학교 당국이 ≪새세대≫에 대해 이렇게 강경한 조처를 취한 것은 이것이 당시 들끓고 있던 한일협정 반대운동에 앞장선 '불온한' 매체로 지목을 받았기 때문이다. 공안 당국은 김정강을 한일협정 반대운동을 배후 조종한 인물로 지목하고 수배했는데, ≪새세대≫ 기자 권명희가 그와 연루되어 있다는 의심을 받았다.

한일협정 반대운동이 한참 달아오르던 1964년 5월 4일 자 ≪동아일보≫는 ≪새세대≫가 학생들의 뜻을 대변한다고 보고 "학원의 순수성과 자유"라는 제목의 ≪새세대≫ 제55호 사설을 그대로 옮겨 실었다. ≪새세대≫는 이렇듯 한일협정 반대운동에 앞장선 신문으로 주목을 받았기 때문에 결국 1965년을 채 넘기지도 못하고 문을 닫아야만 했다.

1970년대 들어 학생언론에 대한 검열과 통제는 더욱 강화되었다. 검열로 학보 발간이 지연되는 사태가 잇달아 발생했다. 1970년 11월에는 발행 예정이던 문리대 학보 ≪형성≫ 여름호가 학교 당국과의 이견으로 배포되지 못했다. 문제가 된 것은 후진국사회연구회가 작성한 빈민촌 실태조사 보고서인 "서울시 판자촌 형성과 이농현상"이라는 글이었다.

이듬해인 1971년에는 사범대 학보 ≪청량원≫도 수난을 겪었다. 교련 반대 시위의 과정에서 1971년 4월 14일 사범대 구내에 경찰이 난입한 사건에 대한 진상 보고서가 ≪청량원≫ 제81호에 실린 것이 문제가 되었다. 학교 당국은 이를 문제로 삼아 발행을 허가해 주지 않았다. 편집진은 이 보고서를 삭제하고 그 부분을 백지로 하여 인쇄할 수 있도록 해달라고 호소했지만 받아들여지지 않았다.

1972년에는 농대에서 문제가 발생했다. 편집장 안영수가 학생과에서 내린 배부 금지 지시를 어기고 ≪상록≫ 제85호를 배포했고, 이로 말미암아 6개월 간 근신 처분을 받았다. 이해에는 ≪상록≫뿐만 아니라 문리대의 ≪형성≫과 교양과정부의 ≪향연≫ 등 여러 학보의 발간이 지연되거나 기사가 삭제된 상태로 발행되었다.

● 언론 자유 수호를 위한 투쟁

학생언론에 대한 검열과 통제가 자행되자 학생들은 언론 자유를 수호하기 위한 투쟁을 전개하기 시작했다. 박정희 정권이 1964년 9월 언론윤리위원회법의 제정을 추진하자 서울대를 비롯한 시내 9개 종합대학 신문기자들은 이법을 위헌적인 악법으로 규정하고, 철폐를 위해 끝까지 투쟁하기로 결의한바 있다. 기자들은 박정희 정권이 당시 끓어오르고 있던 한일협정 반대운동을 제압하기 위해 이 법의 제정을 추진한 것으로 판단하고 반대했다.

언론 자유의 수호를 위한 학생언론의 투쟁은 1970년대 들어 더욱 고조되었다. 1971년 5월 17일에 전국대학언론인협회가 결성되어 '대학언론헌장'을 제정했고, 서울대언론인협회는 같은 해 6월 23일 성명을 발표해 '학생간행물 발간규정'의 수정을 요구했다.

서울대언론인협회는 이 성명을 통해 학내 사태로 ≪형성≫ 편집장 이흥수와 전임 편집장 유영표가 부당한 징계처분을 받은 점과 3개월 이상 원고 검열을 지연시켜 ≪형성≫이 발간되지 못한 점에 대해 항의했다. 이 협회는 이런 현상이 문리대에만 국한되지 않고 서울대 전체에 걸쳐 일상화되었다고 주장

> ## 대학언론헌장
>
> 대학 사회가 형성되어 대학이 제 기능을 다하려면 대학 언론은 대학 사회에서의 문제를 제기하고, 대학 사회가 나아갈 방향을 보여주고, 대학 문화의 형성을 위해 노력해야 한다. 한편 그러한 사명의 실천에 있어서는 대학의 자유가 그 전제로 되어야 하고, 대학 언론은 대학의 자유, 학문의 자유를 침해 제한하는 어떠한 세력도 용납할 수 없으며 이로부터 대학을 보호해야 한다. ……
>
> 1. 대학 언론은 대학인의 것이다. : 대학 언론의 최고 독자는 학생이므로 그것은 학생의 언론, 학생을 위한 언론이어야 하며, 학생에 의해 제작되어야 한다.
> 1. 대학 언론은 대학 사회를 대변하고 대학 사회가 지향해야 할 창조적 이념을 제시한다.
> 1. 대학 언론은 아카데미즘과 저널리즘의 조화를 꾀한다. : 대학 언론은 학문과 연구를 위한 아카데미즘과 함께 사회 현상을 보도 해설 비판하는 저널리즘의 기능도 병행해야 한다.
> 1. 대학 언론이 그 사명을 다하기 위해서는 먼저 대학의 자유, 학문의 자유가 보장되어야 한다.
>
> 1971년 5월 11일 전국대학언론인협회

하면서 학생언론을 옥죄는 '학생간행물발간규정'의 폐기나 수정을 요구했다.

서울대언론인협회가 수정을 요구한 구체적인 내용은 다음과 같다. 우선 학생간행물의 발행인은 학생 대표로 하고, 특별한 사유가 없는 한 소속 학장은 학생 간행물의 발행을 허가해야 하며, 학생 간행물의 편집은 학생편집위원의 재량에 맡기고 자문위원은 학생편집위원의 자문에만 응하도록 해야 한다는 것이다. 하지만 이런 요구에 대한 응답은 같은 해 10월 15일의 위수령 발동과 이에 뒤따른 '학생간행물발간규정'의 강화였다.

● '지하신문'을 발행하다

이렇게 검열의 칼날로 학보들이 제구실을 하지 못하자 이를 대신하는 매체가 등장하기 시작했다. 이는 공식적으로 등록되어 사전검열을 거쳐 발행된

≪대학신문≫이나 단과대학 학보 이외의 여러 비공식 매체들이 출현한 것이다. 이러한 비공식 매체의 발행자는 다양했다. 그 가운데는 몇몇 사람이 힘을 합쳐 발행한 동인지나 학회가 발행한 학회지도 있었다. 학생회에서 발행하는 경우도 있었다. 대표적인 매체를 살펴보면 다음과 같다.

≪자유의 종≫은 제호가 말해주듯이 법대에서 '자유의 종 동인회' 명의로 1970년부터 발행되었다. 이 동인회의 대표자는 처음에는 원정연이다가 뒤에 이신범으로 바뀌었다. 손으로 직접 써서 등사판으로 인쇄했고, 모두 4면으로 이루어졌다. 수록된 기사들은 당시 큰 이슈인 교련거부운동과 관련한 것이 많았지만, 이 밖에도 농촌 가계의 경제적 여건 악화 문제 등 정치·경제·사회문제 전반에 걸쳐 폭넓게 다루었다. 심지어는 다방에서 일본

≪자유의 종≫, 제3호

가요를 공공연히 틀어주는 세태를 개탄하는 기사도 실려 있었다.

≪의단(議壇)≫은 1971년 9월 22일부터 문리대 대의원회의 명의로 발행되었다. 발행인은 대의원회 의장 김재홍이었다. 이 신문도 등사판으로 인쇄했고 4면으로 이루어졌는데, 2호까지만 발행되었다. "학도군사교육교관단장을 추방하자"라는 기사처럼 교련 반대운동과 관련된 기사가 많았지만, 실미도 사건에 대한 폭로기사 등 사회 전반에 걸쳐 다양한 기사를 실었다. 기타 학내 소식도 싣고 문리대 소속 서클을 소개하는 난도 있었다.

≪전야≫는 1971년 9월에 문리대 언론준비위원회 명의로 발행되었다. 이것 역시 등사판으로 인쇄되었으며, 4면으로 이루어졌다. 보도기사가 주를 이루던 ≪의단≫과는 달리 '한국자본주의 발달사'를 비롯해 연재된 심층 분석 기사가 많았다.

이렇게 비공식적으로 간행하던 신문들은 1971년 10월 15일 발동된 위수령으로 불벼락을 맞았다. 당시 공안 당국은 13개 간행물을 강제로 폐간시켰는

데, 그 가운데는 ≪자유의 종≫을 비롯해 서울대에서 나오던 간행물 6종이 포함되었다. 전술한 3종 이외에 나머지는 교양과정부 사회법학회의 ≪새벽≫, 교양과정부 사회과학연구회의 ≪횃불≫, 향토개척단의 ≪향토개척≫ 등이었다.

당국은 이 매체들에 불온한 이미지를 씌우기 위해 '지하신문'이라고 불렀다. 하지만 이것들은 발행 주체가 분명하고 학내에서 공공연하게 배포된 간행물이었다. 단지 사전검열을 피하기 위해 학교 당국에 공식적으로 등록을 하지 않은 미등록 매체였을 뿐이다.

≪의단≫, 제1호

4. 관악캠퍼스 시대의 학생언론

● 관악캠퍼스 시대의 개막과 학생언론의 개편

관악캠퍼스 시대를 맞이해 서울대 학생언론도 상당한 변화를 겪어야만 했다. 교육 기구 개편에 따라 문을 닫는 학보사도 생겨났다. 긴급조치 9호 시대를 맞아 언론의 자유는 말살되었으며 학생들은 유인물로 이에 맞섰다.

서울대는 1975년에 관악캠퍼스로 이전해 대부분의 단과대학들이 단일한 캠퍼스로 모이게 되었다. 공대 역시 5년 뒤인 1980년에 합류했다. 그리고 서울대는 캠퍼스 이전과 함께 교육 기구도 개편했다. 문리대가 인문대·사회대·자연대로 분리되고, 상대의 경제학과는 사회대에 합류하고 경영학과는 경영대로 독립했다. 교양교육을 인문대·사회대·자연대 등 새로 만들어진 기초학문대학이 맡으면서 교양과정부도 폐지되었다.

대학 편제의 변화는 학생언론에도 영향을 미쳤다. 먼저 문리대의 ≪형성≫과 ≪문리대학보≫, 상대의 ≪상대평론≫, 교양과정부의 ≪향연≫ 등이 캠퍼스 이전을 앞두고 종간호를 발간하면서 문을 닫았다. 그리고 신설 단과대학의 학생들은 학보를 새로 창간해야 했다.

관악캠퍼스로 이전한 직후인 1975년 3월 22일에 8개 단과대학과 교양과정부 및 총여학생회 학보 편집위원 50여 명이 대학언론자유실천선언대회를 개최하고 총장에게 보내는 건의서를 채택했다. 여기에는 ≪형성≫·≪상대평론≫·≪향연≫ 등 종간된 학보의 편집위원들도 참석했다. 이 모임은 종합화에 따른 학생언론의 개편에 대한 입장을 밝히기 위한 것이었다. 이들이 결의한 내용은 다음과 같다.

첫째, 기존의 학칙과 학생회칙은 위수령 아래에서 타율적으로 제정된 것인 만큼 비민주적이고 비자율적인 독소조항의 제거를 위해 노력한다. 둘째, 학보 발행에서 편집위원회의 자율권을 침해하는 어떠한 간섭 행위도 배제한다. 셋째, 지도라는 명목하에 자행되는 원고 검열과 편집의 부당한 간섭은 지양되어야 한다. 넷째, 편집장 회의는 학내 여론의 활성화를 위해 공식 기구화해야 한다. 다섯째, ≪대학신문≫은 더 과감하게 학생의 의사를 보도하기 위해 편집권을 학생 기자에게 대폭 이양해야 하며, 편집의 자율성은 제도적으로 보장해야 한다.

편집위원들은 총장에게 각 단과대학별 학보의 계속적 발간을 제도적으로 보장하고, 상호 간 정보 교환과 범대학적인 통합지 발간을 위해 상설편집장회의를 공식 기구로 승인하며, 계속적인 편집활동을 위해 편집실을 배정하고, 단과대학 학보는 연 2회, 종합지는 연 1회 발간할 수 있도록 재정적으로 배려를 해줄 것을 건의했다.

즉 종합화 이후에도 단과대학별로 학보의 전통을 이어갈 수 있도록 할 것이며, 학보사 연합체인 상설편집장회의를 제도화하여 종합화에 따른 범대학적인 통합지의 발간을 맡겨달라는 것이 건의의 요지였다. 하지만 이러한 건의는 전혀 받아들여지지 않았다. 오히려 긴급조치 9호의 발동과 함께 학생회가 해체되면서 학생언론에도 그야말로 찬바람이 몰아닥쳤다.

● 학도호국단에 의해 발행된 통합 교지 ≪서울대≫

박정희 정권은 1975년 5월 13일에 긴급조치 9호를 발동했다. 이것은 유신헌법에 대한 반대 행위뿐만 아니라 심지어 이를 보도하는 것 자체의 금지를 규정했기 때문에 언론 자유에 대한 침해를 넘어 그 존재 자체를 부정하는 것이었다. 긴급조치 9호가 발동한 지 사흘 만에 학생회와 대의원회의 구성이 금지되었고, 다시 나흘 뒤인 5월 20일에는 '학도호국단설치령'이 발표되었다. 그리고 서울대는 이 법령에 따라 6월 30일에 학도호국단 발대식을 거행했다.

과거 학생회에 소속되어 있던 단과대학 학보사들은 이러한 사태에 직면해 학보 발행을 중단할 수밖에 없었다. 그리고 이제 유신정권이 부활시킨 학도호국단에 의해 통합 교지 발간이 추진되었다. 앞서 보았듯이 여러 학보의 편집위원들은 1975년 3월 22일에 상설편집장회의를 제도화해 통합 교지의 편집과 발행을 맡도록 해달라고 총장에게 건의한 바 있다. 학교 당국은 이를 받아들이지 않았을 뿐만 아니라, 한술 더 떠서 기존의 학보편집위원들과는 상관없이 학도호국단이 통합 교지의 편집진을 직접 구성하도록 했다. 학도호국단은 1975년 11월에 전형을 거쳐 11명의 편집진을 선발했다.

이렇게 구성된 통합 교지 편집진은 1976년 1월부터 편집회의를 시작하여 같은 해 6월에 창간호를 발행했다. 통합 교지의 이름은 ≪서울대≫로 정했다. 하지만 학도호국단이 발행한 ≪서울대≫는 학생들로부터 아무런 성격 없는 무미건조한 교지라는 싸늘한 시선을 받아야 했다.

교지 ≪서울대≫, 창간호

≪서울대≫ 제2호는 1979년 2월에 발행되었다. 그사이에 각 단과대학 학보 편집실의 추천을 받아 학교 당국이 임명하는 것으로 편집위원회의 구성 방식이 바뀌었다. 따라서 편집진은 창간호 발간 당시에 비해 크게 개선되었다고 볼 수 있다.

학도호국단의 외피를 쓴 ≪서울대≫도 검열의 손길은 피할 수 없었다. 제2

호의 특집은 '근대화와 민족주의'였는데, 제3세계의 급진적 민족주의와 종속 이론을 다룬 특집 원고의 상당 부분이 검열에 걸려 삭제되었다.

한편 학도호국단 산하 총여학생부는 종합지 ≪여울≫을 발간했다. ≪여울≫ 은 1968년에 창간되었는데, 당시의 발간 주체는 총여학생회였다. 이후 발간 주체는 총학생회의 여학생부를 거쳐 학도호국단 여학생부로 바뀌었다. 하지 만 ≪여울≫은 1977년 2월에 제7호를 발간하는 것으로 종언을 고했다.

● 강화된 학생간행물발간지침

박정희 정권은 학보를 비롯한 학생 간행물에 대한 통제를 더욱 강화했다. 우선 학도호국단이 만들어지면서 기존의 학보 편집실들을 학도호국단 산하 조직으로 흡수했다. 서울대 당국은 1976년 4월 1일에 '학생간행물발간지침'을 확정했다. 이 지침은 학생 간행물의 종류를 총호국단지, 제대지(梯隊誌), 과회 지로 구분하고, 총호국단지와 각 단과대학 제대지의 발행인은 각각 총장과 학장이 맡고 과회지의 발행인은 당해 학과장이 맡도록 했다.

이 지침에 따르면 간행물의 편집, 인쇄, 배포의 전 과정에서 총장 또는 학장 이 임명한 2인 이상의 지도위원의 지도감독을 받아야 했다. 또한 발간과 배포 를 위해서는 사전에 총장의 승인을 받아야 했다. 편집 학생은 이수 성적 평점 평균이 2.3(C+) 이상으로 징계처분을 받은 사실이 없어야 했다. 또한 학생 간행 물에 수록하는 내용도 전공과 관련된 학술 논문으로 범위를 제한하도록 했다.

이러한 지침 내용은 3월 22일 학보 편집위원들이 건의한 것과는 정반대였 다. 학생언론의 자율성을 확대하기는커녕 그것을 숨 쉴 틈도 없이 옥죄는 것 이었다. 따라서 이후 단과대학 학보들은 크나큰 어려움에 직면하지 않을 수 없었다.

● 학생언론, 사실상 마비되다

'학생간행물발간지침'이 확정된 뒤에 단과대학 학보 편집실들이 맞닥뜨린 첫 번째 어려움은 편집진 인준 문제였다. 앞에서 보았듯이 '지침'은 편집 학생의 자격 조건을 매우 엄격히 정했기 때문에 편집진을 구성하기 어려웠다. 인문대, 사회대, 자연대처럼 종합화 과정에서 새로 만들어진 단과대학의 경우 아예 새로 학보 편집실을 구성해야 했기 때문에 이 문제가 더욱 심각했다.

인문대의 경우 당초 문리대 시절의 《형성》 편집위원을 중심으로 새로운 학보 편집진을 구성했다. 하지만 이렇게 구성한 편집진이 1976년 1학기까지 학교 당국의 인준을 받지 못해 학보 발간이 무산되었다. 결국 과대표들을 중심으로 학보발간추진위원회를 다시 구성했으나 중간에 과대표들이 위원직을 사퇴하는 바람에 어려움을 겪었다. 1976년 2학기 들어서야 비로소 가까스로 다시금 편집진을 구성할 수 있었다. 하지만 이번에는 '지침'에 저촉되는 학생이 있어서 인준이 1976년 9월 말까지 지체되었다. 사회대도 인문대와 비슷한 이유로 1976년 9월 말까지 편집진 인준을 받지 못한 상태였다.

예산상의 어려움도 적지 않았다. 단과대학 학보들은 1976년 4월 '지침'에 따라 학도호국단 산하의 제대지(梯隊誌)가 되었다. 학보들은 '지침'이 확정되기 전까지는 제도적 위상을 부여받지 못하고 있었다. 학도호국단 산하에 들어간 뒤에도 1976년 2학기까지는 학보 발행을 위한 예산을 지급받지 못했다. 그리하여 단과대학에 따라서는 과대표를 통해 학생들에게 학보 제작을 위한 비용을 거두기도 하고, 동문들의 도움을 받기도 했다. 또 광고를 게재해 광고비로 인쇄비를 충당하기도 했다.

학보의 편집 방향을 둘러싸고도 학교 당국과 의견 차이가 있어 어려움을 겪어야 했다. '지침'에 따르면 학보에는 전공 논문만 실을 수 있는데, 학보 편집진은 대부분 그럴 경우에 사고의 편협성을 유발할 수 있다고 우려했다. 단과대학에 따라서는 학보 편집진이 학교 당국과 심각한 마찰을 빚기도 했다.

법대의 경우 1978년 10월에 《피데스》 제24호를 발행했는데, 특집 원고 가운데 일부가 부적합하다고 삭제되어 나머지 원고

□ 편집의 막바지에 筆者召還, 團體長連席會議 등 긴장이 감돌았던 編輯室이 24號 發刊을 決定함으로 고비를 넘기게 되었다. '상처뿐인 榮光"이라더니, 苦樂을 같이 해 온 同僚들이 그런대로 몸성히 떠나게 되었으니 一面 多幸이다. 다만 前 編輯長 金兄과는 이 자리를 같이 하지 못하게 되었다.

《피데스》 제24호의 후기

로만 학보를 출간했다. 당초 ≪피데스≫ 제24호는 '법과 근대화' 및 '한일 관계의 재조명'이라는 두 주제를 특집으로 다루었는데, 여기에 해당하는 여덟 꼭지의 원고 가운데 다섯 꼭지가 삭제되고 단 세 꼭지의 원고만 살아남았다. ≪피데스≫는 1976년에도 일부 원고가 삭제된 채 발행되는 바람에 학생들이 수령을 거부하는 소동이 빚어진 바 있다.

가정대의 ≪아람≫도 1978년에 비슷한 일을 겪었다. 인문대의 ≪지양≫과 사회대의 ≪사회대평론≫도 같은 문제로 1970년대가 끝날 때까지 창간호조차 내지 못했다. 나머지 단과대학의 경우에도 간기를 제대로 맞추어 학보를 발행하는 일은 엄두조차 내기 어려웠다. 이 무렵 ≪대학신문≫도 제 구실을 하지 못했으니, 학생언론이 사실상 마비된 상태라고 해도 과언이 아니었다.

● 막을 올린 지하 유인물 시대

이렇듯 학도호국단 체제가 자리 잡으면서 학생언론이 온통 마비되어 버리자 학생들은 이에 맞서서 직접 행동에 나섰다. 학생들이 직접 유인물을 제작해 학교 안팎에 뿌리기 시작했다. 바야흐로 지하 유인물 시대가 찾아온 것이다.

긴급조치 9호는 유신체제를 반대하는 행위뿐만 아니라 심지어 이러한 행위를 보도하는 것 자체까지 금지시켰다. 학내에서 아무리 유신체제에 반대하는 집회와 시위를 요란하게 벌여도 일간지는 물론이고 ≪대학신문≫에도 단한 줄도 실리지 않는 실정이었다. 학내에서 벌어지는 시위는 그나마 직접 두 눈으로 목격할 수 있지만, 다른 대학들에서 벌어지는 시위는 신문과 방송을 통해서는 그것이 일어났다는 사실조차 알 수 없었다.

이제 사람들은 세상 돌아가는 것을 입에서 입으로 전하는 소문을 통해서만 알 수 있었다. 긴급조치 9호는 이러한 소문을 전하는 행위까지도 '유언비어'라는 죄목으로 처벌했다. 당시 사람들은 이러한 소문들을 일컬어 '유비통신' 혹은 '카더라통신'이라고 부르면서 여느 일간지보다 더 신뢰했다.

이렇게 모든 정보로부터 차단된 시대였기에 유신체제에 맞서기 위해서는 무엇보다 먼저 정보를 전파하는 것이 급선무였다. 지하 유인물이 그 역할을 맡았다. 당시 지하 유인물을 제작해 살포하는 일은 매우 위험했기 때문에 시위를 주동하는 일과 마찬가지로 주로 언더서클 회원들이 도맡아 실행했다.

지하 유인물의 제작을 위해서는 제대로 된 인쇄 시설을 이용할 수 없었기에, '가리방'이라고 부르던 수동식 등사기를 이용해 찍어내는 것이 보통이었다. 철필로 등사원지에 글씨를 쓴 후 잉크를 묻힌 롤러로 등사판을 밀어서 한 장씩 찍어내야 했기에 품이 많이 들어갔다. 유인물(油印物)이라는 말도 이러한 인쇄 방법에서 유래했다. 일부 유인물 팀에서는 윤전등사기를 사용해 한꺼번에 다량의 유인물을 인쇄하기도 했지만 이는 매우 예외적인 일이었다.

당시 지하 유인물은 배포 대상지를 기준으로 학내 유인물과 학외 유인물로 나눌 수 있다. 학내 유인물은 아침 일찍 등교해 과사무실이나 휴게실·화장실 등을 돌면서 뿌렸다. 가능하면 다른 학생들과 마주치지 않도록 학생들이 등교하기 전에 배포를 마쳐야만 했다. 설령 다른 학생과 마주치더라도 서로 모른 척하는 것이 관행이었기에 크게 위험하지는 않았다. 하지만 학교 경비원과 밤새도록 교내 요소요소를 지키고 있던 경찰들은 신경을 써야만 했다.

이에 비해 학교 바깥에서 유인물을 뿌리는 일은 매우 위험했다. 그래서 안전하게 뿌리는 방법을 찾기 위해 머리를 짜내야 했다. 대표적인 예로 만원 버스에 탑승해 하차하기 직전에 버스 천장 환풍구를 통해 유인물 뭉치를 버스 지붕 위에 올려놓고 내리는 방법을 들 수 있다. 그러면 버스가 출발하면서 자동적으로 유인물이 길거리에 뿌려졌다. 지하철역 플랫폼에서 전동차가 출발하기 직전 차 안에 유인물을 던져 넣고 도망치는 방법도 있었다.

그럼에도 위험 요소는 곳곳에 도사리고 있었다. 따라서 유인물 팀은 제작팀과 배포 팀을 분리했고, 각기 점조직식으로 운영해 설령 유인물을 뿌리다가 한 사람이 잡혀 들어가도 피해가 최소화될 수 있도록 했다.

이 무렵 학생들이 즐겨 읽은 책 가운데 하나로 『아무도 미워하지 않는 자의 죽음』을 들 수 있다. 이 책은 제2차 세계대전 당시 독일 뮌헨에서 반나치운동을 벌이다 처형당한 백장미단이라는 대학생조직의 이야기를 담고 있다. 백장미단은 공습을 틈타 반전유인물을 살포하고 공공장소에 낙서를 하는 방식으로 저항했다. 긴급조치 9호 시대에 마음을 졸이면서 지하 유인물을 배포하던 한국의 학생들에게 이러한 백장미단의 투쟁은 마치 자신의 일처럼 느껴졌던 것이다.

5. 다시 찾아온 학생언론의 암흑시대

● 서울의 봄을 맞아 잠시 되살아난 학생언론

1979년 10월 26일 박정희 대통령이 김재규 중앙정보부장에게 살해되면서 유신체제는 스스로 무너져 내렸다. 이듬해 서울대에도 '서울의 봄'이 찾아왔으며 학생언론도 활기를 되찾았다. 하지만 '서울의 봄'은 그리 오래가지 않았다. 5·17군사정변과 함께 학생언론에는 다시금 암흑시대가 찾아왔던 것이다.

'서울의 봄'을 맞이해 단과대학의 학보 편집실들은 그동안 미루어두었던 학보를 잇달아 발간하기 시작했다. 치대 편집실은 1980년 3월 5일에 학보인 《치원》 제9호를 발행했다. 《치원》은 1975년 이후 발행이 중단되었는데, '서울의 봄'을 맞이해 곧바로 9호를 발행했다. 의대에서는 3월 12일 단과대학 신문 《함춘월보》를 창간했다. 창간호는 타블로이드판 4면으로 이루어졌고, 한 달에 한 번씩 발행할 예정이었다. 약대 학보 《약원》 제22호는 1980년 1월에 나왔는데, 학도호국단이 여전히 살아 있을 때여서 교수들의 논문이 대부분을 차지해 학생들의 불만을 샀다.

농대 편집실은 시대 상황을 반영해 '학생회 부활일지', '학생회장 선거유세', '대의원회의 결성과정' 등 당시 한창 진행 중인 학원자율화 과정을 생생히 보여주는 내용을 수록한 학보 《상록》 제95호를 3월 26일 발행했다. 또한 이때까지 창간호도 내지 못하던 인문대의 《지양》과 사회대의 《사회대평론》은 정규 창간호를 내기에 앞서 '시평'이나 '시론'이라는 제목의 소책자를 서둘러 간행했다. 당시 발행된 《지양시평》과 《사회대시론》은 신입생을 위한 특집호로서 성격을 띠었다.

> ## 학원정상화를 위한 제언
>
> 1. 편집의 자율권을 침해하는 제약 요건(편집 내용에 대한 압력, 편집 활동에 게재된 간섭들)을 제거시켜 편집에 자율권을 보장해야 한다.
> 2. 지도교수들의 지도는 학생들의 자주적이고 창조적인 학문 활동을 북돋아줄 수 있도록 자문에 한정시켜야 한다.
> 3. 편집실은 학도호국단이나 그밖의 다른 기관에 독립하여 존재하여야 한다.
> 4. 편집위원회 선발과 인준은 자주적으로 행해져야 한다.
>
>
>
> 1979년 11월 22일
>
> 인문대학 ≪지양≫ 편집실
>
> 사회대학 ≪사회대평론≫ 편집실
>
> 사범대학 ≪청량원≫ 편집실
>
> 법과대학 ≪피데스≫ 편집실
>
> 경영대학 ≪경영평론≫ 편집실
>
> 가정대학 ≪아람≫ 편집실
>
> 자연대학 ≪과학세대≫ 편집실
>
>

학생언론은 학보의 발간과 함께, 학생회의 부활에도 적극적으로 참여했다. 학생회를 다시 만들기 위한 학생회부활추진위원회(이하 '학추위')가 1979년 11월 27일 결성되었는데, 학추위에는 각 과의 과회장들 및 서클의 대표들과 함께 단과대학 학보 편집장들도 참여했다. 학보 편집장들은 학생언론을 대표해 학생회 부활의 주역 가운데 하나가 되었다.

학추위는 학생회 부활의 실무를 효율적으로 처리하기 위한 기구로 집행위원회를 구성했다. 집행위원회는 단과대학 대표 각 1명, 서클장 대표 2명, 편집장 대표 1명, ≪대학신문≫ 대표 1명으로 구성되었다. 집행위원회는 학생활동소위, 학칙개정소위와 함께 학내언론소위를 구성해 학생회 부활을 위한 준비 작업에 착수했다.

학생회를 재건한 후 학생회 산하에는 학생활동의 자율성을 보장하기 위해 학생활동위원회를 설치했는데 여기에는 학술분과와 함께 언론분과가 있었다. 당시 서울대 학생회칙에 따르면 학생활동위원회 언론분과는 각 단과대학의 학보편집장, ≪서울대≫ 편집장, ≪여울≫ 편집장으로 구성하도록 했다. 언론분과에는 종합교지, 단과대학 학보, 기타 간행물 발간 임무가 맡겨졌다.

단과대학의 학보편집장들은 편집장회의를 통해 학내 간행물 규정을 개정하는 작업에도 착수했다. 이들은 1980년 3월 12일에 회의를 열고 관련 개정안을 통과시켰다. 이 개정안은 학내 간행물의 발행인을 총학생회와 단과대학 학생회로 규정하고, 등록제를 사후신고제로 바꾸는 것을 골자로 했고, 이후 총대의원회의 승인을 받아 확정되었다. 학교 당국도 학생들의 요구를 받아들여 학칙을 개정했다. 우선 학도호국단 관련 조항을 삭제하고 아울러 간행물 발행의 사전승인제도를 폐지해 학내에서 발행되는 모든 간행물에 대한 사전규제를 모두 없앴다.

● 5·17군사정변으로 다시 찾아온 암흑시대

서울의 봄을 맞아 단과대학에서 학보들이 봇물 터지듯 발간되었고 학내의 언론 자유도 크게 개선되었다. 하지만 이러한 성과는 5·17군사정변으로 인해 모두 물거품이 되었다. 간신히 되살린 학생회가 단숨에 날아가고 학도호국단이 다시 들어섰듯이, 학생언론을 둘러싼 환경도 다시 악화되었다.

학도호국단이 1980년 10월 활동을 재개하면서 학내 언론 역시 과거로 되돌아가고 말았다. 그러한 사례 가운데 하나가 바로 통합 교지 ≪서울대≫의 부활 시도였다. 서울의 봄을 맞이해 ≪서울대≫ 편집위원 12명 전원이 '학원민주화의 흐름에 협조하기 위해' 사퇴를 결의한 바 있다. 이렇듯 기존의 편집위원들이 이미 총사퇴한 상황인데도 학교 당국은 학도호국단이 ≪서울대≫를 다시 발행하도록 했다. 그래서 학도호국단은 1981년 2월 ≪서울대≫를 학부생들의 졸업논문집으로 성격을 바꾸어 간행할 예정이라고 밝혔다. 학과에서 학과장이 추천한 우수한 졸업논문을 본인의 동의를 얻어 싣겠다는 것이었다. 이렇게 학도호국단은 ≪서울대≫를 다시 발행하기 위해 안간힘을 썼지만, 끝내 하지 못했다.

5·17군사정변으로 학생회가 해체되고 학도호국단이 다시 등장하면서 그 여파가 여학생 매체에도 미쳤다. 1980년 봄에 총여학생회가 재건되면서 기관지 ≪여론(女論)≫의 발간을 추진한 바 있다. 하지만 5·17군사정변으로 총여학생회 역시 해체되면서 ≪여론≫을 창간하는 사업도 난관에 부딪혔다. 결국 ≪여론≫은 1983년이 되어서야 비로소 학도호국단 여학생부 명의로 창간호를 낼 수 있었다.

한편 학교 당국은 1981년 9월에 '간행물운영지침'을 다시 개정했다. 개정된 '지침'의 주요 내용은 다음과 같다. 우선 학생 간행물의 정의가 바뀌었다. 개정 전에는 그 정의가 '본교 재학생이 편집하여 발간하는 것'이었음에 비해 개정 후에는 '호국단 문예부가 발간하는 것'으로 되었다. 학생 간행물의 편집위원은 간행물을 발간하고자 할 때만 구성하도록 하는 것으로 바뀌었다. 이 밖에 편집위원은 학도호국단 학생장의 추천으로 지도위원장(학장)이 임명하는 것으로 되었고, 부득이한 경우 호국단 문예부장이 편집장을 겸임할 수 있도록 규정했다.

개정의 핵심은 '간행물을 발간하고자 할 때에만' 편집위원을 구성하도록 한 것에 있었다. 당시에는 학보 편집실이 상설화되어 있어서 자체적으로 신입생을 모집하여 교육을 통해 학보 제작에 필요한 인력을 양성했다. 즉 학보 편집실들은 서울대 학생운동을 주도하던 여느 언더서클들과 비슷하게 운영되고 있었던 것이다. 학보 편집실들은 학생운동 활동가를 배출하는 통로 가운데 하나이기도 했다. 당시 공안 당국과 학교 당국도 이러한 사정을 간파하고 있었다. 그래서 비상설화를 통해 학보 편집실들을 사실상 해체하고자 했던 것이다.

개정된 간행물운영지침은 이 밖에도 발행물 사전 승인제도, 월보와 시론 등의 발간 금지, 엄격한 원고 검열 등의 내용을 담았다. 이에 따라 단과대학 학보 편집실들은 활동 기반과 학보 발간의 자율성을 상실해 학생언론활동이 사실상 완전히 봉쇄될 위기에 처했다.

- **간신히 존폐 위기를 넘긴 학보 편집실**

단과대학 학보 편집실들은 개정된 간행물운영지침의 내용이 알려지자마자 이것이 사실상 학보 편집실의 해체를 노린다는 점을 간파했다. 각 단과대학의 학보 편집위원들은 이를 좌시하지 않고 막아내기 위해 발 벗고 나섰다. 그들은 대표단을 구성해 학교 측과 담판을 시도했다.

대표단은 1981년 10월 19일에 학생처장을 만나 개정된 간행물운영지침을 받아들일 수 없다는 뜻을 분명히 밝혔다. 특히 편집실이 비상설화된다면 업무의 성격상 연속성을 필요로 하는 단과대학 학보의 발간이 사실상 불가능해진다고 강력히 항의했다.

학생처장은 기존 편집진이 학보가 발간될 때까지 존속할 것이며 향후 편집위원 선출에서도 자율성을 보장할 것이라고 대표단을 설득하려고 했다. 그리고 또한 이번 지침은 임시 조치에 불과하며 다음 학기 초에 지도교수협의회를 열어 지침을 개정하겠다는 뜻도 밝혔다. 이것으로서 편집실이 당장 해체되는 위기는 모면할 수 있었다.

이듬해인 1982년 4월 16일에 열린 지도교수·편집장 간담회를 통해 간행물운영지침이 다시 조정되었다. 조정된 내용의 핵심은 편집실을 비상설로 하려던 것을 포기하고 다시금 상설로 변경한 것이었다. 편집위원회에서 자체적으로 편집위원을 선정해 단대 학생장을 경유해 학장에게 추천하면 학장이 임명하는 것으로 바꾸었다. 부득이한 경우 학도호국단 문예부장이 편집장을 맡을 수 있도록 한 조항도 삭제했다. 이러한 조정으로 말미암아 편집실은 간신히 존폐 위기를 넘기고 다시금 학보 편찬 작업을 시작할 수 있었다.

1982년 6월 들어서면서 곧바로 사범대의 학보 ≪청량원≫과 공대의 학보 ≪서울공대≫ 별호가 발행되었다. ≪청량원≫은 특집으로 '민중과 역사발전'을 다루었고 파울루 프레이리의 교육관에 관한 글도 실었다. ≪청량원≫은 이를 통해 과거 종합지적인 성격을 지양하고 시론과 논문 등이 포함된 평론지로의 전환을 시도했다.

≪청량원≫은 1982년 2학기에는 ≪사대문화≫라는 제목으로 별호를 발간했다. 당시에는 별호를 내는 것이 유행이었다. ≪사회대평론≫도 1982년에 별호를 냈고, 인문대 학보 ≪지양≫도 1983년에 별호를 연이어 발행했다. 이렇게 단과대학 학보가 별호를 발행한 것은 간행물 지침의 변경 등의 사유로 몇 년간 학보 발간이 부진했으므로 그 공백을 메우기 위한 것이었다. 또한 당시 격렬하게 진행되고 있던 학생운동에 보조를 맞추고 시의성 있게 대응하기 위해서였다.

● 학생들에게 수령을 거부당한 ≪대학신문≫

1980년 서울의 봄 당시 학내 민주화운동에 한몫했던 ≪대학신문≫도 5·17 군사정변 이후 수난을 겪었다. 특히 1981년에 접어들면서부터는 제때 발행되지 못하고 휴간과 복간을 되풀이했다. ≪대학신문≫은 1981년 5월 초부터 휴간되어 14주 만인 8월 25일에 복간했으며, 2학기에 들어서도 11월 초 다시 발행이 중단되어 그해 12월 17일까지 6주째 신문이 발행되지 않았다.

두 차례의 휴간 가운데 11월의 발행 중단은 학생 기자 징계 문제 때문에 발생했다. 1981년 가을 대학 축제 기간 동안 대대적인 학내 시위가 발생했는데 학교 당국은 이를 보도했다는 이유로 학생 기자를 징계했다. 그러자 학생 기자 20명 전원이 이에 항의해 집단 사표를 제출했다. 그 여파로 ≪대학신문≫

은 발행을 중단하지 않을 수 없었다. ≪대학신문≫은 휴·복간을 되풀이한 바람에 1981년 한 해 동안 모두 18회밖에 발행되지 못했다.

≪대학신문≫은 1981년 11월에 발행을 중단한 지 12주 만인 1982년 2월 25일에야 복간되었다. 기존의 기자들이 집단 사표를 내고 복귀하지 않았기에 지면을 8면에서 4면으로 줄이고 8명의 기자를 새로 선발한 끝에 간신히 발행을 이어갈 수 있었다. 이후 ≪대학신문≫에 대한 통제가 더욱 강화되었다. 학생부처장이 직접 주간을 맡았다. 편집 간부는 모두 대학원생 이상이 맡았고, 학생기자의 권한과 역할은 대폭 축소되었다. ≪대학신문≫은 이제 학생의 신문이 아니라 대학본부 학생처의 신문이 되고 말았다.

≪대학신문≫이 대학본부 학생처의 신문으로 전락했기에 학생들은 더 이상 신뢰하지 않았다. 1982년 이후 학생들이 ≪대학신문≫ 수령을 집단적으로 거부하는 사태가 빈번히 발생했다. 그리고 1984년 봄 학생들이 제도권 언론에 대한 불신의 표시로 화형식을 거행할 때 ≪대학신문≫도 함께 불덩이에 던져지는 쓰라린 운명을 겪지 않을 수 없었다.

- **다시 열린 지하 유인물의 시대**

5·17군사정변으로 다시금 언론의 자유가 사라지자 학생들은 또다시 지하 유인물을 제작해 뿌리기 시작했다. 1982년 초에 서울대 당국은 1980년 2학기부터 1981년 12월까지 1년 4개월 동안 교내에서 발견된 지하 유인물이 모두 30건이라고 발표했다. 이 가운데는 학생시위 도중에 뿌려진 것도 일부 있었지만, 대부분은 시위와는 별도로 유인물 팀이 제작해 살포한 것이었다.

당시 서울대 당국의 분석에 의하면 30건의 지하 유인물의 내용으로는 병영집체훈련 거부, 지도교수제 폐지, 졸업정원제 거부 등 학내 문제와 직결된 것도 있었지만, '언론기본법' 폐지, 노동삼권 쟁취 등 정치사회적 쟁점과 관련된 것이 더 많았다. 성토대회의 개최, 검은 리본 패용, 묵념 등 학생들의 직접적인 행동을 촉구하는 내용을 담은 것도 있었다. 이러한 지하 유인물들은 1970년대 후반 긴급조치 9호 시절에 등장했는데, 1980년대에 들어서 그러한 지하 유인물의 시대가 다시 찾아온 것이었다.

1980년대에 들어서 1970년대와는 다른 양상이 나타나기도 했다. 먼저 개별적인 이슈에 관한 낱장짜리 유인물 이외에 학생운동의 노선과 관련된 내용을 담은 소책자 형태의 유인물이 배포되기 시작했다. 당시에는 이것을 팸플릿이라고 불렀다. 학생운동 진영은 이런 소책자들을 통해 학생운동 노선과 관련해 논쟁을 벌였다. 논쟁의 단초를 연 대표적인 팸플릿으로는 ≪야학비판≫

≪야학비판≫

과 ≪학생운동의 전망≫ 등을 들 수 있다. 이후 '깃발' 시리즈와 '강철' 시리즈 등 수많은 팸플릿이 배포되어 학생운동의 전개 과정에 큰 영향을 미쳤다.

이러한 팸플릿 역시 낱장짜리 유인물과 비슷한 방식으로 배포되었다. 하지만 워낙 위험한 내용을 담았으므로 일반 유인물보다는 훨씬 적은 부수만 제작해 주요 학과 과사무실 등 비교적 안전한 장소에만 몰래 가져다 놓는 방식을 취했다. 누군가 이것을 소지하고 있다가 체포될 경우, 학교에서 주웠다고 대답해 역추적을 통해 작성자가 드러나는 것을 사전에 차단하기 위해서였다. 팸플릿들은 이렇게 극히 제한된 분량만 배포했음에도 복사와 재복사를 거쳐 곧 학생들 사이에 널리 전파되었다.

1980년대에 배포된 지하 유인물 가운데는 잡지 형식을 취한 것도 있었다. 서울대에서는 1983년에 ≪민주광장≫이라는 제목의 유인물이 배포되었다. 그런데 이것은 낱장이 아니라 10쪽 내외의 소책자 형태를 취하여 1호부터 4호까지 연속 발행되었다. 이러한 점에서 이것은 일종의 지하잡지였던 셈이다.

≪민주광장≫은 '서울대민주학우'의 명의로 발행되었다. 1983년 6월 13일 자 제4호의 내용

≪민주광장≫, 제4호

은 다음과 같다. 먼저 사설에 해당하는 "광장지의 변"이 가장 먼저 나오고, 정치 분야 기사로 "다시 깨어나는 재야권"과 "차관법과 사회교육법의 입안 배경 및 그 성격을 파헤친다"를 실었다. 이어서 경제 관련 기사로 "개방경제체제 그 실체는 무엇인가"를, 그리고 학생운동과 노동운동 관련 소식과 함께 정희성의 시 「새벽이 오기까지는」을 게재했다. 마지막으로 결의 사항을 덧붙이고 그 표지 아랫부분에 "이 유인물은 돌려봅시다"라고 적어놓았다.

6. 학원자율화의 추진과 대안 매체의 창간

● 학원자율화에 앞장선 학생언론

1984년 서울대생들은 학원자율화운동을 전개했다. 학생언론도 학원자율화운동의 주역 가운데 하나였다. 수많은 대안 매체가 창간되었으며 대자보가 새로운 소통수단으로 등장했다.

전두환 정권은 1983년 연말 이른바 학원자율화조치라는 것을 발표했다. 시국 문제와 관련해 제적된 학생들의 복교를 허용하고 학원 대책도 처벌 위주에서 선도 위주로 바꾸겠다는 것이었다. 날로 거세지는 학생들의 반발을 더는 힘으로만 누를 수는 없었기에 나온 조치였다. 서울대 학생운동 진영은 이러한 틈새를 최대한 활용하기로 했다. 그래서 1984년 1학기에 학원자율화추진위원회(이하 '학자추위')를 결성했고, 이를 바탕으로 2학기에는 학생회를 재건하는 데 성공했다.

이러한 학원자율화운동에 학생언론도 한몫했다. 그 과정을 간단히 살펴보자. 학자추위는 학과로부터 상향식으로 조직되었다. 먼저 각 학과를 단위로 하여 학칙·교육·문화·언론 등 4개 분과로 이루어진 과(科)학자추위를 구성했다. 과학자추위에 4개 분과를 둔 것은 그럴 만한 이유가 있었다.

서울대 학생운동 진영은 1980년대에 접어들면서 학과라는 대중적인 공간이 지닌 가치에 주목해 이를 무대로 하는 대중활동을 적극적으로 전개했다.

과거 서클을 단위로 실시하던 농활을 1982년 무렵부터는 학과를 단위로 실시하기 시작했다. 학과를 무대로 학회를 조직하기도 하고 학과에서 소식지를 발간하기도 했다. 이렇게 학과를 단위로 다양한 형태의 대중활동을 전개했는데, 과학자추위의 4개 분과는 각기 그러한 대중활동을 기반으로 했다. 이를테면 언론분과는 과 소식지 편집진이 주축이 되어 구성했다.

그리고 과학자추위를 기반으로 전체 학자추위가 구성되었다. 학과 학자추위 4개 분과 대표들이 단과대학별로 회의를 열어 단과대학 4개 분과위원장을 선출하고, 다시 이들이 모여 전체 학자추위를 구성했다. 이렇게 학자추위는 학과를 기반으로 상향식으로 조직되었기 때문에 사실상 서울대생을 대표하는 자치기구로서 역할을 했다.

한편 학자추위와는 별도로 단과대학 학보사의 편집위원들이 주축이 되어 1984년 3월 28일에 언론협의체를 결성했다. 초대 의장은 ≪사회대평론≫ 편집장인 이상호가 맡았다. 이 무렵 서클협의회도 함께 구성되었다. 학자추위는 여름방학에 언론협의체 및 서클협의체와 함께 학생대표기구개선협의회를 구성해 이를 바탕으로 2학기에 학생회를 재건하는 데 성공했다. 이에 따라 언론협의체는 학생회 산하 기구인 언론협의회로 확대 개편되었고 ≪청량원≫ 편집장 정현태가 의장을 맡았다. 이렇게 1980년 서울의 봄과 마찬가지로 1984년에도 학생언론이 학생회를 재건하는 데 한몫했다.

- ● ≪대학신문≫을 대신한 ≪자유언론≫

학자추위와 함께 언론협의체가 만들어지던 무렵 ≪대학신문≫에 대한 학생들의 불신은 극에 달해 있었다. 학생들이 1984년 4월 6일에 아크로폴리스 광장에 모여 왜곡보도를 행하는 제도권 언론에 대해 조문을 낭독하고 주요 일간지와 ≪대학신문≫을 상징하는 인형을 만들어 소각하는 행사를 벌였다. 이들은 ≪대학신문≫이 여러 제도권 언론과 다를 바 없다고 생각했다.

언론협의체는 결성하자마자 ≪대학신문≫을 대신하는 대안적인 신문을 만드는 일에 착수했다. 그 결과 1984년 5월 14일에 ≪자유언론≫ 창간호를 발행하는 데 성공했다. 발행인은 서울대 언론협의체이고 편집인은 언론협의체 편집부였다. 규격은 일간지와 같은 크기이고 4면으로 이루어졌다.

≪자유언론≫ 창간호가 발행된 지 2주 후인 5월 28일 제2호가 발행되었다. 1면에는 "민중생활조사위에 바란다", "무등을 향하여 광주항쟁 4주년"과 함께 "대학신문 태워도 태워도"라는 제목으로 ≪대학신문≫ 화형식 관련 기사가 실렸다. ≪자유언론≫은 1984년 10월 10일에 발행한 제9호부터 발행인을 언론협의회로, 편집인을 언론협의회 편집국으로 변경했다.

≪자유언론≫을 제작하는 일은 결코 쉽지 않았다. 명색이 신문인 만큼 여느 유인물처럼 수동식 등사기로 찍어낼 수는 없었고 부득이 인쇄소에 맡겨야 했다. 이 과정에서 사고가 발생하기도 했다. 1984년 10월 23일에 편집장 김종유(당시 국문과 3학년)가 ≪자유언론≫ 제11호를 인쇄하기 위해 을지로에 위치한 인쇄소에 갔다가 경찰에 연행되기도 했다.

≪자유언론≫, 제2호

≪자유언론≫은 1985년 6월 27일에 제26호를 끝으로 일단 종간했지만, 1985년 2학기에 ≪민주선언≫이라는 이름으로 다시 발행되었다. 1985년 9월 13일에 발행된 ≪민주선언≫ 제1호는 창간사에서 ≪자유언론≫과 맥을 같이하고 있음을 분명히 밝혔다. ≪민주선언≫은 창간호에서는 발행인을 민주언론사라고 했다가 제2호부터는 민주선언사로 바꾸었다. ≪민주선언≫은 1985년 11월 28일에 제7호까지 발행되었는데 그사이에 호외를 6회 발행했다.

농대에도 ≪자유언론≫과 별도로 비슷한 역할을 한 신문이 하나 있었다. 농과대학 언론활동위원회가 펴낸 ≪민주서둔≫이 그것이다. ≪민주서둔≫은 1985년 6월 19일에 발행된 제8호가 남아 있다. 이 신문은 모두 4면으로 이루어졌다. '이 호가 이번 학기 종간호'라고 밝히고 있어서 이 신문이 1985년 봄부터 발행되었을 것으로 추정해 볼 수 있다. 농대는 별도의 캠퍼스에서 생활을 했기 때문에 ≪자유언론≫과는 별도로 신문을 발행한 것으로 보인다.

● ≪민주화의 길≫을 벤치마킹한 ≪아크로폴리스≫

언론협의체가 ≪자유언론≫을 발행하는 것과 보조를 맞춰 학자추위도 기관지 ≪아크로폴리스≫를 창간했다. 1984년 5월 14일에 발행한 창간호에 따르면 서울대 학자추위의 아크로폴리스사에서 발행하고 학도호국단이 후원했다.

≪아크로폴리스≫ 창간호는 ≪자유언론≫ 창간호와 같은 날 발행되었다. 따라서 두 매체는 사실상 자매지였다고 할 수 있다. ≪자유언론≫이 신문이었다면, ≪아크로폴리스≫는 4·6배판 22쪽 분량의 소책자 형태로 발행되었다. ≪자유언론≫은 속보성에, ≪아크로폴리스≫는 심도 있는 분석 기사에 중점을 두었다.

≪아크로폴리스≫, 제2호

학자추위는 당시 민주화운동청년연합의 기관지 ≪민주화의 길≫을 벤치마킹하여 ≪아크로폴리스≫를 발행했다. 민주화운동청년연합은 1970년대 학생운동을 전개했던 청년들이 1983년에 조직한 반독재 민주화운동 단체로서 당시 김근태 의장이 이끌었다. ≪민주화의 길≫은 당시 민주화운동 진영 전체를 이끄는 이론지 역할을 했다.

≪아크로폴리스≫의 지면은 논설, 칼럼, 여학생란, 민주화운동 소식, 기획기사 등으로 구성되었다. 제2호는 1984년 5월에 발행되었던 만큼 광주 문제를 특집으로 다루었다. '피맺힌 민중항쟁 10일'이라는 제목을 단 ≪광주일지≫와 함께 목격자의 증언을 수록했다. 따라서 당시 공안 당국은 ≪아크로폴리스≫ 제2호에 대해 특히 민감하게 반응했다. 경찰을 동원해 교문에서 대대적인 검문검색을 실시해 귀가 중인 학생들이 가지고 있던 제2호 상당수를 압수했다.

≪아크로폴리스≫는 1984년 9월 6일에 발행한 제5호부터는 제호를 ≪민주

증언

학도호국단 체제를 스스로 폐지하고 1980년 서울의 봄을 이끌었던 총학생회를 다시 만들기로 한 것이다. 그래서 학내에 흩어져 있던 서클과 단과대학 학보 편집실 등 모든 학생자치활동 기구들을 총학생회 체제에 맞게 재조직하기로 결의했다. 그래서 서울대 부활 총학생회의 좌우에는 오픈 서클들을 조직한 서클연합회와 단과대 편집실 연합체인 언론협의회를 양 날개로 두기로 했다. 상반기 언론협의회는 학자추위와는 독립된 기구였는데, 총학생회가 부활된 하반기에는 총학생회 산하 조직으로 그 위상을 정립하게 된 것이다. 서울대 언론협의회는 산하에 홍보국·편집국·여론조사국을 두었는데, 홍보국에서는 총학생회 성명서나 학생활동 홍보 내용을 작성하였고, 편집국은 ≪자유언론≫을 계속 발행하였다. 그리고 학생들의 여론을 수렴하고 새로운 학생언론운동의 방향을 모색하기 위한 여론조사국은 학생언론에 대한 반응을 체크하고 학생 여론을 수렴하는 통로 역할을 맡았다.

정현태(국어교육과 81)

전선≫으로 바꾸었다. 그리고 10월 17일에 발행한 제6호에서는 발행인을 학자추위에서 언론협의회로 바꾸었다. 이렇게 발행인이 바뀐 것은 이 무렵 학자추위가 학생회 재건이라는 임무를 달성하고 해산했기 때문인 것으로 보인다.

언론협의체는 총학생회가 출범하면서 총학생회 산하 조직으로 재편성되어 이름을 언론협의회로 바꾸었다. 이후 언론협의회는 ≪자유언론≫과 ≪민주전선≫ 발행뿐 아니라 총학생회 대변인 역할까지도 떠맡아야만 했다.

이렇게 서울대 학생들은 1984년 들어 ≪대학신문≫ 대신 ≪자유언론≫과 ≪아크로폴리스≫ 등 대안 매체를 만들었는데 이것은 해직 기자들이 1985년 ≪월간 말≫과 1987년≪한겨레신문≫을 창간하는 데 자극제가 되었다.

● 복학생협의회가 발행한 ≪전진≫

1984년 이후 언론협의체가 발행한 ≪자유언론≫이나 학자추위가 발행한 ≪아크로폴리스≫ 이외에도 수많은 매체가 만들어졌다. 이 가운데 주목할 만한 것으로 복학생협의회가 발행한 ≪전진≫을 들 수 있다.

복학생협의회는 제적 또는 강제징집 경험이 있는 학생과 기타 사유로 학교를 떠났다가 복학한 학생들을 중심으로 1984년 9월 17일 결성되었다. 학원 자율화 조치로 학생시위를 벌이다가 제적된 학생들의 복학이 가능해졌기 때문에 이들이 복학생협의회를 조직한 것이다. 회장은 1980년 서울의 봄 당시 대의원회 의장이던 유시민이 맡았다.

복학생협의회는 회보로 ≪전진≫을 발행했다. ≪전진≫은 제4호까지는 신문 형태로, 제5호부터는 50여 쪽 분량의 소책자 형태로 발행되었다. 사건 보도보다는 평론이나 해설 또는 기획 등을 통해 심층 분석하는 기사를 주로 실었다. 복학생 대부분이 학생운동을 겪어낸 선배였으므로 ≪전진≫은 단순한 복학생협회의의 소식지 수준을 넘어서 자신들의 경험과 생각을 후배들에게 전수하는 일종의 이론지로서 기능했다. 따라서 재학생들에게도 인기가 있었다.

≪전진≫, 제5호

● 정파에 따라 나뉜 학생언론

1986년에 접어들면서 학생운동의 구도가 크게 바뀌었고, 그 최전선에 서 있던 학생언론도 영향을 받을 수밖에 없었다. 1985년 하반기 무렵부터 반외세 투쟁의 중요성을 강조하는 사람들이 늘어나기 시작해 1986년에 들어서면 이들이 학생운동을 주도하기 시작했다. 이들을 핵심 구호인 '민족해방(National Liberation)'이라는 말의 영어 머리글자를 따서 NL 그룹이라고 불렀다.

자민투의 기관지 ≪해방선언≫

한편 노학연대와 선도적 정치투쟁을 강조하는 과거 MT 계열의 학생운동 세력들이 결집해 이들에 맞섰다. 이들은 제헌의회(Constituent Assembly) 소집을 주장했기 때문에 그 영어 머리글자를 따서 CA 그룹라고 불렀다. 그러니까 1986년 학생운동은 기본적으로 NL과 CA의 대립 구도로 요약할 수 있다.

NL과 CA는 각기 반미자주화반파쇼민주화투쟁위원회(이하 '자민투')와 반제 반파쇼민족민주투쟁위원회(이하 '민민투')라는 반합법 투쟁 조직을 만들어 정 치투쟁을 전개했다. 자민투와 민민투는 기관지로서 각기 ≪해방선언≫과 ≪민 족민주선언≫을 창간했다. 두 조직은 기관지를 통해 자신의 운동 노선을 선 전하면서 이론투쟁을 전개했다. 두 신문은 말로는 대중지를 표방했지만, 실 제로는 학생운동을 위한 이론지이자 선전지였다.

이렇게 1986년의 학생운동 기본구도는 학 생언론이라는 측면에서 ≪해방선언≫과 ≪민 족민주선언≫의 대립으로 요약할 수 있다. 그 런데 이 두 신문이 발행되면서 다른 매체들이 사라지기 시작했다. 먼저 언론협의회 ≪자유 언론≫의 경우 1985년 2학기에 ≪민주선언≫ 으로 이름을 바꾸었으며, 그마저도 11월 28일 제7호를 마지막으로 발행을 중단했다. 학자 추위가 발행하던 ≪아크로폴리스≫는 제호를 ≪민주전선≫과 ≪관악평론≫으로 바꾸어가

민민투의 기관지 ≪민족민주선언≫

면서 발행되었지만, 1985년 6월 이후 발행이 중단되었다. 이처럼 1986년 들어 서 NL과 CA의 대립 구도가 심각해지고 이에 따라 학생운동 진영이 재편되면 서 언론협의회의 언론활동도 단절되었다.

앞에서 언론협의체는 주로 단과대학 학보 편집실의 역량이 결집되어 만들 어졌음을 언급한 바 있다. 단과대학 학보 편집실들도 1985년 연말 무렵부터 분파성 극복과 통일성 제고라는 명분 아래 해체되기 시작했다.

비슷한 시기에 서울대 학생운동을 주도했던 주요 언더서클들도 조직이기 주의와 분파주의의 소굴이라는 비판을 받으면서 일제히 해체되었다. 단과대

학의 학보 편집실 해체도 이러한 언더서클의 해체와 연동해 벌어진 현상으로 보인다. 학보 편집실이 여느 언더서클들과 비슷한 방식으로 운영되었던 만큼, 또 다른 형태의 언더서클로 인식해 해체한 것으로 볼 수 있다. 하지만 그렇다고 해서 모든 단과대학의 학보 편집실이 완벽히 해체된 것 같지는 않다. 혹은 일단 해체되었던 편집실이 다시 재건되기도 했다. 사범대의 경우 이후 ≪청량원≫ 편집실을 재건하려 한 흔적이 확인된다.

● 쏟아져 나온 과회지들

1984년 학생회를 재건할 때 그 토대 역할을 한 것이 과학생회였다. 당시 과학생회는 사회부·문화부 등 부서와 함께 반드시 편집부를 두었고, 편집부는 과학생회의 소식지인 과회지를 발간했다. 1984년 이후 바로 이러한 수많은 과회지들이 학생언론의 토대를 이루었다고 할 수 있다.

과회지를 처음 만드는 일은 결코 쉽지 않아, 창간하는 과정에서 여러 가지 어려움을 겪어야 했다. 사범대 역사교육과의 사례를 통해 그 과정을 간략히 살펴보면 다음과 같다.

역사교육과 학생들은 1983년에 과회지인 ≪사향(史香)≫을 창간했다. ≪사향≫은 타자기로 원고를 작성한 후 마스터인쇄로 찍어냈다. 이 과회지에는

청량원 재건에 즈음하여

…… 1985년 하반기 활동을 정리하면서 학생운동의 지역적 분파성 극복과 통일성을 위하여 단과대학의 모든 오픈 공간과 함께 해소되면서 편집실의 역할이 지금까지 중단되었던 것이다. 그러나 이러한 논의 구조 속에서 진행된 그간의 활동이 오히려 관악 전체의 통일성만을 강조하면서 특수한 공간적 특성을 담보하지 못한 결과 사범대의 단과대학 공간에서 획득하여야 할 내용성 마저 무시되는 오류를 가져왔다. …… 이러한 문제점을 극복하기 위한 일환으로서 다시 단과대학 언론의 활성화를 위해 청량원을 재건하기에 이르렀다. ……

청량원

제국주의 연구를 비롯한 현실 비판적인 글들이 많이 실렸기 때문에 인쇄되자마자 모조리 압수되고 말았다.

학생들은 이듬해인 1984년 9월에 ≪사향≫의 내용을 다시 살려 ≪지석(池石)≫이라는 이름의 과회지를 재창간했다. 이 무렵 서울대 전체에서 학생회가 부활하는 등 학원자율화가 추진되고 있었으므로 그러한 틈을 타서 ≪지석≫도 창간될 수 있었다.

역사교육과 과회지
≪지석≫, 제5호

이 무렵부터 다른 여러 학과에서도 과회지를 만들어 내기 시작했다. 1984년에 외교학과 학생회도 ≪청산≫이라는 제호로 과회지를 발행했다. 이해 11월 13일 자인 제7호는 모두 15쪽 분량으로 "허구적인 자율화 본 모습을 드러내다"라는 제목의 사설과 "황정하 학형과 전태일 동지의 죽음을 생각하며"라는 제목의 추모문, 외교인의 밤 행사 보고, 해방신학에 대한 기획연재 등으로 구성했다.

인문대 서어서문학과 학생회는 1985년 5월 10일에 과회지 ≪그루터기≫를 창간했다. 창간호는 모두 20쪽 분량으로 "5월에 대하여"라는 제목의 권두시로 시작해 광주민중항쟁에 대한 특집, "관악인의 하나됨을 바라며"란 제목의 에세이를 실었다. 또한 서어서문학과의 과학회 가운데 하나인 제3세계문학회의 논문 「선진문학으로서의 제3세계 민중문학」과 함께 「수입개방과 민중경제의 파탄」이라는 제목의 시론도 게재했다.

● 대자보의 시대가 활짝 열리다

1984년 이후에 학생언론과 관련해 나타난 가장 눈에 띄는 현상은 대자보의 등장이다. 대자보는 1980년 서울의 봄 당시 잠시 등장했다가 5·17군사정변으로 자취를 감추었는데, 1984년 들어 학원자율화가 추진되면서 다시 등장했다.

학도호국단과 학자추위는 1984년 3월 20일에 관악캠퍼스 내의 2동과 8동 등 건물 벽 다섯 곳에 '자유의 벽'이라는 이름의 벽보판을 설치했다. 이후 학교 당국이 이 벽보판을 철거하면 학생들이 다시 설치하는 등 공방전이 이어졌다. 학교 당국은 끝내 이 벽보판을 제거하는 데 실패했다. 수원의 농대 캠퍼스에서도 농대 학자추위가 '상록의 벽'이라는 이름의 벽보판을 만들었다. 이곳에 내붙인 대자보들이 학생들 사이에서 정보의 전파와 소통의 매체 역할을 하기 시작했다.

학생들은 대자보를 통해 신문과 방송에서는 찾을 수 없는 진실과 접할 수 있었다. 학생들은 이 무렵 ≪대학신문≫은 읽지 않더라도 자유의 벽에 붙은 대자보는 제목이라도 반드시 챙겨 보았다. 그래야 학교가 어떻게 돌아가는지 알 수 있었기 때문이다. 그래서 자유의 벽 앞에는 늘 학생들이 북적거렸다.

대자보는 학생운동의 향방을 둘러싸고 논쟁이 벌어지는 공간이기도 했다. 1986년에 학내의 양대 반합법 투쟁 조직인 자민투와 민민투도 대자보를 통해서 공방전을 벌였다. 한쪽에서 대자보를 통해 자신의 주장을 펼치면 다음 날 곧바로 이를 반박하는 대자보가 나붙고는 했다. 따라서 따끈따끈한 쟁점을 다룬 대자보가 자유의 벽에 붙기라도 하면, 이와 관련된 논쟁으로 학교 전체가 술렁거리곤 했다.

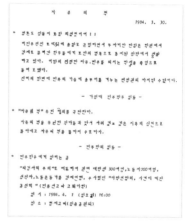

자유의 벽에 붙은 대자보의 개요를 정리한 문서 기관원이 작성한 것으로 추정

이렇게 대자보가 대학가에서 공론의 장이 되자 공안 당국도 이에 촉각을 곤두세울 수밖에 없었다. 대자보 내용을 적거나 정리하는 일이 서울대를 담당하는 정보과 형사들의 기본적인 업무 가운데 하나가 되었다. 공안 당국은 예민한 내용의 대자보가 나붙기라도 하면 악착같이 작성자를 색출해 처벌하려고 했다. 1986년 10월에 대자보 내용과 관련해 황인욱 등 2명의 학생이 구속되기도 했다.

이렇게 대자보가 예민한 내용을 담아내자 학교 당국은 대자보 부착을 금지했다. 심지어는 교직원을 자유의 벽 앞에 상주시켜 대자보를 붙이지 못하게 할 정도였다. 학생회관 벽에 미끄러운 윤활유를 발라 대자보 부착을 물리적으로 방해해 보기도 했다. 하지만 이 방법도 큰 효과를 거두지는 못했다.

날이 갈수록 나붙은 대자보의 숫자는 더욱 늘어났다. 1987년 6월에 이르면 관악캠퍼스 구내는 그야말로 대자보 홍수를 이루었다. 1987년 6월 9일 학생회관 등 학교 곳곳은 "6·10 총궐기! 가자 시청으로"라는 제목의 대자보로 도배되었다.

7. 6월항쟁 이후 더욱 활기를 띤 학생언론

● 통합 교지 ≪관악≫의 탄생

6월항쟁 이후 언론 자유가 확대되었고, 그 결과 학생언론도 더욱 활기를 띠었다. 캠퍼스 종합화가 이루어진 지 15년 만에 처음으로 학생들의 손으로 진정한 통합 교지 ≪관악≫이 창간되었고, 그 밖에도 여러 매체가 만들어졌다. ≪대학신문≫도 학생 기자의 자율성이 확대되어 학생들에게 진보적 담론의 마당을 제공했다. 먼저 통합 교지 ≪관악≫이 창간된 경위부터 살펴보면 다음과 같다.

서울대 전교생을 대상으로 하는 통합 교지로는 관악캠퍼스로 이전한 직후 학도호국단 체제하에서 만들어진 ≪서울대≫를 들 수 있다. 하지만 그것은 1970년대에 두 번 나오는 것에 그쳤다. 5·17군사정변 이후 학도호국단이 이것을 다시 발행하려고 시도했지만 사정이 여의치 않아 발행이 중단된 상태였다. 따라서 1987년 6월항쟁으로 학내 민주화가 상당 수준 이루어진 후 학생언론 분야의 첫 번째 당면 과제는 통합 교지의 발행이었다고 할 수 있다.

1987년 9월 30일 단과대학 학보 편집실, 대학신문사, 방송국 등이 주축이 되어 언론협의회를 구성해 통합 교지 발간을 위한 행보를 시작했다. 1984년에 발족한 언론협의체는 ≪자유언론≫을 발간하는 등 활약을 펼쳤는데, 6월 항쟁 이후 그 맥을 이어 다시 만든 것이 바로 이 언론협의회다.

언론협의회는 총학생회건설준비위원회의 후원을 받아 1988년 3월 14일 공식적으로 교지편집위원회를 발족시켰다. 이어서 교지 발간을 위해 인력을 모집하는 등 창간 작업에 돌입했다. 당시 작성한 편찬계획에 따르면, 1988년 9월 중 창간호를 발간하며 이를 위한 준비호를 6월 중순경에 발간할 예정이었다.

하지만 이후 여러 가지 사정이 생겨 일정이 늦어졌다. 먼저 준비호에서부터 문제가 불거졌다. 준비호에는 통일 관련 기획이 실렸는데, 그 내용이 북한의 주장과 비슷하다는 이유로 경찰이 초판 2000부를 모두 압수해 버린 것이다. 이런 이유로 8월에 가서야 준비호를 발행할 수 있었다.

이 사건으로 말미암아 창간호의 발행 일자를 1988년 12월로 미루었지만, 이것도 여의치 못했다. 이후에도 예산 집행 및 교지 승인 문제가 해결되지 않아 학교 당국과 옥신각신하느라 일정이 늦어졌다. 결국 한 해를 더 허비한 후 1990년 3월이 되어서야 비로소 ≪관악≫이라는 이름으로 창간호가 나왔다.

창간호에는 창간기획으로 "80년대 관악 학생운동사"와 "13인 열사 평전"이, 문화기획으로 "민족영화운동의 흐름과 전망"이, 특별기고로 "북한통일정책의 과학적 일고찰"이 실렸다. 교지 ≪관악≫은 이후 1년에 두 차례 발행되었는데, 사회적 주제와 학내 이슈를 폭넓게 다루었다. 교지 ≪관악≫은 ≪대학신문≫과 함께 1990년대 서울대 학생언론을 지탱하는 두 기둥이 되었다.

교지 ≪관악≫

● **총학생회의 기관지 ≪자주관악≫**

1987년 6월항쟁 이후 총학생회는 기관지 ≪자주관악≫을 발행했다. 총학생회는 1986년에도 기관지 ≪학생회≫를 발간했지만, 큰 호응을 얻지 못했다. 이어서 1987년 3월 25일에는 총학생회건설준비위원회 명의로 ≪진군≫이라는 제호의 신문이 나왔다. 이 신문에 "가칭"이라는 표현이 붙어 있었던 데서 알 수 있듯이, 기관지 발행을 위한 준비호의 성격을 띠고 있었다. 총학생회는 1987년 4월 24일에 ≪아크로폴리스≫라는 이름으로 기관지를 창간했는데 6월 항쟁이 일어나기 직전인 6월 4일까지 모두 4호를 발행했다.

총학생회는 6월항쟁 이후인 1987년 10월 12일에 ≪자주관악≫으로 이름을 바꾸어 신문을 발행했다. 이렇게 기관지 이름을 바꾼 것은 총학생회가 6월항쟁 이후 학교 당국의 공인을 받고 다시 총학생회장 선거를 치러 공식적으로 재출범했기 때문이다.

≪자주관악≫은 이후 일주일마다 한 번씩 발행되었으며 10월 26일 제3호까지 발간했다. ≪자주관악≫은 주요 집회 기사, 당면 정세 분석, 학생회칙 개정 문제, 서평 및 이 주일의 노래 등 학생회 활동과 관련된 기사를 주로 실었다.

≪자주관악≫은 1988년 들어서도 계속 발행되었다. 1988년 4월 19일 자 ≪자주관악≫에는 '총선 무엇을 목표로 싸울 것인가'라는 제목의 사설과 함께 "강력한 노학연대로 파

총학생회 기관지 ≪자주관악≫

쇼 민정당 몰아내자"라는 제목의 특집 등이 실렸다. 8월 29일 자 ≪자주관악≫에는 "8·15 학생회담투쟁", "올림픽과 조국통일" 등의 기사와 함께 학생회 혁신 문제, 올림픽 기간 휴교 조치 반대 등에 관한 기사가 실렸다. 이렇게 ≪자주관악≫은 학생운동의 방향 및 학생회의 활동과 관련한 내용을 담은 이념적 성격이 강한 매체였다.

1987년 6월항쟁 이후 총학생회뿐만 아니라 단과대학 학생회도 활발한 언론활동을 전개했다. 사회대 학생회 홍보부는 10월 26일 자로 ≪사회대신문≫ 제2호를, 가정대 학생회 홍보부에서는 10월 28일 자로 ≪억새풀≫ 제3호를 발행했다. 공대 학생회 편집부에서는 같은 날에 ≪공대소식≫ 제2호를, 사범대

편집부 협의체에서는 10월 24일에 《페다의 소리》 창간호를 냈다.

- ● **진보적 담론의 마당을 제공한 《대학신문》**

1987년 6월항쟁 이후 《대학신문》에도 상당한 변화가 있었다. 학생 기자들의 편집 자율성이 크게 확대되어, 언론의 자유를 폭넓게 누릴 수 있었다. 이는 참으로 언론의 자유를 수호하기 위한 학생 기자들의 오랜 분투 결과였다.

언론의 자유를 위한 학생 기자들의 움직임은 1984년에 시작됐다. 당시 학원자율화 조치가 추진되자 이들은 학생 편집권 보장, 대학원생 부장제 폐지, 격주제 폐지 등을 요구하고 나섰다. 이들은 아크로폴리스광장에서 진실을 외면하는 제도권 언론에 대한 화형식이 벌어졌을 때 《대학신문》도 기성 언론과 함께 불구덩이에 던져지는 것을 보고 큰 충격을 받았다. 이들은 그 후 여러 차례 신문 제작을 거부하면서 언론의 자유를 위해 저항했다. 하지만 당장에 가시적인 성과를 거두지 못한 상태에서 6월항쟁을 맞이했다.

6월항쟁을 거치면서 《대학신문》을 둘러싼 상황이 상당히 개선되었다. 1987년 2학기 들어 학생기자들은 학생편집장을 선출할 수 있게 되었고, 이에 따라 편집권도 어느 정도 자율적으로 행사할 수 있었다. 하지만 1982년에 사칙이 개악되면서 독소조항이 여전히 남아 있었으므로, 학생 기자들은 편집권 독립을 제도적으로 보장할 것을 계속 요구했다.

한편 《대학신문》은 1988년 이후 공정한 사실 보도에만 만족하지 않고 적극적인 학술 기획기사를 통해 당시 쟁점이 되던 진보 이론을 소개하고 토론의 장을 제공하는 역할도 수행했다. 그 결과 여러 과학회가 《대학신문》에 실린 기사들을 세미나 교재로 채택하기도 했다.

이 시기에 《대학신문》이 다룬 학술 기획 시리즈 내역을 보면, 사회구성체 논쟁, 북한 사회의 인식, 철학의 근본 문제, 항일무장투쟁사, 한국 사회 성격과 변혁론, 생산이론과 리얼리즘, 노동문학의 현 단계와 전망, 포스트모더니즘 등 다양했다. 이 가운데는 6월항쟁 이전이라면 상상할 수조차 없었을 사상적 금기에 도전하는 내용도 들어 있었다.

이렇게 ≪대학신문≫이 당시 대학 사회와 학생운동이 요구하는 진보적 역할을 수행하기 위해 분투하는 과정에서 학교 당국과의 갈등은 불가피했다. 학생편집장을 비롯한 학생 기자들은 ≪대학신문≫의 주제 선택과 기사 내용, 필자 선정 등 모든 문제를 둘러싸고 주간교수와 지루한 줄다리기를 벌여야 했다.

● 완전히 사라지지는 않은 감시와 검열의 눈초리

1987년 6월항쟁 이후 서울대를 비롯한 여러 대학에서 언론의 자유가 전반적으로 확대되는 추세였다. 하지만 앞서 보았듯이 ≪대학신문≫을 비롯한 학생언론은 좀 더 근본적으로 사상적 금기에 도전했기 때문에 공안 당국과 갈등과 충돌을 빚는 것은 불가피했다.

급기야 ≪대학신문≫을 둘러싸고 첫 번째 충돌이 벌어졌다. 1988년 9월 1일에 ≪대학신문≫ 편집장과 문화부장이 관악경찰서로 연행되었다. 이들이 연행된 것은 ≪대학신문≫의 연재기획특집으로 실렸던 주체사상에 관한 논문 때문이었다. 경찰은 논문 게재가 지도교수와의 협의를 거친 것임을 감안해 두 사람을 이틀 만에 석방했지만, 논문의 필자는 계속 수배를 당했다.

≪대학신문≫만이 아니라 교지 ≪관악≫도 곤욕을 치렀다. 앞서 보았듯이 교지편집위원회가 1988년 여름에 준비호를 발간하려다 초판 2000부를 인쇄소에서 경찰에 압수당했다. 통일 문제를 다룬 기획 논문의 일부 내용이 북한의 주장과 비슷하다는 이유 때문이었다.

이렇게 공안 당국이 칼날을 휘두르자 학교 당국도 덩달아 신경을 곤두세웠다. 1990년 3월에는 농대에서 문제가 발생했다. 학교 당국이 ≪상록≫ 제99호의 배포를 금지했다. 특집으로 실린 "과학적이고 혁명적인 마르크스·레닌주의"라는 글 때문이었다. 그해 가을 상록학보사는 ≪민주상록≫을 창간했다. 편집장은 ≪민주상록≫ 창간호를 발행하면서 학교 당국의 예산 지원을 전혀 받지 않고 기자들 사비로 충당했다고 밝혔다. 이렇듯 민주화가 일정하게 진행되고 있었지만, 학생언론은 여전히 학교 당국과 마찰을 빚었다.

이러한 일은 비단 서울대에만 국한되지 않고, 대부분의 대학에서 벌어졌다. 실제로 정부 당국은 대학 언론에 대해 폭넓은 감시와 검열을 실시했다. 문교부는 1989년 5월 6일에 총학장회의를 개최해 '불온한' 기사를 게재한 대학 간행물에 대한 사법처리 방침을 밝혔으며, 이듬해 5월에는 '대학언론검열판정표'라는 것이 공개되어 문제가 되었다. 이에 따라 ≪대학신문≫을 비롯한 서울대 언론매체들은 전국대학신문기자연합회·교지편집인연합회 등과 연대해 정부의 대학 언론 탄압을 규탄하고, 이에 저항하는 운동을 벌였다.

8. 학생언론, 새로운 변화를 모색하다

● 대중성을 추구한 교지 ≪관악≫

서울대 학생언론은 1990년대 들어 새로운 변화를 모색하기 시작했다. 교지 ≪관악≫은 운동권 매체의 틀에서 벗어나 대중성을 추구했으며 총학생회의 기관지 ≪자주관악≫은 ≪서울대저널≫로 변신했다. 부문계열운동론에 입각해 단과대학별로 신문을 발간하기도 했다. 여기서는 먼저 교지 ≪관악≫의 변화부터 살펴보자.

교지 ≪관악≫의 창간호는 1990년 봄에 나왔다. ≪관악≫은 창간호에서 제3호까지는 그야말로 '과격 일변도'의 면모를 보였다. 창간호가 창간 기획으로 "80년대 관악학생운동사"를 실었듯이 초창기에는 전형적인 운동권 매체였다. ≪관악≫은 언론활동을 통해 전투적 학생운동을 뒷받침하고자 했던 것이다.

하지만 ≪관악≫은 1992년경부터 매체의 혁신에 대해 고민하기 시작했다. 그 결과 ≪관악≫은 그동안 운동권 무크지나 이론전파지 역할을 담당하며 대중성을 등한시해 왔음을 반성하고, '진보적 관점을 견지하면서도 읽히는 교지'를 만들겠다고 다짐했다. 이러한 노력의 출발점이 된 것이 바로 1992년 6월에 발간한 제4호였고, 1993년 11월에 발간한 제7호에 이르면 어느 정도 정형화된 체제를 갖추는 데 성공했다고 스스로 평가했다.

변화의 단초를 마련한 제4호의 주요 내용은 다음과 같다. 우선 기획으로 "관악의 진보 지성의 오늘을 말한다", "관악의 문화 풍토의 오늘을 말한다"를, 특별기고의 형식으로 "전대협, 신화가 아닌 우리의 희망!"를 수록했다. 학원 기획으로는 "언론고시 열풍의 관악, 노동자언론에서 말한다"가, 문화기획으로는 "역사를 일구어간 세계의 진보적 음악가들", "진보의 영상으로 역사를 말한다", "변혁의 미술, 미술의 변혁" 등을 실었다. 이 밖에 "언더그라운드음악 그 신화와 비밀", "여성과 사회 강의실을 찾아서" 등의 기사도 있었다.

《관악》이 정형화된 틀을 갖추었다고 평가받는 제7호에서 우선 눈에 띄는 점은 관악인의 건강·종교·성의식 등 학생들의 생활에 중점을 두고 폭넓은 소재의 글들을 실었다는 것이다. 기획으로 관악인의 사회 진출에 제약 요인으로 지적되어 온 군대 문제에 대해 검토하고, 학원란에는 대학원 교육과 학부제 운영의 문제점을 지적하는 글들을, 학술란에는 서울대학교의 학문 풍토와 관련해 민족대학의 필요성과 우리 학문의 주체성을 강조하는 조동일 교수와 신용하 교수의 글을 실었다.

즉 《관악》은 진보적 시각을 유지하면서도 학생들의 생활과 문화에 밀착된 기사를 통해 대중성을 확보하기 위해 노력했다고 할 수 있다. 하지만 학생들 사이에서는 《관악》의 이러한 변화에 대해 불만이 없지 않았다. 그래서 1998년에 이르면 《관악》의 내용이 양과 질 모두에서 이전만 못하다는 지적과 함께 상업광고가 지나치게 많지 않느냐고 꼬집는 사람도 나타났다.

• 《서울대저널》로 변신한 《자주관악》

앞서 보았듯이 총학생회 기관지 《자주관악》은 1987년에 창간했다. 《자주관악》은 격주간 발행되는 신문 형태였다가 1993년 들어 한 달에 한 번 발행하는 잡지 형태로 바뀌었다. 월간지 《자주관악》은 1993년 4월 2일에 첫 호를 발행했다. 모두 59쪽 분량으로 발행인은 당시 총학생회장 조두현, 편집인은 총학생회 선전국으로 되어 있었다.

월간지로 탈바꿈한 《자주관악》 첫 호에서 무엇보다도 눈에 띄는 점은 식당 문제를 특집으로 내세운 것이었다. "의견개진운동으로 확인한 학생세력의 운동에너지"라는 제목의 글도 있는데, 이것은 제36대 총학생회가 전개한 의견개진운동 결과를 정리한 것이다. 정치란에는 당시 문민정부가 내세운 신경제에 대한 비판기사를, 학원란에는 "관악의 강의실 숨쉬고 있는가"라는 제목으로 강의 문제를 분석한 글을 실었다. 문화란에는 "대학이 본 신입생, 신입생이 본 대학", 관악사회란에는 "관악의 고시열풍을 진단한다", 정보비평란에는 "서울대인의 생활선택 컴퓨터통신" 등의 기사를 실었다.

≪자주관악≫ 창간호에는 기자를 모집하는 광고를 실었다. 모집 분야가 학원 담당, 문화 담당, 부문계열-진출 담당으로 나뉘었는데, 이를 통해 잡지의 지향점을 짐작해 볼 수 있다. 이 가운데서 특히 부문계열-진출 담당 기자를 별도로 모집한 것이 주목된다. 이는 당시 유행하던 부문계열운동과 애국적 혹은 진보적 사회진출을 담당하는 기자라는 뜻이다.

부문계열운동론이란 1980년대의 현장운동론을 대신해 등장한 애국적 사회진출론 혹은 진보적 사회진출론에 입각한 운동론이다. 학생들이 졸업 후 각기 전공의 특성을 살려 사회 각 분야로 진출하여 부문과 계열별로 진보적 활동을 전개하기 위해 재학 중 부문과 계열별로 전공 특성에 알맞게 대중활동을 벌인다는 것이다. ≪자주관악≫이 담당 기자를 모집한 것으로 미루어보아 부문계열운동론에 호응했음을 알 수 있다.

≪자주관악≫은 1995년에 ≪우리세대≫로 제호를 변경했다. 이는 총학생회의 기관지의 성격에서 벗어나 학내외의 다양한 사안을 폭넓게 다루기 위해서였다. 1995년 5월에 ≪우리세대≫ 창간을 위한 준비호가 발간되었는데, 여기에는 학부제를 비롯한 학내 문제와 지방자치제와 같은 정치 문제 등에 관한 다양한 글이 수록되었다.

≪우리세대≫

≪우리세대≫는 1997년 들어 편집과 재정 등 모든 측면에서 총학생회로부터 완전히 독립했다. 먼저 편집진의 조직적 성격

이, 해마다 구성되는 프로젝트 조직에서 자체적으로 구성원을 재생산하는 동아리식의 독립조직으로 바뀌었다. 재정적으로도 광고 수입을 확대해 총학생회로부터 독립했다. ≪우리세대≫는 2001년부터는 제호를 ≪서울대저널≫로 바꾸었다. 이는 1990년대와 구별되는 새로운 정체성을 정립할 필요에 부응하기 위한 것이었다.

이렇게 총학생회 기관지로 출범한 ≪자주관악≫이 1990년대를 거치면서 제호가 ≪우리세대≫를 거쳐 ≪서울대저널≫로 바뀐 것이다. 매체의 위상도 총학생회의 기관지에서 독립적인 자치 언론으로 바뀌었다. 이는 학생사회와 언론 환경의 변화에 매우 기민하게 대처한 것이라 할 수 있다.

● 부문계열운동에 앞장선 단과대학 신문들

1990년대 들어 단과대학 신문이 잇달아 창간되었다. 일찍이 1987년 4월에 ≪법대신문≫이 창간했고, 1993년에 ≪공대저널≫이 창간된 것을 시작으로 자연대·인문대 등에서 잇달아 신문이 발행되었다.

1990년대에 창간된 단과대학 신문들은 단과대학 학생회의 홍보 부서가 아니라 독자적인 발행 주체에 의해 발행되었다는 공통점이 있다. ≪법대신문≫ 역시 처음에는 법대 학생회 산하의 편집위원회에서 만들었지만, 1990년 10월부터는 학생회와는 별도로 법대신문사를 설립해 이곳에서 발행했다. 공대에서도 역시 대학원생과 4학년 학생들이 주축이 되어 공대 학생회와는 별도로 공대신문사를 설립했다. 인문대에서도 대학원생과 3~4학년 학부생들이 주축이 되어 인문대신문사를 설립했다.

이렇게 단과대학 신문이 학생회와는 다른 독자적인 발행 주체를 갖게 된 직접적인 이유는, 학생회장이 매년 교체되는 불연속성을 극복하고 장기적이고 지속적인 기반을 확보가기 위해서였다. 하지만 더 근본적인 이유는 이 무렵 유행하던 부문계열운동론과 관련이 있다. 단과대학 학생회는 총학생회를 위한 동원 라인으로서의 성격이 얼마간 있었다. 하지만 부문계열운동론에 따르면 여러 단과대학에서는 각기 전공의 특성에 따른 대중활동을 전개해야 하는데 이를 위해서는 기존의 학생회 조직과는 별도의 조직적 기반을 갖출 필요가 있었다. 이를 위해 전통적인 총학생회-단과대학 학생회-과학생회로 이어지는 동원 라인 바깥에 별도의 부문계열학회연합 건설이 시도되었다. 대표적인 사례가 1992년에 만들어진 과학기술학회연합이었다.

이렇듯 부문계열운동의 흐름 속에서 단과대학 신문사들이 학생회 밖에서 만들어졌다. 단과대학의 매체 가운데 ≪공대저널≫과 이것이 확대 개편된 ≪이공대저널≫이 가장 지속적으로 간행된 것도 자연대와 공대가 부문계열운동 중심지 중 하나였기 때문이다.

공대신문사는 ≪공대저널≫ 창간에 즈음해 이공계열의 과학기술운동을 활성화하고 진보적 삶을 모색하는 매개로서 학생들의 삶과 운동을 연계하고 부문계열운동을 강화하는 데 이바지할 계획이라고 포부를 밝혔다. 그러기에 공대신문사는 편집위원회를 과학기술부, 정치사회부, 문화부, 편집부로 구성하면서 공대라는 특수성을 살려, 특히 과학기술 부문에 큰 비중을 두었던 것이다.

● 학회운동의 길잡이 ≪학회평론≫

서울대에서 1990년대에 추진된 이른바 학회운동과 관련해 ≪학회평론≫에 주목하지 않을 수 없다. 이것은 일개 동인지에 불과했지만 학회운동과 관련해 학생들에게 큰 영향을 미쳤다. ≪학회평론≫은 앞서 보았듯이 1992년 과학기술학회연합이 만들어지는 등 학회활동이 활성화되던 상황에서 고학번 중심의 학회를 지원하기 위한 대중적 학술매체를 표방하면서 창간했다.

당시 ≪이론≫·≪동향과 전망≫·≪사회평론≫ 등 다양한 대중학술지가 있었지만, ≪학회평론≫은 이들과 달리 과학회를 무대로 한 학내의 학술활동을 직접적인 대상으로 삼았다. 즉 과학회로 대표되는 학술운동 단위들에 대한 직접적인 개입이 바로 이 잡지만의 특징이었다.

≪학회평론≫은 여러 과학회의 커리큘럼들을 수집해 소개하고, 과학회에서 세미나 자료로 이용될 만한 서적의 서평 등 다양한 정보를 제공했다. 하지

만 이 경우에도 책의 내용 자체에 대한 소개보다는 세미나를 운영하는 데 도움이 되도록 맥락과 주제에 접근하는 방법을 알리는 데 주력했다. ≪학회평론≫은 세미나 운영을 위한 상세한 정보뿐만 아니라 학회 운영과 관련된 일반적인 이론, 즉 '학회운동론'에 대한 글도 많이 실렸다.

학회운동의 길잡이 역할을 한
≪학회평론≫

하지만 1994년에 과학기술학회연합이 해체되고 학회의 새로운 상을 모색하던 여러 모임도 제 역할을 해내지 못하면서 학회운동은 점차 설 자리를 잃어갔다. 이후 ≪학회평론≫은 학회운동에만 관심을 국한하지 않고 신좌파운동, 자치사상, 대학교육, 기존의 학생운동 비판 등으로 넓혀갔다. 하지만 학회운동을 전제로 하여 출범한 ≪학회평론≫이 학회운동 자체가 쇠퇴하는 추세속에서 계속 버티기는 어려웠다. 결국 ≪학회평론≫은 2000년에 종간호를 내고 역사의 뒤안길로 사라졌다.

● 여전히 공론 형성의 매체 역할을 한 대자보

1990년대에도 수많은 대자보가 캠퍼스 담벼락을 가득 채우고 있었다. 대자보는 여전히 학생들 사이에서 소통 통로 역할을 했다. 1991년 9월에 발표된 서울대생의 의식과 생활에 관한 조사 연구 결과에 따르면, 서울대생의 87%가 대자보에 대해 상당히 관심이 있다고 답변했다. 일간지와 대자보의 신뢰도를 비교하는 질문에 14.9%의 학생만이 일간지가 믿을 만하다고 답한 반면, 대자보에 대해서는 48.1%의 학생들이 믿을 만하다고 답했다. 대자보는 여전히 학생운동과 관련된 정치적 토론의 광장 역할을 했다.

1991년에 소련의 현실사회주의 체제가 붕괴할 때에는 이를 분석하는 대자보가 큰 물결을 이루었다. 1994년에는 한총련 문제가 대자보의 뜨거운 쟁점이 되었다. 당시 서울대 총학생회는 한총련에 대해 소극적인 태도를 취했다. 그런데 경실련(경제정의실천시민연합) 대학생회가 한총련을 비난하는 대자보를 서울대에 붙였다. 그러자 고려대 총학생회는 "서울대 총학생회에 바란다"라는 제목의 대자보를 서울대에 붙였다. 요지는 정치적 견해가 다르더라도 함께 투쟁하는 동지를 보호하지 않는 것은 잘못이라는 것이었다.

1990년대에 들어 대자보에도 일정한 변화가 있었다. 우선 대자보가 집중적으로 나붙는 장소가 바뀌었다. 1991년 이전만 해도 대자보의 메카는 역시 학생회관의 열린마당이었다. 하지만 1992년 이후에는 열린마당에 붙는 대자보가 점차 줄어드는 반면에 도서관 통로가 대자보의 새로운 메카로 부상했다.

대자보 제작 방식도 바뀌었다. 1980년대에 대자보를 만들려면 전지에다 매직펜으로 직접 글을 썼다. 같은 대자보를 여러 군데 붙일 경우에는 손으로 일일이 여러 벌을 써야 했다. 당시에 과사무실이나 서클룸에 가면 항상 잉크 냄새를 풍기면서 대자보를 작성하는 사람들이 있었다.

1990년대에 접어들면 대자보를 손으로 작성하지 않고 프린터를 이용해 출력하기 시작했다. 처음에는 내용을 나누어 A4 용지에 큰 글자로 출력한 후, 이것들을 전지에다 이어 붙여 대자보를 만들었지만 2000년대가 되면 거의 인쇄기에 가까운 대형 프린터로 대자보 전체를 일괄 출력했다.

대자보의 내용도 바뀌었다. 1990년대를 거치면서 정치적 주장을 담은 대자보는 줄어들었다. 그렇다고 대자보의 용도가 사라진 것은 아니었다. 1990년대에 나타난 새로운 현상 가운데 하나가 대자보를 폭로의 공간으로 사용하기 시작했다는 점이다. 1991년 10월에는 캠퍼스 내에서 학생 사이에 벌어진 성추행을 고발하는 내용의 대자보가 나붙었고, 1993년에는 교수가 조교를 성희롱했다는 내용의 대자보가 나붙었다. 그리고 이를 통해 학내의 성희롱 문제가 공론화되기 시작했다.

학생운동의 흐름 속에서 보자면 대자보는 군사독재 시절 제 구실을 하지 못하는 제도 언론을 대신해서 학생들이 자발적으로 만들어낸 표현 수단이었다. 그런데 대자보는 학생운동의 전성기가 지나갔음에도 불구하고 살아남았다. 시대적 변화 속에서도 이슈를 공론화하는 데 매우 효율적인 수단임을 입증했다.

21세기가 되면 인터넷 공간이 대자보를 대신해 새로운 공론의 광장으로 등장했다. 1990년대 후반에 PC통신이 등장했고 21세기 들어 인터넷이 보급되면서 학생들 사이에서 소통의 통로가 되었다. 그리고 2002년에 만들어진 '스누라이프'는 대표적인 새로운 소통의 공간이 되었다. 이제 무언가 문제를 제기하려면 대자보를 붙이는 대신 '스누라이프' 게시판에 글을 올리면 되었다.

• 문을 닫은 매체와 살아남은 매체

2004년경 총학생회로부터 자치언론기금을 지원받는 자치 언론은 교지 ≪관악≫·≪서울대저널≫·≪이공대저널≫·≪쥬이쌍스≫·≪스누나우≫ 등 다섯 매체가 있었다. 하지만 시간이 흐르면서 문을 닫는 곳이 하나둘 생겨났다. 가장 먼저 문을 닫은 것은 ≪스누나우≫(http://www.snunow.com)였다. ≪스누나우≫는 2001년에 문을 연 학내 인터넷 언론인데, 2007년 5월 5일에 웹사이트를 폐쇄했다. ≪스누나우≫는 인터넷 환경을 활용한 덕에 한때 학내에서 가장 빠른 실시간 보도를 자랑한 매체였다. 하지만 2006년 9월에 인력난으로 두 달 동안 공백기를 가져야 했다. ≪스누나우≫는 2006년 11월 중순경 총학생회장 선거 보도를 계기로 다시 열렸지만 2007년에 들어서 인력난이 가중되고 웹페이지 계약마저 만료되는 바람에 결국 웹사이트를 폐쇄하지 않을 수 없었다.

≪스누나우≫에 이어 ≪이공대저널≫과 ≪쥬이쌍스≫도 차례로 문을 닫았다. ≪이공대저널≫은 1993년에 ≪공대저널≫이라는 이름으로 출발해, 확대 개편하면서 개명했다. 다른 단과대학 신문들에 비해 지속적으로 발행된 ≪이공대저널≫은 2003년에 총학생회장 선거에 즈음해 그 당락에 영향을 줄 수 있는 글을 실었다는 이유로 선관위로부터 배포 중단 권고를 받기도 했다. ≪이공대저널≫은 운영난으로 2006년부터 1년 남짓 휴간한 후 복간을 위해 다각도로 노력했지만 결국 폐간되고 말았다. ≪이공대저널≫이 문을 닫은 후 일부 기자들이 ≪과학기술과 인간≫이라는 제목의 잡지를 별도로 발행하기도 했다.

≪쥬이쌍스≫는 2002년에 창간한 여성주의 매체다. 이것은 관악여모 등에서 여성주의 활동을 해온 10여 명의 학생들이 만들었다. '쥬이쌍스(jouissance)'는 열락(悅樂)을 의미하는 프랑스어로, 여기서는 여성들끼리의 즐거움을 뜻하는 것이다. 호마다 주제를 정해 익명의 페미니스트 필자들이 자유로운 방식으로 글을 썼다. ≪쥬이쌍스≫는 여성주의적 글쓰기를 표방한 매체였으므로 여성의 경험을 생생하게 재현했는데, 대부분이 폭력의 경험이었다. 쥬이쌍스

를 통해 이루어진 경험의 공유가 학내 페미니즘 운동의 정서적 기반이 되었다. 하지만 이것 역시 폐간을 면치 못했다.

마지막으로 문을 닫은 것이 교지 ≪관악≫이었다. 1988년의 준비호에서 출발해 2014년 제48호를 끝으로 종간했다. ≪관악≫은 2003년까지는 총학생회로부터 자치언론기금의 60%를 우선적으로 배분받는 등 특별한 대접을 받았다. 하지만 2004년 5월 28일에 열린 임시전학대회에서 학생회칙이 개정되어 다른 매체들과 같은 비율로 기금을 배분받게 되었다. ≪관악≫은 이렇게 우선권이 사라지면서 2006년에 총학생회로부터 분리되었다. 하지만 ≪관악≫이 2014년에 문을 닫게 된 직접적인 이유는 재정문제보다는 오히려 인력난이었다. ≪관악≫은 학생사회의 원자화와 담론의 소멸을 종간 이유로 들었다.

≪관악≫이 폐간될 무렵 총학생회 산하에 자치 언론으로 살아남은 것은 ≪서울대저널≫·≪퀴어플라이≫·≪The SNU Quill≫ 등 3개에 불과했다. 이 가운데 영자지 ≪The SNU Quill≫은 2005년에, ≪퀴어플라이≫는 학내 성적 소수자의 권리를 옹호하는 동아리 '큐이즈(QIS)'가 2006년에 창간했다.

살아남은 매체 가운데 대표적인 것으로 ≪서울대저널≫을 들 수 있다. 이것의 뿌리는 총학생회 기관지였던 ≪자주관악≫에 있다. ≪자주관악≫은 1995년 제호를 ≪우리세대≫로 바꾸면서 총학생회로부터 독립했고, 2001년에는 다시 제호를 ≪서울대저널≫로 바꾸었다. ≪서울대저널≫은 2013년부터 '서울대저널TV'라는 방송보도 체제를 도입하는 등 종이 매체의 몰락이라는 언론 환경 변화에 적응하기 위해 나름대로 노력했다. 이런 노력이 주효해서인지 ≪관악≫이 폐간된 뒤에도 ≪서울대저널≫은 살아남을 수 있었다. ≪서울대저널≫은 2016년 3월에 창간 20주년 기념으로 영인본(2006~2014)을 펴냈다.

이렇듯 ≪서울대저널≫을 비롯한 몇몇 매체가 다행히도 살아남아 있지만, 이 매체들도 앞으로를 결코 낙관할 수만은 없다. 현재 여러 어려움에 처해 있는데, 가장 큰 어려움은 인력난이다. ≪관악≫은 문을 닫을 무렵 수습기자가 1년간 단 한 명도 지원하지 않고, 남은 기자들도 대부분 떠나버려 이미 그만둔 기자들을 끌어모아 겨우 마지막 호를 만들 수 있었다. 기자들을 모집하기 어려운 것은 단지 ≪관악≫만의 문제가 아니었다.

　재정적인 어려움도 적지 않다. 학생언론은 학생회를 통해 자치언론기금의 지원을 받지만, 그 액수로는 제작비를 대기에도 빠듯한 실정이다. 더구나 학생회비 수납률이 낮아지면서 자치언론기금의 지원비도 감소하고 있다. 부득이하게 광고나 협찬을 통해 부족분을 메워야 하는데 이 과정에서 잡음이 발생하기도 한다.

● ≪대학신문≫의 고민

　≪대학신문≫은 앞서 살펴본 여러 매체에 비해서는 제도적·재정적 기반이 탄탄한 편이다. 폐간에 대해 추호도 걱정할 필요가 없다. 하지만 ≪대학신문≫ 역시 학생언론의 위기로부터 완전한 무풍지대에 놓여 있는 것은 아니다. 1999년만 해도 ≪대학신문≫의 구독률이 77%에 달했지만, 2012년에는 그 반 토막에 불과한 34.7%로 떨어졌다.

　구독률의 급격한 저하는 그만큼 학생들이 ≪대학신문≫에 대해 무관심하다는 것을 의미한다. 이러한 무관심은 곧바로 수습기자 모집의 어려움으로 직결되며, 이는 다시 ≪대학신문≫을 질적으로 하락시키는 악순환으로 이어진다.

　≪대학신문≫은 구독률 저하 요인 중 하나로 인터넷 시대 도래에 따른 종이 매체의 위기를 꼽으면서 그 근거로 학생들의 종이신문 구독률과 ≪대학신문≫ 구독률이 거의 일치한다는 점을 들었다. 종이신문의 위기의식은 ≪대학신문≫뿐 아니라 여러 일간지 사이에도 널리 퍼져 있다. 하지만 구독률 저하의 근본적인 요인은 다른 데 있다. 현재 서울대에서는 낮은 투표율 때문에 학생회 구성이 어려울 정도로 학생사회의 기본 토대가 흔들리고 있다. 학생들 사이에서 대학의 운영과 학생자치에 대한 무관심이 널리 퍼져 있다. ≪대학신문≫ 구독률 저하의 결정적인 원인은 바로 이러한 무관심이라고 할 수 있다.

　21세기 들어서 ≪대학신문≫을 둘러싸고 다시 쟁점으로 떠오른 것이 있다. 학생편집권 문제가 바로 그것이다. ≪대학신문≫의 편집권을 둘러싸고 주간

교수와 학생기자가 정면으로 충돌하는 사건이 종종 발생한 것이다. 앞서 보았듯이 1987년 6월항쟁 이후 ≪대학신문≫에서는 학생편집권이 상당한 수준에서 보장되어 왔다.

하지만 사칙에는 여전히 "주간교수가 신문사의 모든 업무를 통할하며 편집장은 관련 업무를 전담한다"라는 내용이 살아 있었기 때문에 갈등의 소지가 남아 있었다. 1990년대까지는 주간교수가 학생편집권을 가능한 한 존중하는 방식으로 ≪대학신문≫을 운영해 왔기 때문에 큰 문제는 발생하지 않았다. 이때까지만 해도 학생운동의 기세가 여전했기 때문에 학생운동이 학생 기자들의 든든한 뒷배 역할을 했다.

그러나 21세기 들어 주간교수와 학생 기자들이 정면으로 충돌하는 일이 종종 벌어졌고, 그 흔적이 ≪대학신문≫ 지면에 고스란히 남아 있다. 2004년 11월 15일 자 ≪대학신문≫은 제호도 없이, 곳곳이 백지인 상태로 인쇄되었다. 주간과 학생 기자들이 신문 편집에 합의하지 못한 상태에서 주간이 일방적으로 인쇄를 중단했고, 학생 기자들은 자신들이 직접 작성한 기사만을 모아 자비를 들여 신문을 발행했기 때문이다.

이러한 일이 벌어진 것은 사칙상의 '주간의 통할'과 학생편집권 사이의 경계나 관계가 모호했기 때문이다. 당시 이러한 관계를 명확하게 정리하지 않은 채 충돌이 발생하면 주간교수와 학생편집장이 물러나는 식으로 미봉해 버리고 말았다.

이 문제를 해결하지 못하고 미봉한 결과, 10년 뒤 다시 비슷한 사태가 벌어졌다. 2017년 3월 13일 자 ≪대학신문≫도 백지로 발행되었다. 시흥캠퍼스 문제와 관련해 학생들이 벌인 행정관 점거 보도를 둘러싸고 주간교수와 학생 기자들의 의견이 엇갈려 일어난 일이다. 학교 당국과 학생기자단은 이번에는 10년 전에 비해 좀 더 적극적으로 문제를 해결하려고 했다. 양측은 사칙에 편집권에 대한 명확한 규정이 없어 주관교수와 기자단 간에 갈등의 소지가 있다는 점을 인정하고 앞으로 사칙을 개정하기로 합의했다.

이렇듯 ≪대학신문≫ 학생기자들은 21세기에 들어서도 여전히 학생편집권을 지키기 위해 애를 써야 했다. 하지만 1987년 이전에 비해 근본적으로 달라진 것이 하나 있다. 1987년 이전 학생편집권 수호의 대상이 군부독재였다면, 21세기 들어서면서부터는 그 대상이 학교 당국이나 교수 등 대학 내부로 바뀐 것이다.

제5장

집회와 시위

집회와 시위는 학생운동의 꽃이다. 학생들은 집회와 시위를 통해 자신들의 정치적 의견을 표출하고 권익을 실현한다. 현대 한국의 학생운동사는 집회와 시위로 점철된 역사였다. 1990년대까지만 하여도 집회와 시위는 대부분 정치민주화를 요구하는 것이어서 국가권력과 격돌하는 현장이었다. 당시 국가권력은 학생들을 캠퍼스 안에 가두려고 했고, 학생들은 교문을 돌파해 광장으로 달려가려 했다. 국가권력이 캠퍼스를 점령하는 바람에 집회와 시위가 원천적으로 봉쇄된 적도 있다. 하지만 거꾸로 학생들이 광장을 점령하면 거대한 정치적 변화가 일어나곤 했다. 집회와 시위의 역사는 캠퍼스와 광장이라는 공간에서 벌어진 학생과 국가권력 사이의 줄다리기였다.

1. 4·19혁명으로 광장을 점령하다

● 관제 집회만이 판을 친 1950년대

1950년대에는 학생운동과 관련해 이렇다 할 집회와 시위를 찾아보기 어렵다. 전쟁의 와중에 집회와 시위를 벌이기 어려웠거니와, 1952년 6월 24일 국무총리가 임시 수도 부산에서 학생들이 정치에 참여하거나 사회운동에 관여하는 것을 금지하는 명령을 내렸기 때문이다. 이 명령은 전쟁이 끝난 뒤에도 계속 효력을 유지했으므로 학생들은 정치·사회적 이슈를 내세워 집회를 할 수 없었다.

학생들이 참가할 수 있는 집회라고는 학도호국단이 개최한 관제 집회뿐이었다. 한국전쟁이 끝날 무렵에 이러한 관제 집회가 특히 많이 열렸다. 그 첫 사례는 1953년 2월 부산에서 열린 '학생출정계몽선전운동 겸 전시학도궐기대회'다. 같은 해 4월 22일에는 '북진통일 학도총궐기대회'가 열렸으며, 이듬해인 9월 23일에는 '주한미군철군반대 궐기대회'가 서울역 앞 광장에서 열렸다. 학생들은 이 밖에도 '적성휴전감시위원 축출대회' 등 여러 관제 집회에 동원되었다. 궐기대회에 참가한 학생들이 시가행진까지 벌이는 것이 관행이었다.

1950년대를 통틀어 서울대생이 정부의 시책을 비판하거나 학교 당국의 조치에 항의해 집회나 시위를 벌인 것은 단 두 건만이 확인된다. 그 한 건은 문리대 정치학과 학생들이 1952년 6월 11일 개최한 '민주주의 수호를 위한 선언대회'다. 당시 이승만 정권은 계엄령을 선포하고 국회의원들을 구금하는 등 이른바 '부산정치파동'을 일으키면서까지 개헌을 통한 장기 집권을 도모했다. 그러자 문리대 학생들은 집회를 개최해 이승만 정권의 전횡을 비판하는 성명서를 낭독하면서 '반공반파쇼전국학생투쟁위원회' 명의의 유인물을 배포했다. 주모자는 박대완을 비롯해 김유근·이문홍·김영국 등 정치학과 학생들이었고, 그들은 체포되어 군사재판을 받았다. 아직 전쟁이 끝나기 전이었으므로 계엄령의 적용을 받은 것이다. 당시 서울대뿐 아니라 연세대, 이화여대, 동국대에서도 비슷한 성격의 집회가 열렸다.

다른 한 건은 법대생들이 1957년에 일으킨 이강석 편입 반대 집회다. 이강석은 당시 이승만 정권의 2인자였던 이기붕의 장남으로 이 무렵 이승만의 양자로 입적되었다. 학교 당국이 그를 무리하게 법대에 편입학시키려 하자 법대생들이 반발하고 나선 것이다. 학생들의 마음속에는 이승만 정권에 대한 불만도 깔려 있었다. 남재희·이강혁·김종호 등 법대생 200여 명이 4월 9일 학생총회를 개최해 이강석 편입학을 취소할 것을 학교 당국에 요구했다. 학생들의 요구에도 학교 당국은 그날 학장회의를 열어 이강석의 입학을 기정사실화하려 했다. 그러자 법대생들은 4월 10일부터 동맹휴학에 들어갔고, 결국 이강석이 자퇴하는 선에서 이 사건은 마무리되었다.

이렇듯 1950년대에는 정부를 비판하는 집회와 시위는 거의 열리지 않았다. 그나마 열린 것도 모두 단발적인 사건에 그치고 말았다. 따라서 집회와 시위의 전술이나 문화가 형성되기 어려웠고 전승되지도 못했다. 그리고 정부 당국도 집회와 시위에 효율적으로 대처하거나 진압하는 기술을 발전시키지 못했다.

● 4·19혁명으로 광장을 점령하다

1960년 4월 19일 부정선거에 항의하는 시위가 전국적으로 일어났다. 이 시위에는 각지의 대학생은 물론이고 중고등학생과 시민들까지 참여했으며 이승만 정권은 이 시위로 말미암아 무너지고 말았다.

4월 19일의 시위에는 공대와 농대를 제외한 서울대의 거의 모든 단과대학 학생들이 참가했다. 도심에서 멀리 떨어진 위치에 있었던 농대의 경우 다음 날인 4월 20일에야 비로소 시위에 참가할 수 있었다. 문리대에서는 정치학과 학생들이 집회와 시위를 미리 준비했다. 이들은 4월 10일 마산에서 김주열의 시신이 발견되자 그 닷새 뒤인 4월 15일 강의실에 모여 부정선거를 규탄하는 시위를 벌이기로 결의했다. 이들은 5인위원회를 구성해 격문과 전단을 준비하는 한편, 고려대 등 여타 대학과도 사전에 연락을 취했다.

당시 고려대에서는 공명선거추진대학생위원회 멤버들이 중심이 되어 거사를 준비하고 있었다. 이 위원회는 고려대뿐 아니라 다른 대학의 학생들도 참여하고 있어 4·19혁명 당시 대학 사이의 연결 고리 역할을 했다. 당초 시위를 벌이기로 예정된 날짜는 4월 21일이었다. 하지만 고려대 학생들이 4월 18일 거리 시위에 나섰다가 정치 깡패의 습격을 당하는 사건이 일어나는 바람에 민심이 격앙되어 거사 날짜를 앞당기게 되었다.

4·19혁명 당시 서울대 학생들의 집회와 시위 양상을 전체적으로 개괄하면 다음과 같다. 각 단과대학별로 학생들을 끌어모은 뒤 곧바로 교문을 박차고 나가 거리 시위를 벌였다. 당시 대광고등학교를 비롯한 고등학생들이 한발 앞서서 치고 나갔기 때문에 교내 집회로 시간을 끌 여유가 별로 없었다. 그래서 대부분의 대학에서는 학생들이 모이자마자 곧바로 거리 시위에 돌입했다.

교문을 박차고 나온 여러 단과대학의 시위대들은 경찰의 방어선을 여러 차례 돌파해 국회의사당 앞에 집결했다.* 국회의사당은 예나 지금이나 민주주의를 상징하는 공간이다. 4월 18일에도 고려대생들이 그 앞까지 진출해 연좌농성을 벌인 바 있다. 따라서 4월 19일 시위대가 그곳에 집결한 것은 지극히 자연스러운 일이다.

국회의사당 앞에 집결한 시내 여러 대학의 시위대는 연좌시위를 벌이다가 동국대 시위대의 선도로 경무대(현재의 청와대)를 향해 몰려가기 시작했다. 당시 시위대 전체를 통솔할 수 있는 컨트롤타워는 없었고 현장 분위기에 따라서 물 흐르듯 움직이는 형국이었다.

1950년대에는 관제 집회에 동원된 것을 제외하고는 정부를 비판하는 집회와 시위 경험이 전혀 없었기 때문에 집회와 시위의 전술이나 문화가 아직 형성되어 있지 않은 상태였다. 4·19혁명 당시 학생들이 부른 노래도 「애국가」

● 당시 국회의사당은 덕수궁 북쪽에 위치하고 있었으며, 현재 그 건물을 서울시의회가 쓰고 있다.

나 「전우가」가 고작이었고 「학도호국단가」를 부르는 경우도 있었다.

여기서 말하는 「전우가」는 "전우의 시체를 넘고 넘어"로 시작되는 노래로 유호가 작사하고 박시춘이 작곡했으며 현인이 부른 진중가요다. 일명 '전우야 잘 자라'로 불리기도 한 이 노래는 군대뿐 아니라 일반인 사이에서도 크게 히트했다. 학생들이 「학도호국단가」를 부른 것은 호국단이 원래 관제 동원 단체로 만들어졌지만, 1952년 이후 학생자치의 기능을 일부 수행했기 때문이다. 대학에 따라서는 호국단 조직이 4월 19일의 시위를 이끌기도 했다.

이승만 정권도 학생들처럼 대규모 집회와 시위에 대한 준비가 부족했다. 당시 경찰은 체계적으로 훈련받은 전문적인 시위 진압 부대를 보유하고 있지 못했다. 한국전쟁 당시 창설된 전투경찰로 이루어진 경찰기동대는 전쟁이 끝나고 난 뒤 해체되었다.

1950년대 시위 진압에 동원된 경찰 병력으로 이른바 '무술경관'이 있었다. 무술경관은 신문지상에 1958년 무렵부터 등장하는데, 상설 경찰조직이 아니라 말 그대로 경찰관 중에 유도와 태권도와 같은 무술 유단자들을 일시 소집한 데 불과했다. 당시 무술경관은 국회에서 농성을 하는 야당 국회의원들을 제압하거나 야당 청년 당원의 시위에 대비하는 일을 담당했다.

4·19 당시에도 일반 경찰 가운데 임시로 인력을 차출하여 기동대를 편성해 시위 진압에 투입했다. 따라서 이들은 사전에 시위 진압을 위해 체계적인 훈련을 받지 못한 상태였다. 급한 경우에는 교통경찰에게 총기를 쥐어주고 시위 현장에 내보내기까지 했다.

체계적으로 훈련받은 시위 진압 부대가 없었던 만큼 제대로 된 시위 진압 전술이 만들어졌을 리도 만무하다. 시위 진압 장비도 제대로 갖추지 못하고 있었다. 통상적인 근무복을 입은 경찰관들이 경찰봉으로 시위대를 두드려 패서 제압하는 것이 고작이었다.

경찰관들에게 시위 진압을 위한 무기로 최루탄을 지급했지만 안전수칙을 제대로 훈련시키지 못했다. 마산상고 학생 김주열이 최루탄에 피격되어 사망하는 지경에 이른 것도 그 때문이다. 당시 경찰의 시위 진압 능력은 학생들의 대규모 거리 시위 앞에서 곧바로 한계에 부딪혔다. 그 비극적인 결과가 바로 경무대 앞에서의 무차별 총격과 그에 따른 대규모 인명 피해였다.

이승만 정권이 시위대에 총격을 가한 것은 이번이 처음이 아니었다. 1956년 대통령 선거운동 도중에 당시 야당 후보였던 신익희가 급사하자 그에 대한 추모 열기가 높아졌고 그의 장례식에 참가한 군중 가운데 일부가 경무대로 몰려갔다. 이때 경찰이 시위대에 총격을 가해 사망자가 발생했다. 1960년에 들어서 마산에서도 경찰이 3·15부정선거에 항의하는 시민에게 실탄 사격을 자행해 9명이 사망했다. 경무대 앞에서의 총격은 느닷없이 발생한 것이 아니라 이미 예고되어 있었던 것이다.

경찰은 4월 19일 경무대 앞뿐만 아니라 서울 시내 곳곳에서 총기를 사용했다. 경무대 앞에서만 21명의 사망자가 나왔고, 이날 서울에서 사망한 사람이 모두 104명이었다. 서울대에서는 김치호(문리대)·박동훈(법대)·손중근(사범대)·유재식(사범대)·안승준(상대)·고순자(미대) 등 6명의 희생자가 나왔다. 이렇게 4·19 당시 곳곳에서 총기가 무절제하게 사용된 것은 이승만 정권이 국민의 생명을 가볍게 여겼을 뿐만 아니라 위기관리 능력도 수준 이하였음을 잘 보여준다고 하겠다.

경찰의 무차별적인 총격은 시위대를 더욱 과격하게 행동하도록 만들었다. 진압 경찰과의 투석전은 기본이고 주요 시설에 대한 방화가 곳곳에서 이루어졌다. 학생들은 차량을 탈취하여 차량 시위를 벌였으며, 총기를 탈취하여 무장한 후 경찰과 총격전을 벌이기도 했다. 하지만 시위대도 그때그때 상황에 따라 대응했을 뿐 이들의 행동을 통제할 수 있는 조직 체계가 만들어지지는 않았다.

계엄령이 선포되고 군대가 진주하면서 이렇게 격앙된 분위기는 차츰 진정되기 시작했다. 하지만 군대의 무력에 제압되어 사태가 진정된 것이 아니었다. 당시 계엄군 지휘관은 부하들에게 총기 사용을 엄격히 금지했으며, 이미 지급한 실탄을 회수하기까지 했다. 군이 경찰과는 전혀 다른 중립적인 질서 유지자임을 자임하고 나선 것이다. 이와 같은 부드러운 대응이 먹혀서인지 사태가 점점 진정되기 시작했다.

하지만 교수들이 4월 25일 이승만 대통령의 하야를 요구하는 시국선언을 발표하고 시위에 나서자 학생과 시민들이 다시 모여들었다. 교수단이 돌아간 뒤에도 거리 시위는 밤새 이어졌다. 다음 날 아침 10만이 넘는 인파가 다시금 서울 거리를 가득 메웠다. 시위 군중은 서슴없이 계엄군의 탱크 위에 올라갔다. 계엄군은 이들을 제지하지 않았다. 결국 이승만 대통령은 국민의 요구에 굴복해 하야 성명을 발표해야만 했다.

● 집회와 시위의 자유를 맘껏 누리다

4·19혁명으로 말미암아 이승만 정권이 붕괴하고 정치적 자유가 회복되면서 서울대생들도 집회와 시위의 자유를 마음껏 누릴 수 있었다. 교내에서의 집회와 시위는 두말할 나위가 없고, 학교 밖에서도 그러했다.

그 후 학내에서는 학원민주화운동이 전개되었다. 학생들은 가장 먼저 학도호국단을 해체하고 학생회를 구성했다. 새로 구성된 학생회는 4·19혁명의 정신을 확산시키기 위해 국민계몽운동을 전개했다. 학생들은 1960년 7월 6일 '서울대국민계몽대' 결대식을 가진 후 "새나라 새터에 새살림"이라는 플래카드를 들고 시가행진을 벌였다. 농대 학생들도 이러한 국민계몽운동에 호응해 수원에서 서울까지 장거리 도보 행군을 감행했다.

학생들의 국민계몽운동은 단순한 캠페인에 그치지 않았다. 학생들은 여름 방학이 다가오자 농촌에는 국민계몽반을 파견했으며, 도시에는 새생활운동반을 파견했다. 도시에 파견된 새생활운동반은 완장을 차고 시내 다방, 극장가, 유흥가를 돌며 양담배를 직접 단속했다. 이렇게 하여 강제로 압수한 양담배를 세종로에 쌓아놓고 소각하는 행사를 벌였다.

새생활운동반은 가을 학기가 시작된 뒤에도 이와 같은 직접 행동을 중단하지 않았다. 새생활운동반은 9월 22일 국회로 쳐들어가 국회의원들이 특권을 행사해 불법적으로 운용하는 '가넘버차량' 59대를 압수하여 시청 앞 광장에 전시했다. '가넘버차량'이란 임시로 등록한 차량을 가리키는 것으로, 당시에는 특권층들이 이런 차량을 불법적으로 운용해 탈세했으며, 군에서 불법적으로 유출된 부속품을 사용하는 등 문제가 많다는 비판을 받고 있었다. 학생들은 국무총리를 찾아가 이 '가넘버차량'들의 등록을 취소하지 않으면 양담배처럼 압수한 차량을 모두 불살라 버리겠다고 공언했다.

당시 민주당 정부는 이와 같은 새생활운동반의 직접 행동이 법치의 한계를 훨씬 뛰어넘는 것이라 판단했다. 이에 따라 1500명의 경찰 병력을 투입해 학생들을 제압하고 학생들이 압수한 차량을 되찾아 차주들에게 돌려

거리 캠페인을 벌이는 새생활운동반

주었다. 당시 시경국장은 이번 사건의 배후를 철저히 조사하는 한편, 앞으로 폭력시위는 엄단하겠다고 밝혔다. 하지만 사태가 진정된 후 관련자 조사는 흐지부지되고 말았다.

총학생회가 국민계몽운동을 벌이고 있을 무렵, 문리대의 신진회를 비롯해 몇몇 이념 서클에 소속된 학생들은 민족통일연맹(이하 '민통련')을 조직해 통일운동을 벌이기 시작했다. 서울대에 민통련이 결성되자 다른 대학에서도 민통련들이 속속 만들어져 얼마 지나지 않아 17개 대학 민통련이 연합한 '민족통일전국학생연합'(이하 '민통·전학련')이 조직되었다.

민통련은 처음부터 정치적 색채를 띠었고, 따라서 이들의 활동 무대도 학교 바깥이 될 수밖에 없었다. 민통련은 다른 대학의 민통련과 기타 혁신 세력들과 손잡고 정치적 시위를 전개했다. 민통련의 정치적 시위는 1961년 2월에 있었던 한미경제협정 반대시위에서 비롯되었다.

민통련의 시위의 정점은 이른바 '2대악법'에 반대한 시위였다. 여기서 '2대악법'이란 '반공임시특별법'과 '데모규제법'을 가리킨다. 이 가운데 '데모규제법'이 특히 논란의 대상이 되었다. 당시 집회와 시위에 관한 법률로는 1960년

7월 1일 제정된 '집회에 관한 법률'이 있었는데 민주당 정부는 이를 개정해 규제를 강화하려 했다. 종전의 '집회에 관한 법률'에 의하면 24시간 전에 관할 경찰서에 신고만 하면 자유롭게 집회와 시위를 할 수 있었다. 그런데 개정안에서는 정지해서 시위를 할 경우 중요 건물 20미터 이내에 접근하는 것을 불허하고, 동일 건물 앞에서 1시간 이상 시위하는 것을 금지하며, 일몰 후 시위를 금지하는 등의 내용을 포함시키려 했다. 그래서 당시 이를 '데모규제법'이라고 불렀다.

'데모규제법'을 비롯한 2대악법에 반대하는 시위는 전국에 걸쳐 벌어졌다. 이 시위는 1961년 3월 18일 대구에서 처음 시작되었으며 3월 22일에는 서울로 옮겨 붙었다. 서울대 민통련도 이 시위에 참가했고, 서울에서 1만 5000명의 시위 군중이 집결해 횃불 시위를 벌였다. 이 과정에서 경찰 기동대와 충돌하기도 했다. 이 시위는 다시 전국으로 확산되어 4월 중순까지 이어졌다. '데모규제법'의 입법 시도가 오히려 대규모 데모를 유발하는 역설적인 결과를 초래했다.

이상에서 살펴본 바와 같이 학생들은 4·19혁명의 성공 이후 집회와 시위의 자유를 마음껏 누렸다. 학생들의 행동은 총학생회가 중심이 되어 전개한 국민계몽운동이나 민통련이 주도한 통일운동 등 모든 영역에서 거침이 없었다. 그 결과 '데모규제법' 입법 시도에서 볼 수 있듯이 당시 민주당 정부와 마찰을 빚기도 했다.

2. 교문을 경계로 박정희 정권과 대치하다

● 조심스럽게 재개된 학생시위

1961년 5·16군사정변이 일어나면서 4·19혁명으로 쟁취한 정치적 자유를 모두 박탈당했다. 집회와 시위도 당분간 금지되었다. 하지만 시간이 흐르면서 학생들의 집회와 시위가 조심스럽게 재개되었으며, 1964년 발생한 한일협정 반대시위를 계기로 박정희 정권과 정면으로 충돌하고 말았다. 이후 학생들은 박정희 정권과 교문을 사이에 두고 팽팽하게 대치하기 시작했다.

5·16군사정변 이후 학생들이 조심스럽게 집회와 시위를 재개한 첫 번째 사례는 1962년 6월 8일에 있었던 한미행정협정 체결을 촉구하는 시위다. 이 시위는 주한 미군의 범죄행위 때문에 촉발되었다. 당시 군사정권은 이 시위에 대해 생각보다 유화적인 태도를 취했다. 학생들도 사회적 이슈에 대해 발언한 것일 뿐 군사정권 자체에 대해 반대하는 것은 아니라는 점을 분명히 밝혔다.

학생들은 이듬해인 1963년 3월 29일 군정 연장에 반대하는 시위를 벌였다. 이 시위는 말 그대로 군정 그 자체를 문제 삼았지만, "구정치인 자숙하라"라는 구호를 함께 내걸어 군사정권과 정면으로 맞선다는 인상은 주지 않으려 했다. 박정희 최고회의 의장도 학생들의 요구대로 군정 연장을 철회하는 조치를 취했다. 그 대신 자신의 민정 참여를 기정사실화했다. 이렇게 정부도 학생도 서로에게 조심스럽게 접근하는 가운데 군정 치하에서도 학생시위가 점차 되살아나고 있었다.

• 한일협정 반대시위: 박정희 정권과 정면으로 충돌하다

회복기를 거쳐 1964년에 대규모 학생시위가 발생했다. 당시 박정희 정권이 추진하던 한일 국교정상화를 위한 회담에 반대하는 시위였다. 이 시위는 박정희 정권이 공식적으로 출범한 후 일어난 첫 번째 대규모 시위였다. 이때부터 학생들이 군사정권과 정면으로 충돌하기 시작했다.

박정희 정권은 1962년부터 일본과의 국교정상화를 위한 외교 교섭을 시작했다. 이 교섭은 비밀리에 추진되었으므로 일반 국민들은 1963년이 되어서야 비로소 그 내막을 알 수 있었다. 서울대를 비롯한 전국의 대학생들은 1964년 3월부터 한일협정에 반대하며 대대적인 가두시위를 벌이기 시작했다. 이 시위는 1965년 8월까지 장기간 동안 지속되었다. 전국의 대학생들이 대거 참가해 마치 제2의 4·19혁명을 떠올리게 했다.

한일협정 반대시위는 문리대의 민족주의비교연구회(이하 '민비연')의 주도로 시작되었다. '민비연'은 고려대·연세대 학생들과 사전에 의견을 조율해 1964년 3월 24일 동시에 가두시위를 벌였다. 이 세 학교 학생들이 먼저 치고 나가자 여러 대학과 고등학교의 학생들이 호응하면서 삽시간에 시위가 전국으로 확산되었다.

학생들의 시위가 계속되는 가운데 '민족적 민주주의 장례식'이 5월 20일에 거행되어 박정희 정권과의 갈등을 한층 고조시켰다. 민족적 민주주의는 5·16 군사정변 이후 박정희 정권이 내건 통치이념이다. 5·16군사정변이 일어났을 때 서울대생 가운데는 박정희 정권의 민족적 민주주의에 기대를 건 사람들이 적지 않았다. 하지만 한일협정을 추진하는 것을 보고 기대를 접은 사람이 많았다. 이 장례식은 학생들의 정서를 표현한 퍼포먼스로서, 민비연이 중심이 된 '한일굴욕회담반대 학생총연합회'가 주최했다. 이전의 시위가 대학별로 이루어진 반면에 이 집회는 여러 대학 학생들이 함께 참여하는 연합집회로 열렸다.

이렇게 시위가 확대되자 각 대학의 학생회들이 나서지 않을 수 없었다. 서울 시내 31개 대학 학생회장들이 모여 '난국타개학생대책위원회'를 결성해 궐기대회를 개최하면서 박정희 정권에 최후통첩 했다. 그 결과 6월 3일, 대규모 가두시위가 벌어졌다.

6월 3일의 시위는 그야말로 제2의 4·19혁명을 방불케 했다. 4·19혁명 때처럼 각 대학별로 교내 집회를 갖고 교문을 돌파해 거리 시위를 전개했다. 거리로 나온 시위대가 일차적으로 국회의사당 앞에 집결한 후 세종로를 거쳐 청와대로 진격했다. 4·19혁명 당시에는 수원에서의 시위에 그쳤던 농대 학생들이 이번에는 수원에서 출발해 도보로 서울까지 장거리 행진을 감행했다. 정부가 이러한 대규모 가두시위에 계엄령으로 맞선 것도 4·19혁명 당시와 다를 바 없었다. 당시 정부는 이 사건을 일컬어 6·3사태라고 불렀다.

하지만 4·19혁명 때와 비교해 달라진 점이 전혀 없지는 않았다. 4·19혁명 당시에는 시위가 4월 19일부터 이승만 대통령이 하야할 때까지 약 일주일간

집중적으로 전개되고 그친 데 비해 이번에는 시위가 3월 24일부터 시작해 6월 3일까지 약 70일간 지속되었다. 6월 3일 '계엄령'이 공포된 이후에도 시위는 완전히 가라앉지 않았다. 이듬해인 1965년 봄학기를 맞이해 한일협정 비준을 반대하는 시위가 다시 시작되었다. 학생시위는 그해 8월까지 끈질기게 이어졌다.

● 집회와 시위의 문화가 등장하다

이렇게 집회와 시위가 장기화되면서 새로운 시위 전술이 개발되었으며, 집회와 시위 문화도 등장했다. 단식 농성이 새로운 시위 전술로 개발되었다. 단식 농성은 집회와 시위의 열기를 꺼뜨리지 않고, 장기적으로 이어가기 위해 구사하는 전술이었다.

20명의 문리대 학생들이 5월 30일 단식에 돌입하면서 장기간에 걸친 단식 농성이 시작되었다. 학생들은 교내 4·19혁명기념탑 앞에 가마니와 거적을 깔고 머리에는 흰 광목을 동여매고 집단적으로 단식에 참여했다. 이 소식이 전해지자 6월 1일 노미혜(당시 사학과 4학년) 등 여학생 20명이 단식에 동참하는 등 많은 학생들이 속속 합류했다. 다른 단과대학에서도 각기 단식농성을 벌였다. 서울대생뿐 아니라 난국타개학생대책위원회 소속 19개 대학 31명의 학생이 6월 1일 청와대 앞에서 집단 단식농성을 하다가 모두 연행되기도 했다. 집단적인 단식농성은 집회와 시위의 열기를 고조하는 데 한몫을 톡톡히 했다.

단식 농성 현장의 상황은 당시 일간지에 상세히 보도되었다. 동아방송의 라디오 프로그램 〈앵무새〉를 통해 생중계되기까지 하여 사회적으로 큰 반향을 불러일으켰다. 동아방송은 나중에 중계방송을 한 대가를 톡톡히 치러야만 했다. 계엄령이 발동된 후 최창봉 방송부장을 비롯한 간부 6명이 당시 군법회의(현 군사법원)에 회부되어 군사재판을 받아야만 했다.

집회와 시위가 장기화되면서 학생들의 눈길을 끌기 위한 다양한 퍼포먼스가 시도되었다. 그 대표적인 사례가 5월 20일에 있었던 '민족적 민주주의 장례식'이다. 이 행사는 문리대 캠퍼스에서 열렸는데 명칭만 장례식이 아니라 실제 장례식 절차를 그대로 실행했다. "축 민족적 민주주의 장례식"이라고 쓴 만장이 펄럭이는 가운데 굴건을 쓴 4명의 학생이 민족적 민주주의를 상징하는 관을 메고 입장을 했다.

상대생들도 6월 2일 오전 11시 15분에 매판자본을 신랑으로 하고 가식적 민주주의를 신부로 하며 신제국주의를 주례로 하는 모의 결혼식을 치렀다. 학생들은 결혼식이 끝난 후 신랑과 신부, 주례를 상징하는 허수아비를 불태우고 가두시위에 나섰다.

집회와 시위 현장에서는 이 밖에도 다양한 문화행사가 열렸다. 그 대표적인 사례가 〈위대한 독재자〉라는 마당극이었다. 이 마당극에는 6월 1일 문리대 단식농성장에서 공연되었다. 박정희를 연산군에 빗댄 박산군과 김종필을 상징하는 이완용이 등장했다. 학생들은 이 마당극을 통해 민족적 민주주의와 한일회담, 워커힐 사건 등을 풍자했다.

문리대 학생회가 5월 30일 개최한 자유쟁취궐기대회 때도 프로그램 중 하나로 모의 최루탄을 불사르는 최루탄 박살식을 진행했다. 이 행사에서는 「최루탄조사」와 함께 「최루탄가」가 발표되었다. 이 가운데 「최루탄가」는 김지하 시인이 「새야 새야 파랑새야」를 개사하여 지은 것으로, 이후 시위 현장에서 많이 불렸다.

4·19혁명으로부터 시간이 별로 흐르지 않아 그런지 시위를 진압하기 위한 조직과 전술에는 이렇다 할 변화가 없었다. 여전히 일반 경찰 가운데 인력을 차출해 시위 진압에 투입했다. 한일협정 반대시위가 일어나기 1년 전인 1963년 3월 서울시경은 일반 경찰관들로 제1기동대를, 무술경관들로 제2기동대를, 경찰학교 학생들로 제3기동대를 편성해 시위에 대비한 바 있다. 3개의 기동대는 상황이 발생했을 때 임시로 편성되었으며 시위 진압만 전담하는 상설 조직이 아니었다.

시위 진압 기술에서도 큰 진전은 없었다. 다만 4·19혁명 때 총기를 발사하는 바람에 이승만 정권이 무너졌다는 교훈 때문인지 총기 사용은 극력 자제했다. 그 대신 최루탄을 많이 발사했다. 1964년 5월 4일 열린 임시국회에서 김영

최루탄가	
탄아 탄아 최루탄아	8군으로 돌아가라
우리 눈에 눈물 나면	박가분(朴哥紛)이 지워질라
꾸라 꾸라 사꾸라야	일본으로 돌아가라
네가 피어 붉어지면	샤미셍(三味線)이 돌아올라
법아 법아 반공법아	빨갱이로 몰지 마라
데모하면 빨갱이냐	폭력정치 더 나쁘다

삼 의원이 유독성 최루탄 남용과 관련해 내무장관을 추궁하기도 했다. 한일굴욕회담반대 학생총연합회는 5월 19일 성명서를 통해 미8군 사령관에게 한국 경찰에 최루탄을 공급하지 말 것을 요구하기도 했다. 당시 학생들은 최루탄을 주한 미군이 공급하는 것으로 알고 있었다. 앞에서 살펴본 「최루탄가」에 "미8군으로 돌아가라"라는 가사가 들어간 것도 바로 이러한 이유 때문이었다.

당시 박정희 정권은 학생시위를 억누르기 위해 학원 사찰과 용공 조작도 서슴지 않았다. 경찰 정보과 형사들을 동원한 이른바 문제 학생들에 대한 밀착 감시는 기본이었으며, 새로 만들어진 중앙정보부도 학원사찰에 가세했다. 1964년 4월 8일 문리대 시위를 주도한 김중태와 현승일의 집에 정체불명의 소포가 배달되었다. 서울대뿐 아니라 연세대와 고려대 학생에게도 그런 소포가 배달되었다. 시위를 주도한 학생들을 북한과 연계시켜 친북 좌파로 몰아붙이려는 중앙정보부의 공작이었다.

한일협정 반대시위 과정에서 YTP라는 이름의 프락치 조직이 드러나기도 했다. YTP란 Young Thought Party의 약자로, 청사회(青思會)의 영문명이었다. 이 단체는 5·15군사정변 직후 조직된 극우 청년 학생 단체로서 당시 중앙정보부가 이 단체에 자금을 지급하면서 정보를 수집했다. YTP는 서울대에도 발을 뻗쳐 문리대를 넘어 법대와 미대로까지 조직을 확대하던 중, 한일협정 반대시위 과정에서 그 실체가 드러났다.

● 교문을 사이에 두고 경찰과 대치하다

박정희 정권에 맞서려는 학생들의 집회와 시위는 1960년대 후반에도 계속되었다. 수많은 집회와 시위가 끊임없이 벌어졌으며 최루가스가 캠퍼스를 뒤덮었다. 1960년대 후반에 벌어진 주요 시위로는 1966년의 삼성재벌 사카린 밀수사건 규탄시위, 1967년의 부정선거 규탄시위, 1969년의 삼선개헌 반대시위 등을 들 수 있다.

1960년대 후반에 접어들면서 집회와 시위 양상에 몇 가지 변화가 나타났다. 먼저 학생회가 집회와 시위의 전면에 등장하기 시작했다. 1964년에 일어난 한일협정 반대시위의 경우 '민비연'이라는 학회 주도로 시작되었으며, 학생회는 그 열기가 상당히 고조된 이후에야 비로소 전면에 나섰다. 하지만 1960년대 후반 들어 학생회가 처음부터 집회와 시위의 전면에 나서는 경우가 많아졌다. 학생들의 요구 때문에 학생회가 학생들을 대표하여 정치적 행동에 나서게 된 것이다.

하지만 1960년대 후반에도 상황이나 사안에 따라서는 학생회가 전면에 나서는 대신 투쟁위원회가 조직되어 집회와 시위를 주도하는 경우도 여전히 있었다. 1967년 부정선거규탄시위를 주도한 '서울대민주수호투쟁위원회'가 그 대표적 사례였다. 당시 학생회가 이 사안에 대해 적극적이지 않았기 때문에 일부 학생들이 투쟁위원회를 조직한 것이다. 하지만 시간이 갈수록 학생회는 학생운동의 소용돌이에 휩쓸려 들어가기 시작했다.

집회와 시위의 구체적인 양상은 한일협정 반대시위 당시에 비해 크게 달라지지 않았다. 교내에서 학생총회나 성토대회 등의 집회를 개최한 후 가두진출을 시도했다. 이 무렵 경찰은 교문에서 학생들의 가두시위를 극력 저지했다. 학생과 경찰이 교문을 사이에 두고 치열하게 격돌하는 것이 이 무렵 캠퍼스의 일상적인 풍경이었다. 학생들은 경찰의 봉쇄망을 뚫고 거리로 진출해 궁극적으로는 청와대까지 진격하려 했다. 하지만 어느덧 청와대로의 진격은 커녕 교문을 돌파하기도 어렵게 되었다. 경찰의 봉쇄망이 과거에 비해 크게 강화되었기 때문이었다.

학생시위가 벌어지면 학교 당국은 휴강이나 휴교를 하는 방식으로 대처하는 것이 보통이었다. 학교의 문을 닫아거는 방법으로 학생시위의 열기를 식히려 한 것이다. 휴강과 휴교가 길어지면서 기말고사도 없이 그대로 조기방학으로 이어지는 일이 다반사였다. 불과 두어 달 수업을 하고 나서 곧바로 한 학기가 끝나기도 했다. 그래서 학생들은 정규 강의를 기대하기보다 스스로 알아서 공부해야만 했다.

● 더욱 강경해진 시위 진압 전술

박정희 정권이 집회와 시위에 대처하는 방식은 시간이 갈수록 강경해졌다. 무엇보다 먼저 시위 진압 능력을 강화했다. 그 대표적인 사례가 시위 진압을 전담하는 경찰 부대, 즉 전투경찰대를 창설한 것이다.

1968년 1월 북한군 특수부대원 31명이 침투해 청와대를 기습하는 사건이 발생하자 정부는 대간첩작전에 필요하다는 이유로 병역의무자를 전투경찰로 배정하는 '전투경찰대설치법'을 제정했다. 그리고 이 법에 의거하여 전투경찰대를 편성했다.

이 법을 제정한 취지에 따르면 전투경찰은 대간첩작전에만 투입하도록 돼 있었다. 하지만 실제로는 이 부대를 주로 시위 진압에 투입했다. 이로써 시위 진압을 위한 인적 자원이 크게 늘어났다. 전투경찰대는 시위 진압을 위한 상설조직으로, 늘 시위 진압을 위한 훈련만을 받았기 때문에 전문성이 크게 강화되었다.

시위 진압을 위한 장비도 보강되었다. 우선 1969년 페퍼포그가 처음 도입되었다. 페퍼포그란 특정 지역에 최루가스를 집중적으로 살포하기 위한 일종의 분무기다. 처음에는 사람이 들고 다니는 형태였으나 나중에는 차량에 장착하는 형태로 바뀌었다.

페퍼포그는 총기로 발사하는 기존의 최루탄과는 달리 시위대가 피격되어 다칠 위험이 없는 반면, 특정 지역에 집중적으로 최루가스를 살포할 수 있어 당시 혁신적인 신무기로 받아들여졌다.

시위 진압 경찰의 개인 장비도 강화되었다. 1960년대 중반까지만 해도 시위진압 경찰은 통상적인 근무복을 입고 헬멧의 앞부분에 철망을 단 간단한 방석모만 착용했다. 1969년에 이르면 투구형 방석모와 몸 전체를 보호할 수 있는 방석복, 커다란 방패 등으로 중무장하기 시작했다. 당시 경찰은 8000만 원의 예산을 투입해 2만 명의 병력을 무장시킬 수

1969년에 새로 등장한 페퍼포그 사진 왼쪽에 휴대식 페퍼포그를 어깨에 메고 있는 모습이 보인다.

있는 분량의 방석복과 방석모를 발주했다.

1960년대에는 대학 구내에 경찰 병력을 투입하지 않는 것이 원칙이었다. 하지만 경찰이 교내에까지 난입하는 사건이 간혹 벌어지기도 했다. 1964년 한일협정 반대시위 당시 문리대생과 미대생들이 연합해 궐기대회를 개최하자 경찰이 미대로 쳐들어와 강의실과 실기실에 난입해 수업 중이던 학생들을 강제로 끌어냈다. 1969년 삼선개헌 반대시위 때는 경찰이 법대에 난입했다. 사복형사가 학교 근처에서 시위 동향을 감시하다가 학생들에게 일시적으로 억류되는 사건이 벌어지자, 가해자를 찾아낸다는 명목으로 학교 구내에까지 난입한 것이다.

1971년에 일어난 교련 반대시위 당시, 무장경찰이 사범대에 난입했다. 당시 용두동 캠퍼스에서는 교문을 사이에 두고 교련 반대시위가 한창 벌어지고 있었다. 박정희 대통령 일행이 학교 앞을 통과할 때 시위대가 던진 돌멩이 하나가 경호 차량 위에 떨어졌다. 이에 무장병력이 교내로 쳐들어와 무차별적인 폭력을 행사하면서 무자비한 체포 작전을 벌였다. 당시 59명의 학생이 연행되었다.

경찰뿐 아니라 군 병력도 대학가에 난입했다. 수도경비사령부 제5헌병대 소속 군인 20여 명이 1971년 10월 5일 고려대에 난입해 농성 중인 학생들을 부대로 끌고 가서 폭행한 사건이 발생했다. 당시 고려대 학생들이 반정부 시

위를 하면서 윤필용 수도경비사령관을 부정부패 인사 중 한 명으로 지목한 바 있다. 수도경비사령부 소속 군인들이 이에 불만을 품고 대학으로 쳐들어온 것이었다. 고려대 총장이 강력히 항의하자 끌고 간 학생들을 풀어주었지만, 이 사건은 곧 있을 위수령의 신호탄이었다.

위수령이란 군부대가 한 지역에 주둔하면서 그 지역의 경비와 질서유지를 담당하는 제도를 가리킨다. 박정희 정권은 격렬히 전개되던 교련 반대시위를 잠재우기 위해 1971년 10월 15일 위수령을 발동했다. 위수령 발동과 함께 군 병력이 서울대를 비롯해 시내 7개 대학에 투입되었다. 군 병력은 이후 10월 23일까지 8일간 각 대학에 주둔했다.

위수령을 발동한 이후 전국 23개 대학에서 177명의 학생이 제적되었다. 서울대에서도 모두 59명이 제적되어 대부분 군대로 끌려갔다. 서클 해체와 간행물 폐간 등 폭압적인 조치도 잇달았다. 서울대에서는 문우회·후진국사회연구회·사회법학회 등의 학회가 해체되었고, ≪의단≫·≪전야≫·≪자유의종≫·≪터≫·≪화산≫·≪새벽≫·≪횃불≫·≪향토개척≫ 등의 간행물이 폐간되었다. 이제 교문을 경계로 박정희 정권과 대치하던 시대는 끝장났다. 캠퍼스는 더 이상 안전한 공간이 아니었다. 1971년의 위수령은 곧 닥쳐올 겨울공화국을 예고하고 있었다.

- 유신체제의 출범과 유신 반대시위

1972년 이른바 '10월유신'이 선포되면서 바야흐로 겨울공화국이 시작되었다. 시민들의 정치적 자유가 심각하게 침해되었다. 학생들은 이제 학교 구내에서조차 자유롭게 집회와 시위를 벌일 수 없었다. 그나마 지켜왔던 캠퍼스마저 점령당한 것이다.

유신체제는 1971년 10월 15일 위수령이 공포될 때부터 준비되기 시작했다. 박정희 정권은 같은 해 12월 6일 국가 비상사태를 선포했는데 이것은 이듬해 '10월유신'을 선포하기 위한 사전 포석이었다. 1972년 10월 17일 계엄령을 선포해 국회를 해산했으며, 미리 준비해 놓은 '유신헌법'을 국민투표에 부처 통과시켰다. 새 헌법에 따라 구성된 통일주체국민회의가 박정희를 제8대 대통령으로 선출함으로써 유신체제가 공식 출범했다.

서울대생들은 유신체제가 등장한 지 거의 1년이 지난 1973년 10월에 들어서야 비로소 유신체제에 반대하는 행동을 시작할 수 있었다. 문리대 학생들이 가장 먼저 치고 나갔다. 1973년 10월 2일 약 250명의 학생들이 비상학생총회를 열고 "자유민주체제를 확립하라"라는 내용의 선언문을 낭독한 후 시위를 벌였다. 법대와 상대 학생들도 유신 반대시위에 동참했다. 이들은 동맹휴업을 결의한 후 가두시위를 시도했다.

유신체제가 출범한 후 시위에 대한 경찰들의 대처 방식이 확연히 달라졌다. 이제는 시위가 일어나자마자 경찰 병력을 즉각 교내로 투입해 마구잡이식 연행을 자행했다. 또한 과거에는 시위 학생을 연행했더라도 시위가 잠잠해지면 대부분 훈방하는 것이 보통이었는데, 이제는 연행자 가운데 상당수를 구속했다. 공안 당국은 1973년 10월 서울대 학내 시위로 연행된 210명의 학생 가운데 23명을 구속하고 9명은 불구속 입건했으며, 61명은 25일간 구류 조치를 했다. 학교 당국의 징계도 과거에 비해 훨씬 강화되어 구속자 23명을 모두 제명하고 그 밖의 18명에게 자퇴 처분을, 56명에게 무기정학 처분을 내렸다.

박정희 정권이 이렇게 강경하게 대응하자 학생들은 동맹휴학이라는 새로운 전술을 구사하기 시작했다. 수업 거부 전술은 1971년 교련 반대시위 당시에도 시도된 바 있지만, 당시에는 교련 과목에 국한되었다. 이제 학생들은 전 과목 수업을 거부하고 학교에 나오지 않았다. 사범대가 1973년 11월 5일 가장 먼저 동맹휴학을 결의했으며, 공대·상대·문리대가 7일부터 동맹휴학에 돌입했다. 교양과정부와 가정대는 8일에, 농대는 9일에 동맹휴학의 대열에 합류했다. 유신 반대시위의 열기는 11월 말에 이르러 서울대뿐 아니라 전국적으로 확산되었다.

이렇게 학생들이 동맹휴학을 결의하고 등교를 거부하자 학교 당국은 교문에 등교를 촉구하는 공고문을 내걸었으며, 학생들 집에 가정통신문을 발송했다. 과거에는 시위가 벌어지면 휴교령을 내려 교문에서 등교하려는 학생들을 돌려보내기 일쑤였는데, 이제는 그와 정반대의 양상이 벌어진 것이다.

　유신 반대시위는 1974년에도 이어졌다. 이른바 민청학련 사건으로 학생운동 진영이 큰 타격을 입었지만, 유신 반대시위는 좀처럼 가라앉지 않았다. 1974년 2학기에 접어들면서 시위가 재개되었다. 박정희 정권은 시위를 하는 학교는 폐교하겠다고 협박했다. 그럼에도 시위는 좀처럼 가라앉지 않았다. 종합화 계획에 따라 겨울방학만 지나면 정든 캠퍼스를 떠나 관악캠퍼스로 옮겨가야 하는 상황이었지만, 정들었던 캠퍼스는 마지막 순간까지 최루가스를 하얗게 뒤집어쓰고 있었다.

3. 점령당한 관악캠퍼스

● 긴급조치 9호 시대의 개막

　서울대는 1975년 새로운 캠퍼스로 이전해 관악캠퍼스 시대를 열었다. 그러나 학생들은 아직은 낯선 캠퍼스에서 긴급조치 9호라는 악법에 직면해야만 했다. 긴급조치 9호하에서 집회와 시위의 자유는 완전히 박탈되었고, 관악캠퍼스는 경찰에 의해 사실상 점령되었다.

　관악캠퍼스로의 이전은 1975년 1학기부터 시작했다. 연건동의 의대캠퍼스, 공릉동의 공대캠퍼스, 수원의 농대캠퍼스가 여전히 남아 있었지만, 나머지 단과대학들은 모두 관악캠퍼스로 집결했다. 과거 서울대가 자체적으로 수립한 캠퍼스 종합화 방안들은 대부분 동숭동 캠퍼스를 중심으로 한 것이었다. 하지만 박정희 대통령이 직접 나서서 전격적으로 관악산 기슭을 종합캠퍼스 부지로 결정했다.

　그래서 당시 국민들은 박정희 대통령이 골치 아픈 서울대생들을 도심에서 멀리 추방하기 위해 외진 관악산 기슭으로 서울대를 이전했다고 수군거리기도 했다. 하지만 이렇게 하고서도 서울대 학생운동의 기세를 꺾지는 못했다. 여러 단과대학이 관악캠퍼스로 집결하면서 학생운동의 역량이 하나로 합쳐져 오히려 더욱 거세게 타올랐다.

이러한 사정을 가장 잘 보여주는 사건이 바로 1975년 5월 22일에 일어난 대규모 시위다. 흔히 '오둘둘시위'로 일컬어지는 이 시위는 민속가면극연구회, 문학회, 사범대 야학문제연구회 회원들이 힘을 합쳐 성사시켰다. 이 시위는 같은 해 4월 11일 「양심선언문」과 「대통령께 드리는 공개장」을 남기고 스스로 목숨을 끊은 농대의 김상진을 추모하는 추도식 형식을 취했다. 이날 수천 명의 학생들이 아크로폴리스광장을 무대로 대규모 시위를 벌였다. 이것은 서울대가 각 단과대학별 캠퍼스로 흩어져 있었을 때는 좀처럼 보지 못한 장관이었다.

박정희 정권은 이 시위로 말미암아 큰 충격을 받았다. 서울대 총장과 치안본부장, 남부경찰서장이 경질되었고, 56명의 학생이 구속되었으며 이 중 24명이 재판에 회부되었다.

박정희 정권이 충격을 받은 것은 이 시위가 5월 13일에 발동한 긴급조치 9호에 정면으로 도전한 것이기 때문이다. 박정희 정권은 1974년 1월 8일 유신헌법에 근거해 긴급조치 1호를 발동한 이래 여러 차례 긴급조치를 발동해 유신체제에 대한 저항을 억압한 바 있다. 긴급조치 9호는 1975년 5월 13일 유신헌법에 반대하는 모든 행위를 금지한 것으로, 이전에 발동한 여러 긴급조치를 모두 종합한 것이었다. 그래서 이후에는 추가적인 긴급조치가 필요 없을 정도였다.

긴급조치 9호의 골자는 유신헌법에 대한 일체의 반대 행위와 학생들의 집회 및 시위를 전면 금지한다는 것이었다. 그뿐만 아니라 이 조치를 위반한 행위를 보도하는 것도 처벌할 수 있도록 했다. 아울러 이 조치에 의한 주무장관의 명령과 조처는 사법적 심사 대상이 되지 않도록 했다. 긴급조치 9호로 인해 유신헌법은 신성불가침 영역이 되어버렸다. 이 조치는 박정희 대통령이 사망할 때까지 4년 6개월간 유지되었고, 이로 인해 구속된 사람만 1387명이나 되었다.

긴급조치 9호가 발동한 후 신문에는 학생시위에 관한 기사가 자취를 감추었다. 당시 대학생들은 자기 학교에서 일어난 학생시위는 직접 보았기 때문에 알 수 있었지만, 신문과 방송을 통해서는 다른 학교에서 학생시위가 일어났는지도 알 수 없었다.

박정희 정권은 긴급조치 9호의 발동에 즈음해 학생활동에 대한 통제도 더욱 강화했다. 학생회를 해체하고 학도호국단을 다시 만들었으며 학생들의 서클활동에 대한 통제도 한층 강화했다. 학생언론에도 재갈을 물렸다. 1975년 9월 1일부터는 새 학칙을 실시했는데 그에 따르면 교내외에 10인 이상이 참가하는 집회는 금지되었으며, 교내 광고 인쇄물을 첨부 또는 배부하는 행위도 엄격히 금지되었다.

교문 바로 앞에는 동양 최대 규모의 파출소를 지어 시위 진압을 전담하는 전투경찰 부대를 상주시켰다. 이 파출소는 지상 2층, 지하 1층에 연건평 182평 규모로, 약 200명의 전투경찰이 24시간 대기할 수 있는 시설을 갖추었다. 그들은 출동 명령만 떨어지면 10분 내로 교내에 투입될 수 있었다.

경찰은 평상시에는 사복형사를 교내에 들여보내 요소요소에서 학생들의 동향을 감시하도록 했다. 사복형사의 숫자가 모자라면 전투경찰대원까지 가발을 씌워 학교 구내로 들여보냈다. 이들은 학생들의 동향을 감시하다가 학생시위가 발생하면 전경 부대가 출동할 때까지 초동 진압을 하는 임무를 띠고 있었다.

● 관악캠퍼스 시대 학생시위의 전형을 창출하다

1975년의 '오둘둘시위'가 관악캠퍼스에서 벌어진 대규모 학생시위의 첫 번째 사례였다고 한다면, 관악캠퍼스 시대 학생시위의 전형을 창출한 것은 1976년 12월 8일에 일어난 법대생 시위였다. '오둘둘시위' 이후 서울대 학생운동은 일시적으로 침체기를 겪었다. 너무 많은 학생들이 잡혀가서 인적인 손실이 매우 컸기 때문이다. 이 침체기를 뚫고 벌어진 것이 박석운·이범영·백계문 등 법대생 세 사람이 주도한 12월 8일의 시위다.

이 시위는 졸업을 코앞에 둔 4학년들이 주도했다. 그들은 소수정예로 시위

팀을 꾸려 속전속결로 시위를 결행함으로써 학생운동 진영에 미치는 피해를 최소화하려고 했다. 당시 학생운동 진영은 유신체제에 맞서 지속적인 투쟁을 벌이기 위해 역량을 최대한 보존할 필요가 있었다. '오둘둘시위'가 총력전으로 대규모 시위를 성사시켰지만, 인적 손실이 컸던 쓰라린 경험을 반면교사로 삼아 이번에는 피해를 최소화할 수 있는 방식을 택한 것이다.

그 후 이것은 긴급조치 9호 시대 학생시위의 전형이 되었다. 이에 따라 1970년대 후반 운동권 학생들이 3학년까지 언더서클에서 후배를 양성하다가 4학년이 되면 언더서클과의 직접적인 관계를 끊고 차례로 시위를 주동해 감옥에 들어가는 것이 마치 하나의 전통처럼 자리 잡았다.

학생운동에 적극적인 학생들이 많은 학과의 경우, 해마다 열리는 졸업생 환송회는 무사히 졸업하는 졸업생들이 후배들로부터 비판받는 자리가 되어 버렸다. 벗들은 차디찬 감옥에 갇혀 있는데 혼자서 무사히 졸업하는 것이 부끄럽지도 않느냐는 비판이었다. 다음 해가 되면 1년 전 선배들을 비판했던 후배들이 다시 졸업생이 되어 똑같은 비판을 받곤 했다. 이것은 감옥에 끌려간 사람을 향한 미안한 마음을 남아 있는 사람들이 나누어 갖기 위해 치르는 일종의 푸닥거리였다.

사복형사들이 교내 요소요소에 상주하면서 감시의 눈길을 보내는 상황에서 시위를 성사시키기 위해서는 머리를 쥐어짜야만 했다. 당시 학생들이 시위를 벌이려고 하면 교내에 상시 배치되어 있던 사복형사들이 나서서 초동 진압을 하는 한편, 교문 앞 파출소에 연락해 전경 부대를 출동시키는 것이 통상적인 진압 매뉴얼이었다. 따라서 시위를 성사시키기 위해서는 사복형사들의 초동 진압을 뿌리치고 전경 부대가 도착하기 전에 시위 대열을 형성하는 것이 급선무였다.

사복형사의 초동 진압을 뿌리치면서 시간을 벌기 위해 건물 옥상이나 난간 등 교내의 높은 곳에서 시위를 시작하는 경우가 많았다. 이때 가장 즐겨 사용한 공간이 도서관 난간이었다. 도서관은 캠퍼스에서 가장 잘 보이고 그래서 학생들의 주목을 받을 수 있는 곳이었다. 시위를 벌이려면 고공에서 시위를 시작하는 사람 이외에 현장에서 시위 대열을 이끄는 사람도 필요했다. 그래서 시위 팀은 대개 고공 팀과 현장 팀으로 역할을 분담하는 것이 보통이었다.

시위를 성사시키기 위해서는 초동 진압을 하려는 사복형사들로부터 현장 팀을 지켜줄 인력도 필요했다. 보통 언더서클의 후배들을 시위 예정 지역에 미리 배치해 시위가 벌어졌을 때 사복형사들을 막아내는 역할을 맡도록 했다. 이들은 만의 하나 체포되었을 경우 우연히 지나가다가 시위 대열에 끼게 되었다고 진술하도록 사전에 교육을 받았다.

이렇게 면밀히 준비해도 시위가 모두 성공하는 것은 아니었다. 골든타임 10분을 버티지 못해 시위 대열도 형성하지 못하고 주동자만 끌려가서 시위가 무산되는 경우도 적지 않았다. 이럴 경우 남아 있는 학생들의 가슴에는 아쉬운 마음과 미안한 마음이 깊이 아로새겨졌다. 그러니 이러한 경우조차도 효과가 전혀 없었던 것은 아니다.

1970년대 들어서면서 집회와 시위 문화가 본격적으로 형성되기 시작했다. 집회와 시위 문화 가운데 대표적인 것이 노래다. 1960년대에도 「최루탄가」나 「농민가」 등의 노래가 시위 현장에서 불렸지만, 1970년대에 들어서면서 레퍼토리가 더 다양해졌다. 「훌라송」·「우리 승리하리라」·「흔들리지 않게」·「정의가」 등이 새롭게 등장했다.

이 가운데 「훌라송」은 아일랜드의 반전 가요(19세기 초반 영국의 동인도회사가 아일랜드인을 군대로 차출해 가자 이에 저항해 만들어졌다)를 번안한 것이다. 「우리 승리하리라」의 원곡은 「We shall overcome」인데 「훌라송」과 마찬가지로 존 바에즈(Joan Baez)가 반전운동 과정에서 불렀다. 1968년에 일어난 미국의 반전운동 문화가 포크송이라는 형태로 한국에 유입된 것이다.

● 유신체제의 목줄을 죄다

1970년대 후반에는 유신체제에 대한 학생들의 불만이 하늘을 찔렀기 때문에 때로는 특별한 주동자 없이도 자연발생적으로 시위가 벌어지기도 했다. 1976년 10월 15일 가을 축제 당시 규장각 아래 감골에서 마당극 〈허생전〉이

공연되었다. 그 후 뒤풀이 자리에서 관객들이 이심전심으로 「선구자」를 합창하기 시작했다. 이들은 자연스럽게 시위 대열을 만들고 "독재 타도"와 "유신 철폐" 등의 구호를 외치면서 교문까지 진출해 시위를 벌였다.

1977년 10월 7일에도 26동 대형 강의동에서 자연발생적인 시위가 일어났다. 예정되었던 사회학과 심포지엄을 학교 당국이 가로막는 바람에 이 심포지엄을 들으려고 강의실에 들어가 있던 학생들이 자연발생적으로 항의 농성에 들어간 것이다. 이에 따라 강의실 바깥에 있던 학생들까지 동조 시위를 벌이는 등 사태가 확산되었다. 이 사건으로 말미암아 약 400여 명의 학생이 관악경찰서와 남부경찰서로 연행되었다. 그중 8명이 구속되었으며 나머지 학생들도 밤샘 조사를 받고 얼굴 사진과 함께 조서를 남긴 후에야 석방되었다. 그들 중 상당수가 학칙에 따라 제명부터 정학에 이르는 처벌을 받았다.

같은 해 11월 11일에는 학생들이 도서관을 점거했다. 시위 팀이 의도적으로 학생들을 이끌고 도서관에 올라가 열람실을 점거해 장기전을 펼친 것이다. 이날은 도서관이라는 일종의 성채를 점령한 덕에 경찰이 산소용접기로 열람실 문을 절단하고 들어와 전원을 강제 연행할 때까지 일곱 시간 가까이 시위를 지속할 수 있었다.

이날도 학생들이 무더기로 연행되어, 그중 11명이 구속되었다. 시위 팀 가운데는 다섯 명만이 구속되었으니 여섯 명의 구속자는 단순 가담자였다고 할 수 있다. 또한 연행된 학생들 가운데 28명이 제적되었고 34명이 무기정학을 당했으며 6명이 유기정학을 당했다. 처벌을 받은 학생 가운데는 1학년 학생도 적지 않았다. 한 달 전에 있었던 26동사건으로 연행된 전력이 있으면 학년을 가리지 않고 가차 없이 처벌했다.

학생시위의 열기는 1978년에 들어 더욱 고조되었다. 학생들은 이제 캠퍼스의 울타리를 벗어나 도심지에서의 시위를 시도하기까지 했다. 1978년 6월 12일 교내 시위에서 살포된 유인물에 '6월 26일 오후 6시 광화문에서 모이자'는 내용이 포함되어 있었다. 이러한 가두시위 예고는 다른 대학들에게도 전파되었다. 경찰의 삼엄한 검문검색에도 불구하고 6월 26일 광화문 부근에서 약 1000여 명의 학생들이 시위 대열을 형성해 유신 반대시위를 벌였다.

이 시위는 4·19혁명 당시의 도심지 시위와는 다른 방식으로 이루어졌다. 4·19혁명 당시에는 학생들이 각 학교에 집결해 교문을 돌파한 후 도심지로 진군하는 일종의 정규전 방식을 택했다. 그런데 이번 시위에서는 학생들이 개별적으로 대중교통을 타고 도심지로 이동해 예정된 장소 부근에서 서성거리다가 기습적으로 시위 대열을 형성한 뒤 경찰이 공격하면 흩어졌다가 다시 집결하는 등 일종의 게릴라전 방식을 취했던 것이다. 이 방법은 여건상 어쩔 수 없이 선택된 것이지만, 1980년대에 들어서도 자주 사용되었다. 1987년 6월 항쟁도 그런 예 가운데 하나였다.

- ● 꽃을 피우지 못하고 끝난 '서울의 봄'

10·26사건으로 유신체제가 스스로 붕괴하자 대한민국에는 이듬해 이른바 '서울의 봄'이 찾아들었다. '서울의 봄'은 캠퍼스에 가장 먼저 도착했다. 1980년 봄을 맞이하며 관악캠퍼스에서는 학생회가 부활했고, 학생언론도 활기를 띠었다. 아직 계엄령이 유지되고 있었지만 캠퍼스에 상주하던 사복형사들은 철수했고 교문 앞 파출소에 대기하고 있던 전경부대도 좀처럼 학교 구내에 투입되지 않았다. 적어도 교내에서는 집회와 시위의 자유가 회복되었다.

서울대 학생운동 진영은 학생회 부활을 통해 학원민주화 과제를 어느 정도 달성하자 학생운동의 방향을 대정부투쟁으로 전환했다. 학생들은 4월 16일 비상학생총회를 개최해 '계엄령의 즉각 해제'와 '언론자유의 보장' 등을 요구하는 결의안을 채택했다. 5월 2일에는 약 1만여 명의 학생들이 아크로폴리스광장에 모여 '민주화대총회'를 개최하고, 그 자리에서 전면적인 민주화 투쟁에 돌입할 것을 선언했다.

학생들은 5월 중순 들어서면서 가두시위에 나서기 시작했다. 5월 14일 아크로폴리스광장에서 비상학생총회를 개최한 후 교문을 돌파해 길거리로 진출했다. 일단 영등포 로터리에 집결해 중앙대와 숭실대 학생들과 합류한 뒤 마포와 신촌을 거쳐 도심지까지 대행군을 감행했다. 이렇게 교문을 돌파해 도심지로 행군한 것은 1960년 4·19혁명 당시의 가두시위 방식을 그대로 따른 것이다.

학생들은 5월 15일에도 관악에서 서울역 광장으로 진출했다. 당시 서울 시내 대부분의 대학이 가두시위에 나섰고, 서울역 광장에는 약 10만여 명의 학생들이 모여 있었다. 학생회장단이 이 가두시위를 이끌고 있었는데 이들은 신군부가 군사정변을 일으킬 것을 우려해 안전 귀환을 보장받는 선에서 해산하기로 결정했다. 이를 '서울역 회군'이라고 부른다. 하지만 곧바로 5·17군사정변이 일어나는 바람에 '서울의 봄'은 꽃을 채 피우기도 전에 끝나고 말았다.

● **긴급조치 시대로 되돌아가다**

5·18민주화운동을 총칼로 짓밟고 등장한 전두환 정권은 강권 통치의 부활을 통해 역사의 시곗바늘을 유신시대로 되돌려 버렸다. 따라서 학생들은 서울의 봄 때 잠시 되찾았던 집회와 시위의 자유를 다시금 빼앗겨야만 했다.

유신체제 아래에서 집회와 시위를 억압하던 긴급조치 9호를 대신해 새로운 규제 법규가 만들어졌다. 5·17군사정변 직후 해산된 국회의 권한을 대행하던 이른바 '국가보위입법회의'가 1월 29일 '집회 및 시위에 관한 법률'(이하 '집시법') 개정안을 통과시키면서 이 법이 과거의 긴급조치 9호의 역할을 대신하게 된 것이다.

당시 신군부는 '집시법'을 개정하는 이유를 다음과 같이 설명했다. 첫째, 시위의 개념을 확장하고, 둘째, 공공의 안녕질서에 관한 단속법규에 위반하거나 위반할 우려가 있는 집회 및 시위와 현저히 사회적 불안을 야기할 우려가 있는 집회 및 시위를 금지하며, 셋째, 질서유지를 위해 경찰관이 지시 또는 출입할 수 있는 장소를 옥외에 한정하지 않고 모든 집회나 시위 장소로 확대한다는 것이다.

'집시법' 개정안의 요지는 시위의 개념을 확장해 집회와 시위를 폭넓게 단속할 수 있는 근거를 마련했다. 법을 위반했을 때의 형량도 크게 늘렸다. '집시법'이 개정되면서 정부를 비판하는 집회와 시위는 사실상 원천적으로 금지되었다. 유신체제 아래서는 집회와 시위를 벌이면 긴급조치 9호에 의해 처벌을 받았는데 이제는 '집시법'에 의해 처벌을 받게 되었다. 이른바 '집시법'이라는 이름으로 사실상 긴급조치 시대로 되돌아간 셈이다.

● 재개된 집회와 시위

전두환 정권의 철권통치 아래에서도 학생시위는 다시 일어나기 시작했다. 5·17군사정변 이후 서울대에서의 첫 시위가 1980년 12월 11일에 일어났다. 당시 공안 당국은 이 시위 때 뿌려진 「반파쇼학우투쟁선언」에 급진적인 문구가 포함된 데 주목해 서울대 학생운동을 대대적으로 탄압했다. 이른바 무림 사건이 벌어진 것이다.

학생운동 진영은 이 사건으로 큰 타격을 입었지만 그 상처를 이겨내고 집회와 시위를 이어갔다. 1981년 3월 19일에 일어난 시위의 주동자 가운데 일부가 붙잡히지 않고 도피했다가 4월 14일 다시 나타나 시위를 주도했다. 5월 27일 '광주민주화운동희생자위령제' 도중 발생한 김태훈(당시 경제학과 4학년)의 투신사건은 시위를 더욱 격화시켰다. 시위는 2학기에도 이어졌다.

이 무렵 시위에서 눈에 띄는 변화는 여학생들이 주동자로 나서기 시작했다는 점이다. 1981년 9월 17일 시위에 나섰다가 구속된 석미주(종교학과)가 그 첫 사례다. 그 후 교내에서 거의 한 달에 한 번꼴로 시위가 벌어질 정도였고, 1983년경에 이르면 시위를 주동하겠다고 나서는 사람이 너무 많아 순번을 정하기 어려울 지경이었다. 이런 열기 속에 처음으로 여학생들만으로 구성된 시위 팀도 꾸려졌다. 이문숙(의류학과)·길문심(가정관리학과)·강민정(역사교육과)·윤소영(생물교육)·홍성은(수학교육과)이 그들인데, 두 팀으로 나누어 1983년 5월 13일 시위와 11월 4일 시위를 주동하고 구속되었다. 물론 이때도 정수웅(국사학과) 등 남학생들이 함께했다.

전두환 정권 시절에도 집회와 시위 양상은 과거 긴급조치 9호 시절과 크게 다르지 않았다. 4학년들이 소수정예로 시위 팀을 구성하는 것이나 언더서클 후배들을 미리 시위 예정 지역에 배치하는 전통도 그대로 이어졌다. 교내의 높은 곳에 올라가 시위를 시작하는 것도 여전했다. 그 결과 높은 곳에서 시위를 이끌다가 추락해 사망하는 사건이 벌어지기도 했다.

황정하(당시 도시공학과 4학년)는 1983년 11월 8일 벌어진 시위 팀의 일원이 었다. 그는 이날 도서관 5층에서 창문을 뜯고 줄을 타고 난간으로 내려가다 추락하여 사망했다. 이 무렵에는 형사들이 도서관 열람실에까지 배치되어 있 었다. 도서관 난관으로 내려가 시위를 벌이려는 학생을 막는 것이 이들의 임 무였다. 황정하는 이들의 제지를 뿌리치고 급히 난간으로 내려서려다 사고를 당했다.

학생운동이 점차 힘을 되찾으면서 도심지 기습 시위를 다시 시도하기 시 작했다. 학생들은 1982년 9월 24일 종로와 시청 앞에서 일본의 역사 교과서 왜곡에 반대하는 시위를 벌였다. 일본 교과서 왜곡 문제는 대중 사이에 호소 력을 가진 이슈였기 때문에 민족감정에 의지해 조심스럽게 가두시위를 시도 해 본 것이다. 서울대 학생들은 같은 해 11월 3일에도 종로2가에서 다른 대학 의 학생들과 힘을 합쳐 연합 시위를 벌였다. 이날 약 2000여 명의 학생들이 종로2가에서 종로3가 사이를 오가며 대규모 시위를 벌였다. 학생들은 이날 시위에서 드러내 놓고 "전두환 정권 타도"를 외쳤다.

1980년대 들어 사복형사뿐 아니라 전경까지도 교내에 일상적으로 진입했다. 전경들은 학생들 틈에서 티가 나지 않게 하기 위해 가발까지 쓰고 있었다. 가발 쓴 전경들은 사복형사들이 퇴근한 뒤에도 캠퍼스 곳곳에 남아 밤새 지키고 있었다. 전경들이 야간 잠복근무를 한 것은 학생들이 야음을 틈타 교내에 반정부적 내용의 낙서를 하거나 유인물을 뿌리는 것을 막기 위해서였다.

시위가 거듭되면서 경찰의 행동도 거칠어졌다. 1983년 5월 24일에는 경찰이 인문대와 사회대가 자리 잡고 있던 5동에서 8동까지의 건물 전체를 완전히 봉쇄하고 건물 안에까지 쳐들어와 시위 학생들을 연행했다. 이 과정에서 학과사무실 문을 부수고 진입한 뒤 이를 막는 조교를 폭행하고, 만류하는 교수에게 폭언을 가하는 사태까지 벌어졌다.

이렇게 전두환 정권이 1980년대 들어 학생시위에 대해 매우 공세적으로 진압 작전을 펼치자 학생들도 물러서지 않고 힘으로 맞서기 시작했다. 진압 경찰과 부딪치면 이제 더는 도망치지 않고 돌과 각목으로 치열하게 난투극을 벌였다. 학생들이 시위를 벌인 사실이 신문을 통해 보도되기 시작한 것도 과거 긴급조치 시대와 비교해 달라진 점이었다. 이제는 일반 국민들도 대학생들이 반정부 시위를 벌이고 있다는 사실쯤은 알 수 있게 되었다.

집회와 시위가 일상화되면서 학생들의 복장도 바뀌었다. 학생들은 구두 대신 운동화를 즐겨 신기 시작했다. 손으로 들고 다니는 무거운 가방 대신에 편하게 어깨에 둘러멜 수 있는 숄더 색이 유행했다. 아크로폴리스광장에는 집회와 시위를 막기 위해 장미꽃이 심어졌고, 도서관 창문에는 쇠창살이 설치되었다. 캠퍼스 전체가 쇠창살을 둘러친 거대한 감옥과 다를 바 없었다.

4. 6월민주항쟁, 다시 광장을 점령하다

● 되찾은 아크로폴리스

서울대생들은 1980년대 중반 전두환 정권에 대한 반격을 본격화했다. 교내에서의 집회와 시위에 그치지 않고 거리로 진출했다. 그 결과 1987년 6월항쟁을 통해 기어코 광장을 점령하고야 말았다. 이러한 모든 일들은 1984년 학원자율화운동을 추진하면서 아크로폴리스광장을 되찾은 것으로부터 시작되었다.

전두환 정권은 1983년 12월 21일 이른바 '학원자율화조치'를 발표했다. 여기에는 대학 사회에 대한 통제를 대폭 완화하는 내용이 담겨 있었다. 학생운동의 세력이 날로 커져 이제 더는 힘으로만 억누를 수 없는 단계에 도달한 것이었다. 전두환 정권은 우선 구속된 학생의 석방, 제적된 학생에 대한 복교 허용, 해직 교수의 복직 등의 조치를 취했으며, 1984년 신학기부터는 교내에 상주하던 사복형사들도 철수시켰다.

학생들은 '학원자율화조치'의 기만성을 잘 알고 있었지만 이를 역으로 활용하기로 했다. 1984년 3월 14일 학원자율화추진위원회(이하 '학자추')를 구성해 진정한 학원자율화를 쟁취하기 위한 활동을 시작한 것이다. 학자추는 3월 20일 학생회관 등 여섯 곳에 '자유의 벽'을 설치해 학생들이 자유롭게 대자보를 붙일 수 있도록 했다. 3월 30일에는 아크로폴리스광장에서 당당하게 대중집회를 열었는데, 3000여 명의 학생들이 이 집회에 참석했다. 4월 3일 500여명의 학생들이 모여서 집회를 막을 목적으로 아크로폴리스광장에 심어놓은 장미를 뽑아버리는 행사를 한 뒤 학교 당국에 도서관 쇠창살을 철거할 것을 요구했다. 이렇게 학생들은 1984년에 접어들면서 이른바 '학원자율화조치'를 활용해 아크로폴리스를 되찾을 수 있었다.

학생들은 1984년 2학기에는 학원자율화의 핵심 과제였던 학생회를 재건하는 데 성공했다. 이 과정이 반드시 순탄했던 것은 아니었다. 총학생회를 재건하는 과정에서 학생회관 근처에서 기웃대는 가짜 학생들을 적발한 이른바 '서울대프락치사건'이 발생했다. 이 사건이 발생한 이유는 다음과 같다.

1984년에는 이른바 '학원자율화 조치'의 일환으로 교내에 들어와 있던 사복형사들이 철수했다. 학생들의 동향에 대한 정보를 얻을 수 있는 루트가 차단되자 경찰은 그 대안으로 이른바 '망원'이라고 불리던 끄나풀들을 학생으로 위장해 교내에

학생회관에 설치된 자유의 벽에 붙은 대자보를 읽는 학생들의 모습

침투시켜 정보를 캐려고 했다. '서울대프락치사건'은 이와 같은 끄나풀로 의심되는 사람들이 학생들에게 적발된 사건이다.

이 사건으로 말미암아 당시 복학생협의회 회장을 맡고 있던 유시민이 구속되었고, 총학생회 재건의 산파 역할을 했던 학도호국단 총학생장 백태웅과 새로 선출된 총학생회장 이정우가 한꺼번에 제명되었다. 학생들은 '서울대프락치사건'의 진상규명과 두 사람의 제명을 철회할 것을 요구하며 10월 중순부터 중간고사를 거부했다. 10월 22일에는 기초과정 중간고사 결시율이 80%를 넘어섰다.

그러자 전두환 정권은 시험을 치르려는 학생들을 보호한다는 이유로 10월 24일 새벽 6420여 명의 경찰 병력을 캠퍼스에 투입했다. 하지만 경찰이 투입된 후 결시율이 오히려 높아졌기 때문에 경찰은 멋쩍게 철수할 수밖에 없었다. 10월 26일에는 약 2000여 명의 학생들이 경찰 투입에 항의해 대규모 시위를 벌였다.

이렇게 전두환 정권과 대학 당국은 총학생회를 공식적으로 인정하지 않았지만, 총학생회는 이제 거스를 수 없는 대세가 되었다. 총학생회가 재건된 이후로는 아크로폴리스광장에서 당당하게 총학생회가 주최하는 집회를 열 수 있었다. 집회를 마치고 나면 교문으로 몰려가 그곳을 막고 있는 전경들과 공방전을 벌인 다음 교내로 돌아와 농성을 벌이는 것이 이 무렵 일상적으로 벌어지던 풍경이었다. 이제 관악캠퍼스는 전두환 정권의 통제력이 미치지 않는 일종의 해방구가 되어갔다.

● **거리로 진출하다**

1980년대 중반에 접어들면 서울대 학생운동은 양적으로나 질적으로나 크게 성장했다. 이에 따라 학생들은 점차 캠퍼스의 울타리를 벗어나 거리로까지 진출해 시위를 벌이기 시작했다. 1984년 8월에 배포된 팸플릿 '깃발' 1호는 이제 학생들이 적극적으로 학교 밖으로 진출해야 할 시점에 도달했다고 주장했다.

'깃발'은 1980년대 중반 서울대 학생운동의 방향을 제시한 대표적인 팸플릿이다. 1호에서는 학생운동이 학교 밖으로 진출해야 하는 시점으로 전두환 대통령이 일본을 방문하기로 예정된 1984년 9월을 제시했다. '깃발'이 제시한 대로 1984년 하반기에 접어들면 학생들이 캠퍼스의 울타리를 벗어나 학교 밖에서 시위를 벌이는 일이 잦아졌다.

학교 밖에서의 집회와 시위는 매우 위험한 일이다. 집회와 시위의 성격상 불가피하게 정부를 직접 공격하는 정치투쟁으로 흐를 수밖에 없었다. 따라서 학교 밖에서의 집회와 시위는 학생자치 조직인 총학생회가 감당하기 어려웠고, 반합법 투쟁 조직들이 앞장설 수밖에 없었다.

1980년대 중반으로 접어들면서 학생자치 조직인 총학생회와 별도로 반합법 투쟁 조직들이 등장하기 시작했다. 1984년 10월 12일 민추위 그룹이 만든 '민주화투쟁위원회'가 그 대표적인 예라고 할 수 있다. 민추위 그룹은 팸플릿 '깃발'을 작성해 배포한 까닭에 '깃발그룹'이라고 부르기도 한다. 서울대 이외에 고려대, 연세대, 성균관대에서도 비슷한 성격의 조직들이 만들어졌으며, 이들이 힘을 합쳐 민투학련(민주화투쟁학생연합)을 결성했다. 1985년에는 경인지구 19개 대학 학생회 대표가 모여 전국학생연합을 결성했는데, 그 산하에 반합법투쟁 조직으로 '민족통일민주쟁취민중해방투쟁위원회'(이하 '삼민투')가 만들어졌다.

이러한 반합법 투쟁 조직들이 학교 밖에서 벌어지는 집회와 시위의 기획과 인원 동원을 담당했다. 이러한 학교 밖에서의 정치투쟁은 도심지 기습 시위, 주요 시설 타격 및 점거, 생산지 투쟁 등 다양한 방식으로 이루어졌다.

이 가운데 도심지 기습 시위는 1982년부터 조심스럽게 시도되었으며 1984년 이후 본격화되었다. 서울대 등 13개 대학의 1000여 명의 학생들이 1984년 8월 15일 광복절을 맞이해 일왕의 사죄와 전두환 대통령의 일본 방문 반대를 구호로 외치며 종로2가 등 도심지에서 기습적인 시위를 벌였다. 서울대생은 9월 6일에도 서울강남고속버스터미널 일대에서 대통령의 방일을 반대하며 가두시위를 벌인 바 있다. 앞에서 언급한 팸플릿 '깃발' 1호의 제안을 그대로 행동에 옮긴 것이었다. 서울대생들은 이후에도 시내 곳곳에서 기습적인 가두시위를 이어나갔다.

도심지 기습 시위의 구체적인 양상을 살펴보면 다음과 같다. 시위의 시간과 장소가 결정되면 반합법 투쟁 조직들이 사전에 학생들을 동원해 정해진 시간에 정해진 장소 부근에서 대기하도록 했다. 주동자가 신호를 하면 학생들이 차도로 뛰쳐나가 교통을 차단하고 시위 대열을 형성했다. 주동자의 선창에 따라 구호를 함께 외치고 주변의 시민들에게 유인물을 배포한 후 경찰들이 나타나면 신속하게 해산했다. 일종의 게릴라식 시위를 벌인 것이다. 시위가 짧은 시간에 이루어졌다고 해서 이를 '5분투쟁'이라 부르기도 했다.

도심지 기습 시위는 앞에서 살펴보았듯이 게릴라식 전술을 사용한다고 하더라도 언제든지 체포되어 구속될 가능성을 배제할 수 없었다. 이렇게 상당한 위험 부담이 따르는 일이었던 만큼 일반 학생들을 동원하기 어려웠다. 그래서 주로 언더서클 회원들을 중심으로 조직적으로 인원을 동원했다. 경찰과의 정면충돌을 피한 것은 학생운동의 역량이 손실되는 것을 최소화하기 위해서였다. 어쩌면 시민들에 대한 정치적 선전보다는 언더서클 회원들의 정치적 훈련에 더 비중을 둔 시위 방식이었다고도 할 수 있다.

미국문화원이나 당시 집권당이던 민정당 당사와 같은 시설을 기습적으로 점거해 농성을 벌인 것도 1980년대 중반 들어 사용되기 시작한 새로운 전술이었다. 참가한 사람들이 모두 구속되는 것을 각오해야 했으므로, 앞서 언급한 도심지 기습 시위보다 더 위험했다. 따라서 이 전술도 반합법 투쟁 조직이 수행했다.

1980년대 들어 서울대생이 학교 밖의 주요 시설을 점거하고 농성을 벌인 첫 번째 사례로는 1984년 10월 28일의 민한당사 농성을 들 수 있다. 당시 서울대생들은 야당인 민한당사 3층 복도를 점거하고 '서울대프락치사건'의 진상규명을 요구하며 농성을 벌였다. 하지만 이 점거 농성은 민한당의 도움을 요청하기 위한 것이었지 민한당을 타격하기 위한 것이 아니었다는 점에서 이후 일어난 여러 농성과는 성격이 근본적으로 달랐다.

반합법 투쟁 조직이 실행한 전형적인 점거 농성 사건으로는 1984년 11월 14일 일어난 민정당 중앙당사 점거 농성 사건을 들 수 있다. 이 점거 농성은 민투학련 소속 고려대·연세대·성균관대 학생 264명이 결행했다. 당초 서울대생들도 점거 농성에 참가하기로 했지만, 여러 가지 사정으로 참가하지 못했다.

1985년 삼민투가 조직되면서 점거 농성도 더욱 조직적으로 이루어지기 시작했다. 1985년 5월 23일 서울대를 비롯한 5개 대학 73명의 학생이 서울의 미국문화원을 점거하고 농성을 벌였다. 학생들은 "광주학살 책임지고 미국은 공개 사과하라"라고 요구했다. 서울대 삼민투 위원장 함운경을 비롯해 각 학교 삼민투 소속 학생들이 이 점거 농성에 참여했다.

이 밖에도 주한미상공회의소이나 민정당 중앙정치연수원과 같이 정치적 상징성이 큰 시설들이 점거 농성의 대상이 되었다. 이후 이러한 시설 앞에는 늘 전경들이 경비를 서는 것이 일상화되었다. 한국을 지켜주기 위해 주둔한 다는 주한 미군 부대의 외곽을 한국 경찰이 지켜주는 참으로 웃지 못할 현상이 발생하기도 했다.

노동운동이 사회변혁의 핵심 역량으로 주목받으면서 공단 인근 지역도 학생시위의 대상 지역으로 떠올랐다. 공단 인근 지역에서의 학생시위는 1980년 대 중반부터 시작되었는데 당시 학생들은 이것을 일컬어 '생산지 투쟁'이라고 불렀다. '생산지 투쟁'이라는 말은 앞서 살펴본 팸플릿 '깃발'에 등장한다. 이 팸플릿은 학교 밖 투쟁의 대상지를 명동과 광화문 등 중산층 밀집 지역인 소비지와 빈민 및 노동자 밀집 지역인 생산지로 구분하면서 이러한 생산지를 무대로 민중 지원 투쟁과 선도적 정치투쟁을 실천해야 한다고 주장했다.

생산지 투쟁의 대표적 사례로는 1984년 9월 19일에 있었던 청계피복노조 합법성쟁취대회를 들 수 있다. 이날 서울대생을 비롯한 여러 대학의 학생과 노동자 2000여 명이 동대문 일대에서 대대적인 가두시위를 벌였다. 이후 서울대생은 가리봉 오거리나 성남시와 같은 공단지역에서 "노동삼권 보장하라" 등의 구호를 외치며 시위를 벌이는 일이 잦아졌다. 1985년 5월 1일에는 영등포 로터리에서 메이데이 행사를 했는데 서울대 민중생존권수호투쟁위원장인 박시종이 이 행사를 주도한 혐의로 구속되었다. 같은 해 6월 구로공단에서 동맹파업이 일어나자 안치웅·김성주·김현구 등 서울대 학생들이 파업 현장까지 찾아가 응원 시위를 벌이다가 모두 잡혀가기도 했다.

● 전두환 정권과 정면으로 충돌하다

1985년 하반기에 접어들면서 전두환 정권은 집회와 시위에 대해 강경한 태도를 취하기 시작했다. 먼저 시위와 관련해 구속되는 사람이 늘어나기 시작했다. 이른바 '학원자율화조치'가 취해진 첫해인 1984년에는 거리 시위를 벌이다가 붙잡히더라도 훈방되거나 즉심에 넘겨지는 것이 고작이었는데, 1985년 하반기에 접어들면 줄줄이 구속되기 시작했다.

시간이 갈수록 경찰 병력을 교내에 투입하는 일도 잦아졌다. 1985년 9월 13일 총학생회장 합동유세가 열렸는데 후보들이 '과격한' 발언을 한다는 이유로 경찰 병력을 교내에 투입해 합동유세를 중단시켰다. 10월 31일에도 경찰 병력을 교내에 투입해 아크로폴리스광장에서 집회를 진행하던 총학생회 손영진 부학생회장을 강제 연행하는 폭거를 저질렀다. 이 사건으로 말미암아 격분한 학생들이 한층 더 격렬한 시위를 벌였다.

이듬해인 1986년 2월 4일에는 서울대를 비롯한 14개 대학 학생들이 아크로폴리스광장에서 헌법철폐투쟁대회와 개헌서명운동추진본부 결성식을 개최하자 3000여 명의 경찰 병력이 교내로 쳐들어와 강제 진압했다. 이후로도 경찰 병력의 교내 진입은 빈번히 발생했다.

1985년 하반기부터 전두환 정권이 집회와 시위에 강경한 태도를 취하기 시작한 것은 당시 개헌 국면을 맞이해 정치적 대립이 심각했기 때문이다. 그해 2·12총선에서 승리한 야당은 곧바로 개헌 문제를 제기하면서 전두환 정권에 대해 공세를 시작했다. 그 결과 1985년 하반기부터 정부와 야당 사이에 개헌 문제를 둘러싼 정치적 갈등이 심화되기 시작했다. 여기에 학생들까지 "삼민투의 깃발 아래 군부독재 타도하고 민주개헌 쟁취하자"라는 구호를 내걸고 개헌 정국에 가세하고 나섰다. 전두환 정권은 이러한 정세 변화에 위기의식을 느끼고 학생들의 시위와 집회에 강경한 태도를 취하기 시작한 것이다.

전두환 정권은 최루탄에 크게 의존한 정권이었던 만큼, 1980년대 들어 최루탄도 진화했다. 1980년까지 사용된 최루탄의 종류는 총기로 발사하는 총류탄(SY44)과 손으로 던지는 수류탄(SY25)이 있었다. 이 가운데 수류탄은 사과처럼 생겼다고 해서 사과탄이라고 불렀다. 이 밖에 1969년에 도입된 페퍼포그도 있었다.

1984년에 페퍼포그를 대체할 신무기가 도입되었다. 이 신무기는 다탄두최루탄발사기(KM205)로 최루탄 30발이 연달아 발사되었다. 발사된 탄두들은 폭발하지 않고 최루가스를 픽픽 내뿜으며 멀리까지 굴러가는 바람에 당시 학생들은 이것을 '지랄탄'이라고 불렀다. 이렇게 신무기가 개발되었지만, 사과탄과 총류탄도 여전히 많이 사용했다. 연세대의 이한열은 이 총류탄에 희생되었다.

학원자율화조치 이후 대학가의 시위가 늘어나면서 엄청나게 많은 양의 최루탄이 사용되었다. 1984년 10월 10일에 벌어진 서울대 시위 당시 최루탄이 하루에만 3000만 원어치나 소모되었다. 그해 서울대의 한 학기 등록금이 약 50만 원 정도였으니 60명분의 등록금이 최루탄 가스가 되어 하루 만에 공중으로 날아가 버린 것이다. 1986년 1월부터 9월 말까지 9개월 동안 전국에서 사용된 최루탄의 분량은 31만 발로 이것을 구입하는 데 들어간 비용은 60억 원에 달할 정도였다. 이것은 1985년 한 해 동안 사용된 액수보다 50%p 이상 늘어난 것이다.

이처럼 엄청나게 쏘아대는 최루탄에 맞서 시위대가 사용할 수 있는 무기는 '짱돌'이 고작이었다. 처음에는 잔디밭이나 길가의 돌멩이를 주어 던지다가 이것이 다 떨어지면 보도블록을 깨서 던졌다. 이렇게 시위가 벌어질 때마다 학교 진입로의 보도블록 훼손이 되풀이되자 학교 당국은 학생들이 보도블록을 깨서 던지는 일을 막기 위해서 인도를 아예 콘크리트로 포장해 버렸다.

학생들은 최루탄에 대한 대처법도 개발해야만 했다. 마스크를 쓰기도 했고, 눈앞에 랩을 붙이기도 했다. "코 밑에 치약을 바르면 덜 맵다"라는 이야기도 나돌았다. 1984년 11월 가을 축제 때 자연대 화학과 학생들이 최루가스 중화제를 개발해 판매하기도 했다.

1980년대 중반에 접어들면 기존의 중무장한 전경 부대 이외에 경무장한 사복체포조가 시위 진압에 투입되기 시작했다. 전두환 정권은 무술 유단자와 특전사 출신을 특채해 사복체포조로 시위 현장에 투입했다. 이들은 흰색 헬멧을 쓰고 청색 재킷과 청바지를 입었기 때문에 학생들은 이들을 일컬어 '백골단'이라고 불렀다. '백골단'은 해산보다는 체포 위주의 공격적인 진압 전술

이때 나는 처음으로 화염병을 만들어봤다. 사람들이 소주병을(당시는 금복주 소주병이 많았다) 마대 가득 가지고 들어오면 공정이 시작되었다. 휘발유와 신나를 일대일로 섞고 그 배합물을 깔때기로 소주병에 절반 정도 채운다. 다음으로 현수막을 가로세로 20~30센티 찢은 조각을 소주병 입구에 대고, 나무젓가락을 이용해 휴지나 신문지를 꽉꽉 채우면서 밀어 넣는다. 소주병 주둥이 안으로 휴지를 채운 천을 밀어 넣은 다음 천을 묶어 심지를 완성한다. 휴지를 단단히 채우지 않으면 심지를 손으로 당겼을 때 빠져버리는데 그러면 실패였다. 심지는 짧게 묶어야 했는데 불을 붙였을 때 심지가 늘어지면 손에 화상을 입을 수 있기 때문이었다. 다 만든 화염병은 종이 박스에 차곡차곡 넣어 청테이프로 봉했다. 화염병을 보관해 놓은 장소에는 신나 냄새가 머리 아플 정도로 났다.

오준호(국어국문학과 94)

을 사용했다. '백골단'은 몽둥이 하나만 들고 '짱돌'을 무릅쓰고 시위대 속으로 돌격해 시위 대열을 무너뜨리고 시위 가담자를 체포했다. '백골단'은 곧바로 시위대에게 공포의 대상으로 떠올랐다.

시위 현장에 '백골단'이 등장할 무렵 함께 등장한 것이 바로 화염병이었다. 화염병은 백골단의 돌격을 제압하기 위해 사용한 것이다. 백골단은 헬멧을 쓰고 빠른 속도로 돌격했기 때문에 '짱돌'만으로는 제압하기 어려웠다. 화염병을 사용하면 불꽃이 터져 백골단의 돌격을 잠시나마 막아낼 수 있었다. 1984년 이후 '학원자율화조치'로 캠퍼스를 되찾았기 때문에, 학생들은 교내에서 안정적으로 화염병을 제작할 수 있었다. 서울대에서 처음 화염병이 사용된 것은 1984년 10월 10일의 시위로 확인된다.

• 1987년 6월, 광장을 되찾다

1987년 6월 서울대생을 비롯한 학생과 시민들은 서울을 비롯한 주요 도시의 거리를 점령하는 데 성공했다. 박종철 고문치사 사건으로 말미암아 타오르기 시작한 전두환 정권에 대한 분노가 이한열이 최루탄에 피격된 사건을 계기로 폭발해 마침내 6월항쟁으로 이어지고야 말았다.

과거에도 학생들이 서울 도심의 거리를 점령한 역사가 있다. 1960년 4·19 혁명 때와 1964년 한일협정 반대운동 때가 그러했다. 1980년 서울의 봄 때도 학생들이 거리를 가득 메웠다. 4·19혁명 때는 독재자를 몰아내는 데 성공했지만, 한일협정 반대운동과 서울의 봄 때는 실패했다. 1987년 6월항쟁은 6·29 선언을 얻어내기는 했지만, 정권교체에는 실패했기 때문에 반쪽짜리 성공에 그쳤다.

1987년 6월항쟁 당시 서울대생들의 집회와 시위는 총학생회가 주도했다. 주요한 시위가 벌어지는 날이 되면 아크로폴리스에서는 총학생회가 개최한 출정식이 열렸다. 학생들은 출정식을 마친 후 삼삼오오 도심으로 진출해 가두시위를 벌였다. 시위를 마친 후에는 녹두거리로 돌아와 막걸리 잔을 기울이며 정리하는 모임을 갖는 것이 이 무렵의 일상적인 풍경이었다.

4·19혁명 당시와 비교해 달라진 점은 학교에서 대열을 지어 도보로 도심지까지 이동하지 않고 대중교통을 이용해 개별적으로 도심지로 이동한 후 현장에서 집결하는 방식을 택한 것이다. 이는 1978년 도심지 기습 시위 때 사용한 전술을 전면적으로 확대 적용한 것이다.

1987년 서울 시내 여러 대학 총학생회들은 '서울지역대학생대표자협의회'(이하 '서대협')를 결성했다. 6월항쟁 당시 서울에서의 거리 시위는 서대협 차원에서 체계적으로 준비했다. 먼저 서대협 산하에 '호헌철폐 군부종식 서울지역 학생협의회'를 구성했다. 각 대학의 특별위원회 책임자들이 이 협의회에 집결해 거리 시위를 위한 전술 지침을 수립했다. 당시 이러한 전술 지침을 '택(tack)'이라고 불렀다. 이렇게 수립된 전술 지침은 서대협 투쟁국을 통해 비밀리에 각 지구와 각 학교로 전달되었다.

당시 서대협은 소속 대학들을 4개 지구로 구분했다. 서울대는 중앙대·단국대·숙명여대 등과 함께 남부 지구에 소속되어 있었다. 6월항쟁 당시 서대협 소속 학생들은 서울역, 동방프라자, 남대문시장, 미도파백화점, 신세계백화점, 회현 고가도로 아래 등 도심지 곳곳에 소속 지구별로 집결해 시위를 벌였다. 서울대가 소속된 남부 지구는 주로 서울역과 한국은행 부근에 집결했다. 학생들이 각기 소속 지구별로 집결해 시위 대열이 형성되면 시청앞 광장(현재 서울광장)을 목표로 하여 모여들었다. 그리하여 6월 중순경부터는 시청앞 광장을 점령해 시민과 학생이 함께하는 가두집회를 열 수가 있었다.

6월항쟁 당시 학생들은 화염병 사용을 자제했다. 교문에서 경찰과 격돌할 때는 간혹 화염병을 사용하기도 했지만, 도심지에서 거리 시위를 벌일 때는 화염병 사용을 극력 자제했다.

앞에서도 언급했지만 화염병은 '백골단'에 맞서기 위한 무기였기 때문에, 도심지에서 시위를 벌일 때에는 화염병을 사용하지 않았다. 그러나 일부 정파에 속한 학생들 가운데 가두시위에서도 화염병을 사용하는 이들이 간혹 있었다. 이로 인해 일반 시민들이 시위 대열에게 접근하기 어려워진 측면이 있었다.

이런 문제점 때문에 1987년 들어 대중노선을 채택하면서 화염병도 자제하기로 했다. 6월항쟁 때는 화염병의 사용을 자제한 덕에 일반 시민들도 아무런 두려움 없이 시위 대열에 가세할 수 있었다.

5. 전국을 뒤덮은 집회와 시위의 물결

● 학교에서, 거리에서, 공단에서, 농촌에서

1987년 6월항쟁의 전개 과정에서 구축된 학생운동의 조직력과 연이은 거리 시위 과정에서 터득한 집회와 시위의 노하우는 이후에도 그대로 계승되었다. 여기에다 과거에 비해 훨씬 자유로워진 정치적 환경까지 더해지면서 1988년 이후가 되면 그야말로 집회와 시위가 전국을 뒤덮을 정도였다.

1988년에는 서대협이 '서울지역총학생회연합'(이하 '서총련')으로 발전적으로 재조직된 데다가 '전국대학생대표자협의회'(이하 '전대협')까지 잇달아 결성되면서 학생들은 집회와 시위를 전국 차원에서 더 체계적으로 조직할 수 있었다. 1988년 이후 대학가에서는 서총련이나 전대협 차원의 대규모 연합집회가 열리고 이어서 가두시위가 펼쳐지는 것이 일상화되었다. 1987년 이전에는 도심지 집회와 시위의 암묵적인 목표가 4·19혁명의 재연이었다면 1988년 이후에는 6월항쟁 당시의 상황을 재연하는 것으로 바뀌었다.

6월항쟁 이후 학생들의 집회와 시위는 통일운동과 5공비리청산운동, 반민자당운동을 중심으로 전개되었다. 이 가운데 통일운동은 1988년 서울대 총학생회장 선거유세에서 김중기 후보가 남북 학생 교류를 제안하는 것으로부터 비롯되었다. 5공비리청산운동도 그해 10월 7일 아크로폴리스광장에서 서총련 주최로 열린 '올림픽투쟁결산 및 구국투쟁 선언식'에서 "매국일당 처단과 전두환·이순자 구속을 위해 투쟁하자"라고 결의한 데서 시작되었다. 아크로폴리스광장은 1988년 이후에도 여전히 전국 학생운동의 진원지 역할을 했다. 물론 모든 연합집회가 서울대에서 개최된 것은 아니었고, 서울대생들이 다른 대학에서 열리는 연합집회에 참가하는 일도 잦아졌다.

1987년 노동자대투쟁 이후 노동운동이 큰 약진을 하면서 대규모 노동쟁의가 많이 발생하면서 1988년 이후 노학 연대를 위한 집회와 시위가 많이 벌어졌다. 또한 1989년 전국교직원노조(이하 '전교조')가 조직되는 과정에서 1500여 명의 교사가 단지 노조를 결성했다는 이유로 해직되는 등 큰 어려움을 겪어야만 했다. 따라서 이러한 노동운동을 지원하는 것이 학생운동의 중요한 임무가 되었다.

서울대생들은 1988년 3월 15일 아크로폴리스광장에서 노동 투쟁 지원을 위한 긴급대책위원회를 구성하고 '현대엔진노조폭력탄압응징실천대회'를 개최했다. 학생들은 대회를 마친 후 교문으로 진출해 격렬한 시위를 벌였다. 학생들은 이렇게 교내에서 노동운동에 대한 지지 시위를 벌였을 뿐 아니라 파업 현장을 응원 방문하기도 했다. 지하철노조를 비롯해 파업이 진행 중인 몇몇 사업장에서는 현장 노동자와 함께 노학선봉대를 조직해 규찰을 서기도 했다.

이 무렵 농촌에서도 학생시위가 벌어졌다. 학생들은 농민단체들과 손잡고 농학연대사업으로 농촌활동을 펼치고 있었다. 당시 학생들은 농촌활동을 단순한 봉사활동에 그치지 않고 농업 문제를 제기하는 기회로 삼고자 했다. 그래서 농촌활동을 마치는 날 각 활동 지역별로 읍내에 모여 정부의 농정을 비판하는 농학연대 집회를 개최했다.

1989년에는 전국 80개 군에서 농학연대 집회가 열렸으며, 일부 지역에서는 가두시위를 벌이다가 경찰과 충돌하기도 했다. 서울대 농활 팀이 활동했던 충청남도 청양군에서도 해마다 여름이면 가두시위가 벌어졌다. 경찰과 충돌하는 과정에서 부상자가 발생하기도 했다. 도시의 거리에서 시작된 집회와 시위의 물결이 공단지역을 거쳐 농촌지역에까지 파급된 것이다. 이제 농촌에서도 최루탄 가스를 맡게 되었다.

- ● 1991년 5월투쟁: 6월항쟁을 재연했건만

1991년 4월 26일부터 6월 29일까지 전국에 걸쳐 대대적인 가두시위가 벌어졌다. 당시 이 사건을 일컬어 '5월투쟁'이라고 불렀다. 서울대를 비롯한 전국의 대학생들이 주축이 되어 시위를 벌였지만, 노동자들도 조직적으로 시위에 참여했고 일부 시민들도 가세했다. 당시 ≪한겨레신문≫의 집계에 의하면 전국에서 이 시위에 참가한 인원은 195만 명에 달했다고 한다. 이 시위가 정점에 도달한 5월 9일에는 전국에서 50만 명이 시위에 참가했다. 참가 인원의 규모로만 본다면 1987년 6월항쟁 당시의 양상을 거의 그대로 재연했다고 할 수 있다.

이 시위는 1987년 6월항쟁과 마찬가지로 한 대학생의 죽음에서 비롯되었다. 1991년 4월 26일 명지대생 강경대가 '학원자주와 총학생회장 석방'을 요구하는 교문 시위 도중 백골단이 휘두른 쇠파이프에 맞아 숨지는 사건이 발생했다. 이 사건이 알려지자 서울대생들은 곧바로 녹두거리에서 경찰과 투석전을 벌이며 격렬한 시위를 전개했다. 이후 노태우 정권의 공안 통치에 대한 저항운동이 전국적으로 벌어졌으며 서울대생들도 여기에 적극 참여했다.

4월 말부터 6월 말까지 약 2개월 동안 전국에서 수많은 시위가 벌어졌다. 시위가 정점에 달한 것은 5월 9일이었다. 서울대생들은 5월 8일부터 동맹휴업을 시작했으며 5월 9일에는 아크로폴리스광장에 7000여 명의 학생들이 모여 출정식을 한 후 거리로 진출했다. 당시 서울 시내에는 종각을 중심으로 약 15만 명의 시위대가 집결해 있었다. 서울대생은 서총련 소속 대학생들과 함께 시청 앞과 신세계백화점, 서울역 등에서 격렬한 시위를 전개했다.

전대협으로 대표되던 당시 학생운동 진영은 공안 통치에 항의하는 데 그치지 않고, 이 시위를 전국적으로 확산시켜 6월항쟁 때처럼 노태우 정권을 타도하고자 했다. 이러한 점은 전술적인 측면에서도 그대로 나타났다. 서총련은 이 시위가 일어나기 1년 전인 1990년 5월 9일에 있었던 민자당 창당 반대 시위 당시 서울 시내 대학생들을 4개 지구별로 결집시켜 각기 상이한 경로로 시청 앞에 집결하는 전술을 사용한 바 있는데, 이번 시위에도 그 전술을 그대로 사용해 도심지의 거리를 가득 메우는 데 성공했다.

학생들은 1991년 5월 투쟁을 제2의 6월항쟁으로 만들려고 했고, 외형적으로는 1987년 6월의 상황이 재연된 것처럼 보였다. 하지만 노태우 정권의 타도라는 목표는 끝내 달성하지 못했다. 1991년 6월이 지나가자 학생시위는 점차 가라앉기 시작했다. 외국어대 학생들이 정원식 총리에게 밀가루를 던진 사건을 빌미로 한 악선전과 분신자살한 김기설의 유서를 동료가 대필해 주었다는 파렴치한 중상모략이 상당히 주효했다. 1992년 이후에는 더 이상 대대적인 거리 시위가 일어나지 않았다.

● 변화하기 시작한 집회와 시위 양상

1991년 5월 투쟁의 실패로 1992년과 1993년에는 정치집회와 시위가 많이
일어나지 않았다. 그 대신 새로운 내용의 집회와 시위가 그 자리를 대신하기
시작했다. 그것은 이 무렵부터 학생운동 내부에 상당한 변화가 일어났기 때
문이다.

과거 비합법적인 공간에서 은밀하게 활동하던 학생운동 내부의 여러 정파
들이 학생정치조직을 결성하고 공개적인 활동을 시작했다. 1992년 5월 발족
한 진보학생연합이 그 첫 번째 사례였으며, 여타 정파들도 뒤를 이어 학생정
치조직을 만들기 시작했다.

학생정치조직들이 공개적인
활동을 전개하는 데 근거지 역할
을 한 것이 바로 학생회였다. 학
생정치조직들은 총학생회장 선
거를 통해 학생회를 장악하려고
했다. 따라서 총학생회장 선거가
큰 주목을 받기 시작했다. 해가
갈수록 총학생회장 후보가 늘어

총학생회장 선거 유세   1994년 11월 28일

나기 시작했고, 후보들은 선거유세를 통해 열띤 경쟁을 했다. 해마다 총학생
회장 선거유세가 새로 주목을 받는 집회 가운데 하나가 되었다.

이렇게 1993년 이후 시간이 갈수록 총학생회장 후보자가 늘어나고 그에
따라 선거운동원의 숫자도 늘어났지만 선거유세에 참석한 학생 수는 반드시
그렇지는 않았다. 1992년까지는 선거유세에 참석한 학생 수가 3000여 명 선
을 유지했는데, 1993년에는 1500명으로 반토막이 났고, 1994년에는 다시 1000명
선으로 줄어들었다. 1999년에 이르면 참석자 수가 400여 명으로 줄어들었으
며, 2000년이 되면 각 후보자의 선거운동원들을 빼고 나면 순수한 참석자는

50여 명에 지나지 않는 실정이라고 ≪대학신문≫은 보도했다.

1990년대 중반까지 아크로폴리스광장에서 열린 학생총회의 의제는 정치적 이슈와 관련된 것이 대부분이었다. 하지만 1990년대 후반에 접어들면서 학내 문제가 학생총회의 새로운 의제로 떠오르기 시작했다. 예컨대 1997년 10월 6일 '학생자치권 수호와 학생운동 혁신'을 안건으로 하는 학생총회가 열린 바 있는데, 이 집회에서는 학사행정개선논의모임의 추진 사항이 보고되었으며, 여기에는 당시 학교 당국이 추진하던 학사 관리 엄정화 방안과 등록금 인상률에 대한 문제 제기가 포함되어 있었다.

1999년에는 성적처리규정 개정에 반발하여 총학생회 집행부가 행정관을 항의 방문해 시위를 벌이기도 했다. 2000년에는 '등록금 인상 저지와 교육의 공공성 쟁취를 위한 서울대인 결의대회'가 열렸다. 이렇게 1990년대 후반이 되면 학칙이나 등록금 등 학내 문제가 학생총회 등 여러 집회와 시위의 이슈가 되기 시작했다.

1990년대 들어 정치적 성격을 띤 집회와 시위가 점차 줄어들기 시작했지만 아주 없어진 것은 아니었다. 그런데 특징적인 점은 정파에 따라 참가하는 집회와 시위가 확연히 나뉘기 시작했다는 것이다. 민족 문제를 중시하는 NL 계열의 학생들은 한총련 출범식과 범민족대회에는 반드시 참석했다. 반면에 상대적으로 노동 문제를 중시하는 PD 계열의 학생들은 이러한 집회에는 거의 참가하지 않았다. 예컨대 1995년 범민족대회가 서울대에서 열렸을 때 PD 계열이 우세한 학과의 학생들은 이 집회에 거의 참가하지 않았다고 한다. PD 계열의 학생들은 대신 메이데이 집회나 지하철노조와 같은 노조 파업을 지원하는 집회에 열심히 참가했다. 이들은 노동운동 탄압을 비판하는 가두시위를 벌이기도 했다. 1995년 한국민주노동조합총연맹이 만들어질 무렵 이러한 집회가 특히 많이 열렸다.

여러 정파가 힘을 합쳤던 집회와 시위 사례로는 1995년에 있었던 5·18특별법 제정을 요구하는 시위를 들 수 있다. 5·18특별법의 정식 명칭은 '5·18민주화운동 등에 관한 특별법'으로 광주항쟁 당시 학살자를 처벌하기 위한 법이다.

당시 학생운동 진영은 이 법의 제정을 요구하면서 대대적인 가두시위를 벌였다. 서울대에서도 약 3000여 명의 학생이 아크로폴리스에 집결해 '5·18 학살자 처벌과 특별법 제정'을 요구하는 집회를 갖고, 도심으로 진출해 다른 학교 학생 2만여 명과 함께 가두시위를 벌였다. 이 시위는 이후로도 계속되어 결국 11월 24일 김영삼 대통령이 5·18특별법 제정을 지시하는 성과를 거두었다.

이렇듯 1995년 5·18특별법 제정 시위로 학생운동 진영이 힘을 회복했지만 이듬해 벌어진 이른바 '연세대 사태'로 다시금 위기를 맞는다. 한총련은 정부가 불허한 '제6차 범청학련 통일대축전'과 '제7차 범민족대회'를 1996년 8월 15일 연세대에서 강행하기로 결정했다. 경찰은 이 대회를 불법 집회로 규정하고 8월 13일부터 연세대 전체를 봉쇄해 집회 참가자 전원을 검거하겠다고 엄포를 놓았다. 하지만 한총련 학생들은 이에 맞서 과학관과 종합관 등 몇 개 건물에 들어가 농성을 벌였다.

8월 13일 시작된 농성은 8월 20일까지 이어졌다. 경찰이 병력을 학생들이 농성 중인 건물 내에 투입해 학생 5500명을 연행하는 것으로 마무리되었다. 이 사이에 경찰과 학생 사이에 벌어진 격렬한 충돌 장면은 매스컴을 통해 국민들에게 생생히 노출되었다. 당시 정부는 이 사태의 원인이 학생들의 과격 시위에 있다고 선전했다. 연세대 사태가 일어난 후 학생시위에 대한 국민들의 시선이 상당히 싸늘해졌다.

정부는 연세대 사태가 일어난 이듬해인 1997년 한총련을 이적단체로 규정하고 소속된 학생회장들을 전원 사법 처리하기로 했다. 서울대 총학생회는 1990년대 중반에 접어들면서 한총련과 일정하게 거리를 두고 있었다. 한총련을 주도하던 NL 주류는 서울대 총학생회장 선거에서 한 번도 승리한 적이 없다. 하지만 서울대 총학생회도 엄연히 한총련에 가입된 단체였다. 정부가 한총련을 이적단체로 규정하면서 서울대 총학생회장을 비롯해 단과대학 학생회장들도 대부분 취임한 즉시 경찰에 체포되어 한총련 탈퇴를 약속한 뒤에야 풀려날 수 있었다.

서울대 총학생회는 한총련을 내부에서 개혁하고자 했다. 그래서 서울대 총학생회는 1998년에 열린 임시 전학대회를 통해 한총련의 하위 단체인 서총련 혁신안을 통과시켰다. 하지만 서총련이 이 안을 거부하면서 서울대 총학생회는 다시 임시 전학대회를 열어 서총련 불신임안을 의결했다. 이를 통해 서울대 총학생회는 한총련과의 관계를 사실상 청산했다. 그렇지만 서울대 총학생회도 연세대 사태의 여파에서 완전히 자유로울 수는 없었다. 따라서 이후 정치적 이슈를 중심으로 하는 집회와 시위는 점차 잦아들었다.

● 화염병이 사라지다

1990년대까지 집회와 시위 현장에서는 화염병이 자주 쓰였다. 화염병은 이른바 '백골단'의 폭력적 진압에 맞서기 위한 무기로 개발되었지만, 과격 폭력시위라는 비판과 공격을 받을 수 있는 소지가 없지 않았다. 1990년대 들어 집회와 시위 양상이 변화하기 시작하면서 화염병도 어느덧 사라졌다.

앞에서 이미 살펴보았듯이 화염병은 1984년에 백골단의 폭력적인 진압전술에 맞서기 위한 무기로서 등장했으며 이후 시위 현장에서 자주 쓰였다. 1987년 6월항쟁 당시 잠시 화염병 사용이 자제되었지만 1988년 이후 다시 시위 현장에 등장했다. 그런데 1990년대에 들어 화염병 문제가 여러 차례 제기된 결과 1990년대 말에 이르면 집회와 시위 현장에서 자취를 감췄다.

서울대에서 화염병이 처음 문제가 된 것은 1991년의 일이다. 그해 9월 17일 학생들이 화염병을 들고 학교 앞 녹두거리 근처의 파출소를 습격하는 과정에서 파출소에서 근무하던 경찰이 발사한 총탄의 유탄에 근처를 지나던 대학원생 한국원이 피격당해 사망하는 사건이 발생했다.

당시 경찰의 과잉 방어 여부도 문제가 되었지만, 근본적인 원인을 제공한 것은 화염병을 가지고 파출소를 습격한 것이 아니냐는 비판도 적지 않았다. 그래서 당시 전대협 의장 권한대행을 맡고 있던 서울대 총학생회장 이철상은 앞으로 화염병 사용을 자제하겠다고 선언했다.

이후 서울대에서는 최루탄과 화염병이 난무하는 시위가 점차 줄어들기 시작했다. 하지만 서총련이나 한총련이 주최하는 연합집회의 경우는 그렇지 않

증언

91학번은 이른바 화염병을 사용한 교문 투쟁과 관련된 경험을 갖고 있는 학번이기도 했다. 내가 관여했던 1995년 총학생회는 가능한 한 화염병과 쇠파이프로 상징되는 '폭투'를 피하려고 했다. 이러한 태도는 학내의 다른 학생운동 진영이 내가 속해 있던 학생정치조직인 21세기연합을 이른바 개량주의 학생운동으로 비판하게 만든 사단을 제공해 주기도 했다. 심지어 21세기 내부에서도 '폭투' 포기에 대한 부정적 견해가 있었다. 1996년 서울대 총학생회(39대 총학생회)는 PD 계열(보다 정확히는 '대장정연합'이라고 불리던 조직)이 당선되었는데 이들의 슬로건이 "거리의 싸움꾼, 주류 사회의 전복자"였다. 39대 총학생회가 들어서면서 몇 번의 교투가 있었고 거기에 자연스럽게 화염병이 다시 등장했다고 들었다(당시에 나는 학교를 떠나 있었다). 1997년 총학생회는 다시 21세기연합 계열이 집권했는데 선거운동 과정에서 우리는 '거리의 싸움꾼'으로는 세상을 변화시킬 수 없다며 발런티어(volunteer)를 강조하고 비폭력 직접행동이란 구호를 강조하면서 선거에서 승리했다. 비폭력 직접행동이란 표현은 그린피스(Greenpeace)의 직접행동에서 가져온 표현이다. 이를 계기로 서울대 학생운동에서 폭투에 대한 논쟁은 사실상 종료된 것으로 기억한다.

최한수(국제경제 91)

았다. 1994년 서울대에서 열린 범민족대회에서는 화염병이 많이 사용되었다. 특히 광주에서 올라온 남총련 사수대의 활약은 대단했다. 하지만 당시 관악 캠퍼스에서 화염병 시위를 주도한 학생들 가운데 정작 서울대생은 그다지 많지 않았다.

21세기연합이 맡고 있던 1995년 38대 총학생회는 화염병과 쇠파이프로 상징되는 폭력투쟁을 지양한다는 입장이었다. 하지만 이러한 총학생회의 방침은 당시 서울대 학생운동 진영 내부에서 완전한 동의를 얻은 것은 아니었다. 개량주의라는 비판도 적지 않았다. 당시 총학생회를 맡아 운영하던 21세기연합 내부에서도 우려의 목소리가 나올 정도였다.

이듬해인 1996년에는 '21세기연합' 대신 '대장정연합' 출신 여성오 후보가 총학생회장이 되었다. 그는 "거리의 싸움꾼, 주류사회의 전복자"라는 구호를 내세우며 선거운동을 벌였다. 그는 총학생회장에 당선된 이후 이를 몸으로 실천했다. 그래서 1996년에는 교문투쟁 과정에서 화염병이 다시 등장했다. 결국 여성오 총학생회장은 화염병 사용 혐의로 구속되고 말았다.

하지만 1997년 다시 총학생회를 맡게 된 21세기연합은 "거리의 싸움꾼으로는 세상을 변화시킬 수 없다"라고 하면서 대신 '비폭력 직접행동'을 주장했다. 여기서 "비폭력 직접행동"이라는 문구는 세계적인 환경운동 단체인 그린피스의 행동 방침인 '직접행동'에서 따온 것이었다고 한다. 이로써 폭력투쟁에 대한 논쟁은 사실상 마무리되었다. 이후 적어도 서울대에서 열린 집회와 시위 현장에서는 화염병이 자취를 감추었다.

● 집회와 시위에 따른 학생 징계 추이

서울대생들은 민주화운동을 전개하는 과정에서 학칙을 위반했다는 이유로 징계를 받는 일이 매우 많았다. 당시 이러한 징계를 일컬어 '시국과 관련된 징계'라고 부르면서 학업성적이 모자라 징계를 받은 이른바 '학사징계'와 구별했다. '시국과 관련된 징계'의 추이는 학생운동의 추이를 그대로 반영한다고 볼 수 있다. 따라서 학생 징계의 추이를 통해 서울대 학생운동의 이면을 살펴볼 수 있다.

현행 학칙에 의하면 학생에 대한 징계 방법으로는 제명과 정학, 근신의 세 가지 종류가 있다. 이 가운데 근신은 그 기간을 7일 이상 1개월 이하로 하고, 정학은 그 기간을 1개월 이상으로 하되 그것을 다시 유기정학과 무기정학으로 나누고 있다. 과거 서울대에서는 제명, 정학, 근신 이외에 경고와 지도휴학이 있었다. 경고는 근신보다 낮은 수준의 징계였으며, 지도휴학은 강제징집을 합법화하기 위해 만들어진 징계제도였다. 지도휴학과 경고는 각각 1983년과 1987년에 폐지되었다.

서울대 학생처로부터 제공받은 자료에 따르면 서울대에서 1961년부터 1989년까지 시국 문제와 관련해 징계를 받은 건수는 모두 4578건에 달한다. 이것을 징계의 종류별로 나누어보면 제명 730건, 무기정학 681건, 유기정학

〈표 5-1〉 연도별 징계 현황

연도	제명	무기정학	유기정학	근신	경고	지도휴학	계
1961	1	-	-	-	-	-	1
1962	-	-	2	-	-	-	2
1963	1	-	5	-	-	-	6
1964	-	10	2	-	-	-	12
1965	10	43	20	22	-	-	95
1966	-	14	5	25	-	-	44
1967	3	11	-	-	-	-	14
1968	-	-	-	2	-	-	2
1969	3	-	2	3	-	-	8
1970	3	-	5	-	-	-	8
1971	67	18	11	11	-	-	107
1972	2	3	-	-	-	-	5
1973	23	55	-	-	-	-	78
1974	3	1	-	-	-	-	4
1975	129	-	-	-	-	-	129
1976	8	-	-	-	-	-	8
1977	43	46	2	-	-	-	91
1978	69	30	3	34	-	-	136
1979	10	13	43	19	-	-	85
1980	111	17	19	6	-	-	153
1981	54	69	49	83	331	57	643
1982	27	37	21	177	363	75	700
1983	58	91	60	101	53	74	437
1984	6	11	17	245	316	-	595
1985	20	19	16	88	317	-	460
1986	37	63	193	58	170	-	521
1987	31	121	21	10	29	-	212
1988	11	9	-	2	-	-	22
1989	-	-	-	-	-	-	-
계	730	681	496	886	1,579	206	4,578

자료: 『서울대학교교수민주화운동50년사』, 239쪽.

496건, 근신 886건, 경고 1579건, 지도휴학 206건 등이다. 시국 문제와 관련된 징계의 연도별 현황은 〈표 5-1〉과 같다.

〈표 5-1〉에 나타난 연도별 현황을 바탕으로 학생 징계의 시기별 추이를 살

펴보면, 1960년대에는 상대적으로 징계 건수가 많지 않았음을 확인할 수 있다. 물론 1965년에는 징계의 총건수가 95건에 달했고 그 이듬해인 1966년에도 44건에 달했지만, 이후 징계 건수는 줄어들고 있다. 1965년과 1966년의 수치도 1971년 이후와 비교한다면 그렇게 많은 것은 아니다. 1965년과 1966년에는 한일협정 반대운동과 그 여진으로 말미암아 일시적으로 징계 건수가 늘어났다.

1960년대엔 전체 징계 건수뿐 아니라 징계의 정도도 그리 심하지 않았다. 1960년대를 통틀어 제명은 21건으로 전체 징계 192건 가운데 10%를 약간 넘는 정도였다. 이에 비해 무기정학은 78건으로 전체의 40%를 차지했다. 즉 학교로부터 영원히 추방하는 제명은 웬만하면 피하고, 대신 무기정학 처분을 한 것을 알 수 있다.

제명을 피하기 위해 자퇴하도록 권유하는 경우도 많았다. 이 수치는 공식적인 징계 건수에는 포함되어 있지 않다. 당시에는 자퇴를 한 학생은 사태가 가라앉으면 슬그머니 재입학을 시켜주는 것이 관행이었다.

학생들에 대한 징계가 이루어지면 학생들은 징계 해제를 요구하고 나섰다. 따라서 징계 해제 문제가 또 다른 집회와 시위의 빌미가 되기도 했다. 학교 당국도 사태가 진정되면 징계를 해제해 주는 일이 많았다. 그러니까 학교와 학생들 어느 쪽도 학생 징계 문제를 둘러싸고 목숨을 건 싸움을 하지는 않았던 것이다.

1970년대 들어 학생에 대한 징계 건수가 폭발적으로 늘어났다. 특히 1971년 한해에만 107명이 징계를 받았고, 그중 제명된 학생이 67명이나 되었다. 1971~1975년 5년간 징계 건수는 323건으로, 1961~1970년의 10년간 징계 건수 192건보다 많았다. 징계의 폭발적 증가는 교련 반대시위, 유신 반대시위, 민청학련 사건, 오둘둘사건 등 대형 사건이 연속되었기 때문이다. 이 무렵 성적 문제로 인한 학사징계 건수도 크게 늘어나기 시작했다. 간접적인 방법으로나마 학생운동을 억제하려고 학사징계도 강화한 것이다.

징계의 정도도 1960년대에 비해 무거워졌다. 주된 징계 유형이 1960년대에 무기정학이었다면, 1970년대에는 제명으로 바뀌었다. 1971~1975년 5년간

제명 건수는 224건으로 같은 기간 전체 징계 건수인 323건의 70%를 차지할
정도였다. 이 시기 무기정학은 77건에 불과했다.

1970년대 들어 이렇게 징계가 크게 강화되었지만 사태가 진정되면 학교
당국이 일괄적으로 징계를 해제해 주는 관행은 아직 사라지지 않았다. 예컨
대 1971년 '위수령' 발동과 함께 제명된 학생들은 대부분 1973년 봄에 구제받
았고, 민청학련 관련자들도 1975년 봄에 징계가 해제되었다. 1970년대 전반
기는 대규모 징계와 일괄적인 구제가 반복된 시기였다고 할 수 있다.

1976년 이후가 되면 제명 건수는 오히려 줄어들었다. 1971~1975년의 5년
간 224명이 제명되어 1년 평균 44명 제명되었던 데 비해 1976~1979년 4년간
130명이 제명되어 1년 평균 수치가 32명으로 줄었다. 당시 학생운동 진영은
지구전 전술을 통해 운동 역량의 소진을 막는 데 주력하고 있었는데, 이것이
결과적으로 제명 건수의 감소로 나타났던 것이다.

제명 건수는 상대적으로 줄어들었지만 전체 징계 건수는 시간이 갈수록
늘어나는 추세였다. 전체 징계 건수는 1976년 8건에서 1977년 91건으로 늘었
고, 1978년에는 136건으로 늘어났다. 이것은 학생시위에 가담하는 단순 가담
자가 크게 늘어났음을 의미한다. 1979년에는 그 수치가 85명으로 줄어들었지
만, 이것은 10·26사태로 학생에 대한 징계가 중단되었기 때문이다. 만약
10·26사태가 없었다면 1979년에도 1978년 수치에 맞먹는 징계 건수를 기록했
을 것이다.

1970년대 전반기에는 대규모 징계와 일괄적인 구제가 되풀이되었지만
1970년대 후반기, 즉 긴급조치 9호 시대에 들어서면 이러한 구제조치는 더 이
상 찾아볼 수 없었다. 학교에서 한번 제명되면 영원히 학교로 돌아오지 못할
것을 각오해야만 했다.

1980년에 제명 111건을 포함해 153명이 징계를 받았다. 서울의 봄을 맞이
해 활발한 활동을 벌였던 학생들이 5·17군사정변 이후 그 대가를 치른 결과
다. 유신체제하에서 제명되었던 학생들이 서울의 봄을 맞아 대거 복학했으
나 상당수가 다시 학교에서 쫓겨난 것이다. 그들 중 이해찬 등은 '김대중내

란음모사건'으로 또 구속되었다.

그러나 학생들은 이러한 탄압에 굴하지 않았다. 그것은 연도별 징계 건수에 잘 나타나 있다. 1981년 징계 건수가 643명으로 급증했고 그 이듬해에는 다시 700건으로 늘어났다. 이것은 전두환 정권과의 치열한 격돌을 잘 보여주는 수치라고 할 수 있다. 경고와 지도휴학이라는 새로운 징계 방법이 추가된 것도 징계 건수가 늘어난 원인 중 하나였다. 잇달아 발생한 무림사건을 비롯한 대규모 조직 사건들도 징계 건수가 늘어나는 데 한몫했다. 지도휴학 건수도 3년간(1981~1983) 206명이나 되어 결코 적지 않았는데 이들 대부분에게 징집영장이 발부되었기 때문에 이른바 '문제학생'들을 격리하는 데 제명보다도 효과가 컸다.

1983년에 58건에 이르던 제명 건수가 1984년에는 6건으로 줄었다. 그것은 전두환 정권이 이 무렵 이른바 '학원자율화조치'를 취했기 때문이다. 경찰이 학교 구내에서 철수했고, 그 결과 집회와 시위의 자유가 제한적으로나마 허용되었다. 1983년이었으면 당장 '집시법'으로 구속되었을 사안도 그냥 넘어갔다. 하지만 전체 징계 건수는 1983년 437건에서 1984년에는 595건으로 오히려 늘어났다. 특히 근신과 경고가 격증했다. 학교 당국이 제명이나 무기정학 등 중징계를 가능한 한 피하는 대신, 거센 학생운동의 불길을 차단하기 위해 다수의 학생에게 근신이나 경고 등 경징계라도 하지 않을 수 없었던 것이다.

이 과정에서 학교 당국은 문교부와 마찰을 빚기도 했다. 1985년 7월 학생 징계에 미온적이라는 이유로 이현재 총장이 전격 해임되었다. 후임 박봉식 총장은 어쩔 수 없이 문교부의 뜻에 따라야만 했다. 그러자 이번에는 각 단과대학과 대학본부 사이에 갈등이 빚어졌다. 제도상 징계의 주체였던 단과대학은 어떻게 해서든 가벼운 징계로 끝내려고 했다. 그러면 대학본부가 번번이 제동을 걸고 나서는 일이 되풀이되었다. 그 결과 박봉식 총장은 사방에서 "어용총장"이라고 욕을 먹는 딱한 처지가 되었다. 반면에 어떻게 해서든 학생들을 지키려다가 쫓겨난 것으로 알려진 이현재 총장은 이러한 이미지 덕분에 훗날 국무총리로 발탁될 수 있었다.

〈표 5-2〉 시위 학생 징계 기준

등급	내용	징계
A급	학원 사태와 관련 실형을 선고받은 학생 중 지도가 불가능하다고 판단되는 학생	제명
B급	시위나 불법 집회를 주동하거나 선동한 학생	무기정학
C급	수업 및 시험 거부를 선동한 학생	유기정학
D급	시위 중 경찰에 연행되어 2회 이상의 구류 처분을 받은 학생	근신
E급	1회 구류 처분을 받은 학생	서면 경고를 통해 학부모에게 알려 연계 지도
F급	경찰에 연행되었다 훈방된 학생	구두 경고 후 지도교수 특별 지도 실시

이렇게 학생 징계 문제가 큰 쟁점이 되면서 1985년 11월 학교 당국은 시위 학생에 대한 징계 기준을 다시 한번 정비했다. 시위를 벌이는 학생들을 여섯 등급으로 나누어 각각의 징계 수위를 결정했다. 그 내용은 〈표 5-2〉와 같다.

이 징계 기준은 당시 대학 당국이 문교부의 압력 때문에 하는 수 없이 엄격하게 정한 것이다. 하지만 긴급조치 9호 시절이나 1980년대 초와 비교한다면 그렇게 심한 것은 아니었다. 1970년대 후반이었다면 A~C급은 당연히 제명이었고, D~F급 중에서도 제명을 당하는 사람이 상당수 나왔을 것이다.

그 대표적인 사례가 박원순이다. 그는 사회계열에 입학한 지 79일째 되는 1975년 5월 22일 이른바 오둘둘시위에 가담했다가 경찰에 붙잡혔다. 그는 1학년이고 단순 가담자였음에도 그 길로 제명되고 말았다.

이렇게 과거에 비해 많이 완화(?)된 징계 기준이 적용되었음에도 1986년에 징계를 받은 학생은 521명이나 되었다. 이 수치만 보더라도 당시 학생들이 전두환 정권과 얼마나 격렬히 충돌하고 있었는지 알 수 있다.

징계 건수는 1987년 6월항쟁 이후 줄어들기 시작했다. 제명은 31건으로 크게 줄어들었고 전체 징계 건수도 1986년에 비해 절반 이하로 줄어들었다. 이 것은 당연히 6월항쟁에 따른 민주화 덕분이었다. 이제는 거꾸로 과거 징계를 받은 사람들을 구제하는 일이 시작되었다.

먼저 시국과 관련해 제적된 학생부터 구제하는 조치가 취해졌다. 1987년

9월 1일 학생운동 관련 제적 학생 재입학을 위한 특례 규정이 마련되었고, 그에 따라 제적된 학생들이 학교로 돌아올 수 있었다.

학생운동이나 노동운동에 전념하는 바람에 장기간 학교에 등록을 하지 않아 학사 제적된 경우도 상당수 있었다. 1993년에는 이러한 미등록 제적자들에 대해서도 학생운동이나 노동운동을 전개한 사실이 소명되면 복적시켰다. 이로써 민주화운동에서 비롯된 상처를 치유할 수 있었다.

6월항쟁 이후에도 학생들에 대한 징계가 전혀 없었던 것은 아니다. 학교 당국은 1988년 11명의 학생을 제명하고 9명을 무기정학에 처하는 등 상당히 무거운 징계를 가했다. 총학생회 간부들이 농촌활동에 대한 지원을 요구하면서 행정관을 점거했기 때문이다. 과거에는 주로 반정부 시위로 인해 학생에 대한 징계가 이루어졌다면, 이번에는 학내 문제로 말미암아 징계가 이루어진 것이었다. 학생에 대한 징계 양상이 크게 달라진 것인데, 이후 이러한 유형의 학생 징계 문제가 지속적으로 발생했다.

6. 21세기 집회와 시위의 변화

● 정치 문제에서 학내 문제로

21세기에 들어서 집회와 시위의 방법과 양상에 상당한 변화가 나타났다. 학내 문제가 정치 문제를 제치고 집회와 시위의 주된 이슈로 떠올랐으며 정치적 이슈에 대응해 집회와 시위를 벌일 때도 그 방식이 과거에 비해 크게 달라졌다.

먼저 학내 문제를 둘러싼 집회와 시위부터 살펴보면 그 가운데에서도 가장 중요한 이슈가 된 것은 대학개혁 문제와 등록금 인상 문제였다. 2000년 12월 29일에 일어난 행정관 점거 농성은 그 신호탄이었다고 할 수 있다. 당시 총학생회는 학사 제적 조항의 철폐를 요구하면서 점거 농성을 감행했다.

그 후에도 학내 문제를 이슈로 하는 집회와 시위가 계속 이어졌다. 학생들은 2002년에는 학교 당국이 추진하고 있던 모집 단위의 광역화를 철회하고 등록금책정협의회를 구성해 등록금 책정에 학생들의 의견을 반영할 것을 요구했다. 2005년에는 등록금 문제뿐만 아니라 학부대학-전문대학원 구상의 전면적 재검토, 성적 상대평가제 폐지, 대학운영위원회 구성 등을 요구했다.

대학개혁 문제의 연장선에서 서울대 법인화와 시흥캠퍼스에 반대하는 운동이 벌어지기도 했다. 학생들은 2011년 법인화에 반대하는 집회와 시위를 격렬히 전개했다. 이 과정에서 정문 위의 고공 시위와 행정관 점거 농성 등 다양한 전술이 동원되었다. 2013년부터는 시흥캠퍼스에 반대하는 학생들의 집회와 시위가 장기간에 걸쳐 전개되었다.

학내 문제를 둘러싼 집회와 시위라고 해서 반드시 평화로운 방법으로만 진행된 것은 아니었다. 학내 문제를 이슈로 한 만큼 집회와 시위가 공간적으로 교내로 국한되기는 했지만 그 격렬함이나 지속성은 과거의 정치적 민주화를 위한 집회와 시위 못지않았다. 학교 당국과의 교섭이 원만하게 타결되지 않을 경우에는 행정관에 대한 점거 농성으로 이어졌고, 이 과정에서 학생들이 학교 당국과 물리적으로 충돌하는 일도 적지 않았다.

서울대 학생운동 역사를 돌아보면 학생들은 매우 오래전부터 학교 건물을 점거하고 농성을 벌인 바 있다. 가장 먼저 점거 대상이 된 건물은 도서관이다. 앞에서 살펴본 바와 같이 1977년 11월 11일 학생들이 도서관 열람실을 점거하고 농성을 벌인 이래로 도서관은 점거 농성의 주요 대상이 되었다. 1980년 서울의 봄 때도 학생들은 도서관에서 장기간에 걸쳐 점거 농성을 했다. 학생들은 1984년 학원자율화조치 이후에도 매우 빈번히 도서관 신세를 져야만 했다. 당시 도서관은 학생운동을 지속적으로 전개하기 위한 일종의 보루였다.

학생들은 도서관 이외에 행정관도 점거의 대상으로 삼았다. 하지만 그 의미는 도서관과는 전혀 달랐다. 학생들이 행정관을 점거한 것은 타격을 가하기 위해서였다. 1987년 4월 학교 당국이 시위에 가담한 학생들을 무더기로 학사 제명하자 학생들은 이에 항의해 행정관 2층을 점거하고 농성을 벌였다. 이후에도 행정관 점거는 계속 이어졌다.

학생들이 행정관을 점거한 이유는 1990년대 전반까지는 대부분 정치적인 문제 때문이었으나, 그 이후에는 이유가 학내 문제를 바뀌었다. 그 시발점이 된 것이 1998년의 점거 농성이다. 당시 학생

행정관 점거　1999년 12월 6일

들은 '학문 간 서열화 정책 철회와 교육 공공성 쟁취'를 점거 농성의 이유로 내세웠다.

　그 후에도 앞에서 말한 대로 2000년과 2002년의 점거 농성이 이어졌다. 당시 학생들은 신자유주의적인 교육 개편을 추진하던 이기준 총장의 불신임을 의결하면서 행정관을 점거했다. 2011년의 법인화 반대 점거 농성은 28일간이나 지속되었으며 2016년의 시흥캠퍼스 반대 점거 농성은 180일을 넘겨 그 전까지의 기록을 갈아치웠다.

● 절차적 정당성 문제가 떠오르다

　21세기 들어 집회와 시위를 진행하는 방식에도 변화가 나타났다. 그 전에는 학생들이 직선에 의해 선출된 총학생회장에게 의사결정 권한을 대폭 위임했다. 학생총회도 무엇인가를 토론해 결정하는 자리라기보다 총학생회의 판단과 결정을 학생들에게 알리는 자리였다고 해도 과언이 아니다. 21세기에 들어서자 총학생회 의사결정 과정에서 절차적 정당성 문제가 거론되기 시작했다. 총학생회가 학생들의 의사를 반영해 민주적으로 정책을 결정했는가가 논란의 대상이 되었던 것이다. 이런 변화가 나타난 배경에는 민주주의에 대한 이해가 심화되었다는 점도 있지만, 또 다른 현실적인 이유가 숨어 있었다.

　2000년대 초부터 총학생회가 주요 활동을 학내 문제에 집중하면서 학교 당국과 협상해야 하는 경우가 많아졌다. 총학생회의 의사결정이 절차적 정당

성을 확보하지 못할 경우 학교 당국과의 협상 과정에서 약점이 될 수 있었다. 그렇기 때문에 21세기 들어 절차적 정당성을 따지게 된 것이다. 집회에 학생들의 참여도가 떨어진 것도 절차적 정당성 문제가 거론된 원인 가운데 하나였다.

과거 1980년대처럼 총학생회가 비상학생총회를 소집하면 아크로폴리스광장에 1만 명을 넘는 학생들이 모여들던 시절에는 두말할 나위가 없거니와 1990년대 초반까지만 해도 아직은 총학생회 활동에 학생들의 참여도가 높았기 때문에, 절차적 정당성 문제를 거론할 이유가 별로 없었다.

그런데 1990년대 후반으로 접어들면서 총학생회장 선거를 비롯해 학생회 활동에 대한 학생들의 참여도가 낮아졌다. 먼저 총학생회장 선거 투표율이 떨어졌고 전체학생대표자회의(이하 '전학대회')의 출석률도 낮아졌다. 1994년에는 전학대회가 정족수를 채우지 못해 무산되기도 했다. 이후에도 전학대회의 정족수를 채우려면 보통 4시간 이상이 소요되는 실정이었다. 정족수를 채우지 못해 전학대회가 무산되거나 연기되는 일은 이후로도 종종 있었다. 이뿐만 아니라 학생총회에 참가하는 학생 수도 크게 줄어들었다.

이렇듯 총학생회 활동에 대한 학생들의 참여도가 떨어지고 있었기 때문에 총학생회의 정책 결정에 학생들의 의사가 제대로 반영된 것인지를 둘러싸고 논란을 벌일 여지가 생겨나게 된 것이다. 그런 만큼 절차적 정당성 문제가 더욱 중요하게 떠올랐다.

21세기 들어 전체학생총회는 2002년·2005년·2011년·2016년·2017년 등 모두 다섯 차례 열렸다. 2002년 총회 때는 절차적 정당성 문제와 관련해 별 논란이 없이 넘어갔으나 2005년 열린 총회 때는 달랐다. 당시 총학생회는 1701명이 참석했으므로 학부 재적 인원의 10%를 넘겨 개회정족수를 충족시켰다고 보고 회의를 진행했다. 하지만 일부 학생들은 '총학생회칙에 의하면 전체학생총회는 학부 재적 인원의 20%인 약 4000명이 참석해야 성립되므로, 이번 총회 참가자 수가 정족수를 채우지 못했다'고 비판했다.

당시 총학생회는 "관행에 따라 10%의 정족수를 적용했다"라고 해명했다.

실제 2002년의 전체학생총회 때도 참석자는 1천여 명에 불과했다. 하지만 2002년에는 총회 개최 전에 전교생을 대상으로 하는 총투표를 실시했기 때문에 절차적 정당성이 문제 되지 않았던 것이었다. 이에 비해서 2005년에는 이러한 사전 절차를 제대로 거치지 않았기 때문에 절차적 정당성이 문제가 된 것이다.

어쨌든 2005년 전체학생총회는 분명히 절차적 정당성이라는 측면에서 흠결이 있었다. 그래서 총학생회는 2011년에 뒤늦게나마 총학생회칙을 개정해 전체학생총회 개회를 위한 정족수를 학부 재적 인원의 10%로 현실화했다. 그리고 이후 전체학생총회의 성사 여부는 이 10%의 정족수를 충족시켰느냐에 따라 결정되게 되었다.

● 정치적 이슈에 대응하는 방법도 달라지다

21세기에 들어서면서 학내 문제가 정치 문제를 제치고 학생들의 집회와 시위의 주된 이슈로 떠올랐지만, 정치적 이슈에 대해 전혀 대응하지 않은 것은 아니었다. 실제로 학생들이 정치적 이슈로 벌인 집회와 시위가 적지 않았다. 2008년 광우병 파동, 2009년 용산참사, 2013년 국정원 댓글 사건, 2014년 세월호 참사, 2015년 역사 교과서 국정화 시도, 2016년 박근혜·최순실 국정 농단 사건 등이 그런 예들이다. 그러나 학생들이 정치적 이슈에 대응해 집회와 시위를 진행하는 방식도 과거에 비해 달라졌다.

이 시기에 정치적 이슈를 둘러싸고 일어난 집회와 시위의 특징은 다음과 같다. 우선 과거와 같이 일관된 정치 노선을 관철시키기 위해 일련의 집회와 시위를 지속적으로 전개하는 일은 사라졌다. 그 대신 개별적인 이슈가 발생했을 때마다 그때그때 대응해 행동하는 선에 그쳤다.

또한 일부 중요한 사안에 대해서는 총학생회 차원에서 대응했지만 그렇지 않은 경우에는 관심이 있는 개인이나 집단들이 개별적으로 대응하기도 했다. 총학생회 차원에서 공식적으로 대응한 사건으로는 광우병 파동, 국정원 댓글 사건, 세월호 사건, 박근혜·최순실 국정 농단 사건 등을 들 수 있다.

용산참사 때는 총학생회 대신 인문대와 사회대 등 7개 단과대학 학생 200명이 아크로폴리스에서 규탄 집회를 개최하면서 이 문제를 이슈화했다. 이들은 이 문제를 해결하기 위한 실천단 '무한도전'을 구성해 집회와 시위를 이어갔다. 당시 총학생회는 이 사안에 대해 전혀 관여하지 않았다.

2015년의 역사 교과서 국정화 시도에 대해서는 이 문제에 관심 있는 17개 학내 단체들이 '한국사 교과서 국정화 저지 서울대 네트워크'를 구성해 반대 운동을 전개했다. 서울대 총학생회는 여러 단체 중 하나로 이 네트워크에 참여했을 뿐이다. 2008년 광우병 파동 당시에는 동아리연합회가 나서서 이 문제를 쟁점화했으며, 그 후 총학생회가 미국산 쇠고기 수입 반대 활동의 인준 여부를 묻는 총투표를 실시한 후 행동에 들어갔다.

이렇듯 2009년 용산참사를 제외하면 앞에서 거론한 대부분의 이슈에 대해 총학생회가 개입했다. 하지만 총학생회가 앞장서서 정치적 행동을 선도하기 보다는 먼저 학생들이 행동에 돌입한 후 총학생회가 이것을 뒷받침해 주는 역할을 맡기 시작했다. 총학생회의 위치가 학생들의 선두에서 학생들의 한 가운데로 바뀐 것이다.

정치적 이슈와 관련된 집회와 시위가 학내에서만 그친 경우도 있지만, 가두시위로 이어진 경우도 여러 번 있었다. 광우병 파동, 국정원 댓글 사건, 세월호 참사, 박근혜-최순실 국정 농단 사건 때가 그러했다. 이 가운데 광우병 파동과 박근혜-최순실 국정 농단 사건은 대규모 촛불집회로 확대되었다.

거리집회에 참가하는 방식도 과거와 달라졌다. 1987년과 1991년에는 총학생회 깃발 아래 모여 대규모 가두시위를 벌였으나, 2016년 촛불집회 때는 개별적으로 혹은 소그룹 단위로 촛불집회에 참여했다. 총학생회는 10월 26일 자신의 깃발을 들고 청계광장에 나갔지만, 이렇게 모인 학생은 400여 명에 불과했다고 한다. 그렇다고 2만 명이 넘는 서울대생 가운데 겨우 400여 명만 이 날 열린 촛불집회에 참가하지는 않았을 것이다. 상당수의 서울대생이 개개의 시민으로서 이 촛불집회에 참가했을 것이다.

제6장

농촌활동

학생들은 일찍부터 다양한 공간에서 다양한 방식으로 봉사활동을 전개해 왔다. 가장 대표적인 것이 바로 농촌에서 전개한 봉사활동이다. 1990년대까지만 해도 여름방학이 다가오면 수천 명의 학생들이 아크로폴리스에서 대규모로 출정식을 갖고 농촌활동을 하기 위해 전국으로 떠나곤 했다. 학생들은 농촌활동을 단지 시혜적인 봉사활동으로만 보지 않고 민중의 삶과 사회적 현실을 현장에서 체험할 수 있는 기회로 삼았다. 그래서 '봉사'라는 두 글자를 떼어내고, 그냥 '농촌활동'이라고 부르곤 했다. 당시 농촌활동은 학생운동을 위한 훈련 과정을 의미했다. 이 장에서는 농촌활동의 변화 과정을 통해 학생운동의 한 단면을 살펴보겠다.

1. 농촌활동의 시작

● 1950년대의 농촌계몽운동

학생들이 여름방학에 농촌에 뛰어들어 계몽운동을 펼치기 시작한 역사는 오래되었다. 서울대 농대의 전신학교인 수원고등농림학교 학생들은 1926년에 건아단(健兒團)이라는 단체를 조직해 농민들을 계몽하기 위한 야학활동을 펼친 바 있다. 이 단체는 2년 뒤인 1928년에 일본 경찰에 발각되어 해산되었다. 수원고등농림학교의 농촌계몽운동의 전통은 1946년에 서울대학교가 개교하면서 농대로 이어졌다.

농촌계몽운동은 한국전쟁으로 한때 중단되었지만 종전과 함께 곧바로 재개되었다. 서울대생들은 1953년 여름방학을 맞이해 농촌계몽운동을 펼치기 위해 단과대학별로 전국 각지로 출발한 것을 시작으로 이후에도 매년 여름이 되면 농촌으로 떠났다.

1950년대에 전개한 농촌계몽운동의 내용 가운데 가장 중요한 것은 문맹퇴치였다. 하지만 의대 학생들이 무의촌 진료를 실시하고 약대 학생들이 농촌 주민들을 대상으로 약학 계몽을 실시하는 등 전공의 특성을 살린 활동을 펼치기도 했다. 학생들은 농촌에서 계몽활동을 전개하면서 연구와 연계된 현장 실습도 아울러 실시했다. 예컨대 의대의 경우 기생충에 대한 검진을 실시하고, 수의대의 경우 진돗개에 대한 현지 조사를 행했다.

또한 이 시기에는 농촌에 대한 단순한 계몽을 넘어 농촌 현실에 대한 심층적인 조사를 통해 대안을 모색하는 기회로 삼기도 했다. 농촌계몽운동을 진행하는 과정에서 4H구락부를 조직하거나 협동조합을 결성하는 등 농촌 문제 해결을 위한 실험이 이루어지기도 했다.

1950년대 농촌계몽운동을 주관한 것은 단과대학의 학도호국단들이었다.

학도호국단은 원래 문교부가 하향식으로 조직한 학생에 대한 통제 및 동원기구였지만 1952년부터 학생자치기구로서의 기능을 일부 수행하고 있었다. 때문에 농촌계몽운동도 학도호국단이 주도했던 것이다. 당시 문교 당국과 학교 당국도 학생들의 농촌계몽운동을 권장했다. 1950년대 후반에 들어서면 학회를 단위로 농촌계몽운동을 실시하는 사례가 일부 나타나기 시작했다.

- ● **4·19혁명 직후의 국민계몽운동**

서울대생들은 4·19혁명 직후 건설된 총학생회 주도하에 국민계몽운동을 벌였다. 국민계몽운동 가운데 가장 큰 비중을 차지한 것이 농촌계몽운동이었다. 서울대 총학생회는 1960년 6월 10일에 4·19혁명을 사회운동의 차원으로 확산시키기 위해 국민계몽운동을 전개할 것을 결의했다. 학생들은 7월 6일에 국민계몽대 결대식을 열고 "새나라 새터에 새살림"이라는 플래카드를 내걸고 시가행진을 벌인 다음 전국 각지로 출발했다. 도시에는 새생활운동반을, 지방에는 국민계몽반을 파견했다.

이 가운데 도시에 파견된 새생활운동반은 완장을 차고 거리에 나가 양담배를 피우는 사람을 단속하고, 공휴일에 사적인 용도로 유흥지에 나온 관용차를 적발하는 등 직접적인 계도 활동을 실시했다.

국민계몽반은 지방으로 내려가 농민에 대한 계몽활동을 전개했다. 국민계몽반의 우선적인 활동 목표는 4·19혁명의 정신을 농민들에게 보급하고, 제2공화국의 탄생을 위한 제5대 국회의원 선거의 중요성을 알리는 것이었다. 국민계몽반은 이에 그치지 않고 과학사상의 보급과 미신 타파, 환경미화와 보건위생 등 생활개선을 위한 전통적인 계몽활동도 함께 벌였다.

국민계몽반원들은 청년반과 장년반, 부녀반으로 나뉘어 저녁마다 마을 주민들과 사랑방 모임을 개최해 4·19혁명 당시의 체험담을 들려주는 등 계몽활동을 전개했다. 낮에는 김매기와 타작하기 등 근로봉사활동을 하고, 아동들을 대상으로 음악·문예·연극 등 특별활동도 벌였다. 그러니까 국민계몽반의 활동 내용은 1950년대부터 실시해 왔던 전통적인 농촌계몽운동에다가 4·19혁

국민계몽운동 행동요강 및 주의사항

_ 어떠한 단체나 개인을 위한 일체의 선거운동이나 언행을 엄금할 것

_ 경제적 또는 정신적 민폐를 엄금하고 여가를 타서 육체노동 여흥 및 좌담회 등을 통해서 농어민에 봉사할 것

_ 비공식적인 편파적 원조를 일체 사절하되 공공기관이나 비정치적 원조는 용납할 수 있다.

_ 계몽운동기간은 일체의 개인적 행동을 엄금한다.

_ 학생이라는 우월감이나 지적 거만심을 일체 배제하고 어디까지나 겸손한 마음과 태도를 견지하여 지방민과 지방 학생 및 청년들과 합심협력하고 그 지방의 고유한 풍속과 관습에 적응하여 생활할 것

_ 타 단체나 타 교에서 파견된 계몽대와 마찰을 일체 배제하고 적극적인 협력과 합심으로 소기의 목적을 수행하는 데 만전을 기할 것

_ 복장과 식사 등 생활 전반에 있어 철저히 검소한 태도로 일관할 것

_ 근면, 성실, 기민.

≪국민계몽운동 지침서≫

명에 따른 정치적 계몽이라는 새로운 내용을 추가한 것이었다. 학생들은 1960년 겨울방학에도 농촌에 내려가 계몽활동을 전개했다.

● 향토개척단의 결성

1961년 6월에 서울대에 향토개척단이 결성되었고, 그해 여름방학부터는 향토개척단 주도하에 농촌활동이 실시되었다. 향토개척단의 농촌활동은 기본적으로 4·19혁명 직후 국민계몽반의 활동을 이어받은 것이었다. 향토개척단이 결성된 것은 5·16군사정변이 일어난 직후였다. 당시 군사정부는 4·19혁명 이후 다양하게 분출되고 있던 학생들의 학내외 활동을 일체 금지했지만 향토개척단을 중심으로 추진되던 농촌활동만은 용인했다.

향토개척단이 주도한 첫 번째 농촌활동은 1961년 7월 22일부터 8월 5일까

지 13일간 실시되었다. 이 농촌활동에는 12개 단과
대학에서 1626명의 학생이 참여했다. 이들은 각기
연고지를 중심으로 약 300개 면을 선정해 농촌의
경제·법률·사회구조 등에 대한 조사활동과 문맹퇴
치, 협동 정신 고취, 민족정기 앙양 등 계몽활동 과
의료·의약·근로 등 봉사활동을 벌였다.

향토개척단 견장

향토개척단은 애초 향토개척연합회라는 이름으
로 만들어졌다가 농촌활동을 본격적으로 추진하면서 향토개척단으로 이름을
바꾸었는데, 여러 농촌운동 관련 단체들의 연합체였다. 서울대 내의 여러 단
과대학에는 수많은 농촌운동 관련 단체들이 존재했는데 이 단체들이 힘을 합
쳐 향토개척단을 결성한 것이다.

먼저 문리대와 음대생으로 이루어진 우리문화연구회, 법대의 농촌법학회,
미대의 농촌연구회, 약대의 '소'모임, 치대와 간호학과 학생들로 이루어진 TT
클럽, 상대의 농업경제학회, 사범대의 향토개발회와 경암회가 있었다. YWCA
와 학내에 여러 개의 농촌운동단체를 거느린 농대 학생회의 농촌문제연구부
도 향토개척단에 상임위원을 파견했다. 공대의 향토공학회와 문리대의 목민
회 등도 이후에 향토개척단에 가입했다. 이 단체들을 단과대학별로 살펴보면
다음과 같다.

농대에서는 1950년대 중반부터 4-H클럽과 덴마크연구회 같은 농촌운동
관련 단체들이 만들어졌다. 이 가운데 덴마크연구회는 1956년에 결성되어
한-덴마크협회와 연락하면서 모범적인 농업국인 덴마크 모델을 연구했다. 이
단체는 연구활동뿐만 아니라 야학을 통한 계몽운동도 아울러 전개했다. 농대
에서는 4·19혁명 직후 여러 농촌운동 단체가 힘을 합쳐 농정연구회를 결성했
지만, 5·16군사정변으로 강제해산을 되고 이것을 대신하기 위해 '농사단'을
만들었다. 농사단은 창립 이후 운동방법론의 차이로 말미암아 '개척농사회'와
'NSD'(농사단의 영문 이니셜)로 분리되었다. 이 단체들은 농대 학생회 산하의 농
촌문제연구부를 통해 향토개척단에 참여했다. 수의대에서도 1960년에 농촌

연구회가 결성되어 농촌계몽운동을 전개했다.

농대/수의대와 더불어 일찍이 농촌계몽운동의 주축을 이룬 단과대학으로는 사범대를 들 수 있다. 사범대에서는 1957년에 농촌사회연구회(경암회)를 조직해 농촌 부흥 방안을 연구했다. 사범대에서는 1959년에 경암회와 별도로 농촌계몽대가 조직되었다. 농촌계몽대는 이론에 치우치는 경향이 있던 경암회를 비판하면서 등장했다. 1960년 12월에 사범대에서는 전국사범대학농촌운동연합회 팀 이외에 이 두 단체가 농촌활동을 벌였다. 농촌계몽대는 1960년에 농촌활동을 마친 후 향토개발회로 명칭을 바꾸었다. 향토개척단이 만들어질 때 사범대에서는 향토개발회와 경암회가 참여했다.

의약 계통의 단과대학에서는 약대의 '소'모임과 치대의 TT클럽이 향토개척단에 참여했다. '소'모임은 1958년 11월에 농어촌 대상의 계몽과 봉사활동을 벌이기 위해 결성되어 일찍부터 농촌활동을 전개했다. 모임의 이름을 '소'라고 정한 것은 경박하고 이기적인 풍조를 박차고 나와 '소'처럼 묵묵히 봉사활동을 하자는 뜻이었다. 이 무렵 약대 학생회장은 대부분 이 단체 회원 출신이었다. 치의예과와 간호학과 학생들로 이루어진 TT클럽은 일찍부터 주말마다 서울 근교에서 순회 진료를 벌였다. 이들도 향토개척단에 참여해 농촌활동의 한 축을 이루었다.

이 밖에 농촌법학회(법대)를 비롯해 우리문화연구회(문리대/음대)·농촌연구회(미대)·향토공학회(공대)·목민회(문리대) 등 농촌운동 관련 단체들이 있었다. 이 가운데 농촌법학회는 향토개척단이 처음 결성될 무렵인 1961년 5월 6일에 만들어졌으며 곧바로 그 운동에 뛰어들었다. 따라서 이 학회는 향토개척단 운동의 물결 속에 만들어졌다고 해도 과언이 아니다.

● **농촌계몽운동에서 농촌봉사활동으로**

향토개척단을 중심으로 한 농촌활동은 1962년 이후에도 계속 이어졌다. 그런데 1960년대에 들어 농촌계몽운동에서 농촌봉사활동으로 명칭이 바뀌었다. 농촌계몽운동이라는 표현은 일찍이 일제강점기부터 사용되어 1950년대까지도 그대로 사용되었다. 하지만 1960년대에 들어 그 대신에 농촌봉사활동이라는 표현이 등장하기 시작해 1960년대 후반에 접어들면 농촌계몽운동이라는 표현을 완전히 대체하기에 이르렀다.

'계몽'이라는 용어에 대한 문제 제기는 일찍부터 이루어졌다. 1959년에 조직된 사범대의 농촌계몽대에서는 '계몽'이라는 말 자체가 농민을 무시하는 것이라는 내부 비판이 일어나 1960년에 농촌활동을 마친 후 이름을 향토개발회로 바꾸었다. 약간의 시차는 있었지만 다른 농촌운동 단체들에서도 대부분 이러한 문제 제기가 이루어졌다. 그 결과 섣불리 농민들을 가르치려 들기보다는 농민에게 배우려는 자세가 강조되었다. 이러한 분위기 속에서 점차 농촌봉사라는 표현이 농촌계몽이라는 표현을 대체하기에 이르렀다.

1960년대에 전개된 농촌봉사활동의 구체적 내용은 다음과 같다. 명칭이 바뀐 만큼 활동 내용에서도 근로봉사가 무엇보다 강조되었다. 하지만 교육과 계몽활동도 결코 소홀히 하지 않았다. 일시적인 계몽이나 봉사에 그치지 않고 농촌을 관찰하고 그 구조를 조사하고 분석하는 연구활동도 병행했다.

예컨대 농촌법학회에서 행한 '산림계에 대한 실태조사'와 '위토 공동소유의 성격에 대한 고찰', '화전민 실태조사' 등이 그러한 사례에 해당한다. 이 가운데 '화전민 실태조사'의 결과보고서는 1962년 8월 15일 자 ≪동아일보≫에 게재되기도 했다.

1960년대 농촌봉사활동은 4·19혁명을 계기로 터져 나온 강렬한 민족주의 이념에 뿌리를 두었다. 당시 농촌활동을 주도했던 향토개척단은 민족주체성의 확립과 농촌의 협동화를 표방했다. 향토개척단은 1961년 여름 농촌활동에 나서기 전에 오리엔테이션을 개최했는데, 이 자리에 유달영 교수와 박종홍 교수, 함석헌 선생이 연사로 초빙되었다.

유달영 교수는 김교신의 제자이자 『상록수』의 주인공 채영신의 실제 모델인 최용신의 전기를 집필한 사람으로 농대의 농촌계몽운동을 이끌었던 인물이다. 향토개척단에서 이 사람을 초빙한 것은 당연한 일이었다.

더욱 주목되는 인물은 박종홍 교수다. 향토개척단이 민족주체성 확립을 표방한 것은 그의 영향 때문인 것으로 보인다. 박 교수는 이후로도 여러 차례 향토개척단 행사에 연사로 초빙되었고, 1965년의 학술강연회에서 '민족주체성 확립의 길'이라는 제목으로 강연한 사실이 확인된다. 그는 1968년에 제정된 「국민교육헌장」을 기초한 것에서도 볼 수 있듯이 박정희 정권의 한국적 민주주의를 철학적으로 뒷받침했다. 따라서 향토개척단이 출범할 무렵에는 박정희 정권과 이념적으로 공유하는 부분이 있었던 것으로 볼 수 있다. 이후 향토개척단에 참여했던 학생들이 대거 한일협정 반대운동에 나서면서 이러한 밀월 관계에 금이 갔지만 말이다.

2. 봉사활동에서 현장활동으로

● 농촌봉사활동에 대한 정부의 통제

1970년대에 들어서 농촌활동에 대한 정부의 통제가 시작되었다. 이에 맞서 학회들이 농촌활동의 전통을 이어갔다. 학회들은 농촌활동의 성격을 봉사활동에서 현장활동으로 바꾸어나갔다.

1960년대 전반기까지만 해도 향토개척단의 활동에 대한 군사정권의 태도는 매우 우호적이었다. 1963년 6월 박정희 국가재건최고회의 의장은 서울대 향토개척단이 추진 중인 보령군 천북면 신덕리 간척사업을 돕기 위해 농어촌 진흥자금 30만 원을 특별 융자해 주라고 직접 지시할 정도였다.

하지만 향토개척단 활동을 주도하던 학생들이 한일협정 반대운동에 대거 참가하면서 정부 및 학교 당국은 점차 향토개척단에 대해서까지 위험하게 보기 시작했다. 사범대의 향토개발회는 1967년에 학교 당국에 이른바 '문제성 있는 서클'로 지목되어 반년 이상 활동을 정지당했다. 하지만 박정희 정권은 1960년대가 끝날 때까지는 향토개척단이 추진하는 농촌활동 자체를 금지하지는 않았다.

1970년대에 접어들면서 대학생의 농촌봉사활동에 대한 정부의 통제가 심해졌다. 1971년에 박정희 대통령은 대학생 하계 봉사의 지도 방향으로 "농촌 사람들을 지도한다는 것보다는 스스로 땀 흘려 일한 보람을 느낄 수 있도록 지도 훈련시킨 후에 학생들을 농촌봉사활동에 참여시키라"라고 지시했다. 이와 아울러 "순박한 농촌 사람들에게 나쁜 영향이 미치지 않도록 지도하라"라고 당부했다.

1971년에 위수령의 발동과 함께 13개 간행물이 강제적으로 폐간되었는데 여기에 향토개척단이 발행하는 ≪향토개척≫도 포함되었다. 박정희 정권이 향토개척단 자체를 강제로 해산시키지는 않았지만, 그 이념과 활동에 대해 매우 못마땅하게 생각했음을 알 수 있다.

1970년에 전국대학생봉사단체연합회라는 단체가 결성된 것도 이러한 맥락에서 이해할 수 있다. 당시 ≪동아일보≫는 이 연합회가 "학생들의 자발적인 의사가 아니라 당국과 대학 관계 교수에 의해 만들어졌기 때문에 자율성이 결여되어 있으며, 정부 업적 홍보 위주의 관제 봉사활동으로 흐를 우려가 있다"라고 지적했다. 사실 문교 당국은 이 연합회를 통해 대학생 농촌봉사활동을 통제하려고 했다. 문교부는 해마다 이 연합회를 통해 농촌활동 팀을 심사해 시상했다.

한편 문교부는 1972년에 농촌봉사활동을 대학 정규과목으로 인정하라고 각 대학에 지시하기도 했다. 특히 사범대학은 농촌봉사활동을 학교와 지역사회라는 이름으로 모든 학생에게 필수과목으로 부과하고 교육대학 학생들에게는 1~2주간 농촌학교 실습을 의무화했다. 당시 서울대 사범대 학생회는 농촌봉사활동의 필수과목화에 반대하고 나섰다.

이렇게 정부에서 대학생 농촌봉사활동에 대해 직접적인 통제에 나서면서 향토개척단은 점차 그 기능을 상실해 갔다. 1975년 긴급조치 9호의 발동과 함께 학생회가 해산되고 대신 학도호국단이 조직되면서 공식적인 농촌봉사활동은 학도호국단이 주도하게 되었다. 학도호국단이라는 허울을 내세웠지만, 실제로는 대학 당국이 나서서 세세한 행정지도를 하고 철저히 감시했다. 특히 1977년에 개정한 '하계봉사활동지침'은 이를 잘 보여준다. 이 지침은 기존의 서클 중심의 농촌활동은 금지하고, 그 대신 학장 책임하에 수행되는 단과 대학 단위의 농활과 기능 위주의 농활만을 인정했다.

이후 정부는 대학생 농촌봉사활동을 이른바 '통일꾼 운동'이라는 관제 사회운동과 연결시켰다. 1979년 여름에는 서울대학교를 비롯한 전국 20개 대학교에서 하계농촌봉사활동에 나서는 통일꾼 발대식을 개최했다. 이는 농촌봉사활동을 당시 정부가 추진하던 새마을운동의 일부로 포섭하려는 것이었다.

● 학회들이 이어간 농촌활동의 전통

학회 단위로 농촌활동을 벌이는 전통은 1950년대 후반부터 만들어지기 시작했다. 법대에서는 일찍이 1955년부터 학회를 단위로 하여 농촌계몽활동을 실시했다. 당시에는 각 단과대학의 학도호국단들이 농촌계몽활동을 주도했다. 하지만 법대의 사례에서 볼 수 있듯이 이후 각 단과대학에서는 농촌운동 관련 학회나 단체들이 만들어져 제각기 농촌활동을 추진하기 시작했다. 1961년에 향토개척단이 결성된 뒤에도 사범대의 향토개발회와 법대의 농촌법학회 등은 향토개척단이라는 이름의 연합 팀과는 별도로 독자적인 농촌활동팀을 구성해 활약했다.

따라서 1970년대 들어 문교 당국이 대학생 농촌활동을 통제하면서 농촌활동을 학도호국단이 주도하는 것과는 별도로, 언더서클로 변신한 학회를 단위로 하는 농촌활동은 계속 이어졌다. 하지만 학회들은 농촌활동의 전통을 이어가기 위해 여러 가지 위험을 무릅써야만 했다.

1970년대 후반으로 접어들면 학회들은 공안 당국의 감시를 받았기 때문에 공개적인 활동을 펼칠 수 없었다. 하지만 농촌활동은 그 성격상 불가피하게 공개적으로 진행될 수밖에 없다. 학회들이 이 문제를 해결하기 위해 찾아낸 방법은 교회 청년회의 이름을 빌리는 것이었다. 1970년대에는 기독교계가 민주화운동의 보루 역할을 하고 있었기 때문에 학회들의 농촌활동을 뒷받침해줄 교회와 목회자를 찾는 일은 그리 어렵지 않았다. 교회 청년회의 이름만 빌리는 경우도 있었지만, 실제로 해당 교회 청년회 회원들이 농촌활동 팀에 합류해 함께 활동을 전개하는 경우도 있었다.

또한 한국기독학생회총연맹(이하 'KSCF')은 농촌활동안내서를 발간해 자체적인 농촌활동 준비에 활용하는 것은 물론이고 각 학회가 농촌활동을 실시하는 것을 이론적으로 뒷받침했다.

서울대의 학회들은 농촌활동을 원활하게 진행하기 위해 이화여대를 비롯한 여자대학의 학회들과 혼성팀을 구성하기도 했다. 1970년대에 서울대의 학회들은 회원의 거의 대부분이 남학생이었다. 농촌활동의 현장에서 전개하는 분반활동 가운데 부녀반이나 아동반의 활동은 아무래도 남학생들

기독학생회총연맹이 발행한
『농촌활동안내서』

만으로는 원활하게 진행하기 어려웠다. 여자대학의 학회들의 경우도 대개 비슷한 고민을 안고 있었다. 서울대의 학회들은 이러한 인적 구성의 취약점을 보완하기 위해 여자대학 학회들과 혼성팀을 구성했다. 농촌활동을 함께 전개하는 과정에서 두 학회의 회원들 사이에 싹튼 마음이 이후에도 계속 이어져 평생의 반려자가 되는 경우도 적지 않았다.

• 봉사활동에서 현장활동으로

앞에서 살펴본 바와 같이 학회들이 정부의 통제에서 벗어나 농촌활동의 전통을 이어가면서 활동의 성격에도 변화가 나타나기 시작했다. 우선 명칭부터 바뀌었다. 언제부턴가 '봉사'라는 두 글자를 빼고 그냥 '농촌활동'이라고 부르기 시작했다. 그것은 농촌활동을 시혜적인 봉사가 아니라 사회운동의 일환으로 생각했기 때문이다.

1970년대에 접어들면서 노동 문제가 제기되면서 학생운동 내부에서 민중운동과의 연대의 필요성이 강조되기 시작했다. 학생운동이 학창 시절의 일과적인 실천으로만 끝나는 것이 아니라 민중의 속으로 뛰어들어 그들과 평생을 함께하며 민중운동을 벌여야 한다는 생각이 퍼져갔다. 그 결과 학교를 마치고 노동 현장으로 투신하는 사람도 하나둘 생겨나기 시작했다.

이 무렵 학생들이 생각하는 민중의 울타리 안에는 노동자와 함께 농민들도 포함되어 있었다. 따라서 농민이 살고 있는 농촌도 또 다른 민중운동의 현장이라고 할 수 있었다. 1970년대 후반이 되면 농촌활동도 이러한 민중운동의 관점에서 바라보게 되었다. 그 결과 농촌활동의 성격이 민중운동의 공간에서 행하는 현장 실습, 즉 현장활동으로 바뀌었다.

서울대생들이 농민들의 삶을 개선하기 위해 농촌에 뛰어드는 사례는 1960년대부터 나타났다. 하지만 이때까지만 해도 협동조합을 통한 이상 농촌 건설이라는 소박한 수준에 머무르고 있었다. 민중운동의 관점은 아직 등장하지 않았다. 1970년대에 이르면 노동 현장이 새로운 민중운동의 터전으로 떠올랐기에 학생들의 마음은 노동운동에 쏠려 있었고 그들이 농촌운동에 직접 뛰어드는 사례가 그리 많지는 않았다.

따라서 1970년대에 언더서클들은 농촌활동을 장래의 농민운동가 양성을 위한 프로그램으로 간주하지는 않았다. 이보다는 오히려 장차 노동 현장으로 투신할 것을 염두에 두고 사전에 민중의 삶의 현장을 체험하는 학습과 훈련의 기회로 삼고자 했다. 육체적인 노동을 통해 직접생산자들의 생활과 감정을 체득하고 그러한 바탕 위에서 사고할 수 있도록 하는 훈련 과정의 일환이었던 셈이다.

● 1970년대 농촌활동의 이모저모

이렇게 농촌활동의 성격이 시혜적인 봉사활동에서 민중운동을 위한 현장 실습으로 바뀌면서 그 긴장도가 오히려 높아졌다. 일정은 매우 빡빡했으며 근로활동은 매우 고되었다. 지켜야 할 규율도 매우 엄격했다. 1960년대에도 노동은 고됐고 규율이 엄격했지만, 1970년대에 들어서도 좀처럼 느슨해질 기미가 보이지 않았다.

매일 이른 새벽에 일어나서 단체로 조깅 등 아침 운동을 행한 다음 오전과 오후로 나누어 두 차례 근로활동을 했다. 저녁 식사를 마친 다음 숨을 돌릴 겨를도 없이 곧바로 장년반·청년반·부녀반·학생반·아동반 등으로 나뉘어 분반 활동에 나섰다. 분반활동을 마쳤다고 해서 그것으로 하루 일과가 완전히 끝난 것은 아니었다. 이제 농촌활동의 꽃이라고 할 수 있는 평가회가 기다리고 있었다.

평가회는 매일 저녁 열렸다. 이 자리에서 하루 일과를 낱낱이 점검했다. 누군가 잘못을 저질렀을 경우 가차 없는 비판이 뒤따랐다. 고된 노동을 마친 뒤여서 졸음이 쏟아지기 마련이었지만, 꾸벅꾸벅 졸다가 걸리면 혼이 났다.

자정을 훌쩍 넘겨 끝나는 경우가 다반사였다. 잠시 눈을 붙이고 일어나면 또 고된 하루 일과가 기다리고 있었다.

빽빽한 일정과 고된 노동 못지 않게 힘들었던 점은 엄격한 규율을 지키는 것이었다. 옷과 생활용품도 농민의 수준에 맞추었고, 담배도 비싼 것을 피울 수 없었다. 여학생 의 경우 화장품을 사용하는 것은 생각도 할 수 없었다. 말도 가려서

1970년대의 농촌활동 모습

해야 했다. 학생 티가 나는 용어는 삼가야 했다. 일하다가 틈이 나도 드러누울 수 없었다. 새참을 얻어먹는 것은 생각할 수도 없는 일이었다.

당시 농촌활동의 엄격한 분위기를 보여주는 풍속도 가운데 하나가 이른바 '줄빳다'였다. 이것은 방망이로 엉덩이를 때리는 것을 말하는데 누가 누구를 때리는 것이 아니라 모두가 모두를 돌아가면서 때리는 식이었다. 활동 도중 분위기가 조금이라도 느슨해진다 싶으면 어김없이 '줄빳다'가 등장했다. '줄빳다'란 1960년대에 만들어진 농촌활동 문화의 일부인데, 1970년대까지도 이어졌다.

숙소는 주로 마을회관을 이용했는데, 1970년대까지만 해도 그 시설 수준이 창고와 크게 다르지 않았다. 잠을 자고 아침에 일어나면 모두들 벌레에 온몸을 물려 긁어대기 바빴다. 식사도 현지 주민들의 도움을 받지 않고 직접 해결했다. 당번을 정해 돌아가면서 식사를 준비했으니 제대로 된 식사를 만들 수 없는 것은 당연한 일이었다. 밥 한 그릇과 된장국 한 그릇에 김치가 고작이었고, 여기에 집에서 싸온 밑반찬 몇 가지라도 있으면 그나마 다행이었다. 그야말로 수도사와도 같은 고행이었다.

이렇게 농촌활동 과정에서 수도사에 버금가는 고행을 한 것은 무엇 때문이었을까? 가장 먼저 지적할 것은 농민들에게 민폐를 끼치지 않고 신뢰를 얻기 위해서였다. 바로 그렇기에 특히 새참을 엄격히 금지했다. 농민과 소통하

기 위해서는 그들과의 사이에 심리적 장벽이 없어야 했다. 따라서 외모나 언어 등이 그들과 구별되어서는 안 되었다.

언더서클들이 농촌활동 과정에서 고행을 요구한 것은 회원들의 자체적인 단련을 위해서이기도 했다. 1970년대에 학생운동에 참여한다는 것은 상당한 결단이 필요했다. 그리고 이를 뒷받침하기 위해서는 신체적인 강건함과 정신적인 집중력이 요구되었다. 언더서클들은 농촌활동을 이러한 신체적·정신적 단련을 위한 기회로 삼았다. 아울러 고행을 함께하는 과정에서 얻어지는 끈끈한 유대감은 회원들의 조직적 단결을 뒷받침해 주는 정서적 바탕이 되었다.

● 또 다른 현장활동, 공장활동과 빈민활동

앞서 보았듯이 1970년대에 농촌활동의 성격이 봉사활동에서 민중운동을 위한 현장활동으로 바뀌었다. 그런데 1970년대에는 농촌 현장 이외에 공장이나 달동네 등을 무대로 현장활동이 이루어지기도 했다. 당시 공장을 무대로 한 것을 공장활동이라고 불렀고, 달동네 등 도시빈민의 거주지를 무대로 한 것을 빈민활동이라고 불렀다. 공장활동을 줄여서 '공활'이라고 부르기도 했다.

서울대생의 공장활동은 일찍이 1950년대에 시작되었다. 1950년대의 공장활동은 공대생들의 현장실습을 일컫는 것으로 1970년대와는 성격이 전혀 다른 것이었다. 1971년에 몇몇 서울대생들이 여름방학을 이용해 구로공단에서 1개월간 공장 생활을 체험했다. 이것이 바로 민중에게 다가서기 위한 공장활동의 시작이었다. 이 무렵 전태일 사건의 충격으로 학생 사이에는 노동 문제에 대한 관심이 고조되고 있었다. 따라서 이들은 노동 현장을 직접 체험하기 위해 공장에 들어갔던 것이다.

이후 시간이 갈수록 공장활동을 경험하는 학생들의 숫자가 늘어났고, 1980년대에 이르러 그 정점에 달했다. 처음에는 개인적인 차원에서 공장활동을 하는 경우가 많았다. 하지만 점차 조직적으로 공장활동을 벌이는 경우가 늘어났다. 야학에서 교사들의 사전 교육을 목적으로 공장활동을 실시하는 경우도 있었다. 언더서클들이 훈련 프로그램의 일부로 그것을 활용하는 경우도 있었다.

공장활동은 보통 준비활동과 본활동, 정리활동이라는 세 단계로 진행되었다. 준비활동 단계에서는 노동법, 노동 문제, 노동자의 의식구조 등에 대한 학습과 함께 공장활동의 의의와 목표 등에 대한 토론이 이루어졌다. 이 단계를 마치면 공장에 입사해 직접 노동에 종사했다. 공장활동은 일정 기간에 한시적으로 실시하는 것이었기에 현장 노동자들에 대한 본격적인 조직화 작업에 나서지는 않았다. 동료들과 사귀면서 노동자 문화를 익히는 정도에 머물렀다. 한편 작업시간과 임금 등 근로조건과 노조활동 및 운영 실태 등을 조사하는 데 힘을 기울였다.

공장활동 팀은 대부분 활동 기간 동안 공단 부근에 자취방을 구해 합숙을 했다. 매일 퇴근한 후 모여 하루의 생활을 점검하고, 다음 날 목표를 정했다. 본활동이 끝나면 조사된 내용을 정리하고 활동 결과를 점검을 하는 것으로 공장활동을 마무리했다.

학생들은 공장활동 이외에 달동네 등 도시빈민들이 집단적으로 거주하는 지역을 무대로 빈민활동도 전개했다. 빈민활동의 가장 대표적인 형태는 야학이었지만 철거 문제가 발생하면 철거민을 지원하는 활동을 전개하기도 했다.

3. 농민학생연대투쟁으로 발전하다

● 학과를 단위로 농촌활동을 전개하다

농촌활동은 1980년대 들어 대중화되고 제도화되었다. 1984년 학생회가 재건되면서 농촌활동도 학생회를 통해 좀 더 체계적으로 추진되기 시작했다. 1980년대 말이 되면 전대협이 전국농민회총연합과 손을 잡고 전국적인 차원에서 농촌활동을 진행시키기 시작했다. 농촌활동이 전국적인 농민학생연대투쟁으로 발전한 것이다. 이러한 변화는 1982년 무렵부터 시작된 학과 단위의 농촌활동에서 비롯되었다.

1980년대에 들어서면서 농촌활동을 추진하는 방식이 바뀌기 시작했다. 종래와 같이 언더서클을 단위로 하는 농촌활동이 줄어든 반면에, 학과를 단위로 한 사례는 늘어났다. 이러한 변화는 1982년에 시작되어 1984년 무렵 완료되었다.

농촌활동을 실시하는 단위가 학과로 바뀌었다고 해서 그 내용이 달라진 것은 아니었다. 실시하는 단위만 달라졌을 뿐 내용은 거의 똑같았다. 각 학과에서 농촌활동을 주도적으로 추진한 사람들은 거의 모두 언더서클의 회원들이었기 때문이다. 그러니까 추진 단위는 바뀌었지만, 주체는 그대로 이어졌다.

이들이 언더서클 대신 학과로 추진 단위를 옮긴 직접적인 이유는 보안 문제 때문이었다. 언더서클들은 1980년대 들어 더욱 가혹한 탄압을 받았기 때문에 매우 은밀하게 활동할 수밖에 없었다. 하지만 농촌활동은 성격상 은밀하게 벌일 수 있는 일이 아니었다. 더욱이 1980년대 들어 농촌활동에 대한 공안 당국의 감시는 더욱 심해졌다. 당시에는 마을에 낯선 외부 사람이 들어오면 반드시 경찰 관서에 신고하는 것이 관행이었다.

이 무렵 어느 언더서클은 농촌활동을 하는 도중 군수가 마을을 방문한다는 소식을 듣고 부랴부랴 짐을 싸서 야반도주하기도 했다. 자칫 우물쭈물했다가는 언더서클 하나가 통째로 날아갈 수도 있었다. 언더서클들은 보안 문제를 근본적으로 해결하기 위해 언더서클을 단위로 한 농촌활동을 결국 포기

84년도 의예과 단위로 처음 농촌활동을 경험했다. 당시엔 예과에서 2학년이 최고 학년이었던 터라 준비부터 실행까지 모든 것을 나와 주로 언더서클 동료들이 했던 것으로 기억한다. 장소는 전남 함평의 어느 마을이었는데 본격적인 농활이 시작되기 전날 근처 바닷가에서 MT를 하며 주로 농촌 문제에 관한 세미나와 실무적으로 주의할 사항 등을 교육했고 다음 날 마을에 도착했다. 시절이 시절인지라 도착하면 맨 처음 경찰들이 수고한다며 바카스(?) 한 박스를 주고 갔는데, 어느 학교 무슨 과에서 몇 명이 왔는지를 살피고 가는 사찰이었다. 우리는 아침부터 조를 나누어 그날 배정된 밭일과 논일을 했다. 지금 생각해 보면 왜 그랬는지 이해가 안 되지만(아마도 농민들에게 부담이 되는 것을 미리 차단하려 했던 것 같다) 새참은 절대 받아먹지 못하도록 금지했고, 청년들이 주는 담배도 받아 피우지 못하게 했다. 담배는 당시 가장 저가의 종이 필터 담배였던 '환희'를 미리 구입하여 나누어 주었다.

이재광(의예과 83)

하고 학과를 단위로 한 농촌활동을 추진하게 된 것이다.

서울대 학생운동의 시스템 자체가 바뀌기 시작한 것도 학과 단위의 농촌활동을 추진하게 된 또 다른 배경이었다. 1970년대 후반 서울대의 학생운동은 몇몇 언더서클이 도맡다시피 했다. 학생들을 의식화하고 시위를 주도하는 등 모든 일을 이들이 떠맡았다. 그런데 1980년에 들어서자 학생운동에 적극적인 사람들이 극히 많아져서 기존의 언더서클이라는 그릇만 가지고는 이들을 모두 담아낼 수 없었다.

당시 학생운동 진영은 이를 해결하기 위해 활동공간의 확대를 도모했고, 이 과정에서 학과라는 공간이 주목을 받았다. 먼저 각 학과에 학습 단위를 만들어 신입생을 대상으로 의식화 교육을 실시했다. 그리고 이러한 학습 단위들을 결국 과(科)학회라는 이름으로 제도화했다. 그러니까 학과 단위의 농촌활동도 이러한 학생운동 시스템 변화의 일환으로 나타났다고 할 수 있다.

학과를 단위로 한 농촌활동은 추진 단위만 바뀌었을 뿐 활동 취지와 프로그램은 모두 과거 언더서클의 것을 그대로 답습했다. 하지만 인적 구성이라는 측면에서 일부 달라진 점이 있었다. 과거 언더서클을 단위로 한 농촌활동의 경우 참가자가 모두 당시 '운동권'이라고 불리던 언더서클 회원일 수밖에 없었다. 그런데 학과를 단위로 농촌활동을 실시하면서 이제는 언더서클의 회원뿐만 아니라 일반 학생들도 농촌활동에 참여할 수 있게 되었다. 농촌활동이 '운동권'의 전유물에서 벗어나 대중성을 확보하게 된 것이다.

● 총학생회가 농촌활동을 주도하다

1984년 9월 서울대 총학생회가 재건되었다. 이른바 '학원자율화조치'가 제공한 활동공간을 활용한 결과다. 당연하게도 총학생회는 학과의 학생회를 기반으로 했다. 총학생회가 재건되면서 학과 단위의 농촌활동도 더 조직적이고 체계적으로 실시할 수 있었다.

이러한 움직임은 총학생회가 아직 재건되기 전인 1984년의 여름 농촌활동부터 시작되었다. 당시는 학도호국단이 학원자율화추진위원회를 구성하여 학생회 재건을 비롯해 학원자율화운동을 펼치고 있었다. 학도호국단은 기본적으로 관제 기구였지만, 1982년부터 학생운동 진영이 이를 장악한 상태였다.

1984년 학도호국단은 학과들이 추진하던 농촌활동을 조직적으로 뒷받침하기 시작했다. 또한 그 산하의 학자추위도 농활지침서를 제작해 보급하는 등 지원에 나섰다. 1984년 9월에 총학생회가 재건되면서 이듬해인 1985년 여름 농촌활동부터는 총학생회가 본격적으로 나섰다.

하지만 1985년의 농촌활동은 순탄하게 진행되지 못했다. 당시 학교 당국은 총학생회를 인정하지 않았기 때문에 총학생회가 추진하는 농촌활동 역시 승인하지 않았다. 그런데도 총학생회는 농촌활동을 강행했다. 1985년 여름방학에 총 133개 팀 2800여 명의 학생들이 단과대학별로 출발했다. 하지만 대부분의 농촌활동 팀이 곧바로 난관에 부딪혔다. 마을 주민들이 이들의 진입을 거부하는 일이 곳곳에서 벌어졌다. 농촌활동 팀 상당수가 급히 활동 지역을 바꾸었고, 아예 활동을 포기하고 학교로 되돌아온 팀도 있었다. 학생들은 모

인문대 학도호국단이 농촌활동과 관련하여 발송한 가정통신문

신록이 짙어가는 유월을 맞아 가내 평안하시온지요.

저희는 인문대 학생을 대표하는 인문대학 학생장 이하 각 학과 회장들입니다. …… 예전부터 저희 서울대학교는 여름방학을 맞아 각 학과 별로 농촌으로 봉사활동을 다녀왔습니다. …… 올해에도 농촌봉사활동을 준비하고 있습니다. 기간은 현재 방학 직후로 각 학과 별로 차이가 있으나 6월 22일에서 7월 3일까지로 예정하고 있습니다. 인원은 약 500여 명이 충남 청양군으로 갈 예정입니다. 사회 일각에서는 농촌활동이 일부 과격 학생들의 수련과정이 아닌가하는 우려가 있는 것 같습니다. 저희가 준비하고 있는 봉사활동은 각 과별로 학교로부터 승인을 받고 가는 것으로 지도교수님이 함께 가시게 되어 있습니다. …… 아무쪼록 부모님께서 양지하시어 이번 농촌봉사활동도 최대의 성과를 거두고 저희가 올바르게 성장할 수 있도록 계속 지도해주시기 바랍니다. 그럼 늘 가내에 행운과 발전이 있기를 빌겠습니다. 안녕히 계십시오.

1984년 6월 12일

서울대학교 인문대학 학도호국단

두 공안 당국의 방해 공작 때문이라고 생각했다. 정치학과 학생 30여 명은 농촌활동을 포기하고 학교로 돌아와 농촌활동 탄압에 항의하는 농성을 도서관에서 벌이기도 했다.

총학생회는 1986년에는 그 전해의 경험을 되풀이하지 않기 위해 미리 가톨릭농민회와 상의해 농촌활동 대상지를 선정했다. 가톨릭농민회 회원들이 많이 사는 마을을 선정했기 때문에 마을 주민들이 농촌활동 팀의 진입을 가로막는 일은 크게 줄어들었다. 하지만 그럼에도 불구하고 공안 당국의 방해 공작에서 완전히 자유로울 수는 없었다. 1986년 7월에 성주에서는 농촌활동을 마친 서울대생들이 현지의 가톨릭농민회 회원들과 함께 "농촌활동 탄압 말라"라는 구호를 외치며 시위를 벌이기도 했다.

1987년에는 서울대에서 모두 60여 개의 농촌활동 팀이 농촌활동을 떠났다. 6월항쟁이 벌어진 직후라서 그런지 예년에 비해 그 규모가 절반 이하로

줄어들었다. 6월 한 달을 거리에서 지새우다시피 했기 때문에 차분하게 농촌
활동을 준비할 여유가 없었던 것이다.

6월항쟁 이후 총학생회는 학교 당국으로부터 공식 인정을 받았고, 총학생
회가 주도하는 농촌활동 역시 학교 당국의 승인을 얻을 수 있었다. 공안 당국
이 농촌활동을 방해하는 일도 크게 줄어들었다. 이후 농촌활동은 총학생회의
공식적인 사업으로 정착했다. 이로써 농촌활동은 대중성과 제도적 안정성을
확보했다.

- ### 농촌활동, 농민학생연대투쟁으로 발전하다

농촌활동은 이후에도 계속 발
전했다. 전대협이 농민단체인 전
국농민회총연맹과 손잡고 전국적
인 차원에서 농촌활동을 진행하
는 단계에까지 이른 것이다.

전국의 대학 총학생회들이 결
집해 1987년 8월 전국대학생대표

1989년 농촌활동을 떠나는 모습

자협의회(이하 '전대협')를 결성했다. 전대협의 결성은 6월항쟁의 성과물 중 하
나였다. 전대협은 1989년부터 전국 대학생의 농촌활동을 총괄하기 시작했다.
전대협은 농촌활동을 추진하는 과정에서 농민단체와의 연대를 추구했다. 서
울대 총학생회는 1986년에도 이미 농촌활동에 대한 공안 당국의 탄압을 극복
하기 위해 가톨릭농민회의 도움을 받은 바 있다.

1987년 6월항쟁 이후 가톨릭농민회 등 기존의 종교 계통의 농민단체 이외
에 새로운 농민회들이 많이 만들어졌다. 이렇게 만들어진 농민회들은 1990년
전국농민회총연맹(이하 '전농')을 결성했다. 농민회가 만들어지는 과정에도 농
촌활동의 영향이 적지 않았던 것으로 보인다. 그것은 농민회들의 결성 시기
를 살펴보면, 공교롭게도 대학생들이 농촌활동을 전개하는 시기와 일치한다.
대학생 농촌활동의 직접적인 결과로 농민회가 조직된 것은 아니지만, 농촌활

동이 농민들의 조직화에 자극제 역할은 했을 것이다.

1990년에는 학생들을 대표하는 전대협과 농민들을 대표하는 전농이 힘을 합쳐 전국적인 차원에서 농촌활동을 추진했다. 전대협과 전농은 연세대 총학생회 사무실에 농촌활동 본부를 설치하고 전국에서 전개되고 있던 농촌활동을 총괄했다. 전농은 기존에 군 단위에 만들어졌던 '농민학생연대사업추진위원회'를 읍면 단위까지 설치했고, 전농 이외에 전국여성농민회도 농촌활동 지원에 나섰다. 1992년에는 전교조와 기타 여러 사회단체 회원들도 농촌활동에 참여했다. 당시에는 진보 진영의 결집체인 민주주의민족통일전국연합(이하 '전국연합')이 농촌활동을 총괄했다.

이 무렵 대학가에는 전투적학생회론과 짝을 이루어 전투적농활론이 등장했다. 전투적농활론이란 농촌활동을 통해 한편으로는 농민들을 의식화하고, 다른 한편으로는 학생 스스로도 자신의 몸과 마음을 단련하는 기회로 삼는다는 것이었다. 농촌활동의 역할에 대한 이러한 발상은 결코 새로운 것이 아니었다. 1970년대 후반 농촌활동의 성격이 봉사활동에서 현장활동으로 바뀌면서 이미 이러한 발상이 싹텄던 것이다.

다만 1990년대에 들어 달라진 점은 농촌활동을 통해 일차적으로 학생회와 농민회의 역량을 강화하고 더 나아가서는 전대협과 전농의 조직적 역량의 강화를 꾀했다는 것이다. 그리고 이를 바탕으로 당시 전국연합으로 대표되던 진보 진영의 대중 기반을 강화한다는 것이 전투적농활론의 기본 요지였다.

● **농촌에서도 맡게 된 최루탄 가스**

학생들은 이러한 전투적농활론을 온몸으로 실천했다. 그 과정에서 정부와 충돌하지 않을 수 없었다. 그 결과 전국 방방곡곡에서 농촌활동 팀과 경찰이 정면으로 부딪치는 사태가 일어났다.

1989년의 농촌활동은 전대협이 주도한 첫 번째 농촌활동이었다. 전대협은 농촌활동을 통해 농수산물 수입 개방, 농가 부채, 농산물 가격 폭락, 농촌의료보험 문제 등을 제기하기로 방침을 정했다. 농업 관련 현안을 가지고 정부를

> **마을방송교본 – 4. 마지막 날**
>
> _ 음악: 농민가
>
> _ 방송내용: 어머님, 아버님 안녕하십니까? 이곳에 와서 일하며 배우기 시작한 지 엊그제
> 같은데 벌써 저희가 떠나야 하는 날이 되었습니다. 저희들은 그동안 어머님, 아버님께
> 서 너무나 잘 보살펴 주신 덕택에 많은 것을 배우고 갑니다. 정말 감사합니다.
>
> · 이번 농활에서 배운 많은 것을 학교에 돌아가서도 잊지 않겠습니다
>
> · 오늘 ○○시부터 ○○에서는 ○○군 농활대 해단식이 있습니다.
>
> · 저희들은 오늘 읍에 가서 해단식을 마치고 학교로 돌아갑니다.
>
> · 바쁘시겠지만 저희들과 같이 읍으로 가셔서 ○○마을의 단합된 모습을 보여주셨으면
> 좋겠습니다.
>
> · 읍에 가실 분은 ○○시까지 ○○로 모여주십시오.
>
> _ 음악: 농민가
>
> 『농활자료집』(법대 학생회, 1992)

공격하겠다는 것이었다. 전대협과 전농이 이렇게 농촌활동을 활용해 대정부
투쟁을 전개하려고 하자, 정부도 공권력을 총동원해 이러한 움직임을 저지하
고자 했다. 공안 당국은 1987년 이전에는 대학생들의 농촌활동을 원천적으로
봉쇄하려 들었지만, 6월항쟁 이후로는 그럴 엄두를 내지 못하고 다만 농촌활
동대의 집단행동을 차단하는 선에서 만족해했다.

1989년 여름에 전국 곳곳에서 충돌이 일어났다. 농촌활동을 마치는 날에
전국 80개 군에서 동시다발적으로 농민과 학생이 함께하는 연대집회가 열렸
다. 일부 지역에서는 거리 시위를 벌이다가 경찰 병력과 맞닥뜨리기도 했다.

1990년 여름에는 전국에서 5만여 명의 학생이 농촌활동에 참가해 최대 규
모를 기록했다. 이해에도 그 전해처럼 농촌활동 마지막 날에 군별로 읍내에
서 농민학생결의대회가 개최되었다. 서울대 사범대의 농촌활동 팀은 그때까
지 기다리지 않았다. 이들은 현지에 도착하자마자 청양 읍내 사거리에서 발
대식을 가진 뒤 곧바로 군청으로 몰려가 '경지 정리 지역 농민에 대한 피해 배

상'을 요구하며 농성을 벌였다. 현지 농민들은 대학생의 농촌활동을 자신들이 당면한 문제를 제기할 기회로 활용하기도 했다.

그래서 1990년을 전후한 시기에는 여름방학만 시작되면 전국의 농촌지역이 한바탕 들썩였다. 일부 지역에서는 최루탄 냄새를 맡게 되었다. 1987년 도시의 거리를 가득 메우던 최루탄 가스가 공단지역을 거쳐 이제 농촌지역에서도 사용된 것이다.

1990년은 농촌활동을 둘러싸고 공안 당국과 가장 극심하게 갈등과 충돌을 빚던 해였다. 1991년 이후에도 상당 기간 이러한 양상이 되풀이되었다. 하지만 정부 당국과의 갈등과 충돌은 점차 약화되어 갔다. 학생들 사이에서 농촌활동을 통해 농민들을 의식화하겠다는 생각은 점차 약화되고 농촌 체험에 무게를 두는 경향이 강해졌기 때문이다.

사실 농민들을 의식화하는 것은 말처럼 쉽지 않았다. 활동 기간이 짧아 개별 농민들과 속 깊은 이야기를 나눌 기회는 좀처럼 얻기 어려웠다. 학생들이 농민을 의식화해 보겠다고 꿈꾼 1970년대까지만 해도 농촌에는 말 상대가 될 청년들이 있었다. 그런데 농촌 젊은이들이 도시로 대거 빠져나가면서 1970년대에 마을 청년이던 이들이 20년 가까이 흐른 1990년대에도 여전히 마을 청년(?)이었다. 1990년대의 대학생들은 바로 이들을 상대해야만 했다. 자신보다 나이가 스무 살 가까이 차이 나는 사람들을 의식화한다는 것은 애초부터 가능한 일이 아니었다.

반면에 현지에서는 대학생의 농촌활동이 농촌 일손 돕기라는 측면에서 매우 유용하다는 점을 인정하기 시작했다. 농촌 인구가 급속히 감소해 일손이 크게 부족해졌기 때문이다. 처음에는 대학생의 농촌활동을 경계하던 보수적인 농민들조차 서툴기는 해도 바쁜 시기에 적지 않게 도움을 주는 고마운 일손으로 점차 반기기 시작했다. 이에 따라 농촌활동에 대한 공안 당국의 감시의 눈초리도 점차 누그러졌다.

4. 21세기 농촌활동의 변화

● 쇠퇴하기 시작한 농촌활동

21세기로 접어들면서 농촌활동에 큰 변화가 나타나기 시작했다. 농촌활동의 양적인 규모도 줄었고, 활동의 성격도 크게 바뀌었다. 전투적농활이라고 하는 것은 어느덧 옛말이 되어버렸고, 일종의 현장체험학습으로 변모했다.

1990년대 전반기만 해도 농촌활동에 참가하는 인원이 매년 3000여 명에 달했다. 그런데 21세기에 들어서면서 참가하는 학생의 수가 크게 줄어들기 시작했다. 2003년의 경우 1200여 명의 학생이 충남 일대 8개 시·군의 62개 마을에서 농촌활동을 전개했다. 이는 5년 전에 비해 그 규모가 절반 이하로 줄어든 것이다. 2005년 이후가 되면 참가자 수가 더욱 크게 줄어 750명에 불과했다. 2003년과 비교하더라도 절반 가까이 줄어든 것이었다.

이렇게 2005년에 농촌활동 참가한 인원이 크게 줄어든 것은 한 해 전 농촌활동 도중에 벌어진 성폭력 사건의 영향이 컸다. 농활 도중에 현지 주민이 여학생을 성추행하는 일이 벌어졌고, 이 문제가 원만히 해결되지 않아 부득이하게도 해당 농촌활동 팀이 철수했던 사건이다. 하지만 이 사건은 언론을 통해 현지 주민이 "아가씨"라고 불렀다는 이유만으로 여학생들이 발끈해 철수했다는 식으로 와전되는 바람에 더욱 깊은 상처를 남겼다.

이 사건 탓이었는지 2005년 이후 농촌활동에 참가한 수는 계속 줄어들었다. 2006년에는 500명으로, 2007년에는 480명으로 줄어들었다. 2008년에는 단지 400여 명만이 참여했고, 그나마 전체 일정을 소화한 인원은 210명에 불과했다. 이후 인원은 계속 줄어 대규모 농촌활동은 그야말로 과거의 전설로 남게 되었다.

21세기 들어 서울대의 농촌활동은 양적인 측면뿐 아니라 질적으로도 변화했다. 변화는 1990년대 중반부터 이미 시작되었다. 전투적학생운동이 쇠퇴하면서 전투적농활론도 폐기되었다. 이른바 '운동권' 스타일의 농촌활동에 대한 거부감도 슬그머니 퍼져나갔다. 학생농민연대활동이라는 농촌활동의 정치적 색채는 점차 빛이 바래기 시작했다. 농촌활동에 대한 사전 교육은 어느덧 형식화되고 간소해져 출정식을 마치고 전세버스를 타기 직전에 받은 유인물 한 장으로 대체되기 일쑤였다.

농민을 의식화한다는 것은 엄두도 내지 못했고, 평가회에서도 농촌 현실 극복 문제에 대한 토론이 이루어지기보다는 개인적 소감과 일하는 태도, 성실성, 새참 문제 등이 주로 논의되었다. 농촌활동의 정치적 색채가 약해지면서 그 성격이 일종의 현장체험학습으로 바뀌었던 것이다.

반면에 농촌활동 여건은 크게 개선되었다. 마을 주민들도 의심을 풀고 반겼고, 공안 당국도 경계의 눈초리를 거두기 시작했다. 활동 대원들이 주로 숙소로 쓰던 마을회관도 1990년대 중반을 넘어서면 그 시설이 크게 개선되었다. 1980년대까지도 벌레가 들끓던 창고와도 같은 곳이었는데, 이제는 수세식 화장실과 샤워 시설이 딸린 쾌적한 곳으로 탈바꿈했다.

이상에서 보았듯이 학생들의 농촌활동은 21세기 들어 규모가 크게 줄어들었을 뿐만 아니라 농민과의 연대활동이라는 정치적인 성격도 약화되었다. 하지만 2016년 여름에 사회대 학생들이 밀양에서 '농민학생연대활동'을 전개한 데서 볼 수 있듯이 농학연대를 지향하는 농촌활동의 전통은 완전히 단절되지 않고 부분적으로나마 면면히 이어지고 있다.

● 다양한 형태로 전개된 현장활동

21세기로 들어서면서 전통적인 방식의 농촌활동이 침체되자 그 대안으로 환경현장활동·산업현장활동·기지촌현장활동 등 다양한 형태의 현장활동이 시도되었다.

여러 현장활동 가운데 가장 주목을 받고 상당히 성공을 거둔 것으로는 환경현장활동을 들 수 있다. 이것은 원자력발전소나 핵폐기장 등 환경문제가 발생한 지역을 활동지로 선정해 전통적인 농촌활동을 벌이는 한편, 지역 주민들의 환경운동을 지원하는 활동도 전개하는 것을 가리킨다. 당시 이것을 줄여 '환활'이라고 불렀다.

환경현장활동을 주도한 것은 전국학생연대 계열의 총학생회들이었다. 이들은 한총련이 총괄하는 기존의 농촌활동이 매너리즘에 빠져 있다고 비판하면서 이에 대한 대안으로 환경현장활동을 제시했다. 서울대에서만 최대 1000여 명의 학생들이 참가할 정도로 큰 호응을 받았다.

농촌활동을 전개하는 과정에서 환경문제를 접목시킨 첫 번째 사례로는

증언

제가 보기에 서울대 학생운동 활동가들은 너무 게을렀고 지적 권위를 획득하는 데 목을
매는 태도도 없지 않았다고 생각합니다. 그래서 무언가 건강한 실천활동을 중심으로 운동
을 다시 만들어야겠다고 생각했고, 과거의 전통 중에서도 농활은 거기에 부합하는 것이었
습니다. 그래서 늘 가능하다면 농활과 같은 활동을 조직해 보려 했었습니다. 2008년에 학
생운동의 집행부로 활동하면서 '초록농활'을 기획한 것도 비슷한 맥락이었습니다. 기존의
농활에 생태주의적 실천을 추가한 것이었죠. 예전 '환경현장활동'이라는 활동이 있었는데
요, 이를테면 반핵 등을 내걸고 핵폐기장 예정지 등으로 농활을 가면서 관련 내용으로 집
회도 하고 캠페인도 하는 활동이었죠. 이런 전통을 계승했다고 보면 될 것 같습니다.

최기원(경제학부 04)

1991년에 보성군핵발전소거부대책위원회와 농민회가 농활대학생 60여 명과
연대해 원전 건설 예정지에 대자보를 붙이는 등 반대운동을 전개한 것을 들
수 있다. 하지만 이것은 학생들이 현지 주민의 요청을 받아들여 지원한 것일
뿐 처음부터 목적의식을 갖고 기획한 것은 아니었다.

뚜렷한 목적의식을 갖고 준비한 첫 번째 사례로는 1995년에 굴업도 핵폐
기장 반대운동의 일환으로 전개된 '반핵농활'을 들 수 있다. 이후 환경현장활
동은 대상 지역을 영광·월성·울진 등 여러 원자력발전소 건설 지역으로 확대
했고 나중에는 골프장이나 쓰레기소각장 건설 지역도 포함되었다. 2016년 사

2016년 사회대생들이 밀양
에서 환경현장활동을 벌이는
모습

회대생들이 밀양에서 실시한 농촌활동도 현지 송전탑 반대운동을 지원했다는 점에서 환경현장활동에 포함시킬 수 있다.

환경현장활동이 크게 성공하면서 이에 고무되어 다양한 형태의 현장 및 체험활동이 시도되었다. 산업현장활동·기지촌현장활동·간호현장활동·식당현장활동 등이 그러한 예다.

산업현장활동이란 보건의료 계통 학생들을 중심으로 산업현장의 안전문제를 집중적으로 조사하고 그 대안을 모색하는 것을 말한다. 이것은 21세기 들어 처음 시도되었다. 첫 번째 활동 대상 지역으로 선정된 곳이 바로 마산·창원 지역이었다. 마·창산업재해추방운동연합과 현장노조들의 협조를 받아 현장에서 조사활동을 실시했다. 이것은 이후 학생운동과 진보적 의제에 관심이 있는 보건의료 계통 학생들이 참여하는 대중활동으로 발전했다.

산업현장활동은 보건의료 계통의 학생들이 중심이었다면, 기지촌현장활동은 여학생들, 그 가운데에서도 특히 여성주의자들이 주도했다. 이것은 학내 여성주의 모임의 연대체인 관악여성주의자모임연대(이하 '관악여모')가 탈성매매 여성들을 위한 자활 프로그램을 운영하는 민간단체 '새움터'와 연대해 실시했다.

기지촌현장활동에 참가한 학생들은 활동 기간에 동두천에 소재한 '새움터'에서 제공하는 숙소에서 숙식을 하면서 낮에는 탈성매매 여성들의 직업재활을 지원하는 시설에서 허드렛일을 하고 밤에는 학생들끼리 성매매 문제 등 여성주의 관련 세미나를 했다. 성매매여성들을 실질적으로 도울 수 있는 일은 많지 않았지만, 기지촌 여성들과 연대한다는 상징성 때문에 꾸준히 이어졌다.

● **봉사활동의 제도화**

서울대는 21세기 들어 대학의 기능으로 교육 및 연구와 함께 사회봉사를 강조하기 시작했다. 그리고 그 일환으로 '사회 속의 대학 구현'을 대학 발전을 위한 중점과제 중 하나로 설정했다. 서울대는 2005년에 '관악구 지역사회 주민을 위한 학생자원봉사활동 지원사업'을, 2009년에는 '동반자사회프로그램'을 실시했다. 서울대는 이러한 일련의 조치를 통해 학생들의 사회봉사활동을 제도화했다.

사회봉사활동의 제도화는 그것을 정규 교과과정상 교육활동의 일부로 인정하고 학점을 부여하는 방식으로 이루어졌다. 사회봉사활동에 학점을 부여하는 발상은 일찍이 1970년대에 시작되었다. 당시 문교부는 '농촌봉사활동을 대학의 정규과목으로 인정하라'고 각 대학에 지시했다. 사범대 학생회가 이를 반대하고 나섰는데, 농촌봉사활동의 정규과목화가 실제로는 그것을 통제하기 위한 것이라고 판단했기 때문이다.

21세기 들어 이 방안이 다시 떠올랐지만, 배경과 맥락은 크게 달라졌다. 이번에는 학생들이 농촌활동에 학점을 부여해 줄 것을 주장하고 나섰다. 2003년 7월에 농촌활동 현장을 방문한 정운찬 총장에게 학생들이 이를 학점으로 인정해 달라고 요구하자, 정 총장이 긍정적으로 고려하겠다고 답변했다. 이때 곧바로 농촌활동에 학점이 부여되지는 않았지만, 몇 해 지나지 않아서 사회봉사활동에 학점을 부여하는 교과목이 등장했다.

기초교육원은 2006년부터 사회봉사 교과목을 개설했다. 이 교과목은 사회봉사 I, 사회봉사 II, 사회봉사 III으로 이루어졌다. 담당교수로부터 3시간의 사전 교육을 받고 각 기관에 배치되어 26시간 이상 봉사활동을 한 뒤 기말 평가를 받도록 했다. 아동청소년·노인·장애인·시민단체·기타 등 5개 분야 가운데 원하는 것을 선택해 봉사활동을 하도록 했다.

이 가운데 특히 주목되는 것이 사회봉사 III이었다. 이것은 해외 봉사활동 과목이므로 여름과 겨울의 계절학기에 개설되었다. 이것을 신청한 학생은 방학을 이용해 해외로 봉사활동을 떠났는데, 활동 기간은 약 보름 정도이고 활동 내용은 근로와 교육, 의료였다. 이 교과목을 통해 봉사활동을 벌인 나라로는 몽골·탄자니아·인도·네팔·방글라데시·베트남 등을 들 수 있다. 활동 대상 지역이 해외라는 것만 다를 뿐 활동 기간이나 내용은 과거 선배들의 농촌활동과 크게 다르지 않았다.

학교 당국은 학생들이 자발적으로 조직한 봉사단체나 봉사동아리의 활동도 지원했다. 학내에 수많은 봉사단체가 만들어졌는데 이 가운데 프로네시스 나눔실천단(이하 '나눔실천단')과 햇빛봉사단 등이 특히 활발했다.

나눔실천단은 2006년에 서울대의 공식 봉사단으로 출범해 교육 불균형 해소를 위한 지역나눔교실 등을 운영했다. 햇빛봉사단은 2007년에 창립해 해비타트, 즉 무주택가정의 가정자립운동을 목적으로 했다. 주요 활동 내용은 건축 봉사이지만 방학에 전국을 순회하며 다양한 교육프로그램도 운영했다. 송촌의료봉사회처럼 오랜 역사를 가진 의료봉사단체도 여전히 활동하고 있다.

봉사단체 가운데는 해외 활동 단체도 있다. 대표적인 예가 SNU봉사단이다. 이 활동은 사회봉사 III와 마찬가지로 여름방학과 겨울방학에 이루어진다. 주된 활동도 근로와 교육 봉사로, 사회봉사 III과 크게 다르지 않다. 단지 학점으로 인정되는가만이 다를 뿐이다.

제7장

야학

학생들은 일찍부터 교육을 통한 봉사활동을 전개했다. 그중 대표적인 것이 야학으로, 가정형편이 어려워 학교에 다니지 못하는 청소년을 대상으로 야간에 수업을 하는 비정규의 학교 또는 강습회를 말한다. 학생들의 야학활동은 단순히 사회봉사에만 그치지 않고 사회정치적 계몽을 지향했다. 특히 1970~1980년대의 야학은 교육을 통해 노동운동을 뒷받침하고자 했다. 야학은 바로 이 지점에서 학생운동과도 연결된다. 따라서 이 장에서는 학생들의 야학 활동의 역사를 학생운동과의 관련성을 중심으로 살펴보겠다.

1. 농촌에서 시작된 야학운동

• 일제강점기 시작된 농촌 야학의 전통

야학운동의 전통은 농촌에서 시작되었다. 심훈의 소설 『상록수』(1936)에서도 볼 수 있듯이 일제강점기에도 학생들이 농촌에 들어가 야학을 세워 계몽운동을 전개한 바 있다. 현재 서울대 농업생명과학대학의 전신인 수원고등농림학교(이하 '수원고농')의 학생들은 동아일보사가 "브나로드"('인민 속으로'를 뜻하는 러시아어)라는 구호 아래 캠페인을 펼치기 이전부터 야학을 통한 농촌계몽운동을 실천하고 있었다. 그 경위를 간략히 살펴보면 다음과 같다.

천도교청년당은 1925년 10월 조선농민사를 결성하고 전국의 하부 조직마다 야학을 세워 계몽운동을 적극적으로 전개했다. 그 여파는 수원고농에도 미쳤다. 조선농민사의 이성환 편집주간이 1926년 수원고농을 방문해 농촌계몽운동의 필요성을 역설했으며 김성원과 김찬도 등 기숙사 내의 조선인학생 간담회의 회원들은 이에 감화되어 학교 안에 조선농민사 수원지부를 조직한 것이다.

수원고농의 학생들은 학교 주변에 위치한 서둔리와 고색리에 야학을 개설해 계몽운동을 펼치기 시작했다. 1927년 당시 서둔야학에는 교사 19명과 학생 106명이 있었으며, 고색야학에는 교사 13명과 학생 86명이 있었다고 한다. 수원고농의 학생들은 이를 바탕으로 비밀결사인 '건아단'을 조직해 농민 대중 개발과 신조선 건설을 목적으로 활동했다. 건아단은 1928년 일제에 발각되어 강제로 해산되고 말았다.

일제의 탄압으로 말미암아 '건아단'이 해체된 후에도 야학운동의 전통이 완전히 단절되지는 않았다. 수원고농의 야학운동은 일차적으로는 농민에 대한 계몽을 통해 농촌 문제를 해결하는 것을 목적으로 했지만 궁극적으로 민족의 독립을 지향하고 있었다. 이러한 수원고농의 야학운동 전통은 1946년 국립서울대학교가 개교하면서 농대 학생들에 의해 계승되었다.

● 1950년대에 생겨난 농촌 야학

농대는 농업을 전공하는 단과대학이었던 만큼 농대생들은 다른 단과대학에 비해 농촌 현실에 관심이 많았다. 더구나 학생 대다수가 기숙사에서 생활했으므로 학생활동을 조직적으로 전개하기 유리한 조건을 갖추고 있었다. 따라서 일찍부터 농촌 문제 해결을 위한 제반 활동이 시작되었다.

1950년대 농대에서는 유럽의 모범적인 농업국인 덴마크를 벤치마킹해 한국의 농촌을 개발하자는 덴마크 담론이 유행했다. 그 결과 덴마크연구회라는 학회가 만들어졌다. 당시 농대에서 덴마크 담론을 주도한 사람은 유달영 교수다. 유달영은 수원고농 학생 시절에 우치무라 간조(內村鑑三)의 『덴마크 이야기』를 읽었으며, 1952년에는 『새 역사를 위하여: 덴마크의 교육과 협동조합』을 집필하기도 했다.

덴마크연구회는 덴마크 모델에 대한 연구에 그치지 않고, 야학을 통한 농촌계몽운동도 병행했다. 그들은 1954년 학교에서 도보로 20분가량 걸리는 탑일리에 야학을 개설해 문맹퇴치 활동을 벌이고, 4H구락부를 조직해 농업기술을 전수했다.* 덴마크식 농촌 개발을 목표로 한 것이었다.

농대생들은 덴마크연구회가 세운 탑일야학 이외에도 여러 야학을 세워서 운영했다. 축산과 오봉국은 일찍이 1951년 화성군 팔탄면 신양동에서 강습회를 개최했다. 그는 훗날 농대 학장을 역임했다. 1954년에는 서둔동에도 야학이 개설되었다. 1960년에 들어서면 야학이 더 늘어나 고색1리와 고색2리에,

---

* 4H구락부란 실천을 통해 배운다는 취지로 1902년 미국에서 설립된 청소년 단체로서 4H는 머리(head)·마음(heart)·건강(health)·손(hands)을 의미하는 영단어의 머리글자를 의미한다. 19세기 말 미국 사회가 공업화되면서 농촌 경제가 위축되기 시작하자 농촌 청소년들의 각성을 촉구하기 위해 조직되었다. 한국에는 1954년 전해져서 한국4H구락부중앙회가 설립되었다.

1961년에는 평동에 야학이 문을 열었다. 1962년에는 천안에서 수원으로 통학하던 축산과 이인표가 천안군 성환면 성월리에 금산야학교를 개설했다.

농대생들이 개설한 야학 대부분은 독자적인 학교 건물이 없었기 때문에 4H구락부 회관이나 농협 건물 등을 빌려

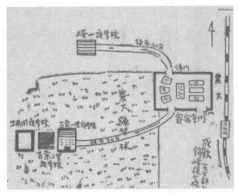

1960년대 초 농대 주변 야학들의 위치
≪대학신문≫, 1962년 4월 26일

수업을 진행해야만 했다. 금산야학교의 경우 고등공민학교의 교실 하나를 빌려 학생들을 가르쳤다. 학생 수는 야학마다 차이가 있어 적은 곳은 30명 내외였고, 많은 곳은 100여 명에 이르기도 했다.

교사의 숫자는 대체로 10명에서 20명 사이였는데, 교사의 충원은 주로 출신 고등학교별로 이루어졌던 것으로 보인다. 평동야학은 경기고 출신이, 고색1리 야학은 경복고 출신이 주축을 이루었다. 고색2리 야학에는 경북고 출신들이, 탑일야학에는 서울고 출신들이 많았다.

● 서둔야학 이야기

농대생들이 만든 여러 야학 가운데 가장 대표적인 야학으로 서둔야학을 들 수 있다. 서둔야학은 활동 기간과 운영 실적 등 모든 면에서 가장 두드러진 성과를 낸 야학이었다.

서둔야학은 1954년 1월 서둔교회 안에 설치된 성경구락부에서 비롯되었다. 당시 현직 교사였던 서둔교회의 이화실 집사가 고등공민학교의 설립을 인가받아 이 야학을 개설해 운영했다. 이 야학은 교사가 부족해 운영과 중단을 반복하고 있던 중 1959년 무렵 오희웅을 비롯한 농대생들이 인수해 본격적으로 운영하기 시작했다. 이후 이 야학은 서둔교회에서 독립해 독자적인

야학으로 발전했다.

　농대생들은 서둔야학을 인수한 후 처음에는 농촌진흥청 강당을 빌려 수업을 진행했다. 이 야학은 서둔동과 탑골 등 농대 인근 마을에 사는, 학교를 다니지 않는 청소년들과 농대 교직원 관사에서 가사를 돕던 여성들을 대상으로 학생을 모집했다. 이 야학은 이후 4H회관과 마을회관 등을 전전하다가 1965년에 드디어 독자적인 학교 건물을 마련할 수 있었다. 당시 교사들은 돈을 모아 약 50여 평의 대지를 구입하고 그 위에 직접 학교 건물을 세웠다. 이 야학은 1971년에는 학칙을 제정하는 등 학교로서의 면모를 갖춰갔다.

　서둔야학은 국문미해득자반과 초등학교반, 중학교반을 차례로 개설했다. 처음에는 문맹퇴치를 위한 야학으로 시작해 점차 검정고시 합격을 목적으로 하는 야학으로 성격이 바뀌어간 것이다. 그 결과 1969년 처음으로 고등학교 입학자격 검정고시 합격자를 배출하기에 이르렀다. 이 야학에서는 이후에도 검정고시 합격자가 꾸준히 배출되었다.

　서둔야학은 1970년대에 들어서면서 더 큰 변화를 겪어야만 했다. 우선 학생 모집이 어려워졌다. 이는 당시 농대생이 운영하던 여러 야학이 공통적으로 겪고 있던 어려움이었다. 농대 주변 농가의 경제 형편이 나아지고 취학률이 높아지면서 야학에 다닐 아동들이 점차 줄어들었다.

　이런 이유로 농대생들이 운영하던 여러 야학이 하나둘 문을 닫기 시작했다. 고색야학은 1965년에 이미 문을 닫았고, 화서야학은 1969년에 폐교되었다. 탑일야학도 1970년에 간판을 내리지 않을 수 없었다. 그나마 서둔야학만이 1970년대에도 명맥을 유지했다.

　서둔야학도 학생 모집에 어려움을 겪지 않은 것은 아니다. 다른 야학들이 대부분 문을 닫아서 학생 자원이 이 야학에 집

1965년 서둔야학의 수업 장면

중되었음에도 학생 모집 문제는 해결되지 않았다. 그래서 이제는 교사들이 학생들을 모집하기 위해 직접 발 벗고 나서야 했다. 이웃에 있는 서둔국민학교에 찾아가 학교에 나오지 않는 아동의 명단을 확보한 후 가정방문을 통해 야학에 보내달라고 학부모를 설득하기도 했다. 이렇게 학생을 모집하기 위해 애를 썼지만 시간이 갈수록 학생 수가 줄어드는 것을 막을 수 없었다.

1970년대 들어 서둔야학에 다니는 학생 수는 날이 갈수록 줄어든 반면, 교사 수는 오히려 늘어만 갔다. 그것은 1970년대 중반으로 접어들면서 학내의 여러 학회가 활동을 금지당하는 바람에 많은 농대생들이 공개적으로 활동할 수 있는 공간을 찾아 대거 이 야학으로 몰려들었기 때문이다. 그 결과 학생의 수보다 교사의 수가 더 많은 상황까지 발생하기도 했다. 이 무렵 서둔야학이 야학회(일종의 학회)와 야학교를 나누어 별도로 운영하는 방식을 취한 것도 이러한 이유 때문이었다.

이렇게 서둔야학에 참여하는 사람들이 늘어나면서 그 내부에서 야학의 성격과 지향점을 놓고 견해 차이가 발생했다. 기존의 야학의 정체성을 그대로 유지해야 한다고 생각하는 사람들도 있었지만, 더 급진적인 문제를 제기하는 사람들이 생겨나기 시작했다. 이들은 야학을 통해 검정고시 합격자를 배출하는 것만으로는 사회문제가 근본적으로 해결될 수 없다고 주장했다. 급진적인 학생들은 1977년 임시총회를 계기로 이 야학의 주도권을 장악했다.

이후 서둔야학은 농대의 학생운동을 주도하기 시작했다. 그 대표적인 사건이 1978년 축제 때 벌어진 대대적인 시위와 그에 뒤이은 기숙사 점거 농성이다. 이 야학의 교사들 대부분이 이 사건에 관여했으며, 그 결과 이후 상당수 교사들이 구속되거나 도피 생활을 해야만 했다.

서둔야학은 1980년대 들어서 전두환 정권에 의해 서클 등록이 취소되었으며 1983년에는 끝내 폐교되고 말았다. 하지만 서둔야학이 문을 닫은 것은 전두환 정권의 탄압 때문만이 아니었다. 더 결정적인 이유는 야학에 다닐 학생을 모집하기가 어려웠기 때문이다. 1970년대를 거치면서 산업화와 도시화가 진전된 결과 어느덧 농촌 야학의 시대가 막을 내린 것이다.

2. 야학운동의 무대가 달동네로 바뀌다

● 도시에도 야학이 세워지다

도시화와 산업화가 시작되면서 야학 활동의 공간이 농촌에서 도시로 바뀌기 시작했다. 그 가운데 도시빈민들이 거주하던 달동네가 야학들의 주된 활동 무대가 되었다.

서울대의 여러 단과대학 가운데 일찍부터 야학활동에 나선 단과대학으로는 농대 이외에 사범대를 들 수 있다. 사범대는 교사 양성을 목적으로 하는 단과대학인 만큼 일찍부터 야학활동에 나선 학생들이 있었다. 농대생들이 농대 인근의 농촌 청소년을 대상으로 야학 활동을 전개했다고 한다면, 사범대생들은 주로 학교에 다니지 못하는 도시의 청소년들을 대상으로 야학 활동을 펼쳤다.

1962년 4월 사범대 국어교육과 이영윤이 덕소향토학원을 설립했다. 덕소향토학원은 덕소국민학교 교실 하나를 빌려 개원식을 거행했다. 덕소향토학원은 경제 사정이 어려워 국민학교를 마치고 중학교에 진학하지 못한 60여 명의 학생을 모집해 국어·영어·수학·실습 등 중학교 과정을 가르쳤다.

당시 사범대 캠퍼스는 용두동에 있었기 때문에 청량리역과 비교적 가까웠고 덕소는 청량리역에 가서 기차를 타면 금방 다녀올 수 있는 거리였다. 덕소향토학원에는 이영윤 이외에 10여 명의 교사들이 있었는데, 그들 가운데 상당수가 사범대생이었다. 향토개척단이 이 야학에 등 2개를 선물한 것에서 볼 수 있듯이, 덕소향토학원은 농촌 아동을 대상으로 하는 농촌야학으로서의 성격을 띠었다.

한편 1960년 1월에는 사범대 지리교육과 한진희가 청량리역 근처에 계문소년학교를 설립했다. 그는 사범대생으로 이루어진 3~4명의 교사진과 함께 청량리역 주변의 직업청소년과 부랑아 20여 명을 모아 중학교 과정을 가르치기 시작했다. 계문소년학교는 1962년에는 학생 수가 150명에 이를 정도로 발전했다.

계문소년학교는 앞에서 살펴본 덕소향토학원과는 성격을 달리하는 야학이었다. 계문소년학교의 경우 농촌 아동이 아니라 도시빈민 아동을 대상으로 하는 야학이었던 것이다. 한진희가 계문소년학교를 설립한 1960년 무렵에는 도시로의 인구 집중이 이제 막 시작되고 있었다. 시골에서 서울로 올라온 사람들이 도시 곳곳에 자리 잡았다.

이 도시빈민의 자녀들은 상급학교에 진학하지 못하고 일찍부터 직업의 세계로 뛰어들어야만 했다. 하지만 아직 산업화가 본격화되지 않았기 때문에 이들이 구할 수 있는 직업이라고는 구두닦이, 신문팔이, 중국집 배달원, 가게 점원 등이 고작이었다. 계문소년학교는 이 직업소년들을 대상으로 하는 야학이었다. 즉 도시화가 시작되면서 도시빈민을 대상으로 하는 새로운 유형의 야학이 등장한 것이다.

● **교회 대학생부가 세운 야학들**

한국의 여러 기독교 교단들은 누구보다 먼저 도시화와 산업화에 주목했다. 따라서 일찍부터 도시빈민과 산업노동자를 대상으로 하는 도시산업선교에 나섰다. 도시산업선교란 도시화와 산업화에 부응해 노동자의 권익을 보호하고 산업사회에 기독교 정신을 구현하는 것을 목적으로 하는 선교활동이다. 서양에서는 19세기 말에 이미 도시산업선교가 시작되었다.

한국의 도시산업선교는 1950년대 후반부터 움트기 시작했다. 한국의 산업혁명이 이제 막 시작된 1960년대 후반에 이르면 도시산업선교도 더욱 조직적으로 전개되기 시작했다. 도시산업선교는 도시빈민을 대상으로 하는 도시선교와 공장노동자를 대상으로 하는 산업선교를 두 축으로 하고 있는데, 이 가운데 먼저 도시선교의 내력부터 간단히 살펴보면 다음과 같다.

한국에서의 도시선교는 1968년 연세대 도시문제연구소가 창신동에서 '빈민선교실무자훈련'을 실시한 것에서 시작되어, 1971년 수도권도시선교위원회가 만들어지면서 본격화했다. 신설동과 광주대단지 등 20여 곳의 도시빈민 거주지에서 교회를 개척해 협동조합을 조직하고 어린이방을 운영하는 등 다양한 방식으로 선교활동을 전개했다. 도시빈민을 위한 야학도 이러한 선교활동의 하나로 개설되었다.

도시선교의 일환으로 시작된 빈민야학의 운영은 대부분 여러 교회의 대학생부가 맡았다. 새문안교회 대학생부는 1971년부터 연희 B 지구에서 야학활동을 전개했으며, 경동교회 대학생부도 1974년 답십리의 뚝방 동네에서 야학을 운영했다. 제일교회 대학생부도 1976년 지역사회 주민을 위해 '형제의 집'이라는 이름의 야학을 교회 내에 개설했다.

당시 이러한 주요 교회들의 대학생부에는 서울대생들도 많이 참여하고 있었다. 예컨대 새문안교회 대학생부는 사회학과 정학섭·조희연과 경제학과 유종일 등이 주축을 이루고 있었다. 경동교회의 최한배와 제일교회의 나병식 등 다른 교회 대학생부에도 서울대생이 많았다. 1970년대 들어 학생운동에 대한 탄압이 심해지면서 학생들이 공개적인 활동을 전개하기 위한 공간으로 교회 대학생부를 활용하는 것은 흔한 일이었다.

KSCF(한국기독학생총연맹)도 개별 교회 대학생부의 야학 활동을 지원하는 사업을 전개했다. KSCF는 1971년 결성된 크리스천사회행동협의회 가입 단체로, 학생사회개발단 활동을 통해 도시산업선교의 한 축을 이루고 있었다. KSCF는 1971년부터 경동교회나 새문안교회 대학생부와 함께 미국의 민권운동 지도자 솔 앨린스키(Saul Alinsky)의 이론을 받아들여 가난한 자들을 조직화해 스스로 문제를 해결하도록 하는 운동을 전개하기 시작했다. KSCF는 이러한 운동의 연장선에서 야학협의회를 구성하고 야학지침자료집을 발간하며, 야학문제연구 팀을 상설 운영하는 것을 통해 야학활동을 뒷받침했다. 당시 서울대생들은 KSCF에서도 크게 활약했다.

● 서울대생, 달동네에 뛰어들다

서울대생 가운데 일찍부터 도시빈민 문제에 주목한 사람으로는 정치학과 제정구를 들 수 있다. 그는 1972년 성동구 송정동에 위치한 중랑천 판자촌에 들어가 그곳에서 활빈교회를 이끌고 있던 김진홍 목사와 손잡고 야학인 배달

학당을 개설하여 빈민운동을 시작했다. 그는 이 무렵 연세대학교 도시문제연구소의 간사직도 맡고 있었다. 송정동의 주민들은 1975년에 양평동 뚝방 동네와 신월동 등지로 집단 이주했는데, 이때 제정구의 권유로 정치학과 김효순과 사회학과 이종구 등 문리대생들이 신월동으로 들어와 천막을 치고 야학 활동을 시작했다.

철학과 권오걸은 1학년 때인 1972년부터 연세대 도시문제연구소에서 주관하는 야학인 '밤공부터'에 교사로 참여했다. 이 야학은 문리대 뒷산인 낙산 너머에 있는 창신동 낙산아파트에 자리 잡고 있었다. 당시 이 동네는 판잣집들이 다닥다닥 붙어 있는 이른바 달동네였다. 그는 2학년 때는 현저동으로 옮겨 금화교회를 기반으로 야학 활동을 계속했다. 이곳도 도시빈민이 많이 살고 있는 달동네였다. 두 군데 모두 기독교의 도시선교 프로그램의 일부로 운영되는 야학이었는데, 정규학교의 교과목을 가르치는 이른바 검정고시 야학이었다.

신월동 인근에 위치한 신정동에도 야학이 있었다. 신정동도 청계천 개발로 밀려난 철거민들이 집단적으로 이주해 형성된 동네였다. 당시 연건동에 있었던 성공회 소속 성베다교회의 대학생부 회원들이 주축이 되어 이 야학을 만들었다. 사회학과 정진성, 무역학과 최금락, 법학과 김준규 등이 이 야학에 교사로 참여했다. 이 야학의 교사들 가운데 눈에 띄는 인물로 김민기가 있었다. 그는 경기고 동창 이도성과 함께 이 야학에 교사로 참여했다. 신정동 야학도 이 무렵 여느 야학들처럼 검정고시 야학으로 운영되었다.

1975년 관악캠퍼스로 이전하면서 학생들의 야학활동 무대가 학교 주변의 달동네로 바뀌었다. 학교 근처 달동네에 세워진 야학 가운데 가장 대표적인 것으로 겨레터야학을 들 수 있다. 이 야학은 당시 신림동 B 지구 밤골이라고 불리던 곳(현재 관악구 호암로 399)에 자리 잡았는데, 당시 이곳은 판잣집이 다닥다닥 붙은 달동네였다.

겨레터야학은 1976년 무렵 경제학과 박관석과 동양사학과 양민호와 고고학과 배남효 등 74, 75학번들이 국민대 한문학과 김성재와 함께 만들었다. 이후 중문과 김수천과 경제학과 부윤경 등 쟁쟁한 인물들이 이 야학을 거쳐 갔다. 이 야학에는 광주일고 출신이 유독 많았다. 전남대의 윤상원이 이 야학을 벤치마킹하여 광주에서 들불야학을 만든 것으로도 유명하다.

이 야학은 초창기에는 길거리에서 유인물을 나누어 주면서 학생을 모집할 정도로 공개적으로 활동했다. 학생들을 의식화해야 한다는 생각은 있었지만, 처음부터 그렇게 강했던 것은 아니다. 이 야학은 다른 야학들과는 달리 교회와 직접적인 관계를 맺지 않았다. 그래서 야학을 위한 활동공간도 직접 마련해야 했다. 이에 교사들이 돈을 모아 달동네의 무허가주택 하나를 사들여 교육을 위한 공간으로 사용했다.

사당동의 희망야학도 1976년 무렵 만들어졌다. 이 야학은 처음에는 달동네 한쪽 귀퉁이에서 천막을 치고 수업을 시작했다. 이후 사당동 사회복지관에 공간을 얻어 수업을 진행하다가 1977년 10월경에는 사당동성당 지하실로 옮겼다. 이 야학은 철학과 유석주, 교육학과 허린, 법대 윤기희 등 75학번들이 주축이 되어 만들었다. 뒤에 사회학과 정근식, 경제학과 오두환과 양재형, 국어교육과 한두선, 역사교육과 류승렬 등이 이 야학에 교사로 참여했다.

이 야학의 학생 가운데는 공장에 다니는 사람도 일부 있었지만, 대부분은 인근에 새로 생긴 고속버스터미널에서 신문을 팔거나 구두를 닦는 아이들이었다. 이 야학도 검정고시 야학으로 출발했다. 따라서 졸업생 가운데는 검정고시에 합격해 상급학교로 진학하는 이들도 있었다. 1978년 무렵부터 교육 내용 가운데 '노동법'과 노동삼권 등이 포함되면서 점차 노동운동에 관심을 갖는 졸업생이 생겨나기 시작했다.

신림동 난곡에 자리 잡은 낙골야학은 1978년 무렵 출범했다. 이 야학은 서울대 77학번들이 주도해 만들었다. 성균관대 무역학과 민병두를 비롯해 이화여대·서강대 등 다른 학교 학생들도 이 야학에 교사로 참여했다. 이 야학은 1980년대 대학가 베스트셀러의 산실이었다. 『철학에세이』(1983)의 저자 조성오는 이 야학에서 교사 생활을 하면서 이 책을 지었다. 『소외된 삶의 뿌리를 찾아서』(1985)와 『들어라 역사의 외침을』(1985)을 지은 황광우도 이 야학의 교사였다.

이렇듯 학생들은 1970년대 후반에 들어서면서 달동네를 무대로 하는 야학 활동에 본격적으로 뛰어들기 시작했다. 긴급조치 9호 때문에 학내에서 공개적으로 활동을 할 수 없었기 때문에, 대학 외부에서 활동공간을 찾은 측면도 없지 않았다. 이 무렵 농대의 의식화된 학생들이 대거 서둔야학에 모여든 것도 비슷한 맥락이었다.

● 달동네 야학의 이모저모

도시빈민을 대상으로 하는 야학들은 애당초 기독교 도시선교의 일환으로 시작되었으므로, 교회의 역할이 무엇보다 컸다. 새문안교회나 경동교회처럼 교회 대학생부가 주축이 되어 야학을 개설한 것이 그 대표적인 예다. 교회와는 직접적인 관련 없이 개설된 야학 가운데도 교회 대학생부가 교사 공급의 인력풀 역할을 했던 곳도 있다. 신월동 야학의 경우 명륜동에 소재한 창현교회 대학생부가 그 역할을 했다.

하지만 1970년대 후반에 접어들면 학생들이 교회와는 무관하게 독자적으로 야학을 만드는 경우가 생겨나기 시작했다. 이럴 경우 학내 언더서클의 회원들을 대상으로 야학 교사를 모집하는 것이 보통이었다. 출신 고교의 학맥도 교사 모집을 위한 좋은 통로 역할을 했다. 앞에서 살펴보았듯이 신림동 겨레터야학에는 광주일고 출신이 유독 많았던 반면에, 사당동 희망야학의 경우 용산고 출신이 많았다고 한다.

야학에 나오는 학생들은 대부분 도시빈민의 자녀들로서 공장노동자보다는 일용직이나 영세사업장에서 일하는 청소년이 대부분이었다. 길거리 담벼락에 벽보를 붙이거나 전단을 배포하는 등 공개적으로 학생을 모집했다. 대부분 검정고시를 위한 야학으로 출발했으므로 정규학교의 교과목을 그대로 가르쳤다. 학생 수가 기수당 10명이 채 안 되었기 때문에 일방적인 강의보다는 토론이나 대화를 통한 맞춤형 지도가 가능했다. 야학을 통해 노동자를 의식화해야 한다는 생각은 분명했지만 그렇게 서둘지는 않았다고 한다.

종교계의 도시선교 프로그램의 일환으로 개설된 야학의 경우는 교회로부터 공간이나 재정적 지원을 받을 수 있었다. 교회와의 관계없이 독자적으로 야학을 설립해 운영하는 경우는 운영에 들어가는 비용을 교사들 스스로 조달해야만 했다.

보통은 교사들이 주머니를 털어 운영비를 마련했다. 많은 금액이 필요한 경우에는 독지가를 찾아가 후원을 받기도 했지만, 이보다는 일일찻집을 열어 비용을 조달하는 방법을 많이 사용했다. 당시 대학가에서는 야학 교사들이 일일찻집 티켓을 팔러 다니면 한 장쯤 사주는 것이 기본적인 예의로 통했다. 겨레터야학의 경우도 이러한 방법으로 십시일반 자금을 모아 비록 무허가주택이기는 하지만 독자적인 교육 공간을 마련할 수 있었다.

3. 노동야학을 통해 노동자와 만나다

● 노동야학의 뿌리, 청계피복노동교실

1970년대의 야학은 교육 목표를 기준으로 검시야학과 생활야학, 노동야학으로 구분하는 것이 보통이다. 검시야학이란 말 그대로 상급학교 진학을 위한 검정고시에 합격시키는 것을 목표로 하는 야학이다. 생활야학은 검정고시에 구애받지 않고 생활에 필요한 지식과 교양을 전수하는 것을 목표로 하는 야학이다. 노동야학은 노동자 의식을 각성시켜 노동운동을 위한 제반 지식을 전수하는 것을 목적으로 하는 야학이다. 앞에서 살펴보았듯이 야학 대부분이 처음에는 검시야학으로 출발했다. 하지만 1970년대에 들어서면서 노동야학이 새로 등장하기 시작했다.

1970년대 들어 노동 문제에 관심을 갖기 시작한 대학생들이 노동야학 교사로 참여했다. 당시 대학생들은 노동야학에서 노동자들을 가르치면서 동시에 그들에게서 배운다는 뜻으로 스스로를 '강학(講學)'이라고 불렀다. 반면에 노동자는 배우면서 동시에 가르친다는 뜻으로 '학강(學講)'이라고 불렀다. 당시 노동야학은 노동자와 대학생 간의 만남의 광장 역할을 했다.

노동야학의 연원은 청계피복 노동교실(이하 '노동교실')에서 찾을 수 있다. '노동교실'은 1972년 5월 22일 처음 문을 열었다. 정부와 사업주들의 지원으로 '노동교실'이 만들어졌기 때문에 처음에는 검시야학 수준을 크게 벗어나지 못했다.

청계피복노조 조합원들이 1975년 장기간의 농성투쟁을 통해 '노동교실' 운영권을 되찾은 이후 '노동교실'의 성격이 바뀌기 시작했다. 중등교실과 교양교실을 나누어 운영하던 기본적인 틀은 크게 바뀌지 않았다. 검정고시에 응시하고자 하는 사람에게는 중학교 전 과정을 가르쳤다. 기술교육반에서는 재단교실, 봉재교실, 특별교실로 나누어 작업 현장에서 활용할 수 있는 기술을 가르쳤다.

하지만 '노동교실'이라는 이름에 걸맞게 가르치는 내용을 조금씩 바꾸어 나갔다. 이를테면 한문 과목의 경우 신문을 함께 읽으면서 시사토론을 하는 방식으로 운영했으며 역사 과목도 민중적인 시각에서 가르쳤다. 이를 통해 노동자로서의 자각과 노동조합에의 참여의식을 고취하고자 했다.

초창기에는 '노동교실'의 교사로 YMCA나 청소년단체 관계자가 파견되었지만 노동조합이 '노동교실'의 운영권을 되찾은 이후에는 김세균·장명국·이재오 등 지식인들과 유동우 등 노동운동가들이 대거 참여했다. 당시 '노동교실'은 하나의 교육기관일 뿐만 아니라 지역노조의 성격도 아울러 가지고 있었다. 이렇게 '노동교실'은 교육의 내용이나 방법이라는 측면에서 1970년대 후반에 나타난 여러 노동야학의 기본 모델을 제공했다.

● **평화시장 주변에 생겨난 노동야학들**

청계피복노동조합 노동자들이 '노동교실'을 되찾은 기간은 그리 길지 않았다. 정부 당국의 탄압으로, 되찾은 지 얼마 지나지 않아서 강제로 '노동교실'이 폐쇄되었기 때문이다. 청계피복노조는 1977년 9월 9일 '노동교실 사수투쟁'을 격렬하게 전개했지만 닫힌 노동교실의 문을 다시 열 수는 없었다.

하지만 이 무렵부터 청계천 평화시장 주변의 여러 교회나 성당에서는 하나둘 야학이 개설되기 시작했다. 그것은 폐쇄된 '노동교실'의 기능과 역할을 대신하기 위한 것이었다. 따라서 이 야학들은 처음 만들어질 때부터 노동야학의 성격을 띠고 있었다. 이후 청계피복노조의 교육과 조직화 작업은 폐쇄된 '노동교실' 대신에 이 노동야학들을 통해 이루어졌다.

청계천 주변의 노동야학 가운데 가장 대표적인 것으로는 경동교회 야학을 들 수 있다. 경동교회는 장충동에 소재한 교회로 한국기독교장로회 교단(이하 '기장교단') 소속이었다. 이 교회는 김재준 목사가 설립했으며 그가 은퇴한 후 강원용 목사가 담임목사로 취임했다. 강원용 목사는 경동교회에서 야학을 개설했을 뿐만 아니라 자신이 설립한 크리스천아카데미에서도 중간집단교육을 통해 노동운동가를 양성했다. 중간집단교육의 산업사회분과 간사 김세균은 앞서 살펴본 바와 같이 '노동교실'에서도 활동했다.

중구 오장동에 소재한 제일교회는 경동교회와 마찬가지로 기장교단 소속 교회로서 박형규 목사가 담임목사를 맡고 있었다. 박형규 목사는 일찍이 KSCF 총무를 맡은 바 있으며 1971년부터는 수도권특수지역선교위원회 위원장을 맡은 도시산업선교의 핵심 인물이었다. 제일교회에서는 청년회를 중심으로 '형제의 집'이라는 노동자들의 친목 모임을 운영하다가 1978년경부터 노동야학으로 전환했다.

이 밖에 김동완 목사의 약수형제교회와 오충일 목사의 서울복음교회에도 야학이 개설되었으며, 김승훈 신부가 맡고 있던 동대문성당에도 야학이 만들어졌다. 동신교회와 시온교회에도 야학이 있었다.

이 야학들은 공통적으로 노동자를 의식화해 노동조합에 적극 참여하도록 하는 것을 목적으로 했다. 그래서 한문 시간에는 '근로기준법'이나 노동조합에 대해 가르쳤으며 국어 시간에는 노동 현실과 자신의 삶에 관해 직접 글을 쓰도록 함으로써 스스로 노동자 의식을 갖도록 유도했다.

이 야학들은 졸업생 모임을 꾸려 사회현실과 노동운동에 대한 학습을 계속하도록 했다. 대표적인 졸업생 모임으로는 경동교회 야학 출신이 만든 동화모임을 들 수 있다. 동화모임은 도라지나 돌멩이와 같은 이름을 가진 여러 소모임들로 이루어져 있었다. 이와 같은 소모임들은 야학 졸업 이후에도 심화된 학습을 진행했다. 그 결과 이 소모임 구성원 중에서 노동조합 간부가 다수 배출되었다.

청계천 일대에는 동화모임 이외에도 복음교회와 시온교회 야학 졸업생 모임인 평화모임이 있었고, 다른 교회와 성당에도 비슷한 성격의 소모임들이 구성되었다. 이러한 소모임들이야말로 청계피복노동조합의 뿌리와도 같은 존재였다.

이상에서 살펴본 바와 같이 '노동교실'이 폐쇄된 이후 청계천 부근의 노동야학들이 중견 조합원을 배출하는 통로 역할을 대신했다. 그리고 이를 통해 1980년대에 크게 유행하게 될 노동야학의 전형이 창출되었다.

● 야학들, 공단으로 옮겨 가다

공단, 즉 공업단지는 한국의 산업화를 상징적으로 보여주는 공간이다. 가장 대표적인 공단으로는 1970년대에 조성된 구로공단을 들 수 있다. 1970년대 후반이 되면 공단지역이 야학활동의 중심지로 떠오르기 시작했다. 여태까지 달동네에 있었던 야학이 공단지역으로 옮겨온 경우도 있었지만, 공단지역에 새로 야학을 세운 경우도 있었다.

먼저 기존에 달동네에 있던 야학이 공단지역으로 옮겨온 사례로는 신림동 B지구에 있던 겨레터야학을 들 수 있다. 이 야학은 1979년 2학기에 구로공단역 개천가에 있는 무허가 주택 하나를 사들여 이사했다. 이 야학이 이사를 결정한 직접적인 이유는 지역 주민과의 갈등이었다. 야학이 경찰의 주목을 받자, 지역 주민들 가운데 경찰이 동네에 들락거리는 것을 꺼려 야학이 떠나주었으면 하는 사람이 생겨나기 시작했다.

그런데 겨레터야학이 하필 구로공단 근처로 이사할 장소를 정한 것을 보면 그들이 무엇을 지향했는지 알 수 있다. 야학이 계속 달동네에 자리 잡고 있어서는 본격적인 노동야학으로 발전하기 어렵다고 보아 구로공단 근처로 옮기려 했던 것이다. 하지만 공단 근처로 옮겨 본격적인 노동야학으로 변신하려는 이 야학의 시도는 성공하지 못했다.

이 야학이 구로공단에서 학생을 모집하던 1980년 5월 광주에서 비극적인 사태가 벌어졌다. 이 야학 교사 중 몇 명이 광주의 참상을 알리는 유인물을 제작·배포하다가 발각이 되었다. 광주일고 출신 교사가 많았던 점도 이 야학의 교사들이 유인물 배포 작업에 발 벗고 나선 원인 중 하나였을 것이다. 이 야학의 자매야학이던 전남대의 들불야학 교사들도 광주에서 '투사회보'라는 제목의 유인물을 제작해 배포했다. 이 사건으로 말미암아 이 야학은 쑥대밭이 되었다. 체포를 모면한 몇 사람은 청계천으로 옮겨 가 다른 야학 팀에 합류했다.

사당동 희망야학의 경우도 노동야학으로 전환하기 위해 구로공단 근처로 옮겨갔다. 이 야학에서는 1978년 무렵부터 노동야학으로의 전환 문제가 쟁점으로 떠오르기 시작했다. 이 야학의 교사들은 빈민을 대상으로 하는 야학을 계속할 것인지 아니면 노동자를 대상으로 하는 야학으로 전환할 것인지를 놓고 고민했다. 결국 1980년 초반에 노동야학으로 전환하기로 결정하고 구로동으로 옮겨갔다. 사당동과 같은 달동네 야학의 경우 학생들 대부분이 공장노동자가 아니라 영세사업장이나 일용직 노동자였기 때문에 노동야학으로 운영하는 데 한계가 있었다.

구로공단 근처에 새로 세워진 야학에서 활동한 사례도 등장하기 시작했다. 새로 만들어진 야학들은 대부분 민중교회를 기반으로 했다. 민중교회는 1970~1980년대 진보적인 목회자들이 도시산업선교를 목적으로 세운 교회를 일컫는 말이다. 1970년대에는 민중교회가 주로 도시빈민의 집단거주지인 달동네에 많이 세워진 데 비해 1980년대 들어서면서 공단 주변 지역에 민중교회가 연이어 세워지기 시작했다. 공단지역의 민중교회들은 노동자들을 대상으로 하는 선교활동을 전개했는데 그 대표적인 선교 프로그램이 바로 야학이었다.

민중교회가 직접 야학 프로그램을 운영해 교사를 모집하는 경우도 있었지만, 대학생으로 이루어진 외부의 야학 팀을 받아들이는 경우도 있었다. 외부

야학 팀으로서는 교회에 들어가 활동하면 교육활동을 할 수 있는 공간과 함께 교회라는 보호막까지 제공받을 수 있었다.

1980년대 초 서울대생들이 야학활동을 전개한 민중교회로는 구로동에 자리 잡은 신명교회와 사랑교회 등을 들 수 있다. 신명교회는 한국기독교장로회 소속 민중교회로 1977년에 처음 만들어졌다. 이 교회는 노동자교회를 표방하면서 노동자들의 생활 조건에 맞춰 주중 저녁에 예배를 드리는 등 특색 있는 목회활동을 전개했다. 서울대 학생이 포함된 야학 팀이 1980년대 초부터 이 교회에서 활동을 시작했다.

4. 교육을 통해 노동운동을 뒷받침하다

● 『야학비판』이 불러일으킨 논쟁

1980년대 들어 학생운동이 전반적으로 급진화되면서 야학활동에 대한 생각도 바뀌기 시작했다. 앞에서 보았듯이 노동야학은 막 등장하던 1970년대만 해도 노동자로서의 자각과 권리의식을 고취하고 '근로기준법'을 비롯해 노동자의 권익을 지키기 위한 지식을 전수하는 정도에 그치고 있었다. 이에 비해 1980년대의 노동야학들은 야학활동을 통해 더욱 급진적인 사회변혁을 도모하려 했다. 야학운동의 위상과 역할에 대한 생각이 크게 달라진 것이다.

『야학비판』이라는 제목의 소책자에서 이러한 급진적인 야학론을 엿볼 수 있다. 이 소책자는 국어교육과 이장원이 작성했는데 그는 사당동야학과 묵동야학에서 야학활동을 전개한 바 있다. 그는 이 소책자를 1982년 3월 4일 자로 익명으로 배포했다. 그것은 B5 크기 120쪽 분량으로 전체 5장으로 구성되어 있다.

『야학비판』은 교수자와 학습자의 관계, 교육 내용과 교재 등 야학의 교육론과 운영방법론에 관한 풍부한 이론적 검토를 담고 있다. 하지만 이 소책자는 여기에만 그치지 않고 급진적인 변혁운동이라는 관점에서 야학운동이 차지하는 위상과 역할을 논했다. 그리고 아울러 당시 진보적 학생운동 노선 전체에 대해서도 비판적으로 검토했다. 그 결과 당시 이 소책자는 학생운동 노선을 둘러싸고 큰 논쟁을 불러일으켰다.

이 소책자는 당시 학생운동 노선과 관련해 다음과 같은 주장을 펼쳤다. 급진적인 사회변혁은 학생운동만으로는 불가능하고 궁극적으로는 노동운동을 통해서만 그 목표를 달성할 수 있다. 눈앞의 정치 투쟁도 중요하지만 그보다 사회변혁을 위한 주체 역량을 건설하는 것이 더 근본적이다. 따라서 학생운동가들의 시위만능주의는 지양되어야 하며 그보다는 노동 현장에 투신하여 노동운동을 강화하는 데 힘을 쏟아야 한다.

이 소책자는 야학운동의 역할에 대해서도 논했다. 야학운동도 사회변혁의 주체 역량을 건설하는 데 기여해야 한다. 야학운동은 학생운동과 노동운동을 연결하는 매개체다. 학생운동가들은 야학에서의 경험을 통해 장차 현장활동을 펼치기 위한 훈련을 쌓는 한편, 노동자에 대한 정치적 의식화를 통해 노동운동을 뒷받침해야 한다.

이와 같은 『야학비판』의 운동 노선에 대해 곧바로 반론이 제기되어 격렬한 논쟁이 벌어졌다. 당시 선도적 정치투쟁의 중요성을 강조하던 사람들은 이 소책자의 주장을 준비론이라고 하면서 맹렬히 비판했다. 이렇게 이 소책자는 많은 비판을 받았지만 본문 대부분을 차지하고 있던 야학의 교육론과 운영방법론에 대해서는 별다른 반론이 제기되지 않았다. 따라서 이 소책자는 1990년대 초반까지도 야학 활동을 하는 사람이라면 운동 노선과는 상관없이 누구나 반드시 한 번쯤은 읽어보아야 할 자료로 꼽혔다.

● 야학 간의 연대 모색과 야학에 대한 탄압

이상에서 살펴본 바와 같이 1980년대에 들어 학생운동에 급진적인 이념이 등장했으며 노동야학에 대한 생각도 급진적으로 바뀌기 시작했다. 공안 당국은 노동야학들의 이러한 움직임에 대해 의심의 눈초리를 보내기 시작했다. 그 결과 1983년에는 이른바 야학연합회 사건을 조작해 노동야학들에 엄청난 타격을 입혔다. 이 사건으로 말미암아 서울과 인천 등지에 소재한 20여 개 야학에 소속된 500여 명의 대학생과 노동자들이 불법연행 되어 조사를 받았다. 탄압의 실마리를 제공한 야학 간의 연대활동을 먼저 살펴보자.

서울 시내 여러 노동야학 사이에 연대를 도모하는 활동은 일찍이 1979년부터 시작되었다. 당시 영등포 도시산업선교회가 중심이 되어 노동야학의 강사 모임을 조직한 바 있다. 겨레터야학과 희망야학 등 서울대생들이 운영하고 있던 여러 야학도 이 모임에 대표를 파견했다. 이 모임을 통해 야학 운영을 위한 자료와 정보를 서로 교환했을 뿐 아니라 각 야학 노동자들이 지은 글을 모아 『비바람속에 피어난 꽃』(1980)이라는 제목의 공동문집을 발간하기도 했다.

야학에 다니는 노동자들의 공동문집 『비바람속에 피어난 꽃』

여러 노동야학은 1980년에 들어서도 개별 야학의 수공업성과 불균등 발전을 극복하기 위해 야학 간의 연대를 도모했다. 서울의 봄을 맞이해 전국 30개 야학 대표자들이 전국야학협의회를 결성했다. 하지만 이 협의회는 5·17군사정변으로 유야무야되고 말았다.

야학들 사이의 연대 틀을 구축하는 일은 1982년부터 다시 시도되었다. 서울 시내 주요 야학 교사들이 청계 지역, 성수 지역, 구로 지역 등 지역별로 야학 교사 모임을 만들기 시작한 것이다. 이 모임을 통해 자료와 의견을 교환하고 교재를 공동으로 개발하는 등의 사업을 전개했다. 이듬해인 1983년 3월에는 경인 지역 야학 교사 대표들이 수련회를 개최해 야학 간의 연대망을 한층 업그레이드하려고 했다. 이러한 와중에 이른바 야학연합회 사건이 일어났던 것이다.

공안 당국은 이미 1970년대 말부터 노동야학들을 예의 주시하고 있었다. 하지만 야학에 대한 본격적인 탄압은 1980년대 들어 시작되었다. 1980년 화양감리교회 내의 야학 교사들이 '국가보안법' 위반 혐의로 체포되었다. 겨레터야학의 경우에도 같은 해 광주항쟁의 실상을 알리는 유인물을 배포하려고 하다가 교사들 대부분이 잡혀가는 바람에 부득이하게 야학의 문을 닫아야만 했다. 1982년에는 희망야학이 자리 잡고 있던 사당동 희망교회가 철거되었으며, 난곡의 낙골야학도 이 무렵부터 당국의 탄압을 받기 시작했다. 야학연합회 사건은 바로 이러한 분위기 속에서 발생했다.

야학연합회 사건은 앞에서 살펴본 『야학비판』을 조사하는 과정에서 발생했다는 것이 정설이다. 당시 공안 당국은 이 소책자에 주목하면서 작성자를 추적하기 시작했고, 그 과정에서 야학들 간의 연대 움직임이 포착되었다. 당시 공안 당국은 야학 교사들을 모두 엮어 거대한 불법 지하조직으로 조작하려 했다. 이러한 조작 시도는 결국 유야무야되고 말았지만, 이를 계기로 야학들이 더는 연대활동을 벌이려는 시도를 하지 못했으며, 개별 야학의 활동도 더욱 은밀히 진행할 수밖에 없었다.

● 노동 현장에 더 가까워진 자취방야학

1980년대 들어 노동야학의 활동과 관련해 나타난 주목할 만한 현상 가운데 하나가 바로 자취방야학의 등장이다. 자취방야학이란 말 그대로 야학의 학습을 자취방에서 진행하는 것을 말한다. 자취방야학이 등장하면서 노동야학들이 과거에 비해 규모가 작아진 대신 좀 더 은밀하게 운영되었다.

자취방야학이 등장한 직접적인 이유로는 노동야학이 점점 더 급진화된 결과 노동야학들에 대한 공안 당국의 감시와 탄압이 심해진 점을 들 수 있다. 노동야학들은 이러한 감시와 탄압을 피하기 위해 민중교회를 비롯해 공개된 공간을 버리고 자취방으로 스며들 수밖에 없었다.

하지만 노동야학들이 교회를 떠나 자취방으로 옮겨가게 된 데에는 상당수 노동야학이 몸담고 있던 민중교회와의 갈등도 얼마간 원인으로 작용했다. 당시 민중교회에 둥지를 틀고 활동하던 야학 교사나 야학 팀들은 각기 몸담고 있던 민중교회와 사회변혁이라는 대의를 공유하고 있었지만 눈에 잘 드러나지 않는 입장 차이가 있었다.

민중교회들은 야학을 기본적으로 교회의 선교 프로그램 중 하나로 여겼고 따라서 야학 활동의 성과가 교회로 수렴되어야 한다고 보았다. 반면에 야학 교사나 야학 팀 가운데는 교회를 단지 교육활동을 위한 공간으로만 생각하는 사람이 많았다. 이들은 야학 활동의 성과가 교회가 아니라 현장의 노동운동 조직으로 수렴되어야 한다고 생각했다. 바로 이 지점에서 미묘한 입장의 차이가 발생했다. 그래서 당시 민중교회 가운데는 교회에 뼈를 묻을 생각을 하지 않고 야학을 단지 노동 현장으로 투신하기 위한 징검다리 정도로만 생각하는 사람이라면 교회를 떠나달라고 요구하는 경우도 있었다.

자취방야학의 운영 형태는 다양했다. 야학 교사가 졸업생들을 모아 자취방에서 심화학습을 시키는 경우도 있었다. 야학 졸업생이 자신이 몸담고 있는 현장 사람들을 모아 자취방야학을 조직하는 경우도 있었다. 제일교회 야학 졸업생이 효성물산에 취업해 현장 노동자들을 모집하여 조직한 자취방야학이 그 대표적인 사례다. 이러한 경우 졸업생이 모임을 주도하고 대학생 교사는 동석해서 보조해 주는 역할을 했다고 한다. 그 밖에 교사가 직접 노동 현장에 취업해 현장 동료들을 모아 자취방야학을 조직하는 경우도 있었다.

이렇게 자취방야학이 운영되는 양상은 매우 다양했지만, 몇 가지 공통적인 특징이 있었다. 우선 노동야학의 활동이 은밀해졌으며, 참가자의 규모가 작아졌다. 자취방야학은 공간적 제약 때문에 많은 사람을 수용할 수 없기도 했지만, 가능성 있는 사람이라면 단 한 사람만 건져도 좋다는 소수정예주의가 자취방야학의 기본 정신이었다.

이렇게 자취방야학은 참가자 수가 매우 적었기 때문에 밀도 있는 학습을 진행할 수 있었다. 노동조합 활동을 위한 실무적 지식을 전수하는 단계를 넘어 대학생에 준하는 정치적 의식화를 위한 학습이 진행되기도 했다. 그래서 철학과 정치경제학 등이 커리큘럼에 포함되기도 했다. 또한 자취방야학에서는 한국의 정치경제적 상황과 노동운동의 방향에 대한 수준 높은 토론이 이루어지기도 했다.

자취방야학의 또 하나의 특징으로는 야학과 현장의 거리가 가까워졌다는 점을 들 수 있다. 특정 사업장을 중심으로 자취방야학이 구성되는 경우가 적지 않았으므로, 노동운동 현장과의 거리가 가까워질 수밖에 없었다. 실제 자취방야학들 가운데는 야학 그 자체만으로 끝나지 않고 현장의 노동운동과 직접 연결된 사례가 적지 않았다. 1985년에 일어난 구로동맹파업도 수많은 자취방야학들을 기반으로 일어난 것이다.

● 6월항쟁 이후 노동교육과 야학

1987년의 6월 민주항쟁과 노동자대투쟁으로 말미암아 대통령직선제로 상징되는 정치적 민주화와 노동운동의 활성화가 이루어졌다. 그 결과 1987년 이후 야학운동에도 상당한 변화가 뒤따를 수밖에 없었다. 가장 눈에 띄는 변화로는 노동교육의 전문화와 이에 따라 노동야학의 역할이 축소되었다는 점을 꼽을 수 있다.

1987년 노동자대투쟁 이후 수많은 노동조합이 민주화되거나 새로 건설되었다. 이에 따라 조합원에 대한 교육은 기본적으로 새로 건설된 단위노조나 지역노조의 교육선전부서에서 담당하게 되었다. 그리고 그 외곽에 노동조합의 활동을 뒷받침하기 위한 좀 더 전문적인 지원 기관들이 만들어졌다. 우선 각종 노동상담소가 만들어졌으며, 한국노동교육협회·우리노동문제연구원·노동인권회관·인천민중교육연구소·석탑노동교육원·산들노동교육원 등의 전문적인 교육기관도 생겨났다.

노동자의 의식화를 위한 정치교육은 그동안에 자취방야학이나 소그룹모임을 통해 은밀하게 이루어져 왔는데, 이제 이러한 정치교육도 전문적인 교육기관에서 더욱 체계적으로 이루어지게 되었다. 각 지역마다 개설된 민중학교, 노동자대학, 노동자학교들이 이러한 정치교육을 담당했다. 2000년 전태일을 따르는 사이버노동대학이 개교한 것에서도 볼 수 있듯이 이러한 노동교육은 사이버공간에서도 이루어졌다.

1987년 이후 거세게 타오른 노동운동의 기세에 힘입어, 종래 노동야학의 역할과 기능을 더 전문적인 노동교육기관이 담당하게 된 반면, 그때까지 검시야학이나 생활야학으로 운영되고 있던 야학 가운데 새롭게 노동야학으로 전환하는 경우가 생겨났다. 이 경우 생활야학의 형식은 그대로 유지하면서, 노동자의 계급의식 획득과 정치적 각성을 이루기 위한 내용을 끼워 넣는 방식을 택했다.

예를 들면 처음에는 노래 부르기 등 가벼운 문화활동으로 시작한 후, 공동체 놀이를 통해 자신을 표현하게 하고, 마지막으로 사회상식 과목을 통해 노동 문제와 한국 근현대사 등에 대해 토론하도록 유도하는 식이다. 여태까지 노동운동을 접한 적 없는 미조직 노동자들을 대상으로 초보적인 정치의식화를 겨냥한 것이다.

1988년 무렵 관악 지역에는 남부고등공민학교(남부야학), 사랑의 집, YMCA 봉천야학, 선우야학, 관악청소년학교 등 모두 5개의 야학이 운영되고 있었다. 당시 이 야학들은 대부분 과거 검시야학이거나 생활야학이었다. 이 야학들은 1988년 이후 차례차례 노동야학, 더 정확히 말하자면 진보적 내용을 담은 생활야학으로 거듭났다.

1987년 이후 야학에 나타난 또 하나의 변화는 야학 사이의 연대와 통합을 추구했다는 점이다. 야학 사이의 연대 시도는 1983년 야학연합회 사건으로 된서리를 맞은 바 있으나, 1987년 6월항쟁 이후 노동야학에 대한 당국의 감시와 탄압이 줄어들면서 야학 간의 연대활동도 다시금 활성화될 수 있었다. 1987년 이후 서울 시내의 야학들은 북부·동부·구로·영등포·관악 등 5개 지역으로 나누어 각기 야학협의회를 구성했다.

이 가운데 서울대생이 참여한 관악 지역 야학협의회의 활동은 다음과 같다. 앞에서 살펴보았듯이 이 무렵 관악 지역에는 5개의 야학이 있었는데, 1988년 관악 지역 야학협의회를 구성해 야학 운영에 보조를 맞추기 시작했다. 소속 야학의 졸업생 후속 모임 사이에도 연대가 이루어져 관악지역노동자협의회라는 지역노동운동단체가 만들어졌다. 이 협의회 소속 야학들은 1990년 하나로 통합해 관악노동자학교가 되었으며, 이후 모든 교육활동은 관악노동자학교를 통해 이루어졌다.

5. 노동운동에서 사회봉사로

● 노동야학의 쇠퇴, 검시야학의 부활

1990년대 들어 야학 활동의 양상이 크게 변화했다. 노동야학이 쇠퇴한 대신 검시야학이 부활했으며 '공부방'이나 '탁아방'과 같은 새로운 형태의 야학이 등장하기도 했다. 야학활동의 성격도 노동운동에서 사회봉사로 바뀌었다.

1990년대에도 서울대생의 야학 활동은 여전히 이어졌다. ≪대학신문≫의 보도에 의하면 1999년 시점에 서울대 주변에는 신명야학(가산동 151번지 신명교회 내)·섬돌야학(구로동 532번지)·남부야학(신림7동) 등 3개가 운영되고 있었다. 이 야학의 교사로 참여한 사람들이 모두 서울대생은 아니었지만, 각 야학의 내력과 위치로 미루어 서울대생이 상대적으로 많았을 것으로 짐작된다.

그 무렵 야학의 운영 방식은 다시 한번 바뀌었다. 1990년대 중반을 지나면서 노동야학이 쇠퇴한 반면, 검시야학이 다시 늘어났다. 구로공단 근처에 위치한 신명야학은 1980년대의 대표적인 노동야학 가운데 하나였지만, 1999년 무렵이 되면 검정고시 과목을 위주로 운영되었다. 신림동의 남부야학은 그나마 노동 관련 교과목이 남아 있어 노동야학의 흔적을 찾을 수 있었지만, 그 비중은 과거에 비해 크게 줄어들었다.

앞에서 본 대로 검시야학은 1980년대 들어 정규학교 취학률이 높아지면서 줄어들다가 이때다시 늘어난 이유는 40~50대 여성들 때문이었다. 어려서 중고등학교를 다니지 못한 중년 여성들이 이 무렵 자식들을 다 키워놓고 검정고시를 보기 위해 대거 야학에 다니기 시작했던 것이다.

1970년대까지만 해도 농촌의 가정에는 학교교육에 대해 남녀차별이 남아 있어서 중고등학교에 진학하지 못한 여성이 많았다. 그들 가운데 일부는 1970년대와 1980년대에 공단지역 노동자로 일하면서 노동야학에 다닐 수 있었지만, 그 기회마저도 놓친 사람들이 1990년대에 중년에 접어들면서 학력 콤플렉스를 해소하려고 검시야학에 다니기 시작한 것이다. 이 무렵 중년 여성을 위한 검시야학에 이어 한글을 모르는 60대 이상의 노인들을 위한 한글교실이 만들어지기도 했다.

검시야학이라고 해서 검정고시만을 위한 학원처럼 운영한 것은 아니다. 다양한 교양과 문화 프로그램도 아울러 실시했으며, 컴퓨터 교육을 실시하는 곳도 있었다. 생활야학으로서의 성격도 일부 있었다. 야학들 가운데는 탈학교 청소년을 위한 일종의 대안학교로 전환하는 곳도 있었다. 남부야학에서 독립해 만들어진 도시형 대안학교 '꿈꾸는 아이들의 학교'가 바로 그러한 예다.

이렇게 야학의 성격이 바뀌면서 야학에 대한 교사들의 생각도 바뀌었다. 1990년대 전반까지만 해도 학생운동이나 노동운동의 차원에서 야학에 참여하는 사람이 있었지만, 시간이 갈수록 이런 이들은 줄어들고 사회봉사를 한다는 생각에서 야학에 참여하는 사람이 늘어났다. 야학의 운영 방식에서 과거 노동야학 시절의 흔적이 일부 남아 있었지만, 그것마저도 시간이 갈수록 점점 옅어지는 추세였다.

● 새로운 형태의 야학이 등장하다

1990년대 중반을 넘어서면서 과거와는 전혀 다른 형태의 야학이 나타나기 시작했다. '공부방'이라는 이름을 가진 새로운 학습 공간이 만들어졌으며, 장애인이나 외국인 노동자, 이주여성들을 위한 야학도 등장했다.

공부방이란 주로 도시빈민 거주지에서 초중고생의 공부를 돌보아 주는 학습공간을 가리킨다. 주로 봉천동·신림동·사당동 등 서울대 인근의 달동네에 많이 만들어졌다. 초중고생을 위한 공부방과 짝을 이루어 탁아방(혹은 애기방)도 만들어졌다. 탁아방은 미취학 아동을 대상으로 한 공간이었다. 이 무렵 도시재개발이 광범위하게 추진되었고 이 과정에서 철거민이 발생하자 서울대생들은 이들을 지원하기 위한 연대활동에 나섰고, 그 일환으로 공부방과 탁아방과 공부방을 만든 것이다.

1993년 4월 6일 자 《대학신문》 보도에 의하면 서울대생이 꾸리고 있는 탁아방과 공부방은 제법 규모가 큰 것이 10곳 정도였고, 소소한 것까지 포함하면 100곳이나 되었다고 한다. 학내에서 공부방을 매개로 대학과 지역사회

1995년 늦가을이었던 것 같다. 봉천동 철거촌에서 주민이 1명 사범대 학생회로 찾아왔다. 주민이 용역 깡패한테 성폭행을 당했다는 것이다. 그래서 도움을 요청하러 왔다고 하였다. 각 과에서 자원을 받았던 것 같은데, 나중에는 주로 역사과에서 전담하게 되었고 이후에는 나와 내 친구 한 명이 거의 수시로 드나들었다. …… 싸움의 와중에 주민들의 아이들을 우리가 가르치기도 했으며, 그 결과물이 바로 '공부방'이었다. 이름이 '다솜공부방'이라고 기억하는데, 철거 싸움이 거의 끝날 무렵 만들어졌다. 이후에도 후배들이 그곳에서 학생들을 가르쳤다고 들었다. 철거 싸움은 2년여 가까이 진행된 후, 입주권을 얻으면서 끝이 났다.

박상필(역사교육과 95)

의 실천적 연대를 모색하기 위해 공부방 한마당이 개최되기도 했다. 이 행사를 통해 일반 학생들에게 공부방을 소개하고, 교사를 모집하며, 책 기증 등이 이루어졌다.

서울대생이 운영한 대표적인 공부방으로는 신림동 삼성산 주공아파트에 위치한 '다솜공부방'을 들 수 있다. 이곳은 신림동 B 지구 속칭 '밤골'이라고 불리던 곳으로, 과거 '겨레터야학'이 활동했던 곳이다. 이 공부방은 철거 싸움의 와중에 만들어졌다. '너른마당 공부방'은 봉천6동에 있었는데 이곳도 밤골과 마찬가지로 재개발 대상 지역이었다. 난곡에는 꿈나무 공부방이 있었고, 서초꽃마을 공부방에서도 서울대생이 활동했다.

공부방에서는 주로 학과 공부에 대한 학습 지도를 했다. 가능한 한 입시 위주의 교육은 하지 않으려 노력했지만, 학교 성적이 떨어지면 부모님 등쌀에 아이들이 발길을 끊는 일이 많았기 때문에 학교 성적도 전혀 무시할 수는 없었다.

1990년대에 들어 학생운동에 나타난 새로운 양상 가운데 하나가 소수자 인권운동이었다. 여성을 비롯한 성적소수자의 인권을 옹호하려는 운동도 있었고, 장애인의 인권을 옹호하려는 운동도 일어났다. 서울대생 가운데는 이러한 시대적 흐름에 따라 장애인을 위한 야학에 참여하는 사람도 있었다.

그 대표적인 예가 1993년 구의동의 정립회관에서 문을 연 '노들장애인야학'이다. 학생들 대부분은 지체장애인이거나 뇌병변 장애가 있었다. 교사진은 여러 대학 출신으로 이루어졌지만, 그 가운데 서울대 식품영양학과 97학번 김기룡이 특히 큰 역할을 했다. 그는 1998년부터 이 야학의 교사로 활동하기 시작해 2006년 무렵까지 사무처장으로서 이 야학을 지켰으며, 장애인인권연대의 선전국장으로도 활약했다.

서울대 근처에서는 2008년 설립된 관악구 장애인야간학교 '한울림'이 주목된다. 이 야학은 사단법인 관악사회복지의 사업 가운데 하나로, 보라매공원에 위치한 남부장애인복지관 지하식당에서 문을 열었다. 거기서 서울대 수화동아리 '손말사랑'이 수화를 통한 봉사활동을 했다.

21세기에 들어 우리나라에 외국인 노동자가 증가하고 한국인 남성과 결혼한 이주여성들도 크게 늘어났다. 이들의 언어소통 문제가 사회적 이슈로 떠오르기 시작했다. 서울대생 가운데는 소수자 인권운동 차원에서 이들을 위한 교육활동에 참여하는 사람이 있었다. 이들은 외국인노동자센터의 한국어교실이나 이주여성교실에서 한글을 가르쳤다. 서울대 당국도 관악구다문화가족센터를 운영하며 다문화가족을 위한 언어 교육, 통번역, 상담 등을 지원했다.

• 야학의 역할을 대신한 멘토링 프로그램들

서울대는 21세기 들어 학생들의 교육봉사활동을 제도적으로 뒷받침하기 시작했다. 학생들은 이러한 제도를 활용해 전국의 저소득층과 교육소외지역 청소년을 대상으로 다양한 형태의 멘토링 활동을 펼쳤다.

그 첫 사례가 SAM멘토링(Snu Active Mentoring)이다. 이 프로그램은 사범대와 관악구가 손을 잡고 2006년부터 실시했는데, 관악구 내의 저소득층 청소년을 대상으로 비전 코칭, 학습 컨설팅, 마음 상담 등을 제공하는 것이 주된 내용이었다. 이 프로그램은 학기를 단위로 실시되었는데, 멘토로 선정된 대학생이 담당 멘티와 10주 내외의 기간 동안 멘토링을 진행했다. 이 프로그램은 멘토에게는 교사로서의 경험을 가져다주고, 멘티에게는 더 많은 교육 기회를 주는 장점이 있었기 때문에 인기가 높았다. 따라서 멘토로 선정되기 위해서는 2, 3 대 1의 경쟁을 뚫어야 했다.

새싹 멘토링은 2008년 처음 개설되었다. 이 프로그램은 장학금과 멘토링 봉사활동을 결합한 것으로서 미래국제재단이 서울대생에게 장학금을 지급하는 대신 장학금을 받은 학생은 저소득층 청소년의 학습지도를 해주는 방식으로 진행되었다.

SNU멘토링은 2009년 동반자사회 프로그램의 하나로 시작되었다. SAM멘토링이 사범대의 주관하에 관악구 저소득층 중고생을 대상으로 한 것과 달리, 이 프로그램은 대학본부가 전국의 저소득층 중고생을 대상으로 주관했다. 멘토링 활동이 온라인상으로 이루어진 점도 새로웠다. 대학생활문화원은 '이웃사랑'이라는 이름의 자원봉사 프로그램을 운영했으며 여기에도 교육봉사활동이 포함되었다.

서울대 학생들은 대학이 주관하는 멘토링 프로그램에 참여하는 것을 넘어 스스로 봉사단체를 조직해 멘토링 활동을 전개하기도 했다. 그 대표적인 단체로 '프로네시스 나눔실천단'을 들 수 있다. 이 단체는 2006년 낙후 지역의 교육 불균형 문제 완화와 서울대생의 봉사활동 촉진을 목표로 발족했으며 이후 지속적인 교육봉사활동을 전개했다.

다솜공부방도 멘토링 활동을 펼치는 봉사단체였다. 앞에서 보았듯이 이 공부방은 원래 철거 싸움을 학생들이 지원하는 와중에 만들어졌는데, 나중에 대학에 봉사단체로 등록해 지속적인 멘토링 활동을 전개했다. 이 밖에 저소득층 학습지도 봉사동아리로 '아름터'가 있으며, '인연맺기학교'는 장애아동뿐 아니라 저소득층을 위한 주말학교를 운영했다. 2009년 서울대에 유학 중인 외국인 학생들과 한국 학생이 함께 만든 스누피사(SNUPISA)는 '해피컬처네트워크(Happy Culture Network)'라는 이름으로 다문화가정을 위한 멘토링 활동을 전개했다.

이상에서 본 대로 21세기에 들어서도 교육을 통한 봉사활동은 지속되었으나, 그 방법과 대상이 바뀌었다. 이전의 야학이 정규학교에 가지 못한 청소년을 가르쳤다면 21세기의 멘토링은 정규학교에 다니는 중고교생의 학업 신장을 도와주는 것이다. 이는 학교에 다니지 못하는 청소년이 거의 사라진 사회적 변화에 따른 결과였다. 그러나 전자가 대학생들이 자신의 사회개혁적 의지에 따라 행한 보상을 바라지 않는 실천이었다면, 후자는 대학의 정식 교과목으로 편제된 제도 속에서의 실천이라는 점에서 차이가 있다.

제8장

독서

서울대가 개교하고 상당한 시간이 흐른 뒤에도 교양교육 여건은 그다지 좋지 않았다. 학생들은 공식적인 교과과정보다는 독서와 자율적인 학회활동 등을 통해 스스로 온전한 교양을 갖추어야 했다. 이를 위해서는 무엇보다 먼저 반공이데올로기에 따른 이분법적이고 편향된 초·중등 교육의 찌꺼기부터 털어내야 했다. 당시 후진적인 정치 상황으로 말미암아 학생들이 스스로 갖춘 교양은 곧바로 학생운동이라는 정치적 실천으로 이어졌다. 1970년대부터 유행하기 시작한 '의식화'라는 용어는 이러한 실천적 교양을 일컫는 또 다른 표현이었다. 이 장에서는 서울대생의 독서 행태의 변화를 통해 학생운동의 정신적 자양분이 어떻게 만들어졌지 살펴보도록 하자.

1. 1950년대 서울대생의 정신적 풍경

● 척박했던 독서 환경

1950년대까지만 해도 학생들의 독서 환경은 매우 열악했다. 교양서적이나 전공서적을 막론하고 읽을 만한 책을 구하기가 쉽지 않았다. 특히 우리말로 지은 서적은 더욱 찾아보기 힘들었다. 이렇게 된 근본적인 이유는 우리나라가 근대 학문의 출발이 늦었기 때문이다.

근대 학문의 제도적 기반은 대학일 수밖에 없는데, 1945년 이전에 한반도에서 대학이라고는 경성제국대학 하나밖에 없었다. 경성제국대학은 교수가 모두 일본인이었고 학생들도 대다수가 일본인이었기에 결코 조선인의 대학이라고는 할 수 없었다. 일제의 식민통치를 위한 교육 및 연구 기관이었을 뿐이다. 일제강점기에는 연희전문학교에 문과(文科)와 수물과(數物科)가 개설되어 그나마 조선인을 위한 순수 학문 교육기관으로서의 기능을 수행했다.

서울대는 개교 당시 순수 학문 분야의 학과들을 문리대에 집중시켰다. 문리대가 전체 대학의 교양교육과 기초교육을 담당하도록 하는 것이 애초의 구상이었다. 하지만 이후 서울대는 종합화를 온전히 이루어내지 못하고 연립대학의 수준에 머물렀다. 그 결과 교양교육과 기초교육을 서울대 차원에서 체계적으로 실시하지 못하고 각 단과대학들이 제각기 실시하는 실정이었다. 서울대가 전교생의 교양교육을 담당하기 위해 교양과정부를 처음 개설한 것은 1957년의 일이었다.

이렇게 근대 학문과 이에 기반을 둔 교양교육의 출발이 늦었던 만큼 학생들에게 교양서가 충분히 공급되기까지 상당한 시간이 필요했다. 해방 직후 우리말로 된 서적들이 전혀 없었던 것은 아니다. 해방 직후 을유문화사를 비롯한 많은 출판사가 설립되어 여러 서적이 쏟아져 나온 것은 분명한 사실이다. 이 가운데는 해방 이후 새로 발간한 것도 있었지만 일제강점기에 발행되었던 책의 재판을 찍은 것도 있었다. 해방과 함께 도서 출판에서도 일대 붐이 불었다.

그 내역을 간단히 살펴보면 국어국문학 분야에서는 최현배의『글자의 혁명』, 김윤경의『조선문자급어학사』, 조윤제의『조선시가의 연구』, 양주동의『여요전주』, 김태준의『조선한문학사』와『조선소설사』등이 민속학 분야에서는 손진태의『조선민족설화의 연구』와『조선민족문화의 연구』, 유자후의『조선화폐고』등이 출판되었다. 경제사 분야에서는 인정식의『조선의 토지문제』와『조선농업경제론』, 유자후·최호진·전석담·이북만의『경제사』등이, 예술 분야에서는 함화진의『조선음악통론』과 정노식의『창극사연구』, 과학사 분야에서는 홍이섭의『조선과학사』, 교육사 분야에서는 이만규의『조선교육사』등이 출판되었다.

이렇게 상당한 분량의 학문적 성과물들이 해방과 더불어 한꺼번에 쏟아져 나온 것이 분명한 사실이나, 이 서적들은 대체로 한국학 분야에 국한되었고 아직 근대 학문 전반으로까지 확산되지는 못했다. 따라서 보편적 교양을 위한 서적들이 출간되어 학생들에게 공급되기까지는 아직 시간이 더 필요했다.

당시 학생들이 구할 수 있는 그나마 제대로 된 읽을거리라고는 장준하가 1953년에 창간한 시사종합지 ≪사상계≫뿐이었다. 이 잡지는 민족통일 문제, 민주사상의 함양, 경제발전, 새로운 문화 창조, 민족적 자존심의 양성 등을 편집의 기본 방향으로 삼았다. 김재준·홍이섭·정병욱·신상초·김성한 등 당대 저명한 지식인들이 대거 편집진으로 참여했다. 많은 학술적 논쟁이 이 지면을 통해 전개되었다.

≪사상계≫는 전후의 척박했던 독서 환경 속에서 지식인과 학생들의 사상적 갈증을 적셔주는 매체로서 폭발적인 인기를 모았다. 그래서 1956년에는 발행 부수가 3만 부를 넘어설 정도였다. 서울대생들도 1950년대의 척박한 독서 환경 속에서 그나마 ≪사상계≫를 통해 지적인 허기를 메울 수 있었다.

• 여전히 주된 읽을거리는 일본어로 된 서적

이렇게 우리말로 된 서적이 충분하지 못했던 형편에서 그 공백을 대신 채워준 것은 일본어로 된 서적들이었다. 1945년에 해방과 함께 조선에 살던 일본인들이 자기 나라로 돌아가면서 상당한 분량의 서적을 이 땅에 남겼다. 우선 서울대에는 과거 경성제국대학 시절의 도서관 장서가 남았다. 이 가운데는 서양서도 많았지만 일본어로 출판된 서적들이 더 많았다. 서울대가 개교한 후 이 장서들은 구관도서라는 이름으로 관리되었다. 학생들은 중앙도서관에서 이 책들을 열람할 수 있었다.

일본인 개인들도 상당한 분량의 서적을 남겼다. 이들은 일본으로 귀국할 때 많은 짐을 가지고 갈 수 없었다. 이들이 부득이 남기고 간 서적들은 헌책방을 통해 시중에 흘러나왔다. 서울대 학생들은 학교에서 그리 멀리 떨어져 있지 않은 청계천 헌책방 거리에서 손쉽게 일본어 서적을 구할 수 있었다.

일본어 서적이 아무리 많이 남았더라도 학생들이 일본어를 읽어내지 못한다면 아무 쓸모가 없었을 것이다. 하지만 해방된 후 상당한 시간이 흐를 때까지도 서울대 학생들은 일본어 해독 능력이 있었다. 해방되자마자 곧바로 교육 용어를 우리말로 바꾸었지만 그 이전에 초등학교에 입학한 세대는 이미 일본어를 상당히 배운 상태였기 때문이다.

1952년 서울대 입학생의 경우를 생각해 보면 해방될 당시 초등학교 6학년 무렵이었다. 일제강점기에는 일본어를 외국어가 아니라 '국어'로 배웠다. 당시 학생들은 이른바 '국어 상용'으로 말미암아 강의 시간뿐 아니라 일상생활에서도 일본어를 사용해야 했다. 따라서 초등학교를 마칠 무렵이 되면 이미 일본어를 자유롭게 구사할 수 있는 수준이었다. 구어가 아닌 문어의 경우에는 우리말보다 일본어가 더 익숙할 정도였다.

즉 서울대생들은 1950년대까지만 해도 일본어를 자유롭게 구사할 수 있었다. 전혀 일본어로 '오염'되지 않은 이른바 한글세대는 1950년대 후반이 되어서야 비로소 등장하기 시작했다. 따라서 학생들은 1950년대까지는 일본인이 남기고 간 일본어 서적을 별 어려움이 읽을 수 있었다.

당시 서울대생의 독서에 큰 영향을 미친 책으로는 가와이 에이지로(河合榮治郎)가 지은 『학생과 독서』를 들 수 있다. 이 책의 저자는 일본 도쿄대 교수로서 1939년에 '출판법' 위반으로 기소되어 교수직을 박탈당한 바 있다. 그렇다고 해서 그가 좌파는 아니었다. 굳이 정치적 성향을 따지자면 자유주의자였다고 할 수 있다. 그는 도쿄대에서 쫓겨난 이듬해인 1940년에 이 책을 비롯해 교양서 시리즈를 집필하기 시작했다. 그는 이 책에서 대학 신입생을 대상으로 대학생활을 소개하면서 교양을 위해 알아두어야 할 책과 사상가들을 철학·윤리학·역사학·문학·자연과학·사회과학 등 6개 분야로 나누어 설명했다.

이 책은 제2차 세계대전 종전 이후 그의 제자들에 의해 다시 간행되어 일본에서 베스트셀러가 되었다. 이 책은 1950년대 들어 한국에도 전해졌다. 박영사에서 1955년 이 책을 번역해 출간했다. 이 책에서 거론된 여러 서적은 대부분 중앙도서관 구관서고에 소장되어 있었기 때문에 당시 서울대생들에게 큰 영향을 미쳤다.

1950년대 서울대생들은 이 책의 도움을 받아 수많은 일본어 서적을 섭렵했다. 1952년에 입학한 남재희의 사례를 살펴보면 그는 대학 시절 니시다 기타로(西田幾多郎)의 『선(善)의 연구』, 이데 다카시(出隆)의 『철학 이전』, 미키 기요시(三木清)의 『철학 노트』 등 철학서를 읽었고, 가와가미 하지메(河上肇)의 『경제학대강』 등 경제학 서적도 섭렵했다. 게오르크 헤겔(Georg Hegel)과 이마누엘 칸트(Immanuel Kant)의 철학도 와쓰지 데스로(和辻哲郎)와 야나기다 겐주로(柳田謙十郎)의 해설서를 통해 그 윤곽을 잡아나갔다고 한다.

서울대 중앙도서관 구관서고에는 이 밖에도 수많은 일본어 서적이 소장되어 있었는데 이념적으로 극좌 성향에서 극우 성향까지 다양했다. 우파 성향의 서적은 물론이고 좌파 성향의 서적도 생각보다 많이 소장되어 있었다. 이처럼 다양한 서적은 대부분 다이쇼 데모크라시 시대의 산물이다. 다이쇼 데모크라시란 다이쇼 일왕의 재위 기간인 1912~1925년을 중심으로 그 전후 몇 년을 추가한 시기에 일본 정치에서 나타난 민주주의적 경향을 지칭하는 용어다. 이 시기 일본은 사상적으로 백화제방 시대여서 극좌에서 극우까지 다양한 사상이 꽃피었다.

일본의 대학에서는 1930년대 들어 군국주의의 바람이 본격적으로 불기 이전까지 사상의 다양성이 어느 정도 용인되었다. 그리고 이는 식민지에 세워진 경성제국대학에서도 마찬가지였다. 그 결과 다이쇼 데모크라시의 유산들이 경성제국대학의 도서관에 그대로 보존될 수 있었다. 그리고 1950년대 서울대생들은 중앙도서관 구관서고에 비치된 서적들을 통해 다이쇼 데모크라시 시대의 사상적 성과물들을 섭취했다.

● **서양문화의 직수입과 실존주의 유행**

앞서 보았듯이 1950년대까지만 해도 서울대생의 주요한 읽을거리는 일본어 서적이었다. 심지어 서양 근대문화까지도 일본을 통해 간접적으로 받아들였다. 이렇게 서양의 사상과 이론을 일본어 번역본을 통해 파악할 경우 원문의 개념어와 맥락을 정확하게 이해하기 어렵거나 불충분한 문제가 뒤따르기도 했다. 1950년대 후반 한글세대가 등장하면서 일본어로 중역된 근대문화 이해에 대한 문제의식이 생겨나기 시작했다. 그리고 이러한 문제의식을 가진 학생들은 일본어 서적을 제치고 이른바 '원서'를 통해 서양 문화와 직접 대면하고자 했다. 하지만 서양 원서를 구하는 일은 결코 쉽지 않았다.

1950년대 전반기까지만 해도 서양 원서를 구할 수 있는 통로는 미군부대가 고작이었다. 당시 미군 병사들의 학력이 생각보다 높아 간혹 수준 높은 학술서가 미군부대를 통해 흘러나오기도 했다. 하지만 이러한 방식으로 공급되는 서적들의 양이나 질이 충분할 리가 없었다. 서양서가 직접 수입되기 시작한 것은 1950년대 중반 이후다. 전후 복구가 어느 정도 이루어지고 나서야 비로소 국외에서 발간된 서적을 구매할 수 있는 창구가 열렸다.

서양서들이 직접 들어오면서 서양에서 유행했던 사조가 일본을 거치지 않고 곧바로 한국에 전해지기 시작했다. 1950년대에 전해진 대표적인 사조로는 실존주의를 들 수 있다. 당시 학생들은 강의실뿐 아니라 다방이나 술집에서 실존주의 철학과 문학에 대해 토론했다. 장 폴 사르트르(Jean Paul Sartre)가 가장 매혹적인 실존철학자였다. 마르틴 하이데거(Martin Heidegger)가 철학도를 심취시킨 것과 같이, 사르트르는 불문학도뿐 아니라 온 대학생들의 의식을 사로잡았다. 하이데거가 박종홍 등의 교수진에 의해 본격적으로 소개된 반면, 사르트르와 앙드레 말로(Andre Malraux), 알베르 카뮈(Albert Camus) 등은 젊은 문학도들에 의해 진지하게 그러나 아직 덜 소화된 상태에서 논의되었다고 할 수 있다.

실존주의를 비롯한 서양 사조 도입의 창구 역할을 한 것은 특히 문리대였다. 1950년대에 문리대의 철학 강좌는 온통 실존주의로 채워졌다. 이와 같은 철학 사조와 함께 사회학·정치학 등 서구의 근대 분과 학문들도 함께 들어와 자리 잡기 시작했다.

이 과정에서, 문리대의 학술지 ≪문리대학보≫가 중요한 역할을 했다. 이 잡지는 교수들의 논문뿐 아니라 학생들의 실험적인 논문도 실었으며, 새로운 학문적 조류를 소개하는 매체 구실을 했다.

● 상아탑에서는 어느 정도 유지된 사상의 자유

1950년대에 한국전쟁을 치르면서 반공이데올로기가 한국 사회를 지배했다. 서울대도 여기에서 예외가 아니어서 유근일이 1957년 12월에 문리대 학생 신문 ≪우리의 구상≫에 민주사회주의를 소개하는 글을 투고했다가 체포되었고 그가 몸담았던 서클까지 강제로 해산되는 일이 벌어졌다.

교수들의 사회적 발언도 감시와 통제를 받았다. 1950년대만 해도 ≪대학신문≫은 일개 학내 매체의 위상을 넘어 사회적으로 상당한 영향력을 발휘했다. 따라서 서울대 교수들은 ≪대학신문≫의 지면을 통해 자신의 뜻을 펼치곤 했다. 이런 까닭에 당시에는 ≪대학신문≫ 기사를 사전에 검열해 배포를 중지시키는 사태가 종종 벌어졌다. 대표적인 사례로 1956년 5월 28일 자 대통령선거에 관한 특집을 들 수 있다. '일부 교수의 글이 과격하다'는 이유로 배포가 중지되었다. 1958년 황산덕 교수에 대한 학위 수여 거부 사태에서 볼 수 있듯이, 정부의 눈 밖에 난 교수들은 여러 방식으로 보복을 당했다.

이승만 정권은 이렇게 비판적 의견을 사전에 검열해 봉쇄하려고 했지만, 사상적 통제의 그물망은 그렇게 촘촘하지 못했다. 이승만 정권은 대학교수들의 대외적인 발언을 통제했지만, 대학 내부에서의 활동까지 치밀하게 감시하지는 못했다. 서울대 중앙도서관에는 과거 경성제국대학 시절의 유산인 좌파 성향의 서적들이 1950년대 내내 그대로 '방치'되어 있어 학생들이 자유롭게 열람할 수 있었다.

1950년대에 서울대에서는 사상적 다양성이 어느 정도 용인되고 있었다. 그 결과 일부 학과에서는 진보적 학풍이 어느 정도 살아 있었다. 정치학과가 대표적인 예인데, 당시 민병태 교수와 신도성 교수는 영국 노동당의 이념인 페이비어니즘을 수용했다. 반면에 사회학과의 변시민 교수와 최문환 교수는 주로 막스 베버(Max Weber)의 사상을 받아들였지만, 상대적으로 진보적인 입장을 취했다.

민병태 교수는 영국 노동당의 이론가인 해럴드 라스키(Harold Laski)의 *Grammer of Politics*를 직접 번역해 『정치학강요(政治學綱要)』라는 제목으로 출판했다. 신도성 교수도 『정치학개론강의』 등 여러 편의 정치학 저서들을 발간했는데, 이 책들도 결론적으로 사회민주주의를 내세웠다. 라스키의 『정치학강요』와 조지 콜(George D. H. Cole)의 『영국노동당사』 등 영국식 사회민주주의를 담은 서적들은 정치학과 학생들뿐만 아니라 서울대생 전체에게 큰 영향을 미쳤다.

민주사회주의를 주장하는 글을 기고해 문제가 되었던 유근일이 몸담았던 문리대의 신진회는 물론이고, 법대의 신조회 회원들도 페이비어니즘에 빠져 있었다. 그래서 일부 열혈 회원들은 아예 신조회를 페이비언협회 서울 지부로 등록하자는 주장을 할 정도였다. 사실 이런 영국식 사회민주주의의 추구는 분단 상황에서 이승만 정권의 권위적 반공주의에 대한 부정인 동시에 북한의 공산주의에 대한 비판이기도 했다. 1957년에 법대를 중퇴한 최인훈이 1960년에 발표한 소설 「광장」의 주인공 이명준이 남쪽도, 북쪽도 아닌 제3국인 인도로 가는 길을 택한 것은 학내의 사상적 분위기를 반영한 것이었다. 당시 인도 수상 자와할랄 네루(Jawaharlal Nehru)도 영국식 사회민주주의, 즉 페이비어니즘의 신봉자였다.

2. 4·19혁명이 몰고 온 민족주의의 물결

● 민족주의가 불붙은 이유

1960년대는 민족주의의 시대였다. 4·19혁명 그 자체에는 민족주의가 포함되어 있지 않았다. 하지만 4·19혁명이 가져다준 해방된 공간에서 여태까지 금기시되었던 민족주의가 되살아났다. 혁명 직후 전개된 민족통일운동은 민족주의 담론을 더욱 고양시켰다.

5·16군사정변을 통해 집권한 군사정권도 이른바 민족적 민주주의를 표방했다. 당시 학생과 일부 지식인들은 한때 군사정권의 이런 면모에 대해 기대감을 갖기도 했다. 하지만 박정희 정권이 굴욕적인 한일협정을 추진하는 바람에 이러한 기대감도 무너져 내렸다. 대학생들은 한일협정 반대운동을 맹렬히 전개하는 과정에서 '민족적 민주주의 장례식'이라는 퍼포먼스를 통해 박정희 정권과의 결별을 선언했다. 그리고 저항 이데올로기로서 민족주의를 만들어나갔다.

한편 한글세대의 문화적 자각은 1960년대의 민족주의 흐름과 긴밀하게 조응했다. 우리나라는 식민통치로부터 해방되기는 했지만, 그 이후로도 상당 기간 일본 문화의 영향력에서 벗어나지 못하고 있었다. 날카로운 반일의식과 일본식 문화의 잔재가 기묘한 동거를 하고 있는 형국이었다. 새로운 한글세대는 이러한 이중성에 예민하게 반응했다. 일제 잔재에 대한 문제의식이 역편향으로 나아가 서양 문화에 대한 추수주의로 일부 발현되기도 했지만, 다른 한편으로 4·19혁명 이후 민족주의의 물결이 일면서 우리 문화에 대한 자각이 싹트기 시작했다.

● 민족주의를 불러일으킨 책들

1960년대에 민족주의가 고양되면서 학생들은 민족주의와 관련된 서적을 많이 읽었다. 민족주의와 관련해 가장 먼저 주목받은 책으로는 사회학과의 최문환 교수가 1958년 발행한 『민족주의의 전개과정』을 들 수 있다. 그는 1950년대에 서울대에서 명강의로 유명했는데, 강의 내용을 교재로 집필한 것이 바로 이 책이었다.

최문환 교수는 이 책에서 위로부터의 개혁이나 밑으로부터의 혁명이 아니라 청년 학생이라는 비계급적 사회집단이 개혁 주체가 되는 인텔리혁명을 강조했다는 점에서 4·19혁명을 이념적으로 뒷받침했다고 평가받았다. 이 책은 1960년대에 들어서도 여전히 학생들에게 큰 영향을 미쳤고, 당시 여러 학회에서 필독서 중 하나로 꼽았다.

민족주의를 이론적으로 잘 해설해 준 책이 『민족주의의 전개과정』이었다면, 민족주의의 시각에서 한국의 역사상을 잘 제시한 책으로는 이기백 교수의 『한국사신론』(1967)을 들 수 있다. 이 책은 『국사신론』(1960)을 대폭 보강해 펴낸 것으로, 서론을 통해 일제 식민사학의 허구성을 조목조목 논파한 것으로 유명하다. 1950년대만 해도 한국사학계는 식민사학의 독소를 제대로 극복하지 못하고 있었는데, 4·19혁명으로 이러한 자괴감을 떨치고 일어날 수 있는 분위기가 조성되었다. 『한국사신론』도 이러한 시대적 분위기 속에 나온 것이다. 1970년대에는 조선 후기 이래 한국사의 주체적 발전 과정을 실증한 김용섭의 『조선후기농업사연구』(1970)와, 일제강점기를 식민지반봉건사회로 규정하고 3·1운동의 의의를 재조명한 안병직의 『3·1운동』(1975)도 한국 근대사 인식을 새롭게 하는 저작으로 주목받았다.

문학 분야에서는 임종국의 『친일문학론』(1966)이 대학생들 사이에서 큰 파문을 일으켰다. 이 책은 1940년을 전후한 대략 10년간 행해진 문학가들의 친일 행적을 정리한 것으로, 당시의 정치사회적 배경, 친일 문화단체의 활동, 작가 및 작품론 등을 자료를 바탕으로 다각도로 분석했다. 이 책은 정부 수립 직후 반민특위의 좌절과 함께 그간 수면 아래로 가라앉아 있던 친일파 청산

문제를 다시 제기했다는 점에서 특히 주목을 받았다. 이것은 국내는 말할 것도 없고 일본에도 큰 영향을 미쳤다. 출판된 부수의 3분의 2가량이 일본으로 건너갈 정도였다.

● 제3세계에 대한 관심

1960년대에는 세계적으로도 민족주의 열풍이 불었다. 한국에서 4·19혁명이 일어난 1960년에 아프리카에서는 수많은 신생독립국이 탄생했으며 이 나라들이 세계의 민족주의를 주도했다. 이러한 신생독립국들, 특히 냉전질서하에 대치하고 있던 미국이나 소련과 거리를 두고 독자적인 노선을 걷는 나라들을 일컬어 '제3세계'라고 불렀다. 한국에서도 '후진국'이라는 용어가 일종의 키워드처럼 사용되었듯이 스스로 제3세계의 일원이라는 의식이 강했다. 따라서 1960년대 들어 제3세계에 대한 관심이 높아진 것은 당연했다.

제3세계 문제와 관련해 한국 사회에 가장 충격을 준 서적으로는 미국의 사회학자 라이트 밀스(Wright Mills)가 지은 『들어라 양키들아』를 들 수 있다. 이 책은 쿠바혁명이 성공한 직후인 1960년 8월에 저자가 쿠바로 건너가 혁명가, 지식인, 관리들을 만나 인터뷰한 내용을 정리한 것이다. 이 책은 피델 카스트로(Fidel Castro)가 사실은 민족주의자인데 미국의 간섭 때문에 어쩔 수 없이 마르크스주의로 전환했다는 쿠바인들의 주장을 담고 있다.

이 책은 1961년에 신일철이 번역해 정향사에서 출판했기 때문에 일반 독자들도 쉽게 구해 읽을 수 있었다. 한국에서 이 번역본이 출판된 시점은 5·16 군사정변이 일어날 무렵이었다. 학생들 가운데 일부는 군사정변을 용인한 미국이 과연 한국의 민주화에 확고한 입장을 취하는지에 대해 의문을 품고 있었다. 그즈음에 이 책이 출판되어 반미까지는 아니더라도 그동안 그야말로 절대적인 존재였던 미국을 상대화할 수 있는 계기를 제공했다.

1960년대에 학생들은 『들어라 양키들아』 이외에도 가말 나세르(Gamal Abdel Nasser), 아흐메드 수카르노(Achmed Sukarno), 마오쩌둥(毛澤東) 등 제3세계의 민족해방운동에 대한 책을 많이 읽었다. 하지만 우리말로 짓거나 번역한 책이 거의 없었으므로 주로 일본 서적을 통해 이러한 내용을 습득해야 했다. 하지만 여기서 예외인 것이 김상협 교수가 지은 『모택동사상』이었다.

정치학자 김상협은 고려대 설립자 김성수의 조카로, 일제강점기인 1942년에 도쿄제국대학을 졸업했다. 그는 훗날 고려대의 교수와 총장을 지냈고, 1982년에는 국무총리까지 역임한 인물이다. 이렇듯 그는 정치경제적 배경이 튼튼했기에 반공이데올로기의 굴레에서 상대적으로 자유로울 수 있었고, 그 덕택에 마오쩌둥의 사상을 연구 주제로 삼을 수 있었다.

이 책은 1964년에 지문각을 통해 발행되었는데, 출간 즉시 공안 당국의 주목을 받았다. 이 책의 내용 가운데 "모택동사상의 승리"라고 표현한 부분이 있었기 때문이다. 공안 당국은 "승리"라는 표현을 문제 삼았다. 당시에는 '반공법'이 시행되고 있었는데, 이 법에서는 중국을 이른바 '국외공산계열'로 분류하고 있었다. 따라서 당시에는 '중국'이 아니라 반드시 '중공'이라고 불러야 했다.

당시 공안 당국은 이 책이 국외 공산 계열인 '중공'을 고무 찬양했다는 이유로 불온서적으로 분류했다. 그래서 이 책을 소지했다는 이유만으로, 일부 운동권 학생들이 '반공법' 위반 혐의로 처벌받기도 했다. 저자인 김상협은 워낙 배경이 대단했기 때문에 눈에 띄는 탄압을 받지는 않았지만, 음성적인 감시와 미행까지 피할 수는 없었다. 하지만 공안 당국이 탄압할수록 이 책에 대한 학생들의 관심이 높아지는 역설적인 현상이 벌어졌다. 학생들은 이 책을 통해 제3세계의 민족해방운동뿐 아니라 사회주의에 대해서도 넘겨다보게 되었다.

• 사회주의 경제학의 명맥을 이어가다

4·19혁명이 가져다준 사상적 해방의 덕택으로 분단과 한국전쟁 이후 맥이 끊긴 사회주의 경제학의 명맥을 이어나갈 수 있었다. 1950년대에도 이에 대한 관심이 전혀 없지는 않았지만, 1960년대 들어 더욱 높아졌다. 하지만 아직은 국내에 이에 관한 서적이 많지 않아 학생들은 부득이 경성제국대학이 남

기고 간 일본어 서적들을 통해 지식을 얻어야 했다.

당시 사회주의 경제학을 학습하기 위한 기본적인 텍스트로는 가와카미 하지메(河上肇)가 지은 『경제학대강(經濟學大綱)』을 들 수 있다. 가와카미는 일본에서 이 분야의의 선구자로서 1928년에 학생들에게 좌경 사상을 유포한다는 이유로 교직에서 쫓겨난 후 공산당에 입당해 지하활동을 전개한 인물이다. 이 책은 마르크스가 지은 『자본론』의 내용을 읽기 쉽게 정리한 것으로 그가 강단에서 쫓겨난 해에 출간했다. 경성제국대학 시절부터 도서관에 이 책이 비치되어 있었는데, 그로부터 30여 년이 지난 1960년대에도 여전히 이 책을 통해 서울대생들이 사회주의 경제학에 입문했다.

경제사 분야에서는 전석담의 『조선경제사』와 이영협의 『일반경제사요론』이 많이 읽혔다. 전석담은 해방공간에서 활동한 사회주의 경제학자로서 월북하기 전인 1948년 을유문화사에서 『조선사교정』을, 1949년 박문출판사에서 『조선경제사』를 출간했다. 이 책들은 그가 월북한 이후에도 서울대 중앙도서관에 여전히 소장되어 있었다.

『일반경제사요론』(1960)을 지은 이영협은 1938년에 니혼대학 상학과를 마친 경제학자로, 1960년대에는 건국대 교수로 재직하고 있었다. 와세다대학 출신의 경제학자인 최종식과 함께 사회경제사의 맥을 이은 인물이다. 이 책은 마르크스주의적 시각에서 경제사를 정리한 이론서로서 당시 학생들은 이 책을 통해 경제사의 일반 법칙뿐 아니라 세계사의 흐름 속에서 한반도 문제를 이해할 수 있었다. 이 책은 최종식의 『서양경제사론』(1978)이 나올 때까지 경제사 분야에서 교과서 역할을 했다. 1982년에 일어난 이른바 부림사건 당시에도 공안 당국이 에드워드 카(Edward Hallett Carr)의 『역사란 무엇인가』(1971년부터 한글번역본이 여러 출판사에 의해 출간됨)와 함께 이 책을 불온도서 목록에 올렸다. 1992년, 군에서 지정한 불온간행물도서목록에도 이 책이 포함되어 있었다.

1960년대만 해도 한국은 농업 비중이 압도적인 나라였다. 따라서 경제학 탐구의 주된 대상도 농업일 수밖에 없었다. 서울대에도 농촌운동과 관련된 학회 등 학생 단체가 많았다. 이러한 단체들의 커리큘럼에는 반드시 농업경제학 관련 서적이 포함되었다.

1960년대 서울대생들은 농업경제학에 대한 공부를 구리하라 하쿠주(栗原百壽) 등 일본 학자들의 저서를 읽는 것으로 시작했다. 구리하라는 도호쿠제국대학 출신의 일본 경제학자로 1937년 대학 졸업 직후 인민전선사건으로 검거되었고, 1942년에 다시 '치안유지법' 위반으로 체포된 바 있는 인물이다. 그는 제2차 세계대전이 끝나고 난 뒤 농림성 통계조사국에서 근무하다가 1953년에 다쿠쇼쿠대학 교수가 되었다. 그는 일본의 좌파 활동가이자 경제학자였던 셈인데, 특히 농업경제학 분야의 대가였다. 그는 1943년『일본농업의 기초구조』를 시작으로 다수의 저서를 남겼으며, 이 중 1955년 펴낸『농업문제입문』이 농업경제학 분야의 대표적인 개설서였다.

1960년대에 들어서면 한국인 학자가 지은 농업경제학 서적이 등장하기 시작한다. 그 대표적인 서적으로 김준보의『농업경제학서설』을 들 수 있다. 김준보는 일제강점기 규슈제국대학 농학부를 마치고 해방 후 서울대 농과대학에 농경제학과를 창설한 인물이다. 이 책은 1966년 발행되었는데 당시 농촌운동 관련 단체들에서 주 교재로 채택했다. 이 밖에 박근창이 지은『농업경제학』도 많이 읽혔다.

본격적인 학술서는 아니지만 재벌 중심의 경제를 비판한 김성두의『재벌과 빈곤』(1965)도 대학생들이 많이 읽었다. 김성두는 당시 《조선일보》 논설위원으로, 재벌 중심 경제의 문제점을 조목조목 지적했다. 이로부터 20년이 지나『소외된 삶의 뿌리를 찾아서』(1985)라는 교양서가 발행되었는데 그 부제가 '재벌과 빈곤의 경제'였던 점으로 미루어 김성두의 문제의식은 그 뒤로도 서울대생 사이에 계승되었음을 알 수 있다.

• 진보적인 서적들을 어떻게 구했나

1960년대까지만 해도 국내에서 서적 출판이 아직 활발하지 못했다. 진보적인 내용을 담은 서적의 경우는 더욱 그러했다. 또한 진보적인 내용의 서적에 대해서는 검열의 눈초리가 드리우기 시작했다. 서울대 도서관이 소장하고 있던 서적에 점차 열람 금지 조치가 취해져 학생들이 읽을 수 없었다. 외국의 서적을 수입할 때도 검열이 실시되었다. 심지어 유학생이 귀국할 때 갖고 들어오는 서적에까지 감시의 눈길이 미칠 정도였다. 1950년대에 비해 경제적 형편은 나아졌지만 사상적인 통제장치는 그만큼 강화되었다. 따라서 읽을 만한 책을 구하기가 더 어려워졌다.

그동안 민족주의에 기초한 날카로운 정치평론을 실어서 학생들의 사상적 갈증을 채워주던 ≪사상계≫마저 김지하의 담시 「오적」을 게재했다는 이유로 1970년에 폐간되고 말았다. 이 사건으로 발행인 부완혁은 '반공법' 위반으로 구속되었다. 이 잡지를 창간한 장준하도 이로부터 5년 뒤에 의문의 추락사고로 사망했다.

학생들은 책을 구하기 위해 갖은 방법을 짜내야 했다. 서울대 도서관이 감시와 통제의 대상이 되자 전국의 공공도서관들을 뒤지기 시작했다. 일제강점기에 세워진 지방의 공공도서관 가운데는 간혹 일제강점기나 해방 직후에 발행된 서적을 소장하고 있어 쓸모 있는 서적을 발견하는 경우가 더러 있었다. 지방의 공공도서관에는 아직 검열의 손길이 미치지 못했기 때문이다.

한국 주재 미국문화원을 비롯해 여러 외국 문화원들의 자료실도 순례의 대상이 되었다. 외국 문화원들은 외국 정부가 운영했기 때문에 국내에서 검열의 손길이 미치지 못하는 거의 유일한 공간이었다. 따라서 외국 문화원을 통해 진보 서적들을 열람할 수 있었다.

하지만 뭐니 뭐니 해도 진보 서적의 보고는 헌책방이었다. 청계천의 헌책방 거리에서는 여전히 일본어로 발행된 진보적인 내용을 담은 서적을 구할 수 있었다. 1960년대 들어 사상 검열이 부쩍 강화된 결과 운동권 학생들이 읽은 책을 문제 삼는 일이 많아지면서 선배와 후배 사이에 책을 주고받는 일도 무척 조심스러웠다. 이때 헌책방은 알리바이를 제공해 주는 역할을 했다. 훗날 문제가 될 소지가 있는 책을 전해주고자 할 때는 그 책을 직접 건네주지 않고 '어느 헌책방 몇 번째 서가에 가보라'고 넌지시 귀띔을 해주는 방식을 택했다. 이렇게 하면 뒤에 이 책이 문제가 되었을 때 누구로부터 받은 것이 아니라 자신이 헌책방에서 직접 구입했다고 둘러댈 수 있었다.

3. 냉전적 사고를 뛰어넘다

● 코페르니쿠스적인 인식의 전환

학생운동과 박정희 정권과의 갈등과 대립은 1970년대 들어 더욱 극심해졌다. 1971년에는 '위수령'이 공포되어 군 병력이 대학 캠퍼스를 점령했고, 1972년 10월 17일에는 박정희 대통령의 장기 집권을 목적으로 하는 초헌법적 비상조치가 '10월유신'이라는 이름으로 자행되었다. 박정희 정권은 이후 '유신헌법'에 따른 긴급조치를 여러 차례 발령해 유신체제에 반대하는 학생들을 학교에서 영구히 추방했다. 학생운동을 체제의 울타리 밖으로 몰아낸 것이었다.

이에 따라 학생운동의 성격도 반정부운동에서 반체제운동으로 바뀌지 않을 수 없었다. 학생들의 현실 인식과 세계관에도 큰 변화가 나타났다. 기존의 세계관에 대한 근본적인 재검토가 이루어졌고 그 결과 냉전적인 사고방식에 정면으로 도전하는, 인식의 일대 전환이 일어나기 시작했다. 여기에 기여한 책으로 리영희 교수의 『전환시대의 논리』(1974)와 『8억인과의 대화』(1977)를 들 수 있다. 저자는 외신기자 출신의 언론학자이자 동아시아 전문가였다. 『전환시대의 논리』는 베트남전쟁과 중국의 사회주의를 심도 있게 분석한 책으로, 특히 미국 국무부 자료를 근거로 한 베트남전쟁에 대한 기존의 인식에 근본적으로 문제를 제기한 점이 학생들의 눈길을 끌었다. 『8억인과의 대화』는 중국과 관련된 외국 필자들의 글을 편역하고 주해를 단 것으로 저자가 『전환시대의 논리』를 통해 제기한 문제의식을 확장한 것이다. 리영희 교수는 이 책들을 통해 반공이라는 외눈박이 시각에서 벗어나 좌우의 두 눈으로 균형 있게 세상을 보아야 한다고 주장했다.

저자 리영희 교수가 외신기자 출신인 점도 주목할 필요가 있다. 1968년에 미국과 유럽에서는 학생운동이 폭발적으로 일어났다. 이를 일컬어 68혁명이라고 부른다. 68혁명의 주된 이슈 가운데 하나가 바로 베트남전쟁에 대한 반대였다. 68혁명 당시 서양의 학생들 가운데는 마오쩌둥사상을 대안으로 여긴 사람이 많았다. 리영희 교수는 외신기자로서 이러한 세계사적 흐름을 읽어냈으므로 베트남전쟁과 중국 문제에 주목한 것이다.

이 책들이 한국의 문제를 직접적으로 다루지 않았음에도 당시 공안 당국이 특히 예민하게 반응한 것은 이 책을 통해 서양 학생운동의 물결이 국내에 유입되는 것을 우려했기 때문이다. 이 무렵 서양의 청년문화를 국내에 소개하고 있던 언론인 남재희가 공안 당국의 경고를 받은 것도 같은 이유였다.

『8억인과의 대화』는 편역서였음에도 출간된 지 약 두 달 만에 판매 금지되었다. 『전환시대의 논리』의 속편에 해당하는 『우상과 이성』(1977)도 출간되자마자 판매 금지되었고, 필자는 '반공법' 위반으로 구속되어 약 2년간 옥고를 치렀다. 이렇게 필자는 잡아 가두었지만 그가 펴낸 책은 대학가의 필독서가 되었다. 그리고 학생들은 그가 이 책의 머리말에서 언급했던 코페르니쿠스적인 인식의 전환을 마침내 이루어내고야 말았다.

『전환시대의 논리』와 『8억인과의 대화』는 문학 계간지 ≪창작과 비평≫을 발행하던 창작과비평사에서 발행했다. ≪창작과 비평≫은 백낙청 교수 등이 1966년에 창간한 문학동인지로서 1970년에 창간된 ≪문학과 지성≫과 함께 1970년대를 대표하는 잡지였다. ≪창작과 비평≫은 문학 분야에 한정하지 않고 인문·사회과학을 포괄하는 교양종합지로 발전했다. ≪창작과 비평≫은 진보적인 입장에 서서 적극적인 사회참여를 주장해 학생들 사이에 인기가 높았다. 창작과비평사는 수많은 양서를 출판하여 학생들의 인식의 지평을 확대하는 데 큰 역할을 했다.

● 한국 근현대사 다시 보기

리영희의 책들이 동아시아 문제를 중심으로 인식의 전환을 이루어냈다면, 한국 근현대사를 통해 그런 역할을 해낸 책으로 『해방전후사의 인식』 총서를 들 수 있다. 이 총서는 해방 전후의 정치적 상황과 분단에 이르는 역사적 과정, 이후 벌어진 한국전쟁에 대한 논문을 모아놓은 것으로 한국 현대사의 첫 장면을 다룬 연구 성과였다.

이 총서는 1979년 10월에 그 첫 번째 권을 시작으로 이후 10년에 걸쳐 모두 여섯 권이 출간되었다. 제1권부터 제3권까지는 해방 이후부터 1948년 정부수립까지 3년간의 역사를, 제4권에서는 한국전쟁이 끝난 1953년까지 8년간의 역사를 다루었다. 제5권에서는 북한의 현대사를, 제6권에서는 쟁점과 과제를 다루었다.

이 총서의 제1권은 발간된 지 11일 만에 판매 금지되었다가 1980년 서울의 봄으로 간신히 해금되지만, 곧이어 5·17군사정변으로 다시 판매 금지되는 수난을 겪었다. 그럼에도 이 총서는 이후 제6권까지 꾸준히 발간되며 대학가의 필독서로 자리 잡았다.

이 총서의 첫 권이 발간된 1979년 무렵만 해도 고등학교에서 한국 현대사를 제대로 배울 기회가 없었다. 단지 반공이데올로기에 입각한 편향된 역사관을 일방적으로 주입받고 있었을 뿐이다. 이 총서는 이와 같은 기성 역사관에 정면으로 도전했다. 하지만 이 총서가 반드시 좌파의 입장에 서 있었던 것은 아니다. 그 이념적 지표는 좌파와 우파를 넘어 통합된 민족이었다. 이 총서는 해방 전후 현대사의 전개 과정에서 통합된 민족국가의 건설이라는 시대적 과제를 달성하는 데 어떻게 실패했는지 생생히 보여줌으로써 학생들에게 큰 충격을 주었고, 당면한 역사적 현실에 대해 근본적으로 되돌아보도록 하는 계기를 제공했다.

● 노동 문제의 발견

1970년대의 학생운동에서 특기할 만한 현상으로는 노동 문제의 발견을 들 수 있다. 전태일의 분신은 그야말로 충격적인 사건이었다. 이 사건으로 말미암아 학생운동의 성격이 근본적으로 바뀌었다고 해도 과언이 아니다. 이 사건의 진상을 널리 알리는 데에는 『전태일 평전』이 큰 역할을 했다.

이 책은 전태일이 남긴 수기를 바탕으로 지어졌다. 당시 민청학련 사건으로 경찰에 쫓기던 조영래가 3년여의 시간에 걸쳐 이 책을 집필했다. 이 책의 원고는 1976년 무렵에 완성되었지만, 유신독재의 엄혹한 상황으로 국내에서는 도저히 출판할 엄두를 내지 못했다. 그래서 우선 일본어로 번역해 『불꽃이여 나를 태워라: 어느 한국 청년 노동자의 삶과 죽음(炎よ, わたしをつつめ-ある韓國靑年勞働者の生と死)』이라는 제목으로 1978년 일본에서 출판했다. 국내에서는 1983년이 되어서야 비로소 『어느 청년노동자의 삶과 죽음』이라는 제목으로 출간될 수 있었다. 이때에도 군사독재의 탄압 때문에 저자의 이름을 제대로 밝히지 못하고, 전태일기념관건립위원회의 명의를 빌렸다.

『전태일 평전』 이외에 유동우가 지은 수기 『어느 돌멩이의 외침』도 노동 문제를 학생들에게 알리는 데 큰 역할을 했다. 이 책은 1977년에 ≪월간 대화≫에 연재되고 이듬해에 단행본으로 출간되었다. 저자 유동우는 현장 노동자로서 도시산업선교회를 통해 '노동법'을 공부하고 노동 현실을 개선하기 위한 운동에 뛰어들었다. 그가 노동운동에 입문하기까지의 과정을 담은 것이 바로 이 책이다. 그는 이후 1982년 이른바 '전민노련' 사건에 연루되어 경찰에 체포되어 모진 고문을 받아야 했다.

이 수기를 게재한 ≪월간 대화≫는 크리스천아카데미에서 발행한 잡지였다. 당시 크리스천아카데미에서는 중간집단교육이라는 이름의 사회교육 프로그램을 운영했다. 이 프로그램에는 노동운동 부문도 포함되어 있었다. 이러한 이유로 도시산업선교회를 통해 노동운동에 눈을 뜬 유동우의 글이 크리스천아카데미에서 발행한 ≪월간 대화≫에 실리게 된 것이다.

노동 문제를 알리는 데에는 문학 작품들도 한몫했다. 그 대표적인 예로 조세희의 『난장이가 쏘아 올린 작은 공』을 들 수 있다. 조세희는 1975년부터 여러 문예지에 산업화와 도시화를 소재로 한 일련의 연작소설들을 발표했다. 그는 1978년 이 작품들을 모아 출판했다. 이 책은 도시화와 산업화로 벼랑에 내몰리는 도시빈민의 처참한 생활상과 주거 문제, 노동환경과 노동운동 등을 상징적인 소설적 장치를 통해 표현하여 큰 반향을 불렀다. 이 책은 대학가를 중심으로 많이 팔려나갔다. 당시에 학생들은 이 책의 제목을 줄여 '난쏘공'이라고 불렀다. 이 책은 1981년에 영화로 만들어졌다. 원래 이 영화의 음악은 김민기가 담당했지만, 그가 지은 음악은 모두 금지처분을 받아 영화에 수록되지 못했다.

김민기는 1978년에 〈공장의 불빛〉이라는 제목의 음악극을 극작·작사·작곡했다. 이 음악극은 야간작업과 산업재해 등 노동자들의 고된 생활과 이를 극복하기 위해 노동조합을 결성하는 과정, 회사 측의 탄압에 따른 해고 등의 이야기를 담았다. 당시 도시산업선교회에서 이 음악극을 카세트테이프에 녹음해 비합법 음반 형태로 보급했다. 이것은 노동 현장뿐 아니라 대학가에도 널리 보급되어 큰 영향을 미쳤다.

● 해방신학과 종속이론

1970년대에는 제3세계에 대한 인식이 더욱 심화되었다. 그 결과 제3세계에서 발생한 이론들이 본격적으로 소개되기 시작했다. 그 대표적인 예가 바로 라틴아메리카에서 싹튼 해방신학과 종속이론이다. 해방신학이라는 가난하고 억압받는 자들의 입장에서 교리를 해석하고 교회의 사회참여를 강조하는 신학적 흐름이다. 1960년대 후반부터 라틴아메리카를 중심으로 일어나기 시작해 전 세계로 확산되었다.

해방신학은 1970년대 들어 국내에도 소개되었다. 이를 소개한 대표적인 서적으로는 가톨릭 출판사인 분도출판사에서 펴낸 『해방신학』을 들 수 있다. 이 책은 페루의 리마가톨릭대학 신학교수이자 페루가톨릭학생전국연합회 지도신부인 구스타보 구티에레스(Gustavo Gutierrez)가 지은 것으로 해방신학의 이론적 초석이 된 대표적인 서적이다. 분도출판사는 이 책 이외에도 『제3세계의 해방신학』과 『아시아의 해방신학』 등 해방신학에 관한 일련의 서적들을 펴냈다.

가톨릭 쪽에서 라틴아메리카의 해방신학이 소개되었다면, 개신교 쪽에서는 독일의 진보적 신학이 소개되었다. 그 대표적인 예가 위르겐 몰트만(Jurgen

Moltmann)의『희망의 신학』이다. 몰트만은 교회의 사회적 실천을 강조했고, 에큐메니칼 운동에도 관심이 많아 WCC(World Council of Churches) 운동을 주도했다. 1975년에는 한국을 직접 방문했고, 한국을 대표하는 신학으로 알려진 민중신학자들과도 오랜 친교를 맺었다.

몰트만을 통해 한국에 소개된 인물로 디트리히 본회퍼(Dietrich Bonhoeffer)를 들 수 있다. 몰트만이 지은 본회퍼 연구서가 번역되어 1969년『본훼퍼의 사회윤리』라는 제목으로 국내에서 출간되었다. 본회퍼는 독일의 신학자로 몰트만과 유사한 성향을 보인 인물로, 아돌프 히틀러(Adolf Hitler)를 타도하려는 계획에 가담했다가 처형되었다. 1977년 대한기독교서회가 그의 옥중 서간을 번역해 출간했다. 또한 출판사인 청년사도 1978년 그의 일대기인『죽음 앞에서: 본회퍼의 최후』를 펴냈다.

이 밖에 반나치운동과 관련된 서적으로는『아무도 미워하지 않는 자의 죽음』을 들 수 있다. 이 책은 제2차 세계대전 당시 독일 뮌헨에서 나치 반대운동을 벌이다가 발각되어 처형당한 백장미단이라는 대학생 조직의 이야기를 담고 있다. 엄혹한 유신체제하에서 저항하던 학생들은 이 책을 읽고 크게 공감했다. 백장미단은 공습을 틈타 공공장소에 반나치 낙서를 하고 유인물을 살포하는 방식으로 나치에 저항했는데, 이러한 운동 방식은 유신체제하에서 학생운동을 전개할 때 원용되었다.

한편 1970년대에는 해방신학과 마찬가지로 라틴아메리카에서 발생한 종속이론도 소개되기 시작했다. 종속이론이란 자본주의 체제하에서 종속된 후진국들은 저개발의 개발을 지속할 수밖에 없으며, 경제발전을 이룩할 가능성이 없다는 사회이론이다. 종속이론의 대표적 이론가로는 라울 프레비시(Raul Prebisch), 폴 바란(Paul Baran), 안드레 프랑크(Andre Gunder Frank) 등을 들 수 있는데 이 가운데 프랑크의 저서는 번역되어『저개발의 개발: 제3세계의 경제와 종속이론 그리고 빈곤의 원리』라는 제목으로 1980년에 출간되었다. 같은 해에 염홍철이 편저한『제3세계와 종속이론』도 간행되었으며, 변형윤과 김대환이 편역한『제3세계의 경제발전: 저개발과 종속』도 간행되어 학생들에게 많이 읽혔다.

- ●『페다고지』가 끼친 영향

해방신학이나 종속이론이 소개되면서 이 이론들의 무대가 되는 라틴아메리카 민중의 삶과 민중운동에 대한 관심도 높아졌다.『산체스네 아이들』은 이러한 궁금증을 풀어주는 책 가운데 하나였다. 이 책은 미국의 인류학자 오스카 루이스(Oscar Lewis)가 멕시코 빈민촌에 살고 있는 산체스네 가족을 몇 년간 계속 만나면서 써내려 간 르포르타주로서, 1978년에 번역되어 국내에 출간되었다. 당시 한국에서도 도시빈민 문제가 심각했기 때문에 이 책은 많은 관심을 끌었다.

1979년에는 니카라과의 혁명가 아우구스토 세자르 산디노(Augusto César Sandino)의 전기『산디노』도 출간되어 라틴아메리카 민중운동에 대한 안목을 넓히는 데 도움을 주었다. 바로 그해에 니카라과에서는 산디노의 정신을 계승한 산디니스타민족해방전선(FSLN)이 독재자 아나스타시오 소모사 데바일레(Anastasio Somoza Debayle)를 축출하고 혁명정부를 수립했다.

이렇게 1970년대 라틴아메리카의 역사적 경험을 담은 책들이 한국의 학생들에게 많은 영향을 미쳤는데, 그중 무엇보다 중요한 것으로는 파울로 프레이리의『페다고지』를 들 수 있다. 이 책의 원저명은 *Pedagogy of the Oppressed*이며 이를 제대로 옮기면 '피억압자를 위한 교육학'이지만 당시 학생들은 이것을 줄여 '페다고지'라고 불렀다. 추후 번역본도 이 제목으로 출간되었다.

프레이리는 브라질의 교육학자로서 문맹퇴치 교육을 통해 전 세계의 피억압 민중 스스로가 사회적·정치적 자각을 얻을 수 있도록 힘쓴 인물이다. 그는 1964년 브라질에 군사정권이 들어서자 체제 전복 혐의로 투옥되었지만, 석방된 뒤 칠레로 망명해 활동을 계속했다.

그는 이 책에서 전통적인 교육은 수동적인 성격이 있어 억압을 더욱 촉진시키는 결과를 낳는다고 주장하면서, 이를 극복하기 위해서는 '은행적금식'의 주입식 교육보다는 '문제 제기식' 교육을 해야 한다고 역설했다. 그는 이러한 주체적인 교육과정을 일컬어 '의식화'라고 불렀다.

프레이리의 교육방법론은 1970년대 국내에 전해져 큰 영향을 미쳤다. 당시 대학생들이 야학활동을 전개할 때나 언더서클에서 자체 세미나를 실시할 때 이 교육방법론을 적용했다. 이러한 과정에서 '의식화'라는 말이 대학가의 유행어가 되었다.

프레이리의 이론을 국내에 소개하는 데는 당시 사범대에서 야학연구회를 조직해 활동하던 채광석의 공이 컸다. 그는 프레이리의 저서 『민중교육론』과 『교육과 의식화』를 번역해 출간했다. 『페다고지』는 처음에는 영어판으로 읽히다가 1979년에 성찬성이 번역해 가톨릭사도직협의회 명의로 출판했다. 하지만 이 책은 출판 당일 금서가 되었고, 번역자는 곧바로 구속되었다. 이 책은 대학에서 원서를 가지고 강독하다가 발각되면 중앙정보부에 잡혀가 조사를 받을 정도로 공안 당국에서 위험하게 여겼다.

● 진보적 시각에서 한국 경제가 나아갈 방향을 모색하다

진보적 경제학에 대한 관심은 1970년대 들어서도 이어졌다. 1960년대부터 많이 읽힌 이영협의 『일반경제사요론』과 박근창의 『농업경제학』, 김준보의 『농업경제학 서설』 등 외에도 대학가 독서 목록에 새로 추가된 책이 있었다.

1978년에 출간된 최종식의 『서양경제사론』이 그 대표적인 사례다. 그는 1941년에 일본 와세다대학 경제학과를 졸업하고 귀국해 식산은행에서 근무했으며, 해방 후에는 동아대와 부산대 등에서 강의했다. 이 책은 1978년에 그가 작고한 뒤 유작으로 출간되었다. 이 책은 진보적 관점에서 원시공산제 사회로부터 근대자본주의 사회에 이르기까지 일목요연하게 정리했다. 따라서 경제사를 공부하기 위해서는 이영협의 『일반경제사요론』에 이어 반드시 읽어야 할 교재였다.

이렇게 1970년대에 들어서면서 진보적 경제학 서적들이 국내에서 속속 간행되었지만, 학생들은 일본어로 된 서적도 여전히 많이 읽었다. 1970년대에는 다이쇼 데모크라시 시절의 서적뿐 아니라 전후에 간행된 일본 서적들도 소개되었다. 다카하시 고하치로(高橋幸八郎)의 『자본주의 이행논쟁』이나 고모부치 마사아키(菰淵正晃)의 『자본주의경제의 구조와 발전』 등을 들 수 있다. 『자본주의경제의 구조와 발전』은 사회주의 경제학을 알기 쉽게 풀이한 입문서로서 일본에서는 1977년에 발행되었다. 국내에는 1984년 번역·출간되었지만, 그 이전까지는 일본어 책을 읽었다. 폴 스위지(Paul Sweezy)의 『자본주의 발전의 이론』이나 폴란드 출신의 경제학자 오스카 랑게(Oskar Lange)의 『정치경제학』 등 서양의 경제학 서적들은 영어판으로 읽었다.

1970년대에는 진보적 시각에서 한국 경제의 나아갈 길을 모색한 책들이 등장하기 시작했다. 우선 1973년에 출간된 조용범 교수의 『후진국경제론』을 그 예로 들 수 있다. 그는 대학 재학 시절 학생운동에 참여했고, 졸업 후 일본에 건너가 「저개발국 근대화의 경제적 내용과 국민경제 자립 연구」라는 논문으로 박사학위를 취득했다. 그는 귀국해 모교인 고려대 교수가 되어 후진국경제론과 한국경제론 등의 과목을 강의했는데 강의 교재로 집필한 것이 이 책이었다. 그는 이 책에서 자본주의나 사회주의가 아닌 제3의 후진국 경제개발 모델의 필요성을 주장했다.

1970년대에 들어 학생들에게 무엇보다 큰 영향을 미친 책은 1978년 출간된 박현채의 『민족경제론』이다. 그는 이 책을 통해 당시 박정희 정권이 추진하던 수출주도형 공업화 전략을 비판하면서 그 대안으로 내포적 공업화 전략을 제시했다. 1970년대에 그는 김대중과 서로 영향을 주고받았다. 그가 1971년에 『대중경제론 백문백답』의 집필을 주도했던 점에서 볼 수 있듯이 김대중의 대중경제론에 이론적 기반을 제공했다. 김대중의 대중경제론은 그의 민족경제론의 현실적 버전으로 평가된다. 『민족경제론』은 출간된 지 석 달 만에 판매가 금지되고 말았다. 하지만 그사이에 이미 500권 이상이 판매되어 대학생들 사이에 널리 전파된 상태였다.

● 지식인의 사회적 책무

1970년대에는 엄혹했던 유신독재로 말미암아 학생운동을 계속하기 위해서는 순교자적인 자세가 요구되었다. 따라서 이 무렵에는 지식인의 사회적 책무를 강조하는 서적을 유독 많이 읽었다. 지식인의 사회적 책무와 관련하여 1970년대 학생들의 주목을 받은 책으로는 사르트르가 지은 『지식인을 위한 변명』을 들 수 있다.

『지식인을 위한 변명』은 사르트르가 1965년 일본에서 강연한 내용을 정리한 것으로, 한국에는 1979년에 번역·출간되었다. 그는 이 책에서 지식인들은 사회에서 가장 소외받는 계층인 피지배계급의 입장에 서거나 그들의 입장을 대변할 경우에만 올바른 판단력과 분별력을 가질 수 있다고 주장했다. 그는 일찍이 1950년대에 실존주의 사조와 함께 소개된 인물이다. 1970년대 들어 지식인의 사회적 책무가 강조되면서 그를 재발견하게 된 것이다.

학생들의 사회적 역할을 강조한 책으로는 게하르트 브라이덴슈타인(Gerhard Breidenstein)이 지은 『학생과 사회정의』를 들 수 있다. 브라이덴슈타인은 독일 출신 신학자로 연세대 교수와 한국기독학생회총연맹(KSCF)의 연구간사를 지냈다. 한국식 이름은 부광석이다. 그가 연세대에서 행한 강의의 내용을 정리한 것이 바로 이 책이다. 이 책은 대한기독교출판사가 1971년 출간했다. 그는 신학을 전공한 교수인 만큼 이 책을 통해 사회참여의 신학적 동기 내지 신앙적 필연성을 주장했다.

지식인의 사회적 책무를 강조한 서적 가운데 국내 필자가 집필한 것으로는 한완상이 지은 『민중과 지식인』(1978)을 들 수 있다. 저자는 이 책을 통해 지식인과 지식기사를 구분하면서 바람직한 지식인상을 제시했다. 당시 여러 언더서클에서는 의식화를 위한 입문서로 이 책을 많이 채택했다.

● 일주일 만에 익힌 일본어

앞서 보았듯이 1970년대에 들어서면 국내 필자가 지은 책들이 꽤 있었지만, 그럼에도 제대로 된 교양을 쌓으려면 여전히 읽어야 할 영어나 일본어 원서가 많았다. 영어 원서는 대학입시를 위해 익힌 영어 실력으로 어느 정도 해결할 수 있었지만 일본어 원서가 문제였다. 1970년대는 일본어와 차단된 지 이미 시간이 많이 흐른 뒤였다. 따라서 대학 신입생들은 대부분 일본어를 한 번도 접해본 적 없는 상태였다.

여러 언더서클들은 이 문제를 해결하기 위해 학습 프로그램 가운데 일본어 강독을 포함시켰다. 일본어 강독을 위한 교재로서 『강독을 위한 일문법』이라는 소책자가 만들어졌다. 이 책은 일본어 문법 가운데 핵심적인 내용을 추려내고 여기에 강독을 위한 예문을 덧붙인 것으로 20~30여 쪽 정도의 소책자였다. 이 소책자에는 가격도 출판사도 저자도 표시되어 있지 않았지만, 대학가 서점을 통해 구입할 수 있었다.

이 교재를 가지고 일본어 문법을 익히면 약 일주일 정도면 일본어 원서를 읽을 수 있었다. 당시 읽어야 할 일본어 텍스트들은 한자를 아주 많이 사용하고 있었기 때문에 이 한자어를 징검다리 삼고 일한사전의 도움을 받으면 더듬더듬 읽어나갈 수 있었다. 한자가 많지 않은 문학작품의 경우는 그렇지 않았지만 말이다.

4. '사회과학'의 시대

● 운동권 커리큘럼의 등장

1980년대에 학생운동은 양적으로 확대되고 이념적으로 급진화했으며, 조직적으로는 더 체계화되었다. 이에 따라 당시 학생운동을 주도하던 언더서클들의 학습 프로그램도 체계화되었으며 그 결과 이른바 운동권 커리큘럼이 등장하기에 이르렀다.

1980년대에 서울대 학생운동에 큰 변화가 나타났다. 우선 학생운동이 양적으로 확대되었다. 대학 정원 자체가 크게 늘어났을 뿐만 아니라 서울의 봄과 5·18민주화운동을 겪으면서 학생운동이 학생 대중 사이에 급격하게 확산되었다. 학생운동을 주도하던 언더서클들의 회원이 급증했을 뿐만 아니라 주변의 학생들도 학생운동의 영향을 강하게 받았다.

학생운동 이념도 급진화했다. 근본적인 사회변혁에 대한 모색은 1970년대에 이미 시작되었지만 5·18민주화운동을 겪으면서 그 정도가 더욱 심화되고 급진화되었다. 그 결과 적어도 대학가에서는 전통적인 반공이데올로기가 완전히 무력화되었다. 학생운동의 조직과 운영 방식도 더욱 체계화되었다.

1980년대에 접어들면서 '커리'라는 말이 많이 쓰였다. '커리'란 커리큘럼을 줄여 부른 것인데 언더서클의 학습 프로그램 혹은 학습 대상 도서 목록을 가리키는 것이었다. '커리'라는 용어가 많이 쓰였다는 것은 언더서클들의 학습 프로그램이 상당히 체계화되었다는 뜻이었다.

그러면 1980년대에 들어서면서 '커리'라는 말이 등장한 이유는 무엇이었을까? 1970년대까지만 해도 서울대의 여러 학회는 단과대학별로 조직되었기 때문에 단과대학에 따른 특색을 지녔다. 학회마다 학습 대상 도서도 얼마간 다를 수밖에 없었다. 하지만 1975년에 관악캠퍼스로 이전하면서 학회들이 여러 단과대학의 학생들을 포괄하면서 소속 단과대학의 정체성이 약화되었다. 그 결과 학회들의 학습 프로그램도 수렴되기 시작했다.

또한 언더서클들은 유신체제에 맞서 학생운동을 전개하기 위해 긴밀한 협력 체제를 구축했다. 이들은 일상적인 학습 프로그램 운영에 대해서도 서로 협력했다. 필요한 논문을 모아 복사해 제본한 학습자료집을 공동으로 제작하기도 했다. 이러한 과정에서 자연스럽게 여러 언더서클이 공통으로 사용하는 학습 대상 도서 목록을 가리키는 이른바 '운동권 커리큘럼'이라는 것이 만들어졌다.

1981년 12월 9일 자 ≪경향신문≫ 보도에 의하면, 대학가의 이른바 '지하 커리큘럼'은 다음과 같은 단계로 이루어졌다.

1단계: 냉전 논리 등 기존의 가치와 선입견을 타파하는 입문 과정
2단계: 사회의 비리와 약자의 실태를 고발하여 저항의식 고취

3단계: 현실 인식의 토대 위에 한국 사회의 역사적 전개 과정 재구성

4단계: 외국의 사회 개혁과 혁명을 우리 현실과 비교 유추

5단계: 유물변증법 등 역사철학적 방법론에 따른 실천 방안 모색

이 보도는 공안 당국이 학생운동을 공격하기 위한 목적으로 제공한 정보에 근거한 것이었다. 그래서 상당히 자극적인 표현을 사용하고 있지만, 그 내용이 당시 대학가 운동권의 학습 프로그램의 실제를 상당 부분 반영하고 있는 것은 사실이었다. 이를 보면 1980년대에 학생운동의 학습 프로그램이 상당한 수준으로 체계화되었음을 알 수 있다.

● 사회과학출판사와 사회과학서점의 등장

1980년대에는 운동권의 학습 프로그램이 체계화되었을 뿐만 아니라 사회과학출판사와 사회과학서점이 등장해 학생들에게 진보적인 내용을 담은 서적을 공급하기 시작했다. 이를 바탕으로 새로운 독서 생태계가 조성되었다.

앞서 보았듯이 1970년대 후반부터 국내 필자들이 집필한 책들이 속속 운동권 '커리'에 포함되기 시작했다. 이렇게 진보적인 내용을 담은 책을 출판하는 것은 결코 쉬운 일이 아니었다. 책을 출판하자마자 곧바로 판매 금지되는 일을 각오해야 했다. 그래서 초창기에는 부득이 분도출판사나 대한기독교출판사 등 종교 계통의 출판사들이 이러한 일을 떠맡았다. 하지만 1970년대 말이 되면 진보적 서적만을 전문적으로 펴내는 출판사들이 하나둘 생겨나기 시작했다.

1970년대에 유신체제가 구축되면서 체제 밖으로 밀려난 사람들이 늘어갔다. 언론 자유를 수호하기 위한 투쟁 과정에서 해직 기자가 양산되었고, 반정부 시위를 전개하다가 학교에서 쫓겨난 학생들도 많았다. 이들이 생계를 도모하기 위해 선택한 방법 가운데 하나가 출판업이었다. 그 결과 1970년대 말부터 이들이 설립한 출판사들이 등장했다.

≪동아일보≫ 기자 출신 김언호가 1976년에 한길사를 설립했고, 학생운동

가 출신 이태복이 1977년에 광민사를 설립해 노동운동 관련 서적을 출판하기 시작했다. 1979년에는 서울대 출신 학생운동가 이해찬과 나병식이 각기 도서출판 돌베개와 도서출판 풀빛을 설립했다. 이후에도 이러한 출판사가 속속 등장했는데, 이를 일컬어 사회과학출판사라고 불렀다.

학생들에게 진보적인 서적을 공급하기 위해서는 출판사뿐만 아니라 서점도 필요했다. 1970년대 후반 사회과학출판사가 설립되는 것과 보조를 맞추어 각 대학 정문 근처에는 진보적인 서적을 취급하는 서점들이 하나둘 생겨나기 시작했다. 당시 이러한 서점을 일컬어 사회과학서점이라고 불렀다.

서울대 앞에 가장 먼저 들어선 사회과학서점으로는 1978년에 녹두거리에 문을 연 광장서점을 들 수 있다. 이 서점은 이해찬이 세웠는데, 1980년대 중반에 일반 서점인 광장서점과 사회과학서점인 동방서점으로 분리했다. 1981년 무렵에는 김문수가 관악구청 부근에 대학서점을 세웠고, 1985년 무렵에는 김부겸이 신림사거리에 백두책방을 냈다.

이렇게 초창기 사회과학서점은 사회과학출판사와 마찬가지로 학생운동 출신자들이 설립했다. 이들은 민주화운동이 활성화되면서 본래의 활동 영역으로 돌아갔다. 이후 2세대 사회과학 서점들이 등장하기 시작했다. '열린글방', '전야', '그날이오면'이 그것이다. 이 서점들은 1985년부터 연달아 설립되어 녹두거리 서점 트로이카 시대를 열었다.

사회과학서점들은 학생들에게 사회과학출판사들이 발행한 서적과 진보적인 원서를 공급했을 뿐만 아니라 재야 단체의 성명서나 발표문을 배포하는 포스트 역할을 했다. 〈공장의 불빛〉 테이프나 『강독을 위한 일문법』 등 비공식 간행물도 이곳에서 구할 수 있었다. 이렇게 하여 진보적 서적을 출판해 학생들에게 공급하는 생산과 유통 시스템이 구축되었다.

● **독서의 생태계가 바뀌다**

사회과학출판사와 사회과학서점이 생겨나면서 학생들에게는 더욱 다양한 읽을거리가 폭넓게 공급되었다. 이에 따라 독서 생태계가 독자를 위주로 바뀌었다.

1970년대 후반부터 등장하기 시작한 사회과학출판사들이 가장 먼저 한 것은 학생들이 그동안 원서로 읽던 책들을 번역해 출판하는 일이었다. 사회과학출판사를 통해 번역서가 공급되면서 이제는 사전을 찾아가면서 원서를 읽어야 할 필요성이 크게 줄어들었다.

앞서 보았듯이 프레이리의 『페다고지』 번역본이 1979년에 출간되었고, 1980년대 들어 일본어 서적의 번역본이 대거 쏟아져 나왔다. 다카하시 고하치로(高橋幸八郞)의 『시민혁명의 구조』는 1983년에, 고모부치 마사아키의 『자본주의경제의 구조와 발전』은 1984년에 번역·출간되었다. 운동권 학생들이 일본어 서적을 도맡아 번역했다. 일본어 서적을 번역하는 데는 1970년대부터 익혀온 일본어 실력이 요긴하게 쓰였다. 대가로 받은 번역료는 학생운동을 위한 쏠쏠한 자금원이었다.

녹두거리의 또 다른 명물은 '전야', '그날이오면', '열린글방' 등 사회과학 서점들이었다. 교육학과 학생들은 주로 '전야'를 이용하였다. 돈이 없는 경우 서점에 마련된 책상에 앉아 몇 시간이든 책을 읽을 수 있었다. 그래서 '전야'는 서울대생 전체의 공동 재산이라는 생각을 가지고 있었다. 주인이 바쁠 때는 학생이 대신 책을 팔기도 하였다. 약속 장소와 물건을 맡기는 장소로 활용되기도 하였다. '전야'의 게시판은 학과와 동아리 모임을 알리는 장소로 애용되었다. 그래서 책을 사지 않는 학생들도 서점을 들락거렸다. 이곳에 오면 정세와 관련된 것이나 집회와 시위에 관한 소식, 학생 구속 소식 등을 빨리 알 수 있었다. 이러한 점은 '그날이오면'이나 '열린글방'도 마찬가지였다.

『교육학과 50년사』

사회과학출판사에서는 일본어 서적의 번역 이외에 대학생 의식화를 위한 교양서를 기획·출판하기도 했다. 이 과정에서 이른바 '이름 없는' 베스트셀러 작가가 많이 등장했다. 그 대표적인 인물로 『소외된 삶의 뿌리를 찾아서』와 『들어라 역사의 외침을』을 지은 황광우를 들 수 있다. 이 두 책은 당시 '소삼뿌'와 '들역'으로 불리며 많이 팔려나갔다. 황광우는 당시 여러 가지 사정 때문에 본명을 밝히지 못하고 대신 '정인'이라는 필명을 사용했다.

당시 황광우 이외에도 많은 번역자나 필자들이 책에 자신의 이름을 밝히지 못했다. 그럴 경우 필명을 짓기도 하고 편집부 명의로 발행하는 경우도 있었다. 『철학에세이』는 조성오가 지었지만, 1983년에 처음 출간할 때에는 편집부 명의로 발행했다. 이 책은 변증법과 유물론에 대해 알기 쉽게 설명한 것이지만, 제목을 세련되게 지은 덕분에 운동권 학생뿐만 아니라 일반인들도 사서 보아 무려 80만 부나 팔려, 당시로서도 엄청난 베스트셀러였다. 이후 출판가에는 '○○에세이'라고 이름 붙인 책을 펴내는 것이 유행했다.

조성오는 『철학에세이』뿐 아니라 『인간의 역사』와 『우리 역사 이야기』 등 교양서를 잇달아 집필했다. 이 가운데 『인간의 역사』는 경제사를, 『우리 역사 이야기』는 제목 그대로 한국사를 알기 쉽게 설명한 것이었다. 그는 당시 운동권의 '커리'를 염두에 두고 이 책들을 집필했던 것으로 보인다. 그는 법대

77학번으로 난곡에서 야학활동을 하면서 이 책을 집필했고, 이후 노동운동에 투신했다.

님 웨일스(Nym Wales)의 『아리랑』(1984)도 폭발적인 인기를 끌었다. 이 책은 한국인 사회주의 혁명가 김산(본명은 장지락, 1905~1938)이 중국 대륙에서 민족의 독립과 해방을 위해 몸을 바친 불꽃같은 생애를 감동적인 필치로 그려낸 것이다. 님 웨일스는 1937년 옌안에서 활동하던 그를 만나 인터뷰하고 이 책을 집필해 1941년 뉴욕에서 출간했다. 국내 반입이 금지되어 있던 이 책은 서울대아카데미 회원들의 노력으로 동녘출판사에서 한글판으로 출간되었다. 번역자는 역사교육과 74학번 송영인인데 노동운동에 종사하고 있어 가명을 썼다. 안기부(현재 국가정보원)는 번역본도 원본처럼 금서로 처분하기 위해 자문위원이던 사회학과 고영복 교수에게 문의했으나 그런 책의 유통을 금지하는 것은 부적절하다는 의견을 낸 덕에 이 책은 위기를 넘겼다. 이를 계기로 유사한 이념 성향의 책들이 속속 출간되었다.

1980년대 사회과학출판사들은 앞서 살펴본 여러 책 이외에도 많은 책을 기획·출판하는 데 몰두했다. 운동권의 '커리'에 채택되기만 하면 다른 어떤 책들보다 상업성을 보장받을 수 있었기 때문이다. 운이 좋으면 『철학에세이』와 같은 초대형 베스트셀러도 기대해 볼 수 있었다. 이제 학생들은 진보적인 책을 찾아 전국을 헤매야 하는 처지에서 벗어나 여러 사회과학출판사들이 쏟아내는 서적 가운데 좋은 책을 골라 읽을 수 있는 입장이 되었다.

한편 여학생들은 여성 문제에 대해 고민하기 시작했다. 그래서 여성과 관련된 책들을 찾아 읽었다. 당시 독일의 사회주의자이자 여성 운동가 클라라 제트킨(Clara Zetkin)이 지은 『클라라 제트킨 선집』, 클로디 브로이엘(Claudie Breuel)이 지은 『하늘의 절반: 중국의 혁명과 여성해방』, 기타 알제리의 여성 운동, 베트남의 여성운동, 한국의 여성운동 역사에 관한 책을 많이 읽었다.

- '책'을 탄압하다

공안 당국은 학생운동에서 책이 모든 문제의 근원이라는 사실을 일찍부터 깨달았다. 따라서 학생운동을 억누르기 위해서는 책부터 단속해야 한다는 사실도 잘 알았다. 그러기에 도서에 대한 검열과 이에 따른 판매 금지 조치는 일찍부터 취해졌다.

1970년대부터 서적 상당수가 판매 금지 조치를 당했다. 이 시기 대표적인 금서로는 김지하의 『오적』, 리영희의 『전환시대의 논리』, 현기영의 『순이 삼촌』, 진덕규 등의 『해방전후사의 인식』, 프레이리의 『페다고지』, 에버레트 라이머(Everett Reimer)의 『학교는 죽었다』, 박현채의 『민족경제론』 등을 들 수 있다. 운동권 '커리'에 포함된 대부분의 책이 금서로 묶였음을 알 수 있다.

이렇게 많은 책이 판매금지 조치를 당했음에도 학생들 사이에서 많이 읽힌 것은 단속 시스템에 틈새가 있었기 때문이다. 사회과학출판사들은 판매금지조치가 예상되는 책을 발행할 경우, 당국에 납본하기 전에 상당한 분량을 시중에 미리 풀어놓는 방법을 즐겨 사용했다. 당국에서 판금 조치를 취한 시점에는 이미 상당한 부수가 서점에 깔린 상태였다. 그러면 그것은 복사와 재복사를 거치면서 많은 학생의 손에 들어갔다. 따라서 출판사를 대상으로 한 판매 금지 조치만 가지고는 책의 유통을 완전히 막을 수가 없었다.

1980년대에 들어서면 이른바 '불온서적'에 대한 단속 방법에 변화가 있었다. 출판사에 대한 판매금지 조치와 함께 서점에 대한 압수수색이 동시에 이루어진 것이다. 그 결과 경찰이 대학가의 사회과학서점들을 동시다발적으로 압수수색 하여 매장에 깔려 있는 진보 서적들을 모조리 거두어가는 일이 되풀이되었다.

1980년대에 책은 운동권 학생을 핍박하는 수단으로 악용되기도 했다. 학생운동에 가담한 것이 확실해 보이는 학생을 잡아들여 닦달해 보았지만 마땅히 법으로 잡아넣을 '거리'를 찾아내지 못할 때 자주 써먹는 방법이 하나 있었다. 그것은 잡혀간 학생의 집을 탈탈 털어, 가지고 있던 책들의 내용을 문제 삼는 것이었다. 그런데 이때 '불온서적'으로 지목된 책들은 대부분 시중 서점에 깔려 있어 돈만 주면 쉽게 구할 수 있는 것이었다. 이런 과정에서 영국 외교관이자 학자인 E. H. 카가 지은 『역사란 무엇인가?』라는 교양서조차 이른

86학번이 1학년 때 과학회에서 제일 먼저 읽은 책은 동녘에서 나온 『철학에세이』였고, 일명 소삶뿌리라고 불린 『소외된 삶의 뿌리를 찾아서』와 자구발이라고 불린 『자본주의의 구조와 발전』과 같은 책들이었다. 문학 쪽으로 가장 인기 있었던 책은 『사이공의 흰옷』과 『죽음을 넘어 시대의 어둠을 넘어』와 같은 책들이었다. 자민투 소속의 서클에서는 조금 더 수준 높게 『강좌철학』을 읽었고, 2학년 때에는 『세계철학사』 등을 읽었다. 87년경부터는 '마르크스·엥겔스 전집' 등이 공개적으로 출판되기 시작하였다. 레닌의 『무엇을 할 것인가』를 포함하여, 『코민테른 선집』 등과 라틴아메리카의 혁명이론이나 중국혁명사 등등이 줄줄이 출판되기 시작하였다. 이러한 서적들은 서점에서 공개적으로 판매되었지만 다른 일로 잡혀 들어가면 경찰이 집을 뒤져서 이런 책들이 나오면 곧바로 '이적표현물 소지죄'로 구속시키곤 하였다. 그래서 당시 대학가 서점에서 책을 사면 반드시 책의 표지를 싸서 내주었다.

조남규(역사교육과 86)

바 '불온도서'로 돌변해 학생들을 옭아매는 수단으로 활용되었다.

● 6월항쟁 이후 출판의 자유가 확대되다

1987년 6월항쟁으로 한국의 민주주의가 진전되자 서점가에도 자유의 바람이 불어왔다. 감옥에 갇혀 있던 양심수들의 석방과 함께 그동안 금서로 묶여 있던 책에 대해서도 판매 금지 조치가 해제되었다. 언론의 자유와 함께 출판의 자유도 상당 정도 회복되었다.

공안 당국은 1987년 10월에 431종의 서적에 대한 판매 금지 조치를 해제했다. 하지만 이때 모든 금서에 대해 판매 금지 조치를 취한 것이 아니었으므로, 선별적으로 해제했다.

이때 판매 금지 조치가 해제된 서적으로는 『마르크스에서 소비에트이데올로기로』 등 이데올로기 관련 서적이지만, 이른바 '고무 찬양'을 하지 않은 순수 이론서, 『유신쿠데타』 등 유신시대를 꼬집은 책, 『죽음을 넘어 시대의 어둠을 넘어』 등 5·18민주화운동을 다룬 책,『선봉에 서서』 등 노동운동에 관한 책들이 포함되었다.

월북 작가의 작품은 여전히 출판할 수 없었지만『정지용연구』 등 해설서는 발간할 수 있도록 풀어주었다. 하지만『정치경제학원론』과『세계철학사』 등 181종의 서적은 '자본주의 체제를 부정하고 폭력혁명을 선동한다'는 이유로 계속 금서로 묶어두었다.『한국민중사』,『한국전쟁의 기원』과 같이 진보적인 시각에서 한국사를 서술한 책도 여전히 금서로 묶어두었다. 하지만 민주화운동 덕택에 그동안 금서로 묶여 있던 책 가운데 일부는 풀려날 수 있었다.

사회과학출판사들은 6월 민주항쟁 이후 출판 활동의 폭을 더욱 넓혀갔다. 우선 마르크스·레닌주의 원전을 본격적으로 번역해 발행했다. 도서출판 아침은 1985년『가족의 기원』을 발행했다. 이 책은 프리드리히 엥겔스(Friedrich Engels)의 저서『가족·사유재산·국가의 기원』을 번역한 것이었다. 처음 출판할 때에는 전두환 정권의 서슬이 아직 시퍼렇던 시절이었기 때문에 원래의 제목을 그대로 밝히지 못하고『가족의 기원』이라는 제목으로 출판했다. 1987년 6월항쟁 이후가 되어서야 비로소 원래 제목을 붙여 출판할 수 있었다.

1987년 이후 마르크스와 엥겔스, 블라디미르 레닌(Vladimir Lenin)의 저서가 속속 번역되어 출간되기 시작했다. 마르크스의『자본론』은 1989년에 김수행 교수가 완역해 출간했다. 레닌의 저서『무엇을 할 것인가』는 1988년에 번역·출간되었다. 사회과학출판사들은 이 밖에도 수많은 마르크스·레닌주의 원전을 번역·출간해 독자들이 직접 마르크스·레닌주의와 대면할 수 있도록 도왔다. 민주화의 물결 속에 '북한 바로 알기 운동'이 벌어지면서 북한 관련 서적도 많이 출판되었다. 이 과정에서『꽃파는 처녀』와『조선전사』 등 북한 서적이 그대로 출판되기도 했다.

당시 정부는 이러한 흐름에 제동을 걸었다. 북한 관련 서적에 대해서는 특히 예민하게 반응했다. 그것을 발행하는 출판인은 구속하고, 판매하는 서점은 압수수색 하는 등 지속적으로 단속했다. 1987년 이후 민주화가 어느 정도 진전되었다고는 하지만, 사상의 자유가 완전히 보장된 것은 아니었다.

- 과학회들에서는 무슨 책을 읽었나

1980년대 중반에 이른바 과(科)학회 체제가 정착하면서 학생운동의 학습 시스템도 큰 변화를 겪었다. 그동안 의식화 학습은 언더서클들이 담당했는데, 이제 학과를 단위로 만들어진 공개 조직인 과(科)학회들이 그 기능을 떠맡게 되었다.

과학회 체제가 정착된 후 서울대 내의 각 학과에는 대부분 복수의 과학회가 존재했다. 인문대 철학과의 경우 한국근현대사연구회·사회철학회·녹죽·프락시스 등 4개의 과학회가, 사범대 역사교육과의 경우 역사교육학회·역사철학학회·근대사학회 등의 과학회가 있었다. 이렇듯 과학회는 여럿이었지만, 채택한 커리큘럼은 대부분 비슷했다. 과학회들의 명칭은 역사·철학·경제·문학 등 특정 분야를 지정해 붙이는 것이 보통이었지만, 과학회 대부분은 한국근현대사-경제사-정치경제학-철학으로 이어지는 커리큘럼을 가지고 있었다.

1980년대 후반 과학회의 커리큘럼에 포함된 도서 내역을 살펴보면 다음과 같다. 우선『역사란 무엇인가』,『지식인을 위한 변명』,『해방전후사의 인식』,『소외된 삶의 뿌리를 찾아서』와 같은 전통적인 필독서를 여전히 많이 읽었다. 한국 근현대사와 관련해『한국공산주의운동사』나『한국전쟁의 기원』과 같이 좀 더 세부적으로 들어간 책도 읽기 시작했다. 1986년에 간행된『한국민중사』와 1988년에 간행된『다시 쓰는 한국현대사』가 커리큘럼에 추가되었고, 북한에서 편찬된『조선전사』도 읽기 시작했다. 1990년대 들어 출간된『청년을 위한 한국현대사』도 포함되었다.

정치경제학 분야에서는 1984년에 번역된『자본주의경제의 구조와 발전』을 주로 읽다가 1990년에 김수행의『정치경제학원론』이 간행되면서 이것이 주된 텍스트로 채택되었다. 철학 분야에서는『철학에세이』를 여전히 많이 읽었지만, 1986년에 나온『철학의 기초이론』도 읽기 시작했다. 이 책은 러시아의 철학자 표도르 콘스탄티노프(Fyodor Vasil'Evich Konstantinov)가 지은 것으로 소련 프로그레스 출판사에서 펴낸 영어본을 번역한 것이었다.

『맑스의 혁명적 사상』·『레닌의 생애와 사상』·『러시아혁명사』도 여전히 읽었지만, 『자본론』·『반듀링론』·『유물론과 경험비판론』 등 민주화 이후 번역되어 간행된 마르크스·레닌주의 원전들도 커리큘럼에 포함되기 시작했다. 이 밖에 『사이공의 흰옷』과 같은 문학작품을 읽었고, 5·18민주화운동을 다룬 『죽음을 넘어 시대의 어둠을 넘어』는 여전히 필독서였다.

운동 노선에 따라 독서 경향도 달랐다. PD 계열은 마르크스와 레닌의 원전을, NL 계열은 북한의 사상과 역사에 관한 책을 많이 읽었다. 심지어는 운동 노선에 따라 학생들이 드나드는 서점도 달랐다.

5. 대안을 찾기 위해 어떤 책을 읽었나?

● 현실사회주의의 붕괴에 따른 이론적 모색

1991년 소련의 해체를 신호탄으로 사회주의 진영이 붕괴했다. 마르크스·레닌주의의 실험이 실패로 돌아간 것이다. 그 충격은 한국에도 미쳤다. 한국의 진보 진영이 암묵적으로 공유하던 논리적 전제 하나가 무너져 버린 것이다. 학생들은 현실사회주의의 붕괴되자 이론적 대안을 찾기 위해 노력했다.

1987년 6월의 민주항쟁과 그에 뒤이은 노동자대투쟁은 정치적 민주화와 분배 구조의 개선이라는 괄목할 만한 성과를 거두었지만, 1990년대에 들어서면 이것이 거꾸로 진보 진영의 정치적 기반을 축소시키는 역설적인 결과를 초래했다. 진보적 학생운동은 1990년대에 들어서도 얼마간 과거의 기세를 유지했지만, 내면적으로는 침체 조짐을 보이기 시작했다. 학생들은 이러한 시대적 변화에 맞서 돌파구를 찾기 위해 다각도로 노력했다.

서울대생들은 소련의 해체 직전 미하일 고르바초프(Mikhail Gorbachev)가 이른바 페레스트로이카 정책을 추진할 때부터 이를 주시했다. 대학가 서점에서는 『페레스트로이카와 약한 고리』(김정환), 『페레스트로이카 정론』(코뮤니스트지 편집부), 『사회주의개혁논쟁』(서울대학교 사회주의연구팀) 등의 서적이 많이 팔렸으며, 일각에서는 페레스트로이카의 철학 사상이 담겼다고 알려진 『철학의

ABC』[아나톨리 라키토프(Anatoliĭ Il'ich Rakitov)]를 커리큘럼에 채택하기도 했다.

서울대생들은 현실사회주의가 붕괴한 후 새로운 이념적 좌표를 세우기 위해 노력했다. 학생들은 계간지 ≪이론≫을 많이 읽었는데, 마르크스주의의 위기에 대응해 장기적 이론을 모색하기 위해서였다. 이 무렵 『현대화, 혁신 그리고 연대』라는 책도 학생들의 관심을 끌었는데, 이 책은 좌파 운동의 역사를 재검토하면서 전환기 진보운동의 상을 제시하고자 한 것이었다.

이러한 이론적 모색의 과정에서 루이 알튀세르(Louis Althusser)가 주목받았고, 진지전을 강조한 안토니오 그람시의 사상도 큰 관심을 끌었다. 학생들은 그람시의 『옥중수고』나 그 해설서인 『시민사회와 시민운동』을 읽었다. 후자는 1995년에 10여 명의 소장 사회학자들이 쓰거나 토론한 내용을 유팔무와 김호기가 엮어 출간한 것이었다. 이것은 그람시와 위르겐 하버마스(Jürgen

Habermas)를 중심으로 시민사회론을 이론적으로 조망하면서 이것을 한국에 수용하는 문제에 대해 고민했다.

● 68혁명과 신좌파에 대한 관심

프랑스에서 1968년에 일어난 급진적 학생운동인 이른바 68혁명과 그것을 주도한 신좌파운동도 1990년대 들어 한국 학생들의 주목을 받기 시작했다. 68혁명에 대해서는 1985년에 『프랑스 5월혁명』이라는 책이 간행된 바 있지만, 당시에는 큰 주목을 받지 못했다.

1990년대 들어 현실사회주의가 붕괴되면서 비로소 68혁명이 서울대생들의 시야에 들어왔다. 서울대 내에서는 진보학생연합이라는 정파가 가장 먼저 68혁명에 주목했다. 그들은 68혁명의 경험을 바탕으로 1990년대 초부터 신사회운동으로의 전환이나 부문계열운동의 활성화 등을 주장했다. 하지만 당시만 해도 이들의 주장은 개량주의적인 논리라는 공격을 받았고, 학내에 널리 파급되지도 못했다.

하지만 1990년대 중반에 접어들면서 안토니오 네그리(Antonio Negri)와 펠릭스 가타리(Félix Guattari) 등의 저서가 소개되면서 비로소 68혁명과 신좌파의 경험에 대해 진지한 검토가 폭넓게 이루어지기 시작했다. 이와 관련해 주목받은 책이 바로 『자유의 새로운 공간』이다. 이것은 네그리와 가타리가 함께 지은 것으로 1985년 시점에서 세계적인 운동의 흐름을 돌아보며 정리한 것이다. 국내에는 1995년에 처음으로 번역본이 간행되었다. 네그리는 이탈리아의 아우토노미아(autonomia) 운동 이론가이고, 가타리는 프랑스 신좌파 운동가들 중 가장 실천적인 인물로 꼽힌다. 그들은 이 책에서 68혁명의 의미를 새로운 주체성들의 탄생에서 찾으면서 이 새로운 집단적 주체에 조응하는 새로운 혁명적 정치학을 재구성하려고 했다.

1995년에 한 정파가 총학생회장 선거운동 과정에서 "탈주! 새로운 질서를 향한 대학 혁명"이라는 급진적이고 상징적인 문구를 슬로건에 포함시켰는데 그들 주장의 대부분이 이 책에서 유래한 것이다.

- 진보적 교과목의 등장

1990년대 들어 대학의 정규 교과목 가운데 진보적인 내용을 담은 교과목들이 개설되기 시작했다. 여기에는 진보적인 성향의 전임 교수들이나 외부에서 초빙된 강사들이 맡은 강의도 있었지만, 가장 많은 수를 차지한 것은 1980년대의 공기를 호흡한 젊은 연구자들이 담당한 강의였다. 이들의 강의는 대체로 진보적인 내용을 담고 있었고 대부분 교양과목을 맡았기 때문에 학생들에게 미치는 영향은 더욱 컸다.

1990년대에 개설된 대표적인 진보적 교과목을 살펴보면 경제학과에서 김수행과 정운영 교수가 담당한 맑스경제학, 공황론, 가치론 등이 있었고, 사회학과에서 김진균 교수의 사회운동론도 그러한 사례에 속했다. 정치학과에서는 김세균 교수의 강의가 학생들에게 인기가 높았다.

1991년에 사회대에 입학한 한 학생들은 사회학과의 비판사회학과 정치사회학 과목을 들으면서 미셸 푸코(Michel Foucault)나 하버마스 혹은 애덤 프셰보르스키(Adam Przeworski) 등에 대해 알게 되었고, 훗날 동국대 교수가 된 황태연 교수가 진행한 수업에서 푸코의 『감시와 처벌』과 하버마스의 『공론장의 구조변동』을 접했다고 회고했다.

진보적 교과목과 관련해 가장 주목받은 인물은 역시 경제학과의 김수행 교수라고 할 수 있다. 경제학과 학생들은 1988년에 수업 거부와 농성을 통해 정치경제학 전공자를 전임 교수로 영입하라고 요구했다. 학생들이 이러한 운동을 벌인 결과 김수행 교수가 1989년 2월에 서울대 교수로 임용될 수 있었다. 그는 학내에서 진보적 학문을 상징하는 인물이 되었다.

그런데 2008년에 그가 정년을 맞이하면서 20년 전의 일이 되풀이되었다. 학생들은 또다시 그의 후임으로 정치경제학 전공자의 임용을 요구하는 운동을 벌였다. 그 결과 교수 모집 요강에 "정치경제학 전공자 포함"이라는 문구가 간신히 들어갈 수 있었다. 하지만 실제 이루어진 것은 거기까지였고, 결국 정치경제학 분야의 전공자는 채용되지 않았다.

● 과학회 커리큘럼의 변화

1990년대에 들어서 과학회들의 커리큘럼에도 변화가 나타났다. 각 분야별로 교과서적인 서적들이 등장하고 내용을 간략히 정리한 입문서들도 출간되어 세미나를 운영하기가 쉬워졌다.

1990년대에 한국근현대사-경제사-철학-정치경제학로 이어지는 1980년대의 과학회 커리큘럼의 기본 틀은 대체로 유지되었다. 하지만 1990년대 중반에 접어들면서 커리큘럼의 운영에 몇 가지 변화가 나타났다.

이러한 변화 가운데 가장 먼저 들 수 있는 것은 각 분야별로 교과서적인 서적이 등장했다는 점이다. 그런 서적으로 대표적인 것이 김수행의 『정치경제학원론』이다. 이 책은 대부분의 과학회에서 교재로 채택했다.

1990년대에 들어서면 각 학문 분야별로 소장 연구자들이 조직한 진보적 학술 단체들이 각 분야의 교과서적인 서적 편찬을 주도했다. 철학사상연구회의 『삶 사회 그리고 과학』(1991)과 한국역사연구회의 『한국역사』(1992)가 그러한 사례라고 할 수 있다. 또 다른 진보적 역사 연구자 단체인 구로역사연구소도 그 무렵 『바로 보는 우리 역사』(1990)를 펴냈다.

개인이 개설서를 펴내는 경우도 있었다. 1980년대에 『사회구성체론과 사회과학 방법론』을 발표해 유명한 이진경은 『철학과 굴뚝청소부』(1994)를 펴

'인문학회'에서는 인문사회과학 고전을 읽었다. 당시 커리큘럼에 포함된 책으로는 플라톤의 『국가』, 프로이트의 『꿈의 해석』, 다윈의 『종의 기원』, 맑스의 『공산당 선언』, 막스 베버의 『프로테스탄트 윤리와 자본주의 정신』, E. H. 카의 『역사란 무엇인가』, 로크의 『정부론』, 루소의 『사회계약론』, 칸트의 『순수이성비판』, 세르반테스의 『돈키호테』 등이 기억난다. 학생운동에 참여하게 되면서 읽었던 책들이 있었다. 명확한 커리큘럼이 있었던 건 아니었지만 선배들이 읽었던 것과 대체로 비슷한 책을 읽었다. 가장 중요한 것은 역시 마르크스였다. 마르크스의 『독일 이데올로기』, 『임노동과 자본』, 『공산주의 선언』을 읽고 『자본』도 읽었다. 이해하기가 어려웠고 이해했어도 믿기가 어려웠다. 그럼에도 불구하고 마르크스가 사회를 비판적으로 보는 매우 유효한 사회철학적 아이디어를 제공하고 있다는 사실은 긍정적으로 받아들여졌다.

최기원(경제학부 04)

냈다. 이 책은 포스트모더니즘의 시각에서 근대철학사를 정리한 것으로 그는 이 책으로 다시금 베스트셀러 작가가 되었다. 유시민이 1992년에 펴낸 『부자의 경제학 빈민의 경제학』도 많은 과학회들이 커리큘럼에 포함시켰다.

1990년대에 커리큘럼에 오른 것으로는 '이야기 주머니' 총서를 들 수 있다. 이 총서는 각 분야별로 주요 내용을 간략하게 정리한 입문서로 이루어졌다. 『한국현대사 이야기 주머니』의 경우 진보적 연구자 단체인 한국정치연구회의 공동 작업의 결과물이었으며, 나머지 시리즈도 대부분 진보적 연구자들이 집필했다. 『노동자 이야기 주머니』의 경우 '논리야 놀자' 시리즈로 유명한 베스트셀러 작가 위기철의 작품이다.

1990년대에 출간된 분야별 개설서와 입문서들은 그 내용이 결코 나쁘지는 않았다. 학회들은 이 책들을 이용하면서 세미나를 진행하기가 과거에 비해 훨씬 쉬워졌다. 하지만 문제는 바로 거기에 있었다. 세미나에서는 각 분야별로 골자만 짚고 넘어가는 것으로 끝나고, 원전 읽기를 비롯한 심화된 학습은 각자가 알아서 하는 것으로 간주되었기 때문이다.

1990년대 후반부터 과학회의 운영이 단순한 통과의례로 전락하고 있다는 지적이 나오기 시작했는데 이러한 현상은 커리큘럼이라는 측면에서도 고스란히 드러났다. 독서 여건은 과거에 비해 놀랄 만큼 개선되었지만 정작 끝까지 파고드는 문제의식은 점차 사라져갔던 것이다.

1990년대 후반으로 접어들면서 과학회의 커리큘럼에는 과거와는 다른 새로운 내용이 등장했다. 무엇보다도 문화연구나 매스컴이 새로운 내용으로 떠올랐다. 책을 읽고 토론하는 방식에서 벗어나 영화를 보거나 연극을 관람하고 이에 대해 토론하는 방식을 취하기도 했다.

문학 관련 학회의 경우 전통적인 민족문학 계열의 작품 이외에 장정일의 「아담이 눈뜰 때」, 박상우의 「샤갈의 마을에 내리던 눈」, 윤대녕의 「은어낚시통신」 등 1990년대 들어 나타난 새로운 경향의 작품들도 검토 대상에 포함되기 시작했다.

● 여성주의의 물결

하지만 1990년대 들어 특별히 각광받은 대표적인 주제는 여성주의였다. 여성주의의 물결이 캠퍼스를 휩쓸었다. 과학회의 기존 커리큘럼에 여성주의와 관련된 서적들이 부가되기도 했지만, 과학회들과는 별도로 여성주의 소모임이 따로 만들어지기도 했다.

여성주의 입문 서적으로는 1999년에 나온 한국성폭력상담소의 『섹슈얼리티강의』와 한국여성연구소의 『새여성학강의』를 들 수 있다. 이 두 책은 대학 교재처럼 집필되어 여성학에 대한 개설적인 이해에 큰 도움이 되었다.

이 밖에 오조영란의 『남성의 과학을 넘어서』도 많이 읽었으며, 로즈마리 통(Rosemarie Tong)이 지은 『페미니즘 사상』도 큰 영향을 미쳤다. 게르드 브란튼베르그(Gerd Brantenberg)의 『이갈리아의 딸들』과 우에노 지즈코(上野千鶴子)의 『내셔널리즘과 젠더』도 필독서였다.

엥겔스의 『가족 사유재산 국가의 기원』도 여전히 읽어야 하는 책이었다. 반(反)성매매에 대한 책으로는 『용감한 여성들 늑대를 타고 달리는』을 들 수 있다.

● 사회과학 시대의 종언

1990년대 중반을 넘어서면서 대학가의 사회과학서점들에서 이념 지향의 사회과학 서적들이 점차 퇴조하기 시작했다. 그나마 여성주의 관련 서적을 찾는 사람들이 더러 있지만 2000년대 중반을 넘어서면서부터는 이마저도 줄어들기 시작했다.

이렇게 사회과학서적들이 퇴조하면서 사회과학출판사들도 타격을 입을 수밖에 없었다. 1990년대 중반 이후가 되면 사회과학출판사들은 아예 문을 닫거나 진지한 서적보다는 장사가 되는 서적을 출판하는 것으로 전략을 수정해야 했다. 이에 관계했던 사람들 가운데 상당수가 출판업을 접고 정치권으로 옮겨가거나 1990년대 말에 몰아닥친 벤처 붐을 타고 정보기술(IT)업계로 진출했다. 출판업을 지킨 경우에도 아동과 청소년 도서 분야로 영역을 옮겨 생존을 도모하는 경우가 많아졌다.

사회과학 서적이 퇴조하면서 사회과학서점들도 큰 타격을 입었다. 1987년 이후 서울대 근처에 있었던 사회과학서점 트로이카는 '그날이오면', '전야', '열린글방'이었다. 이들은 1980년대 공안 당국의 탄압에는 꿋꿋이 버텨냈지만, 사회과학 서적의 퇴조는 견뎌내지 못했다.

1992년에 열린글방이 가장 먼저 문을 닫았다. 1994년 12월에는 전야가 폐업을 알리는 대자보를 내다 걸었다. 열린글방에 이어 '전야'마저 폐업 위기에 몰리자 학생들은 큰 충격을 받았다. 학생들은 '전야' 살리기 운동을 전개했고, 그 결과 폐업 위기를 간신히 모면할 수 있었다. 하지만 이러한 노력에도 '전야'는 1996년에 결국 문을 닫고 말았다. 이제 서울대 앞에 사회과학서점이라고는 그날이오면만이 남았다.

그날이오면도 2006년 무렵 경영난에 봉착했다. 학생들과 졸업생들이 후원회를 결성해 서울대의 마지막 사회과학서점 살리기에 발 벗고 나섰다. 그날이오면은 이와 같은 후원에 힘입어 폐업 위기에서 벗어날 수 있었다. 그날이오면은 2011년 홈페이지를 통해 온라인판매를 시작하는 등 달라진 경영환경에 적응하기 위해 노력해 성균관대 앞 '풀무질'과 함께 아직까지 사회과학서점으로서의 정체성을 지키면서 버티고 있다.

사진·표 차례

참고문헌

신문·잡지

≪대학신문≫, ≪동아일보≫, ≪조선일보≫, ≪서울신문≫, ≪경향신문≫, ≪새세대≫, ≪형성≫, ≪상대평론≫, ≪상록≫, ≪사회대시론≫, ≪관악≫, ≪아크로폴리스≫, ≪자주관악≫, ≪우리세대≫, ≪서울대저널≫, ≪학회평론≫, ≪학회교육≫, ≪약대의 소리≫, ≪새세대≫, ≪자유언론≫, ≪민주선언≫, ≪전야≫, ≪의단≫, ≪자유의 종≫, ≪활화산≫, ≪민주수호전국청년학생연맹보≫, ≪국사학과 소식지≫, ≪열림과 스밈≫, ≪청산≫, ≪학생연구≫, ≪월간말≫

교사

『서울대학교20년사』, 『서울대학교30년사』, 『서울대학교40년사』『서울대학교50년사』, 『서울대학교60년사』, 『서울대학교70년사』, 『서울대학교인문대학30년사』, 『서울대학교화학과60년사』, 『서울대학교의과대학사1985-1978』, 『19063-2006Challenge for Change농학교육100년』, 『서울대학교사범대학 역사과60년사』, 『서울대학교약학대학100년사』, 『서울대학교수의과대학60년사』, 『서울대학교공과대학60년사』, 『서울대학교공과대학사』, 『서울대학교미술대학사1946-1993』, 『서울대학교사회학과50년사』, 『서울대학교사범대학교육학과50년사』, 『서울대학교법과대학100년사』, 『서울대학교 교수민주화운동50년사』

대학 발행 자료

대학생활문화원. 2013. 『사회봉사프로그램SNU멘토링사업보고서』.

서울대학교경력개발센터. 2007, 2009, 2013, 2015. 『서울대학교 학부생 진로의식조사』.

학생생활연구소. 각 연도. 『신입생현황자료집』.

학생생활연구소. 1988. 『서울대생의 집단특성 연구』.

학생지도연구소(학생생활연구소·대학생활문화원). 각 연도. 『신입생특성조사보고서』.

학생처. 2015. 『지금처럼 - 2013서울대학교 학생봉사활동백서』.

『서울대학교 통계연보』.

『2002~2011 서울대학교장기발전계획』.

학생운동 관련 팸플릿, 자료집, 보고서 등

21세기진보학생연합. 1994. 『우리세대: 95선거정책자료집』.

21세기진보학생연합. 1995. 『진보의 뿌리내림』.

21세기진보학생연합. 1997. 「전환:회원통신문」.

21세기진보학생연합. 1999. 『People Power: 99년 상반기 총회자료집』.

21세기진보학생연합 출범준비위원회. 1994. 『출범 대의원대회 자료집』.

공대과학기술학회연합. 1992. 『일곱송이 새벽바리기 - 부문계열운동활성화를 위한 강연회 자료집』.

관악여성모임연대. 1998. 「성폭력해방공간 선언운동을 제안합니다」.

교지편집위원회. 1989. 『교지창간호 편집계획서』.

국사학과 학생회 학술부. 1995. 『학회의 겨울나기 그리고 머지않은 봄-학회공청회 자료집』.

농활추진위원회. 1990. 『농활추진위원회 활동계획』.

동아리연합회. 1996. 『농활자료집』.

민중정치 실현의 대장정 서울대 학생연합. 1995. 『학생회운동 토론 자료집』.

민중정치 실현의 대장정 서울대 학생연합. 1996. 『96상반기 회원총회 자료집』.

민중정치 실현의 대장정학생연합(추). 1995. 『한국사회의 분석과 변혁전망: 여름 정치학교 자료집』.

민중정치학생연합. 1994. 『94 하반기 민중정치학생연합 정기총회 자료집: 미래를 선도하라』.

법대 학생회. 1992. 『농활자료집』.

사회대 학생회 학술부. 1995. 『사회과학대학 학회자료집』.

서울대 총학생회. 2004. 『46대총학생회백서』.

서울대 대학원 사회학과. 1980. 『사회학 학풍 개선을 위한 백서』.

서울대 민중정치학생연합 부문계열운동 소위. 1993. ≪스펙트럼≫.

서울대 생활진보대중정치 대학생연합(준). 1993. 『민들레 그 투혼으로 일보 전진: 임시총회 자료집』.

서울대 총학생회. 1971. 『학원대민주화운동지침』.

서울대 총학생회. 1999. 「성폭력 학칙제정 관련 서울대 총학생회 보도자료」.

서울대연대회의. 1999. 『관악교육투쟁포럼』.

서울대학교 국민계몽대. 1960. 『국민계몽운동 지침서』.

서울대학교대학원 학원자유수호위원회. 1971. 『대학개혁의 기본방향』.

서총련 계열부문강화소위. 1990. 「학생계열부문운동의 발전을 위하여」.

인문대 학생회. 1994. 『학생회 백서』.

자연대 학생회. 1985. 「85년 농촌활동 1차답사보고서」.

전국학생연대. 1995. 『전진: 전국학생연대전진대회자료집』.

제16대 인문대 학생회 학회사업국(준). 1998. 『학회살리기 자료집』.

총학생회 학술부 산하 학회연합주비위. 1990. 『학회지 준비호 그림터』.

총학생회. 1990. 『PRAXIS』.

학도호국단. 1984. 『학원자율화를 위한 학원문제 백서』.

학자추 산하 민중생활조사위원회. 1984. 「민중생활조사위원회 보고서」.

학추위. 1980. 『학원민주화의 모색: 학생회부활추진위원회 활동자료집』.

한국기독학생회총연맹(KSCF). 1977. 『학생과 농촌봉사』.

한국기독학생회총연맹(KSCF). 1985. 『농촌활동안내서』.

화학과. 1995. 『학회소개서』.

≪야학비판≫, ≪깃발≫ 등

구술 자료

『언론정치인 남재희를 통해 본 한국 언론 및 정치사』. 2007. 국사편찬위원회 수집 구술자료.

『6·3항쟁의 전개와 한국현대민족주의』. 2008. 국사편찬위원회 수집 구술자료.

『1960년대 전반기 지성사와 학생운동』. 2009. 국사편찬위원회 수집 구술자료.

『1970년대 후반기: 1980년대 노동야학운동과 사회적 영향』. 2013. 국사편찬위원회 수집 구술자료.

나병식·이종구·문국주 집단구술. 『서울대 10·2시위』(민주화운동 구술 자료).

유용태·정숭교·최갑수 엮음. 2020. 『학생들이 만든 한국 현대사: 서울대 학생운동 70년 제3권 증언집』(전자판). 서울대 중앙도서관 소장.

한국정신문화연구원. 2001. 『내가 겪은 민주와 독재』. 한국정신문화연구원.

단행본

강만길. 1985. 『4월 혁명론』. 한길사.

강신철. 1988. 『80년대 학생운동사』. 형성사.

건대항쟁계승사업회. 2016. 『1980년대 학생운동: 10·28 건대항쟁을 중심으로』. 오월의봄.

경실련 대학생회. 1993. 『다시 출발하는 학생운동: 전환기 한국사회와 새로운 학생운동의 모색』. 비봉출판사.

경찰청. 1992. 『해방 이후 좌익운동권 변천사 : 1945~1991년』. 보안국.

고려대100년사편찬위원회. 2005. 『고려대학교 학생운동사』. 고려대학교 출판부.

김귀옥·윤충로. 2007. 『1980년대 민주화운동 참여자의 경험과 기억』. 민주화운동기념사업회.

김동춘·박태순. 1991. 『1960년대 사회운동』. 까치.

김삼웅. 2001. 『민족·민주·민중선언』. 한국학술정보.

김성주·강석승. 2013. 『4월학생민주혁명: 배경.과정.영향』. 지식과교양.

김성환 외. 1983. 『1960년대』. 거름사.

김원. 1999. 『잊혀진 것들에 대한 기억』. 이후.

김원. 2011. 『잊혀진 것들에 대한 기억』. 이매진.

남재희. 2006. 『아주 사적인 정치 비망록』. 민음사.

농촌법학회50년사발간위원회. 2012. 『고난의 꽃봉오리가 되다: 서울대학교 농촌법학회 50년사』.
     민주화운동기념사업회.

대학신문. 1980. 『대학.자유.지성』. 서울대출판부.

민주화운동기념사업회. 2006. 『한국민주화운동사 연표』. 민주화운동기념사업회.

민주화운동기념사업회. 2008. 『한국민주화운동사』. 돌베개.

민청학련운동계승사업회. 2003. 『1974년 4월. 실록 민청학련』. 학민사.

박찬수. 2017. 『NL현대사: 강철서신에서 뉴라이트까지』. 인물과사상사.

배규한. 1999. 『학생운동과 대학생자치활동』. 나날.

백호민. 1987. 『민족이여 통일이여』. 풀빛.

사상계 편집부. 1988. 『항소이유서』. 사상계.

사월학생혁명 동지회. 1965. 『4월혁명』.

사월혁명연구소. 1990. 『한국사회변혁운동과 4월혁명』. 한길사.

서울대 민주열사추모회. 1984. 『산 자여 따르라』. 거름.

서울대학교아카데미50년사발간위원회, 2020. 『진리와 정의를 찾다: 서울대학교아카데미 50년사』.
     홍사단.

서울법대 학생운동사 편찬위원회. 2008. 『서울법대학생운동사: 정의의 함성 1964~1979』

서울지역교지편집인연합회. 1988. 『백두에서 한라까지』. 돌베개.

서중석. 2011. 『6월 항쟁: 1987년 민중운동의 장엄한 파노라마』. 돌베개.

신동호. 2006. 『70년대캠퍼스 1』. 환경재단 도요새.

신동호. 2007. 『70년대캠퍼스 2』. 환경재단 도요새.

오근석. 1988. 『80년대 민족민주운동』. 논장.

오하나. 2010. 『학출: 80년대. 공장으로 간 대학생들』. 이매진.

유경순. 2015. 『1980년대. 변혁의시간 전환의기록』. 봄날의 박씨.

이근영. 1988. 『학생운동논쟁사』. 일송정.

이재오. 1977. 『해방후 한국학생운동사』. 금문사.

이창언. 2014. 『박정희 시대의 학생운동』. 한신대 출판부.

이호룡·정근식 외. 2013. 『학생운동의 시대』. 선인.

이후 편집부. 1998. 『오래된 습관 복잡한 반성 2』. 이후.

이후 편집부. 1998. 『오래된 습관 복잡한 반성』. 이후.

일송정 편집부. 1991. 『학생운동논쟁사 2』. 일송정.

전국대학생대표자협의회. 1991. 『전대협』. 돌베개.

전대협동우회 엮음. 1994. 『불패의 신화(전대협이야기6년사)』. 두리.

전재호. 2004. 『91년 5월투쟁과 한국의 민주주의』. 민주화운동기념사업회.

정국노. 1995. 『한국학생민주운동사』. 한국현대사연구소.

정국로. 2005. 『4·19혁명의 뿌리를 찾아서』. 한국현대사연구소.

정근식·이호룡 엮음. 2010. 『4월혁명과 한국민주주의』. 선인.

정선이. 2002. 『경성제국대학 연구』. 문음사.

정철희 외. 2007. 『상징에서 동원으로 1980년대 민주화운동의 문화적 동학』. 이학사.

조영래. 2009. 『전태일평전』. 아름다운 전태일.

천성호. 2009. 『한국야학운동사: 자유를 향한 여정 110년』. 학이시습.

최규진. 2016. 『한국보건의료운동의 궤적과 사회의학연구회』. 한울엠플러스.

최종고·이충우. 2013. 『다시 보는 경성제국대학』. 푸른사상.

추진위원회. 2005. 『30년만에 다시 부르는 노래: 긴조9호철폐투쟁30주년기념문집』. 자인.

카치아피카스, 조지(George Katsiaficas). 1999. 『신좌파의 상상력: 세계적 차원에서 본 1968』. 이재원·이종태 옮김. 이후.

한국기독교교회협의회. 1988. 『1970년대 민주화운동』.

한국기독교사회문제연구원. 1983. 『1970년대 민주화 운동과 기독교』.

한국기독교사회문제연구원. 1986. 『개헌과 민주화운동』. 민중사.

한국기독교사회문제연구원. 1987. 『6월 민주화대투쟁』. 민중사.

한국기독교사회문제연구원. 1987. 『민중의힘. 민중의교회: 도시빈민의 인간다운 삶을 위하여』. 민중사.

한국반탁·반공학생운동기념사업회. 1986. 『한국학생건국운동사』.

한완상·이우재 외. 1983. 『4·19 혁명론』. 일월서각.

한용 외. 1989. 『80년대의 한국사회와 학생운동』. 청년사.

한인섭 외. 2014. 『한국현대사와 민주주의』. 경인문화사.

황의봉. 1986. 『80년대의 학생운동』. 예조각.

6·3동지회. 2001. 『6·3학생운동사』. 역사비평사.

71동지회. 2001. 『나의 청춘 나의 조국』. 나남출판.

91년 5월투쟁 청년모임. 2002. 『그러나 지난 밤 꿈속에서 이 친구들이 나에 대하여 이야기하는 소리가 들려왔다: 91년 5월』. 이후.

논문

강내희. 2013. 「변혁운동의 거점에서 신자유주의 지배공간으로」. ≪역사비평≫, 104호.

강순원. 1984. 「민립대학 설립운동과 국대안 반대운동의 민족운동사적 의미」. 『자본주의사회의 교육』. 창작과비평사.

강형민. 1990. 「1980년대 조직운동의 전개과정에 대한 연구」. ≪경제와 사회≫, 6호.

김기돈. 2002. 「낙골연가: 낙골교회 이십년 역사읽기」. ≪시대와 민중신학≫, 7호.

김기식. 1997. 「80년대 이후 학생운동 세력의 사회진출: 고민과 모색」. ≪역사비평≫, 39호.

김동완·조순임. 1984. 「교육선교와 교회 야학」. ≪기독교사상≫, 28호.

김동춘 외. 1997. 「토론 한국 학생운동의 역할과 새로운 모색」. ≪역사비평≫, 39호.

김동춘. 1998. 「90년대 학생운동의 현황과 전망」. ≪황해문화≫, 19호.

김동춘. 1990. 「레닌주의와 80년대 한국의 변혁운동」. ≪역사비평≫, 11호.

김동춘. 2000. 「한국사회운동의 현주소」. ≪황해문화≫, 29호.

김민호. 1988. 「80년대 학생운동의 전개과정」. ≪역사비평≫, 1호.

김병오. 2010. 「1990년대의 청년과 노래, 확장과 순환」. ≪대중서사연구≫16(2)호.

김소희. 1993. 「학생운동의 세대 차이와 한총련의 변화」. ≪월간말≫, 5월호..

김소희. 1992. 「학생운동의 정당방위대」. ≪월간말≫, 10월호.

김연철. 2011. 「노태우정부의 북방정책과 남북기본합의서」. ≪역사비평≫, 97호.

김영임. 2011. 「사상계에 나타난 농촌인식」. ≪서강인문논총≫, 31호.

김종원. 1993. 「변신 모색하는 학생운동의 현주소」. ≪월간말≫, 11월호.

나지아. 2005. 「장애인야학 열린배움터, 희망을 얘기하다」. ≪월간복지동향≫, 76호.

남재희. 1969. 「60년대 학생운동에 대한 단상」. ≪기독교사상≫, 13호.

류청하. 1989. 「학생운동사 서술의 제문제」. ≪창작과비평≫, 17호.

류호진. 2015. 「덴마크식으로 살기」. ≪역사문제연구≫, 33호.

소영현. 2010. 「교양론과 출판문화」. ≪현대문학의 연구≫, 42호.

신명순. 1987. 「1980년대 학생운동의 성격분석」. ≪아세아연구≫, 77호.

신준영. 1990. 「학생운동의 새바람 애국적 사회진출운동」. ≪월간말≫, 10월호.

연정은. 2004. 「감시에서 동원으로, 동원에서 규율로: 1950년대 학도호국단을 중심으로」. ≪역사연구≫, 14호.

오제연. 2008. 「1950년대 대학생집단의 정치적 성장」. ≪역사문제연구≫, 19호.

오제연. 2011. 「1960년대 전반 지식인들의 민족주의 모색 · 민족혁명론과 민족적 민주주의 사이에서」. ≪역사문제연구≫, 25호.

오제연. 2018. 「1970년 전후 한국 학생운동의 새로운 양상과 68운동의 '스튜던트 파워'」. ≪역사비평≫, 123호.

오제연. 2012. 「1970년대 대학문화의 형성과 학생운동」. ≪역사문제연구≫, 28호.

유경순. 2011. 「1970년대 청계피복노동조합 노동자와 지식인의 연대관계 형성 및 상호영향」. ≪한국사학보≫, 44호.

유경순. 2015. 「1980년대 학생운동가의 노학연대활동과 노동현장 투신 방식의 변화」. ≪기억과전망≫, 32호.

유경순. 2006. 「공장으로 간 지식인, 구로동맹파업과 노동운동」. ≪내일을 여는 역사≫, 9월호.

은수미. 2006. 「80년대 한국 학생운동이 노동운동에 끼친 영향」. ≪기억과 전망≫, 15호.

이광욱. 2005. 「1970년대 청계지역 노동자들의 소모임 활동과 노동자 의식의 변화」. ≪역사연구≫, 15호.

이기훈. 2005. 「1970년대 학생 반유신운동」. 『유신과 반유신』. 민주화운동기념사업회.

이숭녕. 1982. 「국대안 반대맹휴」. 『전환기의 내막』. 조선일보사.

이영미. 1989. 「노래로 본 80년대 학생운동」. ≪월간말≫, 12월호.

이영미. 1997. 「노래로 본 학생운동의 역사」. ≪역사비평≫, 39호.

이용환·강권영. 1999. 「서둔야학에 관한 일고찰」. ≪농업교육과 인적자원개발≫, 31호.

이인영. 1997. 「학생운동: 선도투쟁에서 대중성 강화로」. ≪역사비평≫, 39호.

이재오. 1989. 「80년대학생운동 사조에 관한 소고」. ≪현상과인식≫, 12(4)호.

이재현. 1991. 「독서유형으로본 학생운동 풍속도」. ≪월간말≫11월호.

이재현. 1993. 「신세대, 그들은 누구인가」. ≪월간말≫9월호.

이정철. 2011. 「김일성의 남방정책과 남북기본합의서」. ≪역사비평≫, 97호.

이한기. 1992. 「대학문화의 새바람, 학생운동이 변하고 있다」. ≪월간말≫, 6월호.

임송자. 2010. 「전태일의 분신과 1970년대 노동·학생운동」. ≪한국민족운동사연구≫, 65호

장상환. 2001. 「1970년대 사회운동과 크리스챤 아카데미 교육」. ≪이론과실천≫, 11월호.

장석준. 2016. 「1987년 이후 한국 사회운동의역사적 궤적과 현재의 성찰: 서구 사회운동과 비교하며」. ≪시민과 세계≫, 12월호.

장석준. 1997. 「대학사회의 위기와 학생운동의 진로」. ≪경제와사회≫, 33호.

장준오. 1995. 「80년대 학생운동의 담론 분석」. 『한국사회학회 사회학대회 논문집』.

정주회. 2011. 「교육투쟁, 더 이상 주춤하지 말고 분위기를 반전하자」. ≪정세와 노동≫, 72호.

정현백. 2008. 「68학생운동의 한국적 수용」. ≪독일연구≫, 16호.

조희연. 1988. 「80년대 학생운동과 학생운동론의 전개」. ≪사회비평≫, 창간호.

천정환. 2014. 「1980년대와 '민주화운동'에 대한 '세대 기억'의 정치」. ≪대중서사연구≫, 20(3)호.

천호영. 1993. 「운동권 신세대 미메시스의 신세대문화론」. ≪월간말≫, 10월호

최광만. 1990. 「국대안 관철에 관한 재고」. ≪교육사학연구≫, 2·3호.

최혜월. 1988. 「미군정기 국대안반대운동의 성격」. ≪역사비평≫, 창간호.

편집부. 1988. 「새학기 맞은 학생운동」. ≪월간말≫, 3월호.

편집부. 1988. 「새학기 학생운동의 동향」. ≪월간말≫, 4월호.

한홍구. 2003. 「박정희정권의 베트남 파병과 병영국가화」. ≪역사비평≫, 62호.

허수. 2000. 「1970년대 청년문화론」. 『논쟁으로 본 한국사회100년』. 역사비평사.

허신행. 2010. 「노들장애인야학 소개」. ≪정세와노동≫, 60.

허은. 2009. 「1969~1971년 국내외 정세 변화와 학생운동세력의 현실인식」. ≪한국근현대사연구≫, 49호.

호창헌. 1990. 「학생운동권의 하반기 투쟁전략」. ≪월간말≫, 9월호.

홍석률. 2007. 「최루탄과 화염병 1980년대 학생운동」. ≪내일을 여는 역사≫, 28호.

찾아보기

인명

용어

글, 책, 잡지, 공연, 노래 등

● 지은이

유용태(柳鏞泰)
서울대학교 사범대학 역사교육과 교수로, 전공 분야는 동아시아 근현대사이다. 한국중
국근현대사학회 회장을 지냈다. 주요 저서로『중국역사연구법』(역주, 2019),『혁명과 민
주주의』(공저, 2018),『21세기 동아시아와 역사 문제: 사색과 대화를 위한 강의』(공편,
2018),『동아시아사를 보는 눈』(2017),『직업대표제: 근대중국의 민주유산』(중문판,
2017),『동아시아의 농지개혁과 토지혁명』(편저, 2014) 등이 있다. 서울대 민교협 의장으
로 일하면서 학생운동사 편찬을 기획하고 주관했다.

정숭교(鄭崇敎)
명지대학교 객원교수로, 전공 분야는 한국근대사이다. 서울대학교 인문대학 국사학과
강사와 규장각한국학연구원 책임연구원을 역임했다. 주요 저서로『1919, 그날의 기록 5』
(2019),『한국 근현대 100년과 민속학자』(공저, 2014),『미래를 여는 한국의 역사 4』(2011),
『친일재산에서 역사를 배우다』(공저, 2010),『시대와 인물, 그리고 사회의식』(공저, 2009),
『한국근대사회와 문화 Ⅲ』(공저, 2006) 등이 있다.

최갑수(崔甲壽)
서울대학교 명예교수로, 전공 분야는 서양근대사이다. 서울대학교 인문대학 서양사학과
교수로 36년간 서양사상사와 프랑스혁명사를 가르쳤다. 한국서양사학회와 한국프랑스
사학회 회장을 지냈다. 주요 저서로『프랑스혁명사』(역서, 2018),『혁명과 민주주의』(공
저, 2018),『역사용어사전』(편찬책임, 2015),『파리의 풍경』(전 6권, 공역, 2014),『프랑스
의 열정: 공화국과 공화주의』(공저, 2011) 등이 있다. 민주화를 위한 전국교수협의회 상
임의장으로 일했고, 현재 세계역사학대회 프랑스혁명사 국제위원회 위원이자 '시민과 함
께하는 연구자의 집' 운영위원장이다.

학생들이 만든 한국 현대사

서울대 학생운동 70년: 제2권 사회문화사

ⓒ 유용태·정숭교·최갑수, 2020

지은이 유용태·정숭교·최갑수
펴낸이 김종수
펴낸곳 한울엠플러스(주)
편집 최진희

초판 1쇄 인쇄 2020년 10월 5일
초판 1쇄 발행 2020년 10월 15일

주소 10881 경기도 파주시 광인사길 153 한울시소빌딩 3층
전화 031-955-0655
팩스 031-955-0656
홈페이지 www.hanulmplus.kr
등록번호 제406-2015-000143호

Printed in Korea.
ISBN 978-89-460-6965-7 03910 (양장)
       978-89-460-6966-4 03910 (무선)

* 책값은 겉표지에 표시되어 있습니다.